国家社会科学基金项目阶段性成果
山西师范大学文学院出版基金资助

刘士义 著

明代青楼文化与文学

The Brothel Culture and Literature in Ming Dynasty

中国社会科学出版社

图书在版编目（CIP）数据

明代青楼文化与文学 / 刘士义著 . — 北京 : 中国社会科学出版社 , 2018.1
ISBN 978-7-5203-0630-0

Ⅰ.①明… Ⅱ.①刘… Ⅲ.①娼妓—文化史—研究—中国—明代②中国
文学—古典文学研究—明代 Ⅳ.① D691.98 ② I206.2

中国版本图书馆 CIP 数据核字 (2017) 第 149047 号

出 版 人	赵剑英	
责任编辑	蔡 莹	
责任校对	王纪慧	
责任印制	王 超	

出 版	中国社会科学出版社	
社 址	北京鼓楼西大街甲 158 号	
邮 编	100720	
网 址	http://www.csspw.cn	
发 行 部	010 - 84083685	
门 市 部	010 - 84029450	
经 销	新华书店及其他书店	

印 刷	北京明恒达印务有限公司	
装 订	廊坊市广阳区广增装订厂	
版 次	2018 年 1 月第 1 版	
印 次	2018 年 1 月第 1 次印刷	

开 本	710×1000 1/16	
印 张	21.25	
字 数	359 千字	
定 价	89.00 元	

序

廿四年前，余曾撰《青楼文学与中国文化》《金瓶梅中的青楼与妓女》二书，分别由东方出版社、文化艺术出版社梓行。彼时苦于文献之不足，椠本之难觅，颇有下笔茫然、持论艰涩之感，每尝自悔孟浪，而欲补苴罅漏，碍于俗务，未克葳事。又十七年，刘士义君自兰州来，从我修博士弟子业。其人籍河北邯郸，身长不过刘伶，而品性诚笃，不尚虚浮。读书有韧性，自晨至暮不辍，复焚膏继晷，浸淫于图书馆内册籍，以是与同庠数人有"馆帮"之号。所拟论文题目为《明代青楼文化与文学》，当年余遍觅不得之书，若《山中一夕话》《亘史钞》《吴姬百媚》其皆得寓目，故初稿甫呈，即觉征引繁富、藻绘满眼。且能联类立说，条贯义理，多有发前人之所未道者。如论《江花品藻》《莲台仙会品》之青楼品鉴与夫士妓过从之文化渊源数章，胜意迭出，理据皎然。匿名评审专家数人及答辩委员黄克、刘崇德、李剑国、孟昭连四教授悉予佳评。

士义君二〇一三年获博士学位，同时亦得摽梅之讯，喜何如之。乃双双受聘于山西师范大学，行奠雁亲迎之礼，有冰清璧润之誉。师大处临汾，为古平阳之地，晋唐之人文渊薮，博学硕儒，指不胜屈。士义执木铎，著文章，传道授业，稽古穷经，殆亦发皇河汾学术之遗脉也。

　　余尝言：博士论文或为学人毕生最用力之作，盖以精力充沛，志无旁骛，殚精竭虑，苦心雕琢而成，后此则年齿渐长，冗务交杂，力不从心，难务专精。故一篇杀青，实一生之学殖所系，岂得轻忽。今士义君释褐已垂四载，讲教之余，犹时时修订补苴其博士论文，务求完善。余甚嘉其志，亦冀其能酌采西贤性别研究、性心理学之精粹融入议论，用达邃密之境。

　　欣闻中国社会科学出版社将梓行其书，遵士义之嘱，弁言以贺。

陶慕宁

2017 年 5 月 8 日于南开大学范孙楼栩栩然斋

目　录

绪　论

一　研究缘起、范围及意义

讲到青楼，大家一定会想到一个"妓"字。由"妓"字，我们顺势会想到一个字"淫"。而谈及"淫"字，我们马上会联想到另一个字"嫖"。那么，我们梳理一下思路也许就可以得到这样的结论：古人之于青楼就是一个"淫"与"嫖"的关系，或者学术化一下说，是一种"妓女出卖歌舞、姿色与肉体"和"嫖客炫售风流、才学与金钱"的交易关系。

事实果真如此吗？不然。这种理论其实在民国时期已经勾勒成形了，王书奴曾写过一本《中国娼妓史》，这本书被后来的青楼研究者奉为中国娼妓史的"经典"，以致其论语被频频地征引或论述。此书写于民国时期，较多摘引西方娼妓理论而论证中国的青楼制度。如书中王氏摘引欧美与日本的有关娼妓之著作而得出中国娼妓的定义："因要得到他人相当报酬，乃实行性的乱交，以满足对方性欲的，是为娼妓。"现在存世的青楼论著书籍（包括小说、戏剧、影视）都将妓女划为一种以"淫"为主业兼及演乐歌舞、琴棋诗画等伎艺的高级"淫妓"。如此便产生了一种误解，她们之所以会歌舞演乐、饮酒助觞等伎艺都是为了赚取生活之"嫖资"而已。然而，用此种定义来涵盖中国的女妓文化却有点说不通。

中国女妓文化的形成，与中国古代社会的政治、经济及文化之发展密切相关。中古社会的礼乐制度催生了以礼乐歌舞为职属的乐籍群体，而乐籍群体又因其乐舞伎艺而逐渐市场化，并与传统的陪酒奉觞的女侍传统相结合，形成了以女侍伎艺服务为主体的青楼文化。青楼文化浸含着因性别差异与职业分工而形成的女妓文化，又与市场经济的娱乐消费密切结合而形诸商业经营，并由此而形成极具特色的文化现象。降诸元明两季，"以职为定"的户籍管理制度与传统的礼乐文化相结合，为明代青楼文化的繁盛奠定了基础。如果与现代社会相比照，青楼文化更像是一种情色文化，而绝非单纯的"性交艺术"。

明代经过一百余年的发展，嘉靖、万历年间，商品经济已相当活跃，城市大量涌现，四民界限消泯，促进了纵欲享乐文化与奢靡消费传统的风行。同时，受经济发展的刺激与政治衰敝的影响，明代中后期出现了士人文化与其他亚文化的逐渐消融，主要表现为文人士子与市民商贾、乐籍行院等社会群体的身份认同与交际相融。正是在此背景下，才出现了明代独特的青楼狭邪之崇拜与士妓恋情之狂热。明代青楼是中国历代女妓文化的集大成者，① 明代青楼文化受历代乐籍、礼乐制度之影响，融汇了古代饮宴助觞、演乐歌舞等文化之精髓。同时，明代青楼又承继了两宋酒楼、金元行院之体制，从而形成了一种独特的文化生活。

明代青楼文化是一种集合了历代乐籍文化与女妓文化的情意符号。无论是余怀《板桥杂记》所表达的"青楼繁华、故国不再"的黍离情怀，抑或朱彝尊对明代青楼诗作所叙写的冷静评介，都明显地流露出一种混融的、超时空的情感体验。如果要深刻地体会这种独特的情感体验，必然要深入揭橥中国女妓之历史与历代青楼制度之沿革。女妓群体是由男权制度而衍生的一个附属品，无论是庙堂祀祭的钟鼓礼乐，抑或是宫廷娱乐的饮宴歌舞，还是贵族豪绅的享受演乐，都是代表着一种制度性的服侍文化。这种文化又促使了特有的女妓文化之形成。

在唐宋时期，以职业属性与隶属关系的不同，女妓群体可分为宫妓、官妓、营妓与私妓等。降及元代，官妓、宫妓、营妓逐渐被纳入乐户体系之中，从而实现了女妓与乐籍的统一管理，亦为女妓文化与乐籍文化的融合奠定了基础。一方面，中国古代之礼乐制度因乐户之传承而得以完整地传衍下来；另一方面，乐户因其专擅乐舞与生活之经营更多地融入城市的市民生活。宫廷的雅乐系统与民间的新兴文艺因之得以联系与互动，从而

---

① 青楼盖有广狭之分，广义青楼指的是所有的以情色文化为主业的商业场所，包括官方的行院组织与民间私窠子等。狭义青楼指的是执辖于两京教坊或各地官府，以乐籍女子为主体，集中承应士民商贾娱乐消费的行院组织。拙作于此乃取其狭义执指。

构成了明代演乐文化之主脉。① 明代之青楼制度集合了女妓文化与乐籍文化的饮宴与歌舞之特性，并承继宋代之酒楼、金元之行院等体制，而形成了一种独特的青楼文化。

明代中后期，青楼文化已成为市民文化的突出代表之一。民间文艺之说唱、戏曲、小说、民歌诸体裁，与文人文化之琴棋书画、诗词歌赋等文艺，在青楼文化中得到了汇集与融合。赴两京应考之士林俊彦、经营擅利之富商巨贾与红粉佳人、诸色艺人会聚于此，使其成为一个集中代表城市艺术的俱乐部。明代青楼亦是社会各阶层交流与互动的活动平台。在青楼世界里，宦达缙绅、文人士子与商贾山人在此会集相识、切磋时艺、纵论国是。这一趋势在明末表现得更加突出，东林、复社诸公子与秦淮佳丽在此演绎了一段壮丽悲慨的家国往事。

青楼文学可概括为二：其一，青楼之文学，即行院女子所创作的文学作品。其二，文学之青楼，即以青楼与行院女子为题材的文学。按作品体裁则可分为：青楼之诗词、散曲、民歌、小说、戏曲诸体式。青楼文学的分类不同，研究之视角、题材亦有巨大的差异。每一部文学作品都凝含着作者的文化意识，潜伏着作者的人生观、价值观。在汉武帝独尊儒术之后，儒家文化逐渐成为社会的统治与主流文化。精英士族以此构建了儒家设想的伦理等级制度，并衍生了附属的诗教文化。《诗》是儒家的重要经典，诗亦被当作阐释个人理想价值的主要手段。无论是文人的狭邪诗，还是女妓之诗，都浸濡着深厚的儒家伦理观念，表现出强烈的伦理情态。

相比而言，作为"诗余""琴趣"出现的"长短句"则反映了青楼文学的另一种情态。从某种意义上来讲，词体是补充诗教传统之反映面过窄而出现的。两宋以降，诗歌的说教传统成为反映个人情趣的最大障碍，而词则克服了诗歌体裁上的局限，充分反映个人婉转而细腻的思想情感，所谓词以抒情，表文雅之态也。然而在元明两季，词在文人的雅化运动中亦被逐渐婉约化、体式化，不能真切地反映青楼文学的真实情境。在此情境下，元明两代的散曲及民歌则代之而起，清晰地再现了青楼生活的真实情境，从而体现出散曲之"嬉谑挪揄，恣情欲之欢"与民歌之"拭心明性，

---

① 参见拙作《明代演乐文化脉落考》，《戏剧》2012 年第 1 期。

畅淫放之欲”的文学风格。

明代是一个人文复苏的时代，这一点在明代中后期表现得尤为明显。明人重视自我个性的舒展，强调现实的享乐与情感的释放。虽然明初政府强化了程朱理学在世俗世界的推及过程，然而实际却收效甚微，明代文人在生活中磨炼出了另一套生活哲理，这就是重情精神。明人“重情尚性”精神的目的是对抗程朱理学以建立普世的人性情欲世界，这有点像西方的人文启蒙运动。明代人文启蒙者将改革的矛头指向了程朱理学制约下的传统两性关系，而两性关系之改变又依赖于女性文化之重建。对明代启蒙者来说，女性文化重建的最好实验品莫过于青楼女子了。事实证明，这个实验相当成功，明代人文启蒙者塑造了一个空前绝后的“青楼”时代。然后再由行院女子波及闺阁良淑，明代女性文化重塑运动在晚明达到了高潮。如果不了解这一点，而简单地将明代青楼之繁盛归为社会之发展、阳明心学之泛滥，那么未免失之于偏颇了。

二　研究现状、思路及方法

当下青楼文化的研究如火如荼，集中表现为“青楼历史与女妓生活”“青楼之文学”与“文学之青楼”研究三个方面。研究者多将青楼历史与女妓文化相联系，把青楼的发展与女妓历史相等同，混淆了元明两季的乐籍女子与传统女妓群体的身份区别，从而造成了青楼研究的雾里观花与隔靴搔痒。明代青楼是一种集乐籍制度、饮宴文化与乐舞文化于一体的行院商业组织。青楼是一个以女妓为营生主体的家庭组织，但是并不是所有的女妓都隶属于青楼，亦有不隶于青楼而四方奔走之游妓。除此之外，青楼虽为乐户所经营，但是青楼之女妓却非咸隶于乐籍，亦多有转鬻于良家的青楼女子。因此，欲了解青楼世界及其文化就必须厘清女妓与乐籍之关系，而这一点在学界尚无清楚之认识。

目前学界多将历史中的这些风尘女子笼统地等同于现代娼妓，其实明代的青楼女妓与现代意义上的娼妓有巨大的不同，研究明代青楼文化必须明确明代青楼制度与古代女妓文化的渊源关系。明代青楼制度与女妓文化之研究又广涉女妓、青楼、教坊、乐籍、行院、酒楼（榷库）等诸多元素。研究者不能忽略诸者之联系而盲目地进行现代意义上的青楼文化解读。1934 年，上海生活出版社出版王书奴所著之《中国娼妓史》。其书最早对中国娼妓的历史进行了系统的研究。王氏征引欧美及日本的娼妓理论来追溯中国娼妓的历史起源，并初步架构起中国娼妓史的整体轮廓，且提出了诸多开拓性的娼妓文化命题：中国娼妓史的五个时期划分——巫娼时代、奴隶娼妓及官娼发生时代、家妓及奴隶娼妓骈进时代、官妓鼎盛时代与私人经营娼妓时代；女妓与男妓的分类；娼妓与政治经济、文学艺术、官宦士贾的关系；等等。然而此论著因其草率而就，未做精审论辩，故多有方枘圆凿之憾，如将娼妓定义为"卖淫女"、中国原始巫娼的"宗教卖淫"说、官婢等同官妓之论述等。此外，因其著者视野之局限、资料之匮乏及编排之缺憾，其成书体例多有不当之处，如奴隶娼妓、官妓与私妓等妓类编排体例的混乱，娼妓历史分期的不严肃、不准确，以及以年代为线索考述娼妓史的结构缺陷等。

1990 年，湖南文艺出版社出版了武舟所著之《中国妓女生活史》。此书是继王书奴《中国娼妓史》之后的又一部"娼妓史"力作。该书借鉴了《中国娼妓史》的大部分理论与框架，并在王氏的基础上进行了大量细致而系统的文献梳理与布局重构，建立了以妓女类属为主干、以诸类妓女之历史为辅的整体结构。武舟继承了王氏之娼妓的基本分类：官妓（包括宫妓、地方官妓、市妓）、家妓、私妓等类属，但突破了王氏著作中的理论局限，如论证了中国巫娼与欧洲之宗教卖淫之区别等。《中国妓女生活史》舍去了王氏著作中大量与文学、士子相关之论述，更注重娼妓文化与历史的陈述与梳理，侧重对妓女文化诸方面相关问题的表述。2006 年，武舟重新整理《中国妓女生活史》，重命名以《中国妓女文化史》，并由东方出版中心予以出版。此书在原书之基础上增加了"绪论"一章，重点引用了"女性文化"理论，并力图将妓女文化统笼于女性文化之下，用时下流行之"女性文化"视域关照妓女文化研究。然此书因其"史学"体系而舍弃了诸多文学、歌舞、演乐等领域的研究，此亦成其书之软肋。妓女文化研究舍弃女妓之文学、艺术、生活情境的论述，亦是不完整、不严谨的。

除此之外，通史类娼妓史著作亦有不少论著。如萧国亮所著之《中国娼妓史》①，其书与《中国妓女文化史》之内容大类相同，然亦有突破之处，如重点探讨了娼妓与商贾之关系、娼妓的经济生活等问题。徐君、杨海所著之《妓女史》②，此书采用了妓女横向分类与纵向历史相结合的方式，来论述妓女的历史与生活，涉及女妓的分类、历史、生活、信仰、文学、艺术诸领域。然而由于此书涉及范围过广，从而使其深度相对浅显。此外亦有部分断代娼妓史专著，如邵雍之《中国近代妓女史》③、文芳之《民国青楼秘史》④，专门论述中国近代妓女的历史状况。亦有以地域为限的妓女研究著作，如蒋建国之《青楼旧影：旧广州的妓院与妓女》⑤、薛理勇之《上海妓女史》、张金起之《八大胡同里的尘缘旧事》⑥等专著。然以上诸作多从史学之角度论及娼妓历史及生活，而多忽略娼妓与文学、与艺术、与世人心态之联系。

恩师陶慕宁先生所著之《青楼文学与中国文化》⑦则是青楼文学与文化研究的典范。全书以青楼文化为背景、以青楼之历史为经、以青楼与文学之论述为纬，并引用心理分析与社会心态研究等方法，集中探讨了青楼与士人、社会、文学等诸多问题。正如陶师所论，"'青楼文学'，应当说，凡以烟花女子为描写对象或反映男子与她们流连奉酬时的心理感受的文学作品都属青楼文学之列，青楼妓女自身的创作当然亦不能排除在外"，⑧陶师是以青楼文学为切入点来把握中国文化的深层因质。此外，龚斌亦著有《情有千千结——青楼文化与中国文学研究》⑨一书。如作者于"后记"中所说，"我于一九九一年下半年开始动笔，写了十个月，完成了三十余万字的书稿"，此书草草写就，多有仓促局囿之感。然此书亦能从艳诗、艳

① 萧国亮：《中国娼妓史》，文津出版社 1996 年版。

② 徐君、杨海：《妓女史》，上海文艺出版社 1995 年版。

③ 邵雍：《中国近代妓女史》，上海译文出版社 2005 年版。

④ 文芳：《民国青楼秘史》，中国文史出版社 2012 年版。

⑤ 蒋建国：《青楼旧影：旧广州的妓院与妓女》，南方日报出版社 2006 年版。

⑥ 张金起：《八大胡同里的尘缘旧事》，郑州大学出版社 2005 年版。此外，北京八大胡同研究之专著亦有李金龙之《八大胡同》（中原农民出版社 2000 年版）、郝晓辉之《勾栏胭脂》（重庆出版社 2010 年版）等。

⑦ 陶慕宁：《青楼文学与中国文化》，东方出版社 2006 年版。

⑧ 陶慕宁：《青楼文学与中国文化·引言》，东方出版社 2006 年版，第 3—4 页。

⑨ 龚斌：《情有千千结——青楼文化与中国文学研究》，汉语大词典出版社 2001 年版，第 323 页。

曲中发前人所未发，如对宫体诗、元明两代艳曲的细致分析等。

　　刘钧翰著《青楼：繁华背后的苍凉》①，此书篇幅短小，为通俗读物而已，无甚新论。艾治平著《艺妓诗事》载女妓之存诗词佚事者，且多据正史，辅及稗官，论譬多有可鉴之论。如著者在"导言"中所言："这本书的建构由两大板块组成：艺妓写的作品；文人写艺妓的作品。以诗词为主，曲赋辅之。""我首据正史、名家诗文；次据稗官野史笔记小说；三据我的'良知'。"② 然此书对妓女之概念亦有扩大之嫌，如将皇帝的嫔妃、婕妤、宫女，以及道士亦统括于女妓之属。此外亦有多种著作或直述青楼（女妓）之文学创作，或间涉旁及其著述，多陈陈相因之谈，兹不赘述。

　　此外亦有以《教坊记》《北里志》《青楼集》为切入点的研究著作，如任半塘之《〈教坊记〉笺订》③，孙崇涛、徐宏图校注之《青楼集笺注》④ 等研究著作。对明代秦淮风月做专门研究的著作，则有日本大木康的《风月秦淮：中国游里空间》⑤ 一书，此书考备精详，对明代南京旧院之故里演变、文化风情均有细致的论证。以名妓个体为研究对象者，则有陈寅恪所著《柳如是别传》⑥、吴定中的《董小宛汇考》⑦、孙康宜著《陈子龙柳如是诗词情缘》⑧ 等著作。

　　涉及青楼或女妓之文学的论文或单篇文章可谓烟波浩瀚。其研究大体可分数种，或探讨青楼生活与文学之关系，或寻赜女妓与名士之交往，或钩沉青楼之琐事佚闻，或论述区域文化与青楼之联系……凡此种种，不胜枚举。以明代青楼女子为研究对象的有刘坡的《中晚明秦淮名妓考略》⑨，欧阳珍的《明代女词人研究》，其中有相当部分论及青楼女子的词作风格。除此之外，台湾亦多有相关之研究论文，暨南大学教授王鸿泰所著论文多涉及明代青楼与文士品赏之主题，多有可借鉴之处，如《青

---

① 刘钧翰：《青楼：繁华背后的苍凉》，百家出版社 2003 年版。
② 艾治平：《艺妓诗事》，学林出版社 2006 年版，第 4 页。
③ 任半塘：《〈教坊记〉笺订》，中华书局 1962 年版。
④ 孙崇涛、徐宏图校注：《青楼集笺注》，中国戏剧出版社 1990 年版。
⑤ （日）大木康撰：《风月秦淮：中国游里空间》，辛如意译，联经出版社 2007 年版。
⑥ 陈寅恪：《柳如是别传》，生活·读书·新知 三联书店 2001 年版。
⑦ 吴定中：《董小宛汇考》，上海书店出版社 2001 年版。
⑧ 孙康宜：《陈子龙柳如是诗词情缘》，陕西师范大学出版社 1998 年版。
⑨ 刘坡：《中晚明秦淮名妓考略》，硕士论文，吉林大学，2006 年。

楼：中国文化的后花园》①《明清文人的女色品赏与美人意象的塑造》②《青楼名妓与情艺生活：明清间的妓女与文人》③等论文。

综上所述，目前青楼文化研究呈两种状态：其一是专史性研究，主要是从宏观上把握女妓或青楼文化的历史沿革，其代表作是王书奴之《中国娼妓史》、武舟之《中国妓女文化史》；其二是文学性研究，主要是从文学的角度阐发青楼与文学的发生、发展与影响之关系，主要代表作是陶慕宁之《青楼文学与中国文化》、艾治平之《艺妓诗事》等。笔者发现，迄今为止，学术圈尚无对明代青楼文化与文学专门进行研究的专著。而明代，特别是晚明，是青楼文化极为发达的时期，其间所发生的文人结社、士妓唱和、商贾与女妓之交往都和青楼有着极为密切的关系。甚至到鼎革时期，秦淮河畔所发生的青楼女子之忠贞烈胆之事，都成为一个时代文化的缩影。

针对以上研究的缺憾与空白，笔者着重从以下诸方面对明代青楼文化与文学进行探讨与研究。

其一，明确在明代乐籍制度下的女妓与现代娼妓的实质区别。如果要真正地体认明代青楼的文化内涵，我们不得不抛却对女妓及其文化的既有成见，还原青楼与女妓历史的真相。在古人的意识里，妓是一种女性伎艺群体，虽然有的女妓因某种原因进行肉体出卖活动，但是这并不意味着所有的女妓都以"淫欲"为生。另外，现代娼妓多以两性关系为交易对象，但是亦不乏以色艺而谋生者。两者虽有很大的相似性，但是并不能掩盖其实质区别，其区别在于一种户籍存属关系的确立。明代的青楼是一种户籍性质的行院体系，这一体系为明代青楼文化的形成奠定了物质基础。此后清代取消了一千余年的乐籍制度，而明代的青楼繁华亦成为绝代的艳歌。

其二，为了更好地厘清明代青楼文化的发展脉络与历史承衍关系，本书将追溯与明代青楼密切相关的两种因质的历史脉络。这两种因质分别是

---

① 王鸿泰：《青楼：中国文化的后花园》，《当代》1991 年第 137 期。
② 王鸿泰：《明清文人的女色品赏与美人意象的塑造》，《中国史学》（京都）2006 年第 16 期。
③ 王鸿泰：《青楼名妓与情艺生活：明清间的妓女与文人》，收于熊秉真、吕妙芬主编《礼教与情欲》，台湾中央研究院，1996 年。

中国传统的女妓文化与乐籍制度，并以此为纲而兼论与之相关的历代教坊、两宋酒楼、元代行院之间的渊源关系。女妓文化有两种典型的文化特征，一为以声乐歌舞为主职的艺术伎能，二为以饮宴助觞为特职的娱乐性质。这两种文化特质甚至可以追溯至上古时期的酒人、巫祭与女乐。降及唐代，两种职业群体发展成为歌舞妓与饮妓两个群体。至元明两季，两种女妓统一被纳入乐籍，从而促生了明代发达的青楼文化。

其三，明代青楼文化与文学之间的因缘关系。青楼文化是一种以明代行院为物质基础的文化体系，它涉及行院与女妓相关的一切物质与精神形态，突出地表现为文学、艺术、生活方式、群体形态等因质。在诸多的文化因质中，文学是最形而上者，它集中反映了青楼世界的文化属性，一方面是行院女子的自我写照，另一方面是文人之于青楼的文学创作。这些文学作品都潜含着青楼世界的自我与他我之评价，并由此而衍生出诗歌、词曲、民歌诸文体的价值分野。如此才能真正地洞察在青楼文化统照下的青楼文学形态，如果只是浅显地以文学论文学的话，那么其研究永远是浅尝辄止而不得要领。

笔者之所以将青楼文学的视野焦注于明代，是因为只有明代才会出现空前绝后的青楼文化之尖峰。在明代之前或其后，由于诸多历史与社会原因而未形成青楼文化高潮。只有理解这一点，我们才会对明代青楼文学进行一种历史与文化的审视与评价，从而真正理解明代狭邪狂热的深层文化动机。

第一章 明代青楼文化的历史溯源

一 女妓文化、乐籍制度与明代青楼

在这一节里，笔者重点分析了古代女妓与现代娼妓的概念特征，指出古代以伎艺谋生的乐籍群体（特指乐籍群体中的女性伎艺者——女妓），与现代社会所出现的以出卖色相、行淫卖俏而谋生的娼妓，两者之间的具体区别。在此基础上，追溯了古代乐籍与乐籍女子——女妓的生活境况，进而推及乐籍文化与明代青楼文化所衍生的关系。

（一）"娼""妓"的历史溯源

在追溯中国传统的"妓文化"之历史渊源时，我们绕不开与之相关的几种文化群体，这种文化群体反映在字面上则是"妓""倡"的几个分支词，如"伎""妓""倡""娼"，以及与其具有密切关联之"优""伶"等。在古人的思维语库里，一种具有实际分别意义的类属概念，往往被一个单音节词所表示，诸如古人对"倡优"的解释为"倡，乐人也。优，谐戏者也"。在古人的思维世界里，这是两种职业类属，"倡"以音乐歌舞为主职，"优"以调笑杂技为专擅，两者具有不同的职业分属。然而，随着时间的发展，由于语言演变、文字更新与文化传衍诸方面原因，这些词类出现了一种混融与错搭现象，如出现"倡伎""倡妓""娼伎""倡优""娼优"等词汇。这些融合后的新词汇，在后世已失去了其最初的历史本义，而被文人泛泛地概括为一种世俗的、低贱的、为人提供娱乐的伎艺群体。这种语言的泛化行为，导致了词的原始本义与后世泛化意义的混淆，从而模糊了"本义—词—后指义"之间的递嬗过程。因此，在这节里，笔者将重点从"倡""妓"的原始本义着手，来擘析诸者之间的渊源关系，进而从源头上梳理出女妓文化的最初形态。

伎，《说文》解为"伎，与也。从人，支声"，而后延伸出"技巧"义，《大戴礼记·虞戴德》"时以敦伎"，孔广森补注："伎，能也。"《素问·灵兰秘典论》载"伎巧出焉"，张志聪集注："伎，多能也。"《法言·重黎》"可谓伎矣"，李轨注："伎，有才伎也。"由此可知，上古之"伎"与后世之"技"的发展义项渐趋于相同，如在《说文》中，段玉裁就对"伎"与"技"之关系，作了如此注解："伎，俗用为技巧之技。"再来看"妓"的初始义。"妓"的初始身份源自奴隶，由其"女"旁的构字方式可知，特指女性奴隶。《说文》《玉篇》解为"妓，妇人，小物也"。《说文》又解"妇"为"妇，服也。从女持帚，洒妇也"。《白虎通义·嫁娶》解："妇者，服也，服于家事，事人者也。"由此可推略，妓的初始本义，当特指服侍贵族之家的奴隶婢妾。随着时间的发展，"妓"的义项逐渐发展出"美女""伎乐""伎人"诸义项。《慧琳音义》卷二十一"妓乐"引《埤苍》之注曰："妓，美女也。"后又扩展为音乐指义，《文选·陆机〈吊魏武帝文〉》"辄向帐作妓"，李周翰注曰"妓，乐也"。此后，又衍生出"妓女"一词，而兼女性与音乐两种身份属性。《慧琳音义》卷二十"妓女"注引《考声》云："妓，女人之作乐者。"同书卷二十二又引《华严经音义》"妓乐"注云："因以美女为乐谓之妓乐。"由此可以推知，"妓"之本义由服侍他人之奴隶妾婢，而逐渐被引申为"美女"之代称。同时，随着语言习惯的发展，"妓"又与传统意义之"伎"义项融合，从而实现了"妓"的音乐性与性别属性的两种概念涵指。这就奠定了传统意义上的"妓文化"之概念归属，从而为女妓文化的历史溯源提供了现实依据。

此外，在探求女妓文化之历史源流的问题时，可能会受到另一社会群体的干扰，这个群体就是古代的"倡""优"。与"妓"的原始本义"服侍的女婢"相比，"倡优"的职业则更接近现代意义上的娱乐性质。倡，是上古时期掌管音乐歌舞的群体，而与其经常并用的"优"，则可以看作是近世调笑戏弄之戏的鼻祖，甚至在明代仍可看出"优"的这种"表演"属性，明代民歌有"优妓"，其词曰："伎俩舞青衫，怪花奴忽有髯，梨园并作勾栏园。这行也兼，那行儿也兼，两般风月伊都占。假妆男，叔敖浑似，但露足尖尖。"[①] 从上面可知，明代仍有部分人将优与妓相区分，优多集中

---

① 《新编百妓评品》之"优妓"，见周玉波辑《明代民歌集》，南京师范大学出版社2009年版，第109页。

于男性，侧重于表演等职能，而妓则在于追欢卖笑，当然，这首民歌亦反映了明代中后期青楼女妓兼擅曲艺演戏等才能的历史现象。倡、优二字并用，本身就代表了一种具有近世意义的娱乐属性，不仅如此，后世文人往往将"倡"（包括娼、优、伶诸类属）与"伎"（亦包括技、妓诸义项）两种群体混融于一，从而形成一种具有"低贱、女性、伎艺（音乐歌舞、调笑戏弄）"特征的新型"娼妓"（亦包括"倡伎""娼伎""倡妓"诸词）含义。为了更彻底地探寻"倡"所代表的上古社会之群体形态，笔者不得不探求一下"倡"与"娼"二字的原始演变过程。

《说文》无"娼"，《说文》解"倡"为"倡，乐也"。《急就篇》卷三"倡优俳笑观倚庭"，颜师古注"倡，乐人也"。《玄应音义》卷二十二"俳优"引《字林》注："倡，优乐也。"由此可知，古之倡当指以音乐为执职的乐人，其职当与古之"俳""优"相似。《说文》解"俳，戏也"。段玉裁解之曰"以其戏言为之俳，以其音乐为之倡，亦谓之优，其实一也"。后渐指女性，而具有性别属性，《汉书·冯唐传》"其母倡也"，颜师古注"倡，乐家之女也"。《文选·陆机〈吊魏武帝文〉》"发哀音于旧倡"，吕延济注"倡，女乐也"。又因后世乐人多以鄙贱罪隶充之而渐染贬义。唐玄应之《玄应音义》卷二十二"倡女"注"倡，淫放荡也"。《玄应音义》卷二十三"倡女"注"倡，淫女也"。"倡"字在后世有另一种代体，即"娼"，可能是因为后世所指称的"倡"多为女性的缘故，而新生之字。"娼"始见于梁顾野王之《玉篇》："娼，婸也。"《说文》解"婸"为"放也，一曰淫戏"。《五音集韵》解："倡娼，乐也，优也，又音唱，或从女。"《康熙字典》解为"娼，俗倡字"。由上可知"娼"字实为"倡"之异体，而兼具性别属性。

由上述的文化追寻，我们可以大致地推出古人之"娼"与"妓"的语义属性。其一，两词类的女性属性。"倡""伎"二字初不兼具男女的性别属性，后世因女性多从事歌舞淫色等娱乐活动而渐具女性之性别指向。其二，当以某技能为职，与伎同义。后世渐限于音乐及与音乐相关的歌舞饮宴等职业。其三，"娼"具有的"卖淫女"义，实"倡"的后起之义。后世因二字义项渐趋相融，遂合称"娼妓"（亦有"倡伎""娼伎""倡妓"等体）。"倡伎"合称，最早见诸《后汉书·梁统列传》卷三十四"冀、寿共乘辇车，张羽盖，饰以金银，游观第内，多从倡伎，鸣钟吹管，酣讴竟路。

或连继日夜，以骋娱恣"。① 又《宋书》卷十六："比七日，三祭，倡伎昼夜娱乐。"②《旧唐书·天竺国传》载："百姓殷乐，家有奇乐娼妓。"按，后世所校之书多将"倡伎"与"娼妓"诸词混用，指奏演音乐、歌舞等伎艺之乐人，而较少执"行淫卖笑、操皮肉生意"之义项。与其义项相近之词为"女乐"，分而解之为"执音乐歌舞职业之女性乐人"。《管子·轻重甲》载："夏桀有女乐三万人，终以女乐亡其国。"《论语·微子》曰："齐人归女乐，季桓子受之。"而后世"娼妓"代指"行淫卖笑、操皮肉生意"者，当出诸唐五代译介之佛经与宋元以降之戏剧、小说、说唱等文学著作。

在文人的道德视野中，妓与所类属之娼、优、俳、伶等群体，仍有很大的区别。在唐宋两季，"妓"多指称以掌握特殊娱乐技能为手段的女性职业者，如饮妓、声妓、乐妓、歌舞妓等。她们的生活较为稳定，职业较为精擅，又能时常接触到文人墨客，所以在存世的文献中，并无强烈的鄙视意味，甚至在某些场合，还具有一种尊贵气息。在古人的意识里，妓是一种以音乐歌舞、饮宴觞酒诸艺为职的女性群体。女妓文化有两种典型的文化特征，其一为以声乐歌舞为主职的艺术技能，其二为以饮宴助觞为特职的娱乐性质。这两种文化特质甚至可以追溯至上古时代之"恒舞于宫、酣歌于室"的巫女与"共宾客之礼酒、饮酒"的酒人。

《尚书·伊训》载："汤制官刑，儆于有位，曰，'敢有恒舞于宫，酣歌于室，时谓巫风'。"巫女在崇奉神祇的先周时代享有较高的政治地位，随着周代人性的觉醒，这种神巫的地位逐渐下降而成为供奉王室贵族娱乐歌舞的乐人。以音乐为职属的乐人群体至迟在周朝已成形。《周礼·大司乐》载有大司乐领导下的庞大音乐机构，其中多数为奴隶乐人，可视为乐户制度之滥觞。至战国时期，其又发展成为纯粹的娱乐歌舞艺人——女乐。这种乐人在向集权社会转型的人身解放运动中逐渐形诸籍属，即为最早之乐户。两汉承继秦朝制度而立太常寺、乐府等音乐机构。其属亦多为专职祀祭礼乐、饮宴歌舞、俳优杂伎之乐人组织。此外，汉代亦有乐营，即军中鼓吹之乐人。当然，乐营之中不乏女性乐人成为军中将领歌舞吟唱、佐宴助觞之乐妓，此即为后世营妓之始。

① 为（晋）司马彪撰、（梁）刘昭注百衲本影宋昭熙刻本。
② 百衲本影蜀大字本元明递修补配本。

后世专业承应祀祭饮宴之职的"饮妓"群体，其源头可追溯至上古社会的"酒人"制度。《周礼·天官·酒人》载："酒人：奄十人，女酒三十人，奚三百人。"郑玄注"奚"曰："古者从坐男女没入县官为奴，其少才知者为奚。"酒人其职责为"掌为五齐三酒，祭祀则共奉之，以役世妇。共宾客之礼酒、饮酒而奉之。凡事，共酒而入于酒府。凡祭祀，共酒以往。宾客之陈酒亦如之"。《周礼》载"世妇"之职为"掌祭祀、宾客、丧纪之事，帅女宫而濯摡，为粢盛"。由此可知，上古时期即有女性奴隶专门从事供奉祀祭、宾客觞宴诸事了，这亦成为后世饮妓之滥觞。

周代以降，酒人之职列代承之，而名称兼有变化。汉代以后酒人之职事并入内府诸曹，《通典》卷二十五"职官七"载："良酝署令、丞：于周官有酒正中士、下士，掌酒之政令。后汉汤官丞主酒，属少府。晋有酒丞一人。齐食官局有酒吏。梁曰酒库丞。北齐有清漳令、丞，主酒。后周如古周之制。隋曰良酝署，令、丞各一人。大唐因之。"① 承至唐代，政府别置坊肆以储"饮妓"，遂成泱泱巨观。崔令钦等《教坊记·北里志·青楼集》载："京中饮妓，籍属教坊，凡朝士宴聚，须假诸曹署行牒，然后能致于他处。"② 饮妓制度其实是唐代饮宴文化极度发达的产物，至此，饮妓从服务宫廷饮宴缯祭的职务中独立出来，而成为服务王室贵族、官宦士绅宴酒觞饮的一个女性服务群体。

古人认为音乐歌舞、酒宴觞饮诸事，皆足以导人淫邪纵欲，甚至于亡国散邦，所以他们一再贬低以娱乐为主体的"伎人"地位，使"伎人"成为罪犯、奴隶、俘虏的收容所。这种政府的有意贱视与鄙弃在战国时已初肇其端。后世女妓的前身——歌舞妓与饮妓，至战国时已皆由女性奴隶担任，秦帝国每破诸侯则将所得女俘充任后宫。

> 诸庙及章台、上林皆在渭南。秦每破诸侯，写放其宫室，作之咸阳北阪上，南临渭；自雍门以东至泾、渭，殿屋复道周阁相属。所得诸侯美人钟鼓，以充入之。（正义）曰：《三辅旧事》云："始皇表河以为秦东门，表汧以为秦西门，表中外殿观百四十五，后宫列女万余

---

① （唐）杜佑：《通典》，岳麓书社 1995 年版，第 362 页。

② 崔令钦、孙棨、夏庭芝：《教坊记·北里志·青楼集》，古典文学出版社 1957 年版，第 22 页。

人，气上冲于天。"①

平民因犯罪或因罪牵连亦有罚为奴隶者。从《吕氏春秋·精通》的一则材料中可略窥一斑：

> 钟子期夜闻击磬者而悲，使人召而问之曰："子何击磬之悲也？"答曰："臣之父不幸而杀人，不得生；臣子母得生，而为公家为酒；臣之身得生，而为公家击磬。臣不睹臣之母三年矣，昔为舍氏，睹臣之母，量所以赎之则无有，而身固公家之财也，是故悲也。"②

由击磬者的陈述可知，其家因父杀人而受牵连，其母罚为酒人（为公家为酒），其被罚为击磬之音乐人。

从战国至两汉，王国分封制逐渐向中央集权制转变，先前的奴隶伎人亦变为"官奴"与"家妓"两种。官妓属于国家奴婢，以服务对象不同而分为"宫奴婢"与"官府奴婢"两种。家妓是身份执属私人的女性奴婢。奴婢与家妓不等同，奴婢指称身份，而家妓则兼其奴婢与艺伎两种属性。家妓按属奴婢之身份，而兼歌舞演乐、饮宴祀祭诸职事，又与一般奴婢不同。

唐代之前，女妓是以奴婢身份而供奉于政府或私人。至玄宗朝，玄宗因雅俗之别与个人喜好，将女妓从宫廷奴婢中独立出来，与其他供奉乐人一起组建教坊。"（玄宗）翌日诏曰：'太常礼司不宜典俳优杂伎'乃置教坊，分为左右而隶焉"。③教坊因其精于俗乐歌舞诸事而掌宫廷皇室娱乐、朝臣宴飨、进士传胪等歌舞诸事。④唐代中后期，教坊渐衰，政府因财政困顿与皇室喜恶不常，曾多次下放教坊乐人以使其自谋生计。教坊女妓遂因职司所擅而各自经营殖产。因其职属不同而略分两类：其一，教坊司妓，即宫廷歌舞百戏之女妓（亦包括多数男性乐人），居光宅坊、明义坊。《教坊

---

① （汉）司马迁：《史记》，中华书局1982年版，第239页。
② 张双棣等译注：《吕氏春秋译注》，吉林文史出版社1987年版，第254页。
③ （唐）崔令钦、孙棨、夏庭芝：《教坊记·北里志·青楼集》，古典文学出版社1957年版，第2—3页。
④ 按，唐教坊由宫廷内教坊演变而来，最初只是服务于内宫皇室，后职司渐广而兼外廷歌舞诸职事。

记》载："西京右教坊在光宅坊，左教坊在延政坊。右多善歌，左多任务舞，盖相因习。"① 其二，当为教坊所辖宫廷之饮宴助觞之女妓。其以家为单位而群居于平康坊："平康里，入北门，东回三曲，即诸妓所居之聚也。"②

　　唐代所确立的乐妓与饮妓之分属，奠定了后世女妓职责的基本形态。它标志着女妓文化发展的两座高峰，一则为以声乐歌舞为主职的艺术技能，二则为以饮宴助觞为特职的娱乐性质。在两宋时期，乐妓与歌舞妓得以继续发展，从而为明代青楼女子的"名妓"塑造提供了文化模范。

（二）女妓文化的伦理阐释

　　如同无法对"道"做确切之解释一样，我们无法对"文化"一词做精确之定义，因为文化无确指。然而我们可以对"女妓文化"的别它要素做一个基本鉴别，从而大致地勾勒出"女妓文化"的基本轮廓。女妓文化是古代女性文化的一个重要部分，它既具备女性文化的基本因素，又独具鲜明的"伎"类特征。女妓是女妓文化的核心，它决定了女妓文化的因质与范畴。女妓文化包含了与女妓密切相关的生存环境、群体心理、风俗习惯与行为方式等文化因质，以及在此基础上所形成的一切物质与精神产物。既然形诸文化，就必须有固定的物质基础与精神核心，并且在此基础上形成一种稳固的历史传衍与积累。女妓文化的物质基础与精神核心与中国古代两性伦理构建密切相关。

　　自汉武帝"罢黜百家、独尊儒术"之后，儒学即成为统治中国社会的基本思想。儒家重视世俗社会的伦理、等级与教化，强调男女尊卑、等级有别。因此，儒士们创立了男女有别、授受不亲的男女关系与君臣民庶、尊贵低贱的等级制度。因为男女等级之差异，古代社会不可避免地出现了群体文化分野与壁垒。男权文化与女性文化、士族文化与民庶文化，它们分别代表了儒家所构建的男、女、良、贱之因质。儒家文化的理想状态是男、女、良、贱各自有其分野，而互不越界，然而实际情况却往往超出儒家精英所设计的理想状态。儒家精英为士族妇女所设计的角色是女性文化与贵族文化的结合体，但是儒家所崇拜的"男女授受不亲"原则，又极大

---

① （唐）崔令钦、孙棨、夏庭芝：《教坊记·北里志·青楼集》，古典文学出版社 1957 年版，第 5 页。
② 同上书，第 25 页。

地束缚了士族男女间的人性生活状态。另外，作为卑贱阶层的女妓群体则表现出了极大的女性自由空间，她们可以拒绝"授受不亲"的伦理原则，而更加体现人性之欲望。可以说，儒家这种先天性的伦理漏洞促进了女妓文化的产生与发展。

中国古代的女性文化，实质上是男权文化的附庸，中国古代社会是典型的男权社会。在男权社会里，女性是作为男权阶层的附属品而存在的。无论是具有尊贵地位的后妃妻妾，还是被罚为侍婢酒人的娼贱奴隶，都是整个男权社会的附属阶层。不同的是，后妃妻妾是以繁衍后代、延续种族为职责，而奴婢娼贱则是以服侍娱乐权贵阶层为职属。后妃妻妾的尊贵在于其保证了权势阶层子孙后代的世袭地位；而奴婢娼贱的卑微却是为了维护等级地位而必需的牺牲。后妃妻妾保护了男权社会的尊严与地位，却也扼杀了享受自由情欲的两性关系。这种源自天性的自由情欲必须有一个发泄源，并且需要一个尊严、体面而不失身份的理论来遮掩。与欧洲通过私通、妓院等手段来完成这种情欲的发泄方式不同，中国古代社会通过尊卑贵贱、礼仪等级等理论来构建庞大的女妓制度，并不断使这种制度形诸文化，从而世代流传，这就是女妓文化。

阴阳两极观念在传统的家庭伦理基础上表现出一种男女关系的"两极阐释"。[①] 儒家精英构建了礼乐文化，并把闺淑女性纳为伦理纲常的统治之下。在这种制度化的伦理观念中，夫妻之关系被定义为：夫性之阳刚之气，秉积极进取，主自强制外的强势文化；妻性之阴柔之气，赋恭顺卑弱，主静内守淑的内敛之德。在精英士族看来，与其相婚配的"闺阁淑媛"群体应该包含"温柔贤惠、持重厚德"的女性特征。班昭在《女诫》七篇中，以"卑弱第一"为首篇。其"敬顺第三"载："阴阳殊性，男女异行。阳以刚为德，阴以柔为用；男以强为贵，女以弱为美。"清人王相笺注曰："天尊地卑，阳刚阴柔。卑弱，女子之正义也。苟不比于卑而欲自尊，不伏于弱而欲自强，则犯义而非正矣。虽有他能，何足尚乎？"[②] 然而，这种男女

---

① 这种格局在《易经》里得到极致的阐释。《周易·系辞》载："乾道成男，坤道成女。"《说卦》曰："乾，天也，故称乎父；坤，地也，故称乎母。……天尊地卑，乾坤定矣；卑高以陈，贵贱位矣；动静有常，刚柔断矣。"

② （清）王相：《闺阁女四书集注》，光绪庚子年刊，江荟宝文堂藏本。

夫妻之对立、统一的伦理观念仅囿于王室贵族、精英士族家庭之中，下层的贫贱阶层则被排斥于这种伦理制度之外。传统的"礼不下庶人，刑不上大夫"的等级观念，给女妓文化的传衍留存了伦理与制度上的活动空间。女妓因之可以认同男性权力阶层的文化，学习取悦于男性权势的技艺，以获得生存的权利。因此，从某种意义上来说，女妓文化是为了弥补闺淑文化的不足而出现的。

（三）"娼妓""妓女"与"青楼"

由上述历史可知，"妓"是对中国古代"伎"文化的一种性别归属，反映了女妓文化的原始演进形态。"伎"与"妓"在上古时代盖有分属，而随着性别角色的转变而逐渐趋于同指。严格地讲，"妓女"与"女妓"乃是同一义项执指，古代词汇以单音节为主，"女"与"妓"是两个并列的义项涵指，"女"具有性别与人的属性；"妓"同"伎"，具有专擅、职业等属性，二者地位相等，故古人多将"女妓"与"妓女"互用。

青楼作为一个历史符号，在其发展过程中传衍出多种意义。[1]其最早当指涂施青漆的楼宇，后渐指代贵族阀阅之家。《太平御览》释"青楼"曰：

> 《齐书》曰：东昏侯后宫起仙华、神仙、玉寿诸殿，穷尽雕涂，以麝香、杂香涂壁。时世祖于楼上施青漆，世谓之青楼。

> 《晋书·麹允》载：麹允，金城人也。与游氏世为豪族，西州为之语曰："麹与游，牛羊不数头。南开朱门，北望青楼。"[2]

六朝以后，青楼渐与娼妓相连属。梁代刘邈的《万山见采桑人》诗"倡妾不胜愁，结束下青楼"，其意当与妓楼相通。自唐代起，青楼兼存"贵族阀阅之家"与"女妓所居场所"两义。青楼的两种文化指向在浩漫的唐诗中可见一斑，如骆宾王的《帝京篇》"小堂绮帐三千户，大道青楼十二重"，崔国辅的《古意》"怕不盛年时，嫁与青楼家"，确指为贵族阀阅之家；

---

[1] 关于青楼定义之解释，多参阅陶慕宁所著《青楼文学与中国文化》一书。
[2] （宋）李昉等：《太平御览》卷一七六居处部四之"青楼"条，《四部丛刊》本。

像李白的《楼船观妓》"对舞青楼妓，双鬟白玉童"，杜牧的《遣怀》"十年一觉扬州梦，赢得青楼薄幸名"与李商隐的《风雨》"黄叶仍风雨，青楼自管弦"等诗，其"青楼"之含义则明显地指向"女妓居处"等义。

降及元明时期，随着语言文化的发展，"青楼"逐渐从"贵族阀阅之家"的含义转向特指的"女妓居处"之义。拙作有意将女妓文化与明代青楼文化相区分，原因在于女妓文化是对女妓历史与文化承衍的总体概括，而缺乏对阶段性女妓文化的细微探究。明代是女妓文化发展过程中的独特一环，亦是乐籍文化的终结与顶峰，代表着女妓文化所能达到的最高标度。本书将明代所形成的集女妓与乐籍制度于一体的女妓文化命名为青楼文化，以突出明代在整个女妓文化历史中的特殊地位。此外，拙作继承了恩师陶慕宁先生之《青楼文学与中国文化》一书对"青楼文学"的定义方式。

> 顾名思义，本书将涉及妓女以及因妓女而产生的文学与中国文化之间关系的研究。所以不称"妓女文学"而曰"青楼文学"，盖因前者很容易被理解为"妓女创作的文学"，那就与笔者的初衷相去甚远了……用"青楼文学"命名有一个好处，这使它从题目上就已经把家妓——这一应另设专题研究的特殊社会阶层排除在外了。①

正因如此，笔者有意将拙作标题命名为《明代青楼文化与文学》，以区别"妓女"及"妓女文化与文学"研究所带来的含混概括。

二　教坊、北里、酒楼、行院与明代青楼

（一）唐代教坊、北里与历代教坊制度

明清乃至近世女妓文学的专著多将教坊、北里（平康）、行院与青楼统一目为以"鬻色行淫"为主业之妓院，而忽略其间之技艺专擅、职业归

---

① 陶慕宁：《青楼文学与中国文化·引言》，东方出版社 2006 年版，第 1 页。

属、行业制度与历史传衍等差别，从而造成研究对象的统而无别与研究方向的南辕北辙。以朱彝尊为例，其在《静志居诗话·教坊》中提到：

> 明制南北都各置坊司，北有东西二院，南有十四楼。其后南都旧院特盛，成、弘间，院中色艺优者，结二三十姓为手帕姊妹，每月节，以春檠巧具殽核相斗，名为“盒子会”。沈启南曾为作图，系以长句，然青楼之题咏无闻也。隆、万以来，冶游渐盛，浙有沈水部某，讬名冰华梅史，以北京东、西院妓郝筠等四十人，配作叶子牌。金沙曹编修大章，立“莲台新会”，以南曲妓王赛玉等一十四人，比诸进士榜。一时词客，各狎所知，假手作诗词曲子，以长其声价。于是北里鲜有不作韵语者，其伪真无由而辨识矣。①

在以朱彝尊为代表的清初士人眼里，教坊司（坊司）、酒楼（十四楼）、行院（东西二院）、青楼、北里等概念并无实质性的区别，它们都是女妓文化在不同时期所产生的不同形态。女妓文化与乐籍文化之沿革体现在“教坊女妓”身上只是一种异代名称的变异，而诸者之间的承继与扬弃、变化与发展都混融在“青楼”这一文化符号之上。研究明代青楼文化应当追根溯源，详分教坊、北里、行院与青楼之间的关系与传衍，才能真正源本归流，挈得要领。

唐代初期，宫廷设内教坊以辖内廷宫人教习及演乐诸事。《旧唐书·职官志》卷四三载“内教坊，武德已来，置于禁中，以按习雅乐，以中官人充使。则天改为云韶府，神龙复为教坊”。②教坊设名之初兼含“教习机构”之义，后渐专指掌习音乐歌舞之机构。③玄宗以“太常礼司不宜典俳优杂技”为由，乃外置教坊，“分为左右而隶焉”以执掌散乐百戏。唐代教坊兼掌宫廷演乐、朝臣宴飨、进士传胪等歌舞诸事。唐代中后期，因政府财政困顿与皇室的喜恶无常，宫廷曾多次下放教坊乐人以使其自谋生计。④ 教坊

① （清）朱彝尊、姚祖恩编，黄君坦校点：《静志居诗话》，人民文学出版社 1990 年版，第 761—762 页。

② （后晋）刘昫等：《旧唐书》，中华书局 1975 年版，第 1854 页。

③ 任半塘：《〈教坊记〉笺订》第 16 页于之论述甚详，可参阅。

④ 《〈教坊记〉笺订》附记于此有详细举例，兹不赘述。

乐人遂因职司所擅而各自经营殖产。宫廷教坊外雇之业以其职属不同而分为两种：其一，宫廷歌舞百戏之乐妓（亦包括多数男性乐人），多承接宫廷之外的诸官府的礼乐诸事。其二，为教坊所管辖的以饮宴助觞为主职的女妓群体，其主要职责是服侍王公贵族、仕宦子弟的饮宴活动，以陪酒侍觞、助谑谈兴为擅长，即《北里志》所载之饮妓："京中饮妓，籍属教坊，凡朝士宴聚，须假诸曹署行牒，然后能致于他处。"①

此两类女妓皆归教坊掌辖而职司不同。关于饮妓与歌舞妓之区别，任半塘曾有精确的论述：

> "妓女"之始义，指擅长乐舞之妇女，与后起之义迥异。唐代地方妓女所集已曰"乐营"。乐妓之外，有曰"饮妓"，兼擅周旋与酒令等，乃不以献乐舞为限。若宫廷女妓之集于教坊，除小部分外，其业仍限于乐妓。至中唐，教坊音声先开外雇之业，渐与宫外社会接近。晚唐浸滥，妓女生活更苦，始与后世情形相仿，如孙棨《北里志》序所云。《北里志》曰："诸曹署与新进士，俱可行牒，召唤教坊饮妓。"近人对于早期之教坊已不分正变，一概目为北里、青楼。其视本书，遂亦不察内容，但凭联想，认作专为娼妓而设，则未免盲从耳食矣。②

崔令钦的《教坊记》所载之教坊乐妓，实乃供奉宫廷音乐歌舞的歌舞妓，其源自上古之"巫妓"；而孙棨的《北里志》所载之"饮妓"，实源自周代社会之"女酒"，她们虽然亦"籍属教坊"，实质却与"教坊歌舞妓"互不相属。无论是歌舞妓，还是饮妓，她们都是为了满足男权社会的需求而存在的。中国古代社会的两大娱乐主题——歌舞与饮宴，是促进女妓文化发展的主要动力。虽然唐代已出现官妓外放现象，但是其受众群体仍然局限于贵族仕宦阶层，而普通的民庶商贾则仍然很难企及之。这种局面直至宋代建立起全民性的女妓文化后才被真正地打破。

唐代以后，诸朝皆设教坊司，教坊亦成为与太常寺并存的官方音乐机

---

① （唐）崔令钦、孙棨、夏庭芝：《教坊记·北里志·青楼集》，古典文学出版社1957年版，第25页。
② 任半塘：《〈教坊记〉笺订》，中华书局1962年版，第19—20页。

构。①《宋史》载：

> 　　教坊自唐武德以来，置署在禁门内。开元后，其人浸多，凡祭祀、大朝会则用太常雅乐，岁时宴享则用教坊诸部礼乐。前代有宴乐、清乐、散乐，本隶太常，后稍归教坊，有立、坐二部。宋初循旧制，置教坊，凡四部。②

　　由此可知，宋代教坊继承了唐代教坊的基本职责，执掌除祭祀、大朝会之外的诸部礼乐。宋代这种音乐管理制度又被元代所继承，并扩大。元代乐制主承西夏、金之旧制，而兼以其他民族之乐制，其音乐机构较以往朝代亦更加复杂，设有太常寺、仪奉司、教坊司等。可以说，在明代以前，教坊一直是供奉庙堂礼宴的专职音乐机构。因为教坊的这种庙堂礼乐身份，它很少与民间市井相联系。《万历野获编》之"禁歌妓"条载：

> 　　唐以宜春、教坊二地，为内廷供奉之所，如阿布思妻为女优之类，非士大夫所得游，至季年而翰林学士亦得阑入教坊，此僖宗以后事，非盛世之旧也。惟藩镇军府例设酒糺以供宴享，名曰营妓，其知名者如薛涛、刘采春之属，而京师则无之。宋世朝士各有家姬供客，若官妓不过州郡守倅应奉过客，及佳节令辰侍觞侑酒，与之狎者仍有厉禁，如秦弱兰之制使臣，王宫花之诱勘吏，及南渡大儒之坐唐仲友，皆是物也。③

　　沈德符所指出的正是明之前历代教坊的官妓属性，它隶属于内廷音乐机构，虽然亦有承应外朝宴饮歌舞诸事，但是仍然有很大局限。宋代所流行的女妓文化，很大一部分源自仕宦之家妓与市场中之私妓，与明代所论的教坊女妓实有本质的区别。

---

　　①　因太常与教坊同司朝廷礼乐诸职，且雅乐与俗乐亦无明确之界域，故二者权限时有交叉。又因各朝代官制设置的差异，教坊有时隶于太常，如两宋；有时与太常并列，如元明两季。
　　②　（元）脱脱等：《宋史》志第九十五，中华书局 1985 年版，第 2219 页。
　　③　（明）沈德符：《万历野获编》，中华书局 1959 年版，第 934 页。

明代教坊区别于前代的最大特点，在于教坊是一个连接宫廷与世俗社会的强大乐籍管理机构。明代中枢设六部以辖天下诸事，其中礼部执管"掌天下礼仪、祭祀、宴飨、贡举之政令"。[①] 教坊司是礼部的一个职能部门，掌庙堂礼乐与飨宴歌舞诸事，《礼部志稿》卷三十四之"教坊司承应乐舞"条载："朝会宴享等礼各有承应，乐舞以教坊隶祠司故具列焉。"[②] 教坊司亦是明代青楼与女妓的官方管理部门，明代乐户户籍名属、刑事纠纷诸事执于礼部之教坊司。余怀《板桥杂记》载："乐户统于教坊司，司有一官以主之，有衙署，有公座，有人役、刑杖、签牌之类，有冠有带，但见客则不敢拱揖耳。"[③] 可以说，上至宫廷内部的礼乐宴飨，下至城乡市井的烟花粉黛，均是明代教坊司的执掌范围。

明代教坊司辖制烟花风月诸事，当追溯至朱元璋所建之富乐院与朱棣惩治建文旧臣之事。明初，朱元璋于金陵建富乐院，遣各地妓女皆入院中，此金陵重建烟花风月之始。刘辰《国初事迹》载："太祖立富乐院于干道桥……专令礼房吏王迪管领。此人熟知音律，能作乐府。禁文武官及舍人不许入院，止容商贾出入院内……复移武定桥等处。太祖又为各处将官妓饮生事，尽起赴京，入院居住。"[④] 朱元璋设立富乐院的主要目的是收容前朝贵族的妻女姜婢等妇女，并罚贬其为娼妓以示惩戒之意。然而又因为各处将领、官员多招引官妓饮酒作乐，所以尽遣各地官妓入富乐院，由此富乐院成为全国官妓之聚集地了。

朱棣践祚后，将建文朝的大量旧臣之妻女婢妾发配于教坊，从而使教坊之地位愈加卑贱。章学诚《文史通义·妇学》载："前朝虐政，凡缙绅籍没，波及妻孥，以致诗礼大家，多沦北里。"[⑤] 明代说部于此多有记载："铁铉妻杨氏年三十五，送教坊司，劳大妻张氏年五十六，送教坊司，张氏旋故。"[⑥] 又《南京司法记》载："永乐二年十二月教坊司题：卓敬女杨奴牛景刘氏合无照，依谢升妻韩氏例，送洪国公转营奸宿。又永乐十一年正月十一

①（清）张廷玉等：《明史》志第四十九，中华书局 1974 年版，第 1116 页。

②（明）林尧俞等：《礼部志稿》，文渊阁影印《四库全书》第 597 册，第 641 页。

③（清）余怀：《板桥杂记》，启智书局 1933 年版，第 3 页。

④（明）刘辰：《国初事迹》，借阅山房汇钞本，第五集，第 298 页。

⑤（清）章学诚著，叶瑛校注：《文史通义·妇学》，中华书局 1985 年版，第 535 页。

⑥　邓之诚著，邓珂增订：《骨董琐记》，中国书店 1991 年版，第 188 页。

日教坊司于右顺门口奏：齐泰妇及外甥媳妇、又黄子澄妹四个妇人每一日夜二十余条汉子看守着，年少的都有身孕，除生子令作小龟子，又有三岁女子，奏请圣旨，奉钦依：由他不的，到长大便是个淫贱材儿。又奏：黄子澄妻生一小厮，如今十岁也。奉钦依：都由他。"① 历代皆有贬罚罪犯妻女入乐户者，然而均无明初为甚。明初朱元璋与朱棣对俘虏家属所施行的残酷惩罚，使唐代所建立之歌舞机构——教坊，成为一个名副其实的烟花管理机构。

自唐代设立教坊机构以来，历朝皆有承替，但机构职属、服务对象、辖域宽狭等各有差别。唐教坊隶属宫廷，是皇室的音乐舞蹈机构，仅供内廷皇室娱乐之用。教坊人员以女妓为主，皆以演乐歌舞精湛者充任。从某种意义上来讲，唐教坊实际上已成为供奉皇室的皇家歌舞团。而唐以后，教坊逐渐告别这种"皇室歌舞团"身份，而成为政府的固定职官机构，其管辖领域亦由内廷歌舞而扩张至朝廷礼宴等活动。教坊在设立之初就确定了"典俳优杂技"的俗乐文艺职责，这也使教坊具有了与太常雅乐相分执的艺术管理领域。在精英士族看来，教坊所掌辖的俗乐歌舞是休闲娱乐性质的，甚至有些偏执主义者认为俗乐是纵欲亡国的象征，因此唐之后的不同朝代对教坊的职属都有严格的界定。教坊与太常一直有个明确的雅俗分野，而这种分野也确定了教坊主要从事人员——女妓的卑贱身份与地位。

时至明代，礼部统掌礼乐祭祀之职，太常、教坊亦成为礼部的一个职能部门。明初教坊承沿前朝惯例掌俗乐歌舞，是女妓的官方管理机构。然而因为太常演乐人才匮乏，礼部多从教坊给配乐人以供太常祭祀，教坊乐工实际上成为雅俗音乐的实际执行者。由此造成了太常职司与教坊所管理乐人的交叉与混合，从而出现了明代礼乐管理的复杂局面。正因如此，明代教坊实际上成为一个领职庙堂宴飨礼乐与兼管世俗烟花风月的机关。教坊实际上成为乐工与女妓的一种含混的代称符号，明人贬低乐工及从事礼乐职属人员的原因亦在于此。这无疑是对明代礼乐文化的一种极端讽刺：一方面强调礼法伦理，加强尊卑等级之差异，另一方面又极度贬低礼乐文化的执行者——以教坊为代表的乐籍体系。这种制度上的矛盾贯穿明朝一

① 转引自邓之诚：《骨董琐记》，第188页。

季，也成为明代文臣对明代礼教进行改革的重要原因。

（二）两宋酒楼歌馆与明初青楼营建

在宋代发达的说部笔记里，关于女妓的记载可谓繁夥耀目。女妓的称呼亦有数种之多，如官妓、营妓、校书、歌妓、饮妓、角妓、御妓、风声贱人等。然而这些名称多是宋人对女妓的散漫称呼，并无实际分属意义，宋代女妓仍延续前朝的职业分类——饮妓与歌舞妓。唐代官妓的生活范围多局限于宫廷王室、贵族大夫、游宦士子等社会上层，而两宋的女妓则越来越渗透至普通市民生活，成为城市生活中不可缺少的一部分。女妓服务范围的下移反映出两宋政府对女妓身份管理的松动，也折射出两宋城市经济的发达与市民娱乐生活的丰富。

降及两宋，女妓已经广泛地融入市民生活之中，女性职业化已为广大市民所接受，甚至市民多送子女习艺以增姿采。"京都中下之户，不重生男，每生女则爱护如捧璧擎珠。甫长成，则随其姿质，教以艺业，用备士大夫采拾娱侍。名目不一，有所谓身边人、本事人、供过人、针线人"。① 由此导致女妓群体的市民介入，从而产生"官私妓女"之分。两宋政府于此采取了默认的态度，从而形成一种法律意义上的认可，这无形中促进了宋代女妓文化的繁盛。宋代城市经济的发达与礼教控制的松弛都给市民的生计增添了一分"妓艺"情调，《东京梦华录注》之"饮食果子"条载："更有街坊妇人，腰系青花布手巾，绾危髻，为酒客换汤斟酒，俗谓之'焌糟'。"② 如此观之，此街坊妇人与在官之女妓已无职业之区别了。

宋代施行榷酒政策以扩大税收，为了推销酒类产品，朝廷建立了酒楼制度，这种制度逐渐把饮妓从教坊中剥离出去，从而形成了独特的酒楼文化，亦开启明代青楼文化之先河。榷酒亦称榷酤，是古代集权制国家对酒类的生产、销售、分配等环节进行政府性干预的一系列政策。北宋时期主要有官榷制、买扑制、榷曲制与特许酒户等形式，南宋时期又形成了隔槽法、赡军酒务、万户酒制与酒库等制度。不管采取何种形式，最大限度地扩大财政收入是榷酤政策的最终目的。为了刺激市民的酒类消费，两宋政

---

① （宋）洪巽：《旸谷漫录》，《说郛》卷七十三，中国书店1986年版。
② （宋）孟元老撰，邓之诚注：《东京梦华录注》，中华书局1982年版，第73页。

府采取了多种促销方式，当然女妓的参与是必不可少的。在酒库的开煮、治曲、榷卖等环节，政府都要隆重地举行宣传或推销等活动，而这些活动的主要参与者即是官私女妓，她们必须盛装艳服，驱马前导，以带动整个游行队伍。吴自牧在其《梦粱录》之"诸库迎煮"条中如此记到：

> 临安府点检所，管城内外诸酒库，每岁清明前开煮，中前卖新迎年，诸库呈覆本所，择日开沽呈样，各库预颁告示，官私妓女，新丽妆着，差雇社队鼓乐，以荣迎引。……其官私妓女，择为三等，上马先以顶冠花衫子裆，次择秀丽有名者，带珠翠朵玉冠儿，销金衫儿、裙儿，各执花斗鼓儿，或捧龙阮琴瑟，后十余辈，着红大衣，带皂时髻，名之"行首"，各雇赁银鞍闹妆马匹，借倩宅院及诸司人家虞候押番，及唤集闲仆浪子，引马随逐，各青绢白扇马兀供值。预十日前，本库官小呈；五日前，点检所金厅官大呈。虽贫贱泼妓，亦须借备衣装首饰，或托人雇赁，以供一时之用，否则责罚而再办。①

由此可知，宋代女妓有官、私之分，并且她们必须义务参加官府所组织的一系列社庆活动，否则会受到官方的责罚。酒楼与酒库是两宋官方酒酤的主要营业机构。在酒开卖时，为了扩大销售，政府亦会组织官私妓女来进行酒类的促销活动。她们的职责主要是劝酒助觞、歌舞伴宴等活动，孟元老在《东京梦华录注》中记载了北宋酒楼之女妓招客的场面："凡京师酒店，门首皆缚彩楼欢门，唯任店入其门，一直主廊约百余步，南北天井两廊皆小合子，向晚灯烛荧煌，上下相照，浓妆妓女数百，聚于主廊槏面上，以待酒客呼唤，望之宛若神仙。"②关于南宋酒楼（酒库）的榷卖方式，周密在其《武林旧事》中则记录甚详：

> 和乐楼、和丰楼、中和楼、春风楼、太和楼、西楼、太平楼、丰乐楼、南外库、北外库、西溪库。以上并官库，属户部点检。每库设"官妓"数十人，各有金银酒器千两，以供饮客之用。每库有只直者数人，

---

① （宋）吴自牧：《梦粱录》，中国商业出版社1982年版，第11页。
② （宋）孟元老撰，邓之诚注：《东京梦华录注》，中华书局1982年版，第71页。

名曰"下番"。饮客登楼，则以名牌点唤侑樽，谓之"送花牌"。元夕诸妓皆更番互移他库夜卖，各戴杏花冠儿，危坐花架。然名娼皆深藏高阁，未易招呼。凡肴核杯盘，皆各随意携至库中。初无庖人，官中趁课，初不藉此，聊以粉饰太平耳。往往皆学舍士人所据，外人未易登也。……又有小鬟，不呼自至，歌吟强聒，以求支分，谓之"擦坐"。又有吹箫弹阮、息气锣板、歌唱、散唱、散耍等，人谓之"赶趁"。[①]

根据周密的记载，我们可以窥略南宋酒楼制度的内部细节。南宋的酒楼与官库俱是官方商业机构，隶于户部点检司管辖。每个酒楼或酒库设有官妓数十人，但是值班的女妓却只有几个，称作"下番"。每至元夕，这些女妓需要转移至其他酒楼或酒库。酒楼不设厨房，酒客可以随意携带菜食肴核入库，但是名妓不肯轻易露面，往往被那些文人士子所占据。酒楼中有时会有一些卖唱的小鬟来此讨些生计，称作"擦坐"，又有一些散乐艺人来此"赶趁"讨钱。可知，酒楼中的女妓不以乐舞为职，否则不会让一些卖唱的散乐艺人抢了生意。那么，唐代女妓的另一重要分支——歌舞妓演变得如何了呢？

唐代宫廷教坊逐渐演变为两宋市井的歌馆茶坊。歌馆茶坊多以休闲娱乐为主，环境雅致风趣，别有洞天。茶坊多以伎艺趣玩引客留足，有人情茶坊、水茶坊之别。《都城纪胜》记载了这两种茶坊之区别：

> 茶楼多有都人子弟占此会聚，习学乐器，或唱叫之类，谓之"挂牌儿"。人情茶坊，本非以茶汤为正，但将此为由，多下茶钱也。又有一等专是娼妓弟兄打聚处；又有一等专是诸行借工卖伎人会聚行老处，谓之"市头"。水茶坊，乃娼家聊设桌凳，以茶为由，后生辈甘于费钱，谓之干茶钱。[②]

所谓茶坊并非是卖茶售汤的地方，其实更像是一种艺人与观众聚会的娱乐会所。一种是人情茶坊，有的是乐人子弟聚会练习之处，有的是诸行

---

① （宋）周密：《武林旧事》，西湖书社 1981 年版，第 93 页。

② （宋）灌圃耐得翁：《都城纪胜》，中国商业出版社 1982 年版，第 7—8 页。

散乐伎人谋事之所,客人交纳些"茶钱"便可于此消闲娱乐。另有一种是水茶坊,乃歌舞妓之会聚之所,她们精擅声色歌舞,靓装粉面,朝歌暮弦,荡人心魄。周密在《武林旧事》中详细地记录了这种茶坊的经营方式:

> 平康诸坊……皆群花所聚之地。外此诸处茶肆……各有等差,莫不靓妆迎门,争妍卖笑,朝歌暮弦,摇荡心目。凡初登门,则有提瓶献茗者,虽杯茶亦犒数千,谓之"点花茶"。登楼甫饮一杯,则先与数贯,谓之"支酒"。然后呼唤提卖,随意置宴。赶趁、祗应、扑卖者亦皆纷至,浮费颇多。或欲更招他妓,则虽对街,亦呼肩舆而至,谓之"过街轿"。前辈如赛观音、孟家蝉、吴怜儿等甚多,皆以色艺冠一时,家甚华侈。[①]

水茶坊与歌馆均为乐妓会集之地,她们以声乐歌舞取悦于客人。客人于此亦可置宴添酒,随意提卖,甚至可以招引他妓于此助饮。

两宋酒楼与歌馆茶坊虽然均有女妓承应,然而却多有不同之处。歌馆茶坊多以歌舞声乐为主业,适合文士觞聚宴筵、诗酒文会等;酒库却以劝酒助筵为务,女妓多饮宴酒纠之属,环境亦多奢华喧噪。而从经营管理等方面来说,酒楼(酒库)是国家经营的酒类营销机构,是一种具有多种营业方式的"国有企业",歌馆茶坊则是城市私人经营的歌舞娱乐场所,相当于现代的高级娱乐会所。

宋代歌馆茶坊与酒楼制度与明代的青楼营建有着千丝万缕的联系。揭橥两宋的酒楼与歌馆中女妓的生活境况,更能深刻地理解明代青楼文化的历史状态。明初,政府实行两宋的酒楼制度,朱元璋于金陵广建酒楼以宴群臣及天下士子。《万历野获编》之"建酒楼"条载:

> 洪武二十七年,上以海内太平,思与民偕乐,命工部建十酒楼于江东门外,有鹤鸣、醉仙、讴歌、鼓腹、来宾、重译等名。既而又增

---

① (宋)周密:《武林旧事》,西湖书社1981年版,第95页。

作五楼，至是皆成。诏赐文武百官钞，命宴于醉仙楼，而五楼则专以处侑酒歌妓者。盖仿宋世故事，但不设官酝以收榷课，最为清朝佳事。[①]

朱元璋仿继两宋制度于江东门外建十五酒楼，一方面有粉饰太平、与民同乐的用意，另一方面也表现出明朝对汉统承继的思想。这种接纳士人官宦的酒楼歌宴，无疑是朝廷礼遇士人臣子的最佳馈赠。然而明初所建酒楼只是一个粉饰太平的象征而已，已不是专门推销酒务的营业机构了。据明代笔记所推断，明初所建十六楼当朝廷赏宴百官及中举士子之所，普通世人则很难有此殊荣。由明初文人所载之诗歌可知，明初酒楼已兼具宋世歌馆与酒楼之性质，其中官妓亦兼有乐舞妓与饮妓两种属性。

然而明初士人的这种"荣耀"并没有持续多久，由于官员退朝后多饮宴于酒楼，以致害政废务，所以明宣宗废除了明初朱元璋所实行的官妓制度，余继登在《典故纪闻》中记载："宣德四年八月，宣宗谕礼部尚书胡濙曰：'祖宗时，文武官之家不得挟妓饮宴，近闻大小官私家饮酒，辄命妓歌唱，沉酣终日，怠废政事，甚者留宿，败礼坏俗。尔礼部揭榜禁约，再犯者必罪之。'"[②] 由此，金陵诸酒楼亦与富乐院一样，成为士人庶民的专有娱乐场所。

（三）宋元行院与明代乐户

对于"行院"的起始问题，近世研究者众说纷纭，然而细究之，不外乎"行业"与"艺人"之指称而已。宋代已出现"行院"之称谓，是指某一行业的集体自助组织。南宋车若水在《脚气集》中记录了当时的"行院"组织概况：

> 刘漫塘云：向在金陵，亲见小民有行院之说。且如有卖炊饼者自别处来，未有其地舆资，而一城卖饼诸家便与借市，某送炊具，某贷面料，百需皆裕，谓之护引行院，无一毫忌心，此等风俗可爱。[③]

---

① （明）沈德符：《万历野获编》，中华书局 1959 年版，第 899—900 页。

② （明）余继登：《典故纪闻》，中华书局 1981 年版，第 167 页。

③ （宋）车若水：《脚气集》，《丛书集成新编》第 87 册，新文丰出版公司 1985 年版，第 203 页。

　　由此可知，"行院"多是指城市商人为扶植本行业发展而自发建立的自助组织。马致远在其杂剧《任风子》第一折云："非是我自夸，伊亲眷，都是些屠行院。"这里当指屠户所建立的行业组织。社会上的各种帮会亦有自己的行院组织，在《古今小说》之《宋四公大闹禁魂张》中，有宋四公之言："这汉与行院无情，一身线道，堪作你家行货使用。"于此行院则专指帮会组织。

　　在宋人笔记里，与"行业、帮会、同行"等意义相并列的"行院"，亦指称专擅歌舞曲艺的伎艺人。周密《武林旧事·社会》所载曲艺团体中就有"翠锦社"一目。在罗列的诸多曲艺中，行院与杂剧、唱赚、小说、影戏等相并列。朱权《太和正音谱》卷上《词林须知》对"杂剧"[①]有此论述："杂剧之说，唐为传奇，宋为戏文，金为院本杂剧合而为一，元分院本为一，杂剧为一。杂剧者，杂戏也；院本者，行院之本也。"由此可推断周密所指的行院，当是一种与杂剧相类之伎艺，并借此以称呼行院表演者，如《宦门子弟错立身》第十四出："你与我去叫大行院来，做些院本解闷。"由此可略为推断，周密所列之"翠锦社（行院）"可能即行院所编演之"院本"。那么，行院亦可解释为以编演院本为职业的乐人组织。

　　熊梦祥在《析津志辑佚》中记载了元代行院伎人的活动情况："南北城人于是日赛关王会……若鼓乐行院，相角华丽，一出散乐所制。"[②]"凡社直、一应行院，无不各呈戏剧，赏赐等差。"[③]《水浒传》中亦有多处表述行院艺人的演出情况，《水浒传》第二十回阎婆夸赞女儿道："我这女儿长得好模样，又会唱曲儿，省得诸般耍笑；从小儿在东京时，只去行院人家串，那一个行院不爱他？有几个上厅行首，要问我过房几次，我不肯。"第二十七回，孙二娘告诫武松道："第二等是江湖行院妓女之人，他们是冲州撞府，逢场作戏，陪了多少小心得来的钱物，若结果了他，那厮们你我相传，去戏台上说得我等江湖上好汉不英雄。"第五十回描写行院白秀英的表演："在勾栏里说唱诸般品调，每日有那一般打散，或是戏舞，或是吹弹，或是歌唱，赚得那人山人海价看。"由材料可知，在元代行院已

---

①　杂剧之名，宋元明诸朝皆有不同指归，此则当指流行、成熟于元代的杂剧体裁。

②　熊梦祥：《析津志辑佚》，北京古籍出版社1983年版，第40页。

③　同上书，第215页。

固定成为职业乐人的专称了。与行院相对，亦有不隶官府、各地奔演的"路岐"艺人，《武林旧事》中记载："瓦子勾栏，城内隶修内司，城外隶殿前司，或有路岐不入勾栏，只在要用宽阔处做场者，谓之'打野呵'，此又艺之次者。"①

在元代说部、杂剧、散曲等文学体裁之中，"行院"几乎全部指称曲艺伎人。乔吉《两世姻缘》第一折《混江龙》中记载："我不比等闲行院，煞教我占场儿住老丽春园。卖虚脾眉间眼角，散和气席上尊前。是学得击玉敲金三百段，常则是撩云拨雨二十年，这家风愿天下有眼的休叫见。我想来但得个夫妻美满，煞强如旦末双全。"元人高安道的《嗓淡行院》、无名氏之《拘刷行院》等作品，都描写了行院艺人的生活状态。夏庭芝的《青楼集》亦记录了元代诸多行院艺人的真实生活。根据《青楼集》所记载的资料，元代行院艺人主要是指擅长杂剧、百戏、歌舞的乐人。

元朝施行粗放的户籍管理方式，依职业而划定户籍，因为诸般曲艺皆与音乐相关，所以习艺乐人均隶乐籍。元代政府设立了严格的户籍界限，乐籍被视为娼贱阶级，与乐籍相关之音乐、曲艺亦被视为鄙贱之业，元代法律禁止其他户籍属民涉足音乐、曲艺诸领域。元代法典《通制条格》之"搬词"条规定："除系籍正色乐人外，其余农民市户良家子弟，若有不务本业，习学散乐、搬演词话，并行禁约。"②然而这一政策的执行并不理想，元代有很多士人参与了戏曲的创作，甚至还有人登台演出，如关汉卿辈。元代政权则将户籍与职业相关联，这种户籍与职业相联属的粗放管理方式同元代游牧民族的性格有密切的关系。粗放的管理方式混淆了各行业的职业界限，女妓、伎艺人与乐工等群体在元代已被笼统地归为"乐籍"了。正因如此，马可波罗在其游记中才会有如此记载："新都城和旧都近郊公开卖淫为生的娼妓达二万五千余人。"③

明代继承了元代这种粗放的户籍管理方式，正如笔者前面所论述，明代把乐工与女妓统一目为乐籍。明初笔记、戏曲多以"行院"指称女妓，盖沿袭元代"行院"的说法。《警世通言·万秀娘仇报山亭儿》两次提及"开

①　（宋）周密：《武林旧事》，西湖出版社1981年版，第93页。
②　（元）《通制条格》，浙江古籍出版社1986年版，第289页。
③　（元）马可波罗：《马可波罗游记》，福建科学技术出版社1981年版，第97页。

茶坊的行院"，此茶坊当是女妓会聚之所，而行院正是乐户之专称。明制亲王藩府设教坊以备礼乐之用。朱有燉是朱元璋第五子周定王的长子，世袭王位，其府下必有领属乐户，因此他对乐人的生活有深刻的体会与同情。但是这种同情与怜悯不无居高临下的俯视与说教意味，朱有燉的九部烟花杂剧 ① 记录了明初行院女妓的真实生活。朱有燉塑造与褒扬的人物都是女性乐户，对于男性乐人朱氏似乎并没有多大的兴趣，这就决定了他社会改造的局限性。在这一点上，朱有燉与关汉卿有着很大的区别，朱有燉认为行院的卑贱身份与生活境况是一种原罪事实，是不可抗拒的，因此他强调女妓的原罪与自我救赎；关汉卿所描写的行院女妓多面对现实，智慧乐观，她们积极地去面对生活，而不是像朱有燉所塑造的行院女妓一样选择逃避。正因如此，当我们去体悟这两类戏剧作品时，在关汉卿的世界感到了生存的快乐，而朱有燉所反映的行院生活则充满了无助与绝望。

在朱氏的烟花杂剧中，共涉及乐户十几家，近三十个乐人。明代行院乐人均隶乐籍，且世代承袭，如《桃源景》里的藏家、李橘园奴家等户均是隶于保定府的世袭乐户，《悟真如》里的李妙清家虽然数次迁居，但仍不脱乐籍。行院乐人多行内结婚，《桃源景》中其母对桃源景说："你是乐人，不嫁俺行院，那个良人肯娶你。"桃母的劝诫的确是经验之谈，乐籍在明代仍旧被视为低贱之人，良人与乐人通婚亦被世人所排抵，这种行为一直到明中后期才有所改观。明代政府鼓励良家子弟入学，却强调"惟娼优隶卒之家不与"，② 乐户刘鸣高与女儿刘盼春就看不懂周恭写的书信。

女性乐人是行院人家的主要经济支柱，她们为了家庭生活不得不卖唱于市井之中，"每日家踅街转巷""串了些茶坊酒肆"，除此之外，还要应付地方官府的无休止差遣，"每日家迎官接客，不得安闲"。隶属地方的行院乐户以歌舞伴宴为职业，多游于街巷酒馆等地，刘金儿回忆她做行院时的生活，"已前做行院呵，现成吃，现成穿，到处唱去，酒席上好吃的包了，

---

① 在朱有燉创作的杂剧中，以风尘女子为描写对象的有十几部，其中九部最为重要，它们分别是《甄月娥春风庆朔堂》《慧禅师三度小桃红》《李亚仙花酒曲江池》《李妙清花里悟真如》《美姻缘风月桃源景》《宣平巷刘金儿复落娼》《刘盼春守志香囊怨》《兰红叶从良烟花梦》《小天香半夜朝元》。

② （明）黄佐：《泰泉乡礼》卷三《乡校》，转引自《元明清三代禁毁小说戏曲史料》三编，第 186 页。

逍遥自在，那条街上不得走，随心满意"，甚至"那个汉子不得养，无明无夜，那个店里不得睡"（《复落娼》）。在《卖油郎独占花魁》中，刘四妈讲出了行院人家的女儿生活："我们门户人家，吃着女儿，用着女儿。侥幸讨得一个像样的，分明是大户人家置了一所良田美产。年纪幼小时，巴不得风吹得大；到得梳弄过后，便是田产成熟，日日指望花利到手受用。前门迎新，后门送旧，张郎送米，李郎送柴，往来热闹，才是个出名的姊妹行家。"当一种劣性的思想成为一种司空见惯的社会事实，而没有人去怀疑否定它的时候，这确实是行院制度的悲哀了。行院女妓的人格地位可以从刘盼春的话语中得晓：

> 俺行院人家妇女十分艰难，吃饭又齷齪，又不曾行一日快乐。
>
> （滚绣球）靠前呵，官长们骂俺忒自轻；靠后呵，子弟们怪俺不顺情。志诚呵，又道是老实头不中亲幸；随和的又道是看不上贱身形。年长的人道是巴馒玲，年幼的人道是小鬼精，年高的人道是老虔婆狠毒心性。但有些钱呵，又道是豪旺了那五奴撅丁……我想来便驴骡也与他槽头细草添三和，便猪狗也道他命里粗糠有半升，偏偏这乐人家寸步难行。（《香囊怨》）

由于地处偏远、习艺不精等原因，行院女妓的命运远非两京教坊或淮扬名妓那样惹人注目。当寓居秦淮的文人用生花妙笔去勾勒"教坊"名妓的倩影时，她们也许正在僻陋的郡县"行院"中卑微地生活。笔者仍然认为，历史能够留存下来的只是冰山一角，不管是教坊名妓、行院女妓，抑或是私窠淫娼，她们都是整个乐户历史的一片云影。笔者有意揭开地方行院生活的面纱，也正是为了让研究者更加全面地了解明代乐户阶层的真实生活，而不仅仅是留视于秦淮那些耀眼名妓光晕之下。

（四）乐籍制度与青楼名妓

才子文人与青楼女妓的情意眷恋以及约属婚姻之故事，一直是文人案头的理想题材。然而，文学作品中往往被倾注了过多的文人理想，而与现实产生巨大的差距。与狭邪文学中的"士妓婚恋"故事相比，明代行院女子与文人士大夫之交往，更表现为一种相对自由、平等的两性关系。这种意识并不仅是女妓的个体精神之体现，它有着深层的乐籍制度与法律基础。正是这种相对稳定、富足而自由的环境塑造了青楼女妓的个性精神，也造就了明代独特的青楼文化。

名妓蒋四娘①与状元吕苍臣的故事，体现了青楼女妓的独立、自主之精神。吴门名妓蒋四娘嫁于状元吕苍臣，环境优越，生活富足，然而蒋四娘仍留恋青楼生活，最终又重回金陵以操旧业。蒋四娘对此有如下解释：

> 人言嫁逐鸡犬，不若得富贵婿。我谓不然。譬如置铜山宝林于前，与之齐眉举案，悬玉带金鱼于侧，与之比肩偕老，既乏风流之趣，又鲜宴笑之欢，则富贵婿犹鸡犬也，又奚恋乎！尝忆从苍臣于都下时，泉石莫由怡目，丝竹无以娱心。每当深闺昼掩，长日如年，玉宇无尘，凉蟾照夜，徙倚曲栏之间，怅望广庭之内，寂寂跫音，忽焉肠断。此时若有一二才鬼，从空而坠，亦拥之为无价宝矣。人寿几何，难逢仙偶，非脱此苦海，今日安得与君坐对也？②

在传统士人看来，蒋四娘抛弃令世人羡慕的名利地位而重返青楼的举措无疑是自甘下贱、甘愿沉沦的人格写照，因为故事本身就是对传统士人文化——儒家文化的一种有力挑战，对士人之优越感的极度蔑视。

青楼女妓以及其背后所代表的乐户群体，是一个独立于传统士农工商四大户籍之外的户属。乐户是古代政权为了传承朝廷礼乐文化而设置的一个以乐舞为职属的户籍群体。乐籍制至迟在北魏已形成。《魏书》之"刑法七"载："有司奏立严制，诸强盗杀人者，首从皆斩，妻子同籍，配为乐户；其不杀人，及赃不满五匹，魁首斩，从者死，妻子亦为乐户。"③其后历朝皆有专执音乐歌舞、祭祀礼乐之乐户。降及明代，朱元璋在继承前朝

---

① 蒋四娘者，小字双双、兰芬，名号淑芳，排行第四，故曰四娘，住金陵旧院鸡鹅巷。潘之恒称评其妓品为"女状元"，《亘史钞》有记。

② （清）顾公燮等：《丹午笔记·吴城日记·五石脂》，江苏古籍出版社1985年版，第121页。此则又转载于钮琇所著之《觚剩》，而文字略有变通。

③ （明）林尧俞等：《礼部志稿》，文渊阁影印《四库全书》第597册，台湾商务印书馆1985年版，第2888页。

乐户的基础上，又将元朝罪宦子女发配富乐院，永乐时朱棣籍建文旧臣妻孥入教坊，此实明代乐籍之主流。

乐户世代以祭祀礼乐、宴饮歌舞为职，在京者隶于教坊，于州府郡县则为乐户。谢肇淛的《五杂俎》载："两京教坊官收其税，谓之脂粉钱。隶郡县者则为乐户，听使令而已。"[1]由此可推断，行院是州府郡县等地方乐户的组织与称呼，而教坊则单指称以南北两京为代表的乐户组织。乐户群体在历史的传衍过程中，受制度的压迫、职业之承习等因素而逐渐形成了自己的乐籍文化。因为同属于声乐歌舞体系的关系，女妓与其他的伎艺人被统一编为乐户组织。这样，服务于内廷饮宴歌舞的女妓群体与供奉庙堂祠祭乐舞的礼乐人，被统一划到了礼部管理之下。女妓文化与乐籍文化亦逐渐融合而产生了独特的明代青楼文化。正因如此，明代青楼的经营有着前代所未有的优越条件，这表现在司法的独立、生活的稳定与地位的提升诸方面。

明代乐户享有独立的管理体系与司法机构。《板桥杂记》载："乐户统于教坊司，司有一官以主之，有衙署，有公座，有人役、刑杖、签牌之类，有冠有带，但见客则不敢拱揖耳。"[2]教坊是礼部下属的一个职能部门，礼部享有对乐籍的独立司法权，《万历野获编》之"乐工道士之横"载：

> 伶官之盛莫过正德，道流之盛莫过嘉靖，然成化间已滥觞矣。如教坊司奉銮臧庸奏，旧制宿娼者犯罪追赃不得累及乐户，犯罪止由礼部行提，别衙门不得擅拘，宜遵此制。上下刑部议，谓盗贼赌博德匿娼家，其不知者宜依旧制，其知而容隐者仍究问为是。若犯罪者则不由兵马拘提，宜如所奏。上允之。[3]

除此之外，乐户在生活福利之保证、劳役征赋之豁免，以及人身自由等方面均享有诸多优势条件。乐户人员承担宫廷及地方的礼仪祭祀等职责，不仅享有赋税的豁免权，而且有柴米之俸。《大明会典》卷四十二"户部"

---

[1]（明）谢肇淛：《五杂俎》，上海书店出版社2001年版，第157页。

[2]（清）余怀著，李金堂校注：《板桥杂记》，上海古籍出版社2000年版，第8页。

[3]（明）沈德符：《万历野获编》，中华书局1959年版，第700页。

载："教坊司俳、色长月支米六斗，乐户月支米五斗。"①地方的乐户在供奉职责之外，仍可保留田产，且无丁银田赋之责。《实政录》卷五《乡甲约》之"禁谕乐户"条载"乐工有地者，既纳粮差又朝贺祭祀，接官一岁，在官不减一月。原无工食丁银免出。盖下三则，人户力差银差二者，无并出之法也"。②此外，乐户亦多置外业以自养，技艺精湛者置青楼歌馆以殖产，卑微鄙陋者充下里鼓吹而谋生。周晖的《金陵琐事》之"节料"条载："教坊司每于岁首五日内，或四人，或五六人，往富贵人家奏乐一套，谓之'送春'，又谓之'节料'。主人皆有以赏之。"③在明代中后期，社会经济的发展与市民活动的繁盛，更促进了行院青楼的发展，以致谢肇淛有"今时娼妓布满天下"之论。

不仅如此，乐户内部结亲的婚姻传统也保证了青楼体系的稳定与传衍。明代青楼是以行院为基础而组织的经营体系。行院是明代乐户以家庭为单位而建立的行业组织，其中一部分乐户以歌舞伎艺服务于市民士夫而谋取生活，此即是明代青楼的原型。明初，行院乐户多籍内通婚，亦有部分女妓与商、农、工等户属联姻，而较少有与官宦士绅相婚娶的现象。明代法律于此有明确之禁令，《大明会典》之"娶乐人为妻妾"条载："凡官吏者，杖六十，并离异。若官员子孙娶者，罪亦如之……（乐户）凡家长与奴娶良人为妻者，杖八十。"④然而这种法令至明代中后期已近于空文，传统户籍界限之消泯使乐户籍外通婚成为一种平常现象，女妓从良落籍亦仅需一纸手续与不等数量之赎金而已。明代统治阶级为了维护士人的优势地位，有意识地划定乐籍的卑贱身份，却在无意间促进了乐户体系的稳定。明代行院体制的建立，在使女妓充分享有生活保障、人身权的同时，也为女妓的交往与婚姻大开方便之门。

当然，明代青楼中尚有许多非亲生之女子，她们多由人贩鬻卖于行院人家。明代中后期，人口买卖严重，诸如京师之"燕姬"、扬州之"瘦马"，即其典型："缙绅羁宦都下，及士子卒业辟雍，久客无聊，多买本京妇女

---

① （明）申时行等：《大明会典》，《续修四库全书》，上海古籍出版社1984年版，第792册，第764页。

② （明）吕坤：《实政录》，《续修四库全书》第753册，上海古籍出版社2002年版，第358页。

③ （明）周晖：《金陵琐事》，南京出版社2007年版，第156页。

④ （明）申时行等：《大明会典》，《续修四库全书》，上海古籍出版社1984年版，第11页。

以伴寂寥。"①

> 维扬居天地之中，川泽秀媚，故女子多美丽，而性情温柔，举止婉慧。所谓泽气多，女亦其灵淑之气所钟，诸方不能敌也。然扬人习以此为奇货，市贩各处童女，加意装束，教以书、算、琴、棋之属，以徼厚直，谓之"瘦马"。然习与性成，与亲生者亦无别矣。②

严格地讲，燕姬、瘦马与行院女妓并无实质之等同关系，她们多被仕宦富商买为姜婢，而非转鬻于乐户行院。虽然明代严禁人口买卖之行为，但实际上由于明代中后期社会控制的松弛与人口滋繁、青楼繁盛及姬侍需求增大等原因，女性作为一种商品而进行人口买卖之活动，在世俗社会中已得到一种认可，而政府亦表现为一种默许的态度。

行院乐户的职业稳定性以及交往活动的广泛性，都为青楼女妓之独立、自主意识的形成起到了相当大的促进作用，在明代的说部中可以很容易找到这样的佐证。《列朝诗集小传》所载之诗妓多明显地表现出这种独立与平等的意识。

> 燕如，名丽华，小字宝英。父锐，善音律，武皇帝征入供奉，丽华年十三，隶籍教坊。容色殊丽，应对便捷，能缀小词，即被入弦索中。性豪宕任侠，数致千金数散之。与名士朱射陂、陈海樵、王仲房、金白屿、沈勾章游。年即长，尽捐粉黛，杜门谢客，而诸君与之游，爱好若兄妹。沈勾章为作传曰："赵不但平康美人，使其具须眉，当不在剧孟朱家下也。"③

赵燕如之父供奉于武宗皇帝，生活条件自然优越于他处青楼女子，但

---

① （明）沈德符：《万历野获编》卷二十三之"燕姬"条，第597页。
② 谢肇淛：《五杂组》卷八人部四。此外，《万历野获编》之"广陵姬"、《陶庵梦忆》之"扬州瘦马"、《巢林笔记》之"瘦马家与白蚂蚁"等于此均有记载。《陔余丛考》以为其义得自白居易诗《有感三首》："莫养瘦马驹，莫教小妓女。后事在目前，不信君看取。马肥快行走，妓长能歌舞。三年五年间，已闻换一主。"
③ （清）钱谦益：《列朝诗集小传》，上海古籍出版社2008年版，第763—764页。

是赵燕如仍然与其他教坊女子一样与文人酬唱交往，可见明代乐户女子比传统闺阁妇女拥有更加自由的生活状态。而朱射陂、陈海樵诸名士与赵燕如所产生的"爱好若兄妹"的感情，亦必然是两种文化相互理解、相互包容的结果。

青楼女妓之独立意识与士人自主、平等之思想在明代说部文学中在在有之。江夏营妓呼文如与楚地士子丘谦之的曲折爱情是明代士妓恋情的一则佳话。呼文如与丘谦之于黄州一见钟情。两人盟誓之初，呼文如即对丘谦之有明确的人生判断："观君性气，非老于宦海者。君散发，我结发，当不远矣。"果如其言，谦之上任不久即罢官归里。后来，文如雪夜访谦之，遂委禽成礼，两人遍游名山大川，弹琴赋诗以终其身。究其实，两人之结合多因文如之功，文如之才气、果断及禀赋均远超谦之，正如朱彝尊所论："文如所取于谦之者，以意气相倾悦耳，非以其诗也。"①

明中后期，这种融合趋势更加明显，钱谦益和柳如是之结合亦是青楼之独立意识与文人平等心态的最佳证明。柳如是与宋辕文、陈子龙、谢三宾之交往，乃至"崇祯庚辰冬，扁舟访宗伯，幅巾弓鞋，着男子服，口便给，神情潇洒，有林下风"②都带有强烈的自主意识与自信心态。至柳如是嫁钱谦益之后，钱柳二人生活相当惬意，乃有代钱酬客、代钱访客之举。"登龙之客，沓至高间。有时貂冠锦靴，或羽衣霞帔，出与酬应。否则肩筈舆访于逆旅。清辨泉流，雄谈锋起，即英贤宿彦，莫能屈之。宗伯殊不芥蒂，曰'此吾高弟，亦良记室也'"。③钱谦益以"高弟"相称柳如是，可以看出钱柳之间的平等意识，而柳与钱门访客之论辩交锋亦可看出士人于柳之欣赏心态，由此折射出明代后期青楼文化的独特风情。

以乐籍制度与行院体系为背景的明代青楼名妓，有着相对稳定、富足而自由的生活空间。正是这种相对优越的环境造就了青楼名妓的独立、自主而个性鲜明的人格精神。正因如此，明代青楼女妓才会赢得广大文人士子之青睐，才会有明代中后期出现的青楼狂热与狭邪崇拜。明代青楼之诗词题咏、士妓酬唱与发达的说部、戏曲等文学，都有着割舍不断的联系。

---

① 故事见于丘谦之所撰之《遥集编序》，引自《列朝诗集小传》，第745—746页。
② 范景中、周书田编纂：《柳如是事辑》上编卷一，中国美术学院出版社2002年版，第5页。
③ （清）钮琇：《觚剩》卷三《吴觚下》，上海古籍出版社1986年版，第49页。

三　青楼世界的文人文化营造

（一）青楼营建的文化背景

用青楼来代替北里、狭邪、行院、平康等文化符号，本身就带着文人意味的情意缠绵。青楼文化是文人对女妓及其生活环境的一种诗意阐释。青楼、女妓与文人共同营建了一种供世人娱乐的青楼世界。青楼世界的营建离不开三个不可或缺的文化元素：别有情致的诗意空间、诗酒斗艳的青楼女妓与选歌征艳的风流文人。

当描述青楼世界时，我们不能忽略一个因素，就是社会的主导文化，即在特定时期、特定社会的统治政权所推奉的官方文化，及在此基础上所形成的精英文化。自汉武帝"罢黜百家、独尊儒术"的文化改革之后，中国古代政权的文化外衣似乎就只有"儒家"一件了，自此儒学及其所代表的士族文化就成为整个古代社会的主导文化了。但是任何一个强势的政权都不可能做到思想文化的绝对统一，因为生存环境、族群文化等条件的差异，主流文化之外仍然存在诸多亚文化梯层。由于世俗政权的强力推行，主流文化给其他亚文化施加了强大的向心力，从而使亚文化向主流文化表现出了强势的靠拢姿态。

青楼文化就是这种亚文化向文人文化偏移的一个典型。明代青楼文化是乐籍文化与女妓文化相融合的产物，乐籍是青楼文化的现实基础，女妓则是青楼文化的主体。乐籍所代表的社会音乐体系本身就包含着雅文化的成分，女妓群体则承担着服务士人的职责。与其说青楼是城市娱乐文化的活动单元，不如说青楼是男人家庭关系之外的休闲乐园。

在儒家的伦理关系构建里，家庭中的男女角色之间（包括男性与妻妾、侍婢、家妓等）都是具有特定意义的契约关系。妻妾的作用在于持家与传衍子嗣，侍婢与家妓则更倾向于单纯的服侍。在精力过剩的男性看来，这种关系的维持无疑是无生机与活力的，因此他会寻求一种更加刺激的方式，如私通、偷情、逛妓院等。但是在"男女大防"的社会里，私通与偷情是冒很大风险的犯罪举动，而妓院则是相对更合适的选择。从这种意义上讲，妓院实在是儒家伦理关系的一个重大"补救措施"了。

对于未进入夫妻生活的纨绔子弟、游宦士子来说，青楼则更是一种体验两性快乐的场所了。在这些年轻人看来，青楼提供的不仅仅是两性关系上的肉欲快感，它更像是双方求偶的环境与场所。在唐宋至明清的说部、戏曲等文学中，我们很少发现那种纯粹为了纵欲而去青楼的士人才子，他们大多是抱着寻求一个伴侣的心态而沉溺于青楼的。对于青楼女妓来说，这些来客带来的不仅是金钱、欢笑与娱乐，还有脱身娼籍的机遇。与传统的良家妇女相比，青楼女妓亦有相对自由的择偶条件，明代《青机轨范》中所总结的男性追求女妓的手段与技巧，都说明了青楼女妓择配的相对自主性。余怀在其《板桥杂记》中记载了这种事实："曲中女郎，多亲生之，母故怜惜倍至。遇有佳客，任其留连，不计钱钞，其伧父大贾，拒绝弗与通，亦不怒也。从良落籍，属于祠部。亲母则所费不多，假母则勒索高价，谚所谓'娘儿爱俏，鸨儿爱钞'，盖为假母言之耳。"①这种家庭式的生活氛围也成为已婚男子留恋青楼的一个重要原因。

男性如果要维持与一位女妓的交往关系，往往需要付出相当的精力与物力。西门庆"梳拢"李桂姐所投入的资金至少也有近百两吧，此外还不包括李桂姐的包身银——每月三十两。如果再加上其他日常生活、酒宴开销等消费，一般人是很难承受的，此即青楼被称为"销金窟"的原因之所在。《元明事类钞》卷三十三之"沉荷百缸"记录了这样一个故事：

> 明诗话：陆启浤性豪迈，尝大会词人于桃叶渡。妓有红菊者倚船窗曰："今日之集惜无两岸芙蕖耳。"翌日，陆复张宴渡头。至则清风拂席，荷香袭人，四座莫测其故。盖先一日以善价购得荷百缸碎而沉之，自是十四楼中奉为上客。②

仅为博女妓一笑就沉荷百缸，陆启浤的豪爽确实让人震惊。此亦不为

---

① （清）余怀著，李金堂校注：《板桥杂记》，上海古籍出版社 2000 年版，第 6 页。
② 孙静庵著，赵一生标点：《元明事类钞》，浙江古籍出版社 1985 年版，第 186 页。

甚，亦有为行院人家架楼构屋、豪掷千金的狭邪狂豪，潘之恒的《亘史钞》就记载了这样一则轶事：

> 旧院琵琶巷故有楼子董之名，以文华、秀华、文英竞爽鹊起。新都豪士黄天锡者，隐迹混众人装束，独身求偶。董氏识其非凡，推秀华当寝，设嘉宴三日夜，不问其姓字。临别语之曰："诘朝令一介来，将有致。"董氏佯诺，故不遣。越三日而纪纲自江上传主人命，致楠杉千章、金百镒，与匠作俱来，烦为起一宅。主人当落成之竟，不告姓字去。及楼子成而黄乘坚策骏杂沓至。董氏待之如前无加礼焉。至今宫室之丽，称董楼子家。[①]

像黄天赐般一掷千金的故事在青楼世界屡见不鲜，而行院名妓的非凡识鉴力确非寻常人可比。虽然在青楼世界毁家败业、醉生梦死的人比比皆是，但是它仍然吸引了众多的狭邪子弟沉溺于此。由此也引起了明代士人对青楼的强烈谴责。《山中一夕话》卷二"娼妓赋"反映了世人对青楼的普遍认识：

> 渠本娼流，素非雅族。山鸡野雉，家莫能驯；路柳墙花，人皆可折。调脂弄粉，装成娇艳规模；莲步柳腰，扮作轻盈体态。倚门卖俏，傍户招商。贪钱财，并不论贵贱高低；滥交接，全不顾尊卑上下。东家饮而西家宿，甘为逐水之桃花；张家妇而李郎妻，愿作章台之杨柳。然而习染虽异，嗜欲则同。岂无眷恋俊俏之情，亦有绸缪可人之意。奈何撅丁爱钞，势驱美女弄奸心；老鸨图钱，威逼娇娥生巧计。是以歌舞地、风月场，摆一个迷魂阵势；教坊司、勾栏所，砌几只泼雪汤锅。枕簟间暗藏剑戟；管弦内潜伏刀兵。初来财货充盈，便作粉蝶恋花之状；已而囊箧匮乏，顿兴金蝉脱壳之谋。立海誓、订山盟，皆是骗人圈套；烧香疤、剪青发，总为觅利虚情。临别时，假作短叹长吁，出门莫记。送行酒，强妆愁眉泪眼，转足便忘。此乃妓家之故习，而

---

① （明）潘之恒：《亘史钞》，《四库全书存目丛书》子部 193 册，第 565 页。

子弟所宜龟鉴者也。可不戒哉。①

此谐谑文直可与成书于万历年间的《嫖经》相互解。②在普通世人看来，行院是一个充满机关陷阱的烟花洞穴。青楼女子娇艳欲滴、春色荡漾、勾人心魄，虽然有如此之美妙，却难以改变她们那种倚门卖俏、水性无常、尊卑不分的行业特点。然而作者在强调脂粉骷髅、风月机关的时候，却仍然给青楼女子一种善意的同情："岂无眷恋俊俏之情，亦有绸缪可人之意。"风月虽有机关重重，然而不乏真情实意者，正所谓有陷阱、有机关，才会有真情，才会更动人心魄。青楼正是一种让人充满爱恋、欣羡、恐惧、警戒诸多矛盾的情感世界，正因如此，才会使众多的狭邪子弟倾家荡产、乐此不疲。

这些描写青楼机关的谐谑文字在晚明不可胜数，却从侧面反映出了青楼文化在明代文人心中的复杂情结。那些腰缠万贯的富商巨贾、风流不羁的达宦子弟，自然没有因沉溺青楼而耗资毁家的忧虑，所以在这些人看来青楼无疑是人间美境了。缠绵于此的余怀、冒襄、钱谦益等人，无不是家财丰厚的仕宦乡绅，他们的纵情诗酒、征歌选艳自然不会有普通世人的那种"吃葡萄"心理了。而对普通士民来说，沉溺于青楼则代表着不务正业、挥霍祖业。正因如此，青楼才成为一个让普通市民欣羡不已却又无法企及的生活理想，也使青楼有别于世俗世界的淫穴私寨而上升为一种高雅的文人文化。

（二）别有情致的"家庭"空间

青楼不仅是商业性的娱乐单元，它更是极为奢华的封闭性家庭空间。明代烟花风月之前身源自明初的行院乐户组织，它们是以家庭为单位而从事曲艺活动的商业团体。由于城市经济的发展，它们由流动性的街头卖艺发展为固定性的家庭歌宴经营，这样的变化迫使女妓必须提升自我的修养品位，以迎合高端的士族消费。与宋代的歌馆茶坊相似，青楼消费已不是单纯的物质消费了，它更倾向于一种高端的文化消费，包括屋宇庭院的布

---

① （明）李贽辑：《山中一夕话》，《明清善本小说丛刊初编》第六辑谐谑篇，天一出版社1985年版。

② 其中之"习染虽异，嗜欲则同"与《嫖经》第一条之"男女虽异，爱欲则同"相似；"奈何撅丁爱钞，势驱美女弄奸心；老鸨图钱，威逼娇娥生巧计"，亦由"鸨子创家，威逼佳人生巧计；撅丁爱钞，势催妓子弄奸心"一语化用而来。

局、字画古董的摆设，甚至于酒宴美食的搭配，倾向一种雅洁素静、迥异俗尘的家庭生活气氛。

在行院乐人的社会里，青楼其实是一个以女性为主体的家庭世界。如果要追溯青楼"家庭"的历史，则可以推及唐代的平康北里。当时的饮妓亦是以家为单位而从事饮宴活动的："妓之母多假母也，亦妓之衰退者为之。诸女自幼丐，有或佣其下里贫家……皆冒假母姓，呼以女弟女兄为之行第，率不在三旬之内。"① 而明代因袭了前代的行院与乐籍属性，青楼因此具有天然的家庭优势，余怀在《板桥杂记》中亦记载"曲中女郎，多亲生之，母故怜惜倍至"。② 不仅如此，青楼世界还把客人比称为家庭中的一员："妓家，仆婢称之曰娘，外人呼之曰小娘，假母称之曰娘儿。有客称客曰姐夫，客称假母曰外婆。"③ 青楼的这种家庭氛围营造更容易拉近客人对青楼的情感距离。《金瓶梅》中的花子虚几乎是把青楼当作家来看待的。

青楼世界将环境有意塑造成一种极致脱俗、迥异凡尘的"人间天上"。甚至在语言交际方面，青楼也有意将这种"迥异"表达得细致入微。一位假号"风月中人"的狭邪子弟在其《金陵六院市语》中，点透了这种近似暗语的青楼语言：

> 说不尽六院风景，更有一番议论与众不同，若不细细推详难得一一通晓。谈笑则讪字当先；举动则者字为尚。无言默坐者号为出神；有谋未成者乃曰扫兴。扩充知其整齐，稀调却为莫语。好不言好而言现，走不言走而曰趫。讨不言讨而言设，打不言打而言超。唱不言唱而言燕，小不言小而言嗟。燥皮乃相戏之称，垂头实宿歇之意。趣鹁子极妙情怀，麻苍蝇可憎模样。谓冷淡为秋意，言说谎作空头。情不投者，是不着人言；涉败兴者，为杀风景。④

---

① （唐）崔令钦、孙棨、夏庭芝：《教坊记·北里志·青楼集》，古典文学出版社1985年版，第25页。

② （清）余怀著，李金堂校注：《板桥杂记》，上海古籍出版社2000年版，第8页。

③ （清）余怀著，李金堂校注：《板桥杂记》，上海古籍出版社2000年版，第8页。

④ （明）风月中人：《金陵六院市语》《山中一夕话》，天一出版社1985年版。与之相似者亦有《六院汇选江湖方语》一文，收录于明人程万里所纂的《鼎锲徽池雅调南北官腔乐府点板曲响大明春》第一卷。

行院世界中的一些言语现代亦为流行，如谈笑在现代亦称为讪笑，只不过加了点讽刺色彩。此外如出神、扫兴、杀风景、闯寡门等词均与现代同义。《嫖经》中有"串门"一词，本指"无事之时，同友往妓家讨茶，一家才出仍又一家，俗呼为串门"，今则专指街坊邻居之间的相访或闲聊。

　　自一身而言：撒楼者头也，凶骨者鼻也，瞳老者眼也，爪老者手也，齿老者牙也，听聆者耳也，撇道者脚也，嘻留者笑也，攘枪者恼也，枪者脸也，啜者嘴也，模枪者搽粉也，高广者肉香也，洒酥者出恭也，杂嗽者骂也，怀五者丑也。

　　自称呼而言：老妈儿为波么，粉头为课头，乐人为来果，保儿为抱老小，娃子为顶老，酒客为列丈，老者为采发系，少者为剪列血，夹为瞎眼，骂玉郎为麻面，绳儿为蛮子，歹该为呆子。矮而壮者为门墩；长而大者为困水。

　　自饮食而言：称讪老知其用茶，称馨知其用饭，称海知其用酒，称直线知其用肉，称咬翅知其用鸡，称河戏知其用鱼，称碾知其吃食。

　　自用物而言：衣服则曰袍杖，帽子则曰张顶，簪子则曰插老，银子则曰杏树，铜钱则曰圃儿，汗巾则曰模攘。至若埋梦即没有之意，扯淡即胡说之谈。弄把戏以喻乎偷，朗兜以明乎大方。列趟与房里去，声音粗近设；剪与讨房钱，声实相同。哥道是，则曰马回子拜节。问是谁，则曰葛五妈害眼。烂嫖者呼为高二，哄人者比之刘洪。行月经号为红官人，用绢儿呼作陈妈妈。有客妨占嘲为顶土粉头，攒（攒）龟名为打弦。赚人以娘称己，自道小名柳青，令客连念三注。诱此声为犬吠。

　　千言万语，变态无穷。乍听初闻朦胧两耳，致使村夫孺子张目熟视，不解所言，徒为彼之嗤笑。故略序此以告四方。休题他鄙俗不堪，须把他这一场看破。①

在六院市语中，青楼世界将人物称呼、生活用品、交际暗示，乃至身体形容等都异化为一种独异的语言。这种"陌生化"效果更加有益于营造

---

　　① （明）风月中人：《金陵六院市语》《山中一夕话》《明清善本小说丛刊初编》第六辑，天一出版社 1985 年版。

"迥异别尘"的青楼氛围，使人在普通生活中享受到不普通的"人间天上"幻境。余怀在《板桥杂记》中记载了金陵教坊的铺排场面：

> 旧院人称曲中，前门对武定桥，后门在钞库街。妓家鳞次，比屋而居，屋宇精洁，花木萧疏，迥非尘境。到门则铜环半启，珠箔低垂；升阶则猧儿吠客，鹦哥唤茶；登堂则假母肃迎，分宾抗礼；进轩则丫鬟毕妆，捧艳而出；坐久则水陆备至，丝肉竞陈；定情则目眺心挑，绸缪宛转，纨绔少年，绣肠才子，无不魂迷色阵，气尽雌风矣。①

在秦淮旧院中，行院人家屋舍接连，整齐而居。院落内花草疏朗有致，迥非凡尘俗境。院门的铜狮环微微开启，珠帘低低地垂挂，等待客人的随意来访。踏过门阶就会听到狗儿的叫声，甚至有鹦鹉来喧叫上茶。进了主室，老鸨会恭谨地迎接，然后主客相互致礼。进了里屋后，就会有丫鬟将刚化完妆的女妓请出来。如果坐久了，行院就会准备丰盛的酒宴，山珍海味无所不及，歌舞弹唱竞相并陈。如此胜景怎能不使人移魂荡魄呢？

明代南京的青楼仍然是以家庭为单位的行院规制，其大小不过数进房屋，并不如宋代酒楼那样的"主廊厅院、廊庑掩映"的公家气派。因此明代的行院更近于唐代北里的那种私人别院，"二曲中居者，皆堂宇宽静，各有三数厅事。前后植花卉，或有怪石盆池，左右对设，小堂垂帘，茵榻帷幌之类称是"②。余怀的《板桥杂记》所载青楼多继承了这种精致的家居生活，以李十娘为例，"所居曲房密室，帷帐尊彝，楚楚有致，中构长轩，轩左种老梅一树，花时香雪霏拂几榻，轩右种梧桐二株，巨竹十数竿，晨夕洗桐拭竹，翠色可餐，入其室者，疑非尘境"③。以杭州青楼为背景的《卖油郎独占花魁》也表现了这种精致、雅洁的居室环境：

> "近人家，面湖而住，金漆篱门，里面朱栏内，一丛细竹。未知堂室何如，先见门庭清整。""王九妈引着秦重，弯弯曲曲，走过许多

---

① （清）余怀著，李金堂校注：《板桥杂记》，上海古籍出版社2000年版，第8页。
② （唐）崔令钦、孙棨、夏庭芝：《教坊记·北里志·青楼集》，古典文学出版社1957年版，第25页。
③ （清）余怀著，李金堂校注：《板桥杂记》，上海古籍出版社2000年版，第8页。

房头，到一个所在，不是楼房，却是个平屋三间，甚是高爽。左一间是丫鬟的空房，一般有床榻桌椅之类，却是备官铺的；右一间是花魁娘子卧室，锁着在那里。两旁又有耳房。"

由于庭院空间局促狭小，青楼不可能进行"大观园"式的宏观营建，因此构建精致的艺术氛围则重点体现在对居室内部的人文规划上。在庭院屋舍的布局、室内装饰的设置，以及字画古玩的陈列等方面，女妓居室都表现出了这种脱尘超俗的境界。明末文人卫泳曾撰有《悦容编》一书，表现了明代文人的理想女性标准，在书中他对美人的家居环境有如此的规划：

美人所居，如种花之槛，插枝之瓶。沉香亭北，百宝栏中，自是天葩故居。儒生寒士，纵无金屋以贮，亦须为美人营一靓妆地，或高楼，或曲房，或别馆村庄。清楚一室，屏去一切俗物。中置精雅器具，及与闺房相宜书画。室外须有曲栏纤径，名花掩映。如无隙地，盆盎景玩，断不可少。盖美人是花真身，花是美人小影。解语索笑，情致两饶。不惟供月，且以助妆。修洁便是胜场，繁华当属后乘。[1]

卫泳所设计的居室环境与明末所流行之崇尚清幽闲逸之生活格调息息相通。所谓危楼曲房、别馆村庄，皆静僻闲幽之环境，而室内之营造亦弃绝繁华奢靡，不染俗尘，所谓书画器具、桌几茶具，皆精雅之器具也。

对于室内的陈设器具又以清供雅致为尚，而室外的曲栏花草、盆景玩盎，更须是别致情景也。

闲房长日，必需款具。衣厨食柜，岂可溷入清供？因列器具名目：天然几、藤床、小榻、醉翁床、禅椅、小墩、香几、笔、砚、彩笺、酒器、茶具、花樽、镜台、妆盒、绣具、琴箫、棋杆。至于锦衾纨褥、画帐绣帏，俱令精雅，陈设有序，映带房栊。或力不能办，则芦花被、布

---

① （明）卫泳：《悦容编》之"葺居"，《香艳全书》卷二，人民文学出版社 1994 年版，第 69 页。

帘纸帐,亦自成景。又须以兰花为供,甘露为饮,橄榄为肴,蛤蜊为羹,百合为荠,鹦鹉为婢,白鹤为奴,桐柏为薪,薏苡为米,方得相称。①

台几须用天然,藤床、禅椅、醉翁床代表了江南水乡的清净与闲适,而笔、砚、彩笺则代表了文人式的艺术趣味,至于镜台、妆盒、绣具、琴箫则反映了主人的女性特质。除此之外,锦衾纻褥、画帐绣帏等内室妆奁亦不可或缺。自此亦须添置些生活雅趣,如饮食须以兰花、甘露、橄榄、百合等清淡食物为主,而宠物亦须鹦鹉、白鹤为伍,这样才显得清高卓然。

行院世界的这种人文居室在明代说部中亦有不少的体现。在《卖油郎独占花魁》的小说中,辛瑶琴的居室空间有这样的布置:"中间客坐上面,挂一幅名人山水,香几上博山古铜炉,烧着龙涎香饼,两旁书桌,摆设些古玩,壁上贴许多诗稿。"以"时人推为南曲第一"的顾媚为例,"家有眉楼。绮窗绣帘,牙签玉轴,堆列几案。瑶琴锦瑟,陈设左右。香烟缭绕,檐马丁当。余常戏之曰:'此非眉楼,乃迷楼也',人遂以'迷楼'称之"②。

江南青楼所营造的这种人文艺术氛围很快风靡全国,以山东临清为背景的《金瓶梅》在其五十九回中描述了郑家妓院的居家环境:

> 原来郑爱香儿家,门面四间,到底五层房子。转过软壁,就是竹枪篱,三间大院子,两边四间厢房。上首一明两暗,三间正房,就是郑爱月儿的房,他姐姐爱香儿的房,在后边第四层住,但见帘拢香霭,进入明间内,供养着一轴海潮观音,两旁挂四轴美人,按春、夏、秋、冬……西门庆坐下,看见上面楷书"爱月轩"三字……进入粉头房中。但见瑶窗素纱罩淡月半浸……旁设褪红小几,博山小篆……壁上文锦囊象窑瓶,插紫笋其中。……鸳鸯榻,高阁古今之书。西门庆坐下,但觉异香袭人,极其清雅,真所谓神仙洞府,人迹不可到者也。彼此攀话之间,语言调笑之际,只见丫鬟进来安放卓儿。③

---

① (明)卫泳:《悦容编》之"雅供",《香艳全书》卷二,人民文学出版社1994年版,第70—71页。

② (清)余怀著,李金堂校注:《板桥杂记》,上海古籍出版社2000年版,第30页。

③ (明)兰陵笑笑生撰,陶慕宁校点:《金瓶梅词话》,人民文学出版社2008年版,第498页。

《金瓶梅》故事背景的原型是明代的北方城镇，然而它描写的妓院却表现出鲜明的江南青楼风格。这种情境在以北京教坊司为背景的小说《梼杌闲评》中亦有描绘，其十六回写魏忠贤与陈监生在城内东院嫖妓的经过，女妓素馨所居之处有"一所小小园亭，也有几种花木，中间三间茆亭，尽是幽雅"。她的居室亦取式于江南青楼的艺术布局，"进了一个小门儿，里面三间小轩，上挂一幅单条古画，一张天然几，摆着个古铜花觚，内插几枝玉兰海棠。宣铜炉内焚着香，案上摆着几部古书，壁上挂着一床锦囊古琴，兼之玉箫、象管，甚是幽雅洁净"①。

"民以食为天"，对于青楼家庭氛围的营造，饮食的讲究必然不可缺少。对饮食酒宴的精心准备，亦可见青楼档次的不同非凡，被余怀戏称为"迷楼"的顾媚家即有相当精致的厨食，"尤艳顾家厨食，品差拟郇公、李太尉，以故设筵眉楼者无虚日"②。当然，能有顾家厨食的青楼毕竟不多，然而行院人家仍然在食宴上展示了精致的饮食艺术。行院人家的饮食艺术，甚至可比肩宋代的"厨娘"③。

无论是青楼的家庭氛围营造，还是青楼所构建的居室环境、餐饮酒食，都体现出一种迥异尘世的艺术氛围。中国人对"雅"的追求往往建立在对"静"的诉求之上，从陶渊明"结庐在人境，而无车马喧"的生活追求，到"澄心静志""静以修身"的心学修养，静与喧往往代表了雅与俗的一种文化分野。曲高和寡与孤芳自赏，往往体现了一种人生哲学。青楼如果要塑造这种高雅必然向文人的理想生活标准靠拢，因为文人生活，或者文人的艺术理想是那个时代的主流，即使是不通文墨的商贾俗人，都向往着这种脱尘超俗的"人间天上"生活。

（三）青楼女妓的人文塑造

青楼的优雅环境为青楼世界营造了一种迥异别尘的境界，然而这种境界必须有一个维持其活力的精神灵魂，而行院女子正是这个赋予青楼活力

---

① （明）李清：《梼杌闲评》，时代文艺出版社 2001 年版，第 213 页。
② （清）余怀著，李金堂校注：《板桥杂记》，上海古籍出版社 2000 年版，第 30 页。
③　宋人洪巽《旸谷漫录》中记录了宋代"厨娘"的饮食艺术，可略窥宋代发达的女妓文化与饮食文化。

的灵魂。青楼世界是以行院女子为主角的，如果失去了女妓的歌舞调笑、诗酒竞艳的话，那青楼与华奢酒库又有什么区别呢？青楼女妓固然以色艺事人，然而在色艺之外更有一种人文气质。

提及女妓，我们大抵可以勾勒出一副婀娜多姿、妩媚多情的女性形象，进而联想到与乐舞相关的诸多伎艺，弹筝抚琴、吹笛弄箫、婉转歌喉与曼妙舞姿等。作为一名出色的青楼名妓，色与艺是不可分割的两部分。"食色，性也"。对美的追寻是人类的通性，在欣赏自然美的时候，我们惊叹于天然的芙蓉丽质，因为它使人获得了一种对美的现实体验。但是美往往不是完美无瑕的，当人类因某种缺陷而无法形诸"完美"的时候，人们便开始了自我修饰。明初朱元璋所制定的乐户"制服"到明代中后期已形同虚设，受经济的发展与奢靡风气影响，人们的服饰、装扮、仪容逐渐"僭越"自己的身份与等级，而趋向奢华与艳丽。青楼作为城市娱乐文化的集中代表，反映了明人对女性文化的一种审美要求，因为行院女子只有取悦于明代文人的审美喜好，才能在这个奢靡的消费市场中更好地生存。当然，最能吸引士人的目光，让其流连驻足的便是行院女子的着装与打扮。

弘治、正德年间，青楼女妓的容装大致为南北两分，北方女妓多注重外在的服装、首饰与脂粉的修饰及打扮，以浓艳、繁饰为尚；而南方女妓着装则多近于自然清淡，以素为美。大致北地青楼地近京师，固因俗守旧居多，女妓多袭仍传统的仕女形象。传统女妓的"美人"形象多浓妆艳抹、施朱敷粉、服饰华丽、兰麝熏人，这在淹博的唐宋说部中可见一斑。《日下旧闻考》"燕中妇女虽曰秾丽，大约调朱敷粉，涂饰为多。十三辄嫁，至于三十而憔悴矣。此如蕣花易落，何如玉之有？"[1]在《金瓶梅》第五十九回，西门庆到郑家妓院闲逛，郑爱月是以这身打扮出场的：

> 不戴鬏髻，头上挽着一窝丝杭州缵，梳的黑鬘鬘光油油的乌云，露着四鬓，云髻堆鸦，犹若轻烟密雾。都用飞金巧贴，带着翠梅花钿儿，周围金累丝簪儿齐插，后鬓凤钗半卸，耳边带着紫瑛石坠子。上着白藕丝对襟仙裳，下穿紫绡翠纹裙，脚下露一双红鸳凤嘴，胸前摇

---

① （清）于敏中：《日下旧闻考》卷一四六"风俗一"，北京古籍出版社 2001 年版，第 2335 页。

珥珰宝玉玲珑，正面贴三颗翠面花儿，越显那芙蓉粉面。四周围香风缥缈，偏相衬杨柳纤腰。正是：若非道子观音画，定然延寿美人图。①

郑爱月的打扮可以用浓丽一词来概括，发型源于苏杭、乌鬓云髻、飞金梅钿、金丝簪齐插，下身着装亦服色艳丽，给人一种花团锦簇之感。然而作者只重视对郑爱月的外在进行重点的刻画，却对她的内在涵养没有过多的描摹；由此亦可见北地文人与女妓的审美特点。

明代中后期，江南行院女子已成为引领女装潮流的领军人物，"南曲衣裳妆束，四方取以为式，大约以淡雅朴素为主，不以鲜华绮丽为工也……巧样新裁，出于假母，以其余物自取用之。故假母虽年高，亦盛妆艳服，光彩动人。衫之短长，袖之大小，随时变易，见者谓是时世妆也"②。与北方青楼的繁饰争艳相比，南方女妓更青睐出水芙蓉般的淡丽素雅。受南方的炎热潮湿气候与文人崇尚空灵、追求脱俗的时尚影响，南方女妓多素颜玉露，不施粉黛，着装亦以淡丽素雅、清新洁净为尚。卫泳在其《悦容编》中如此设计明人理想中的女性形象：

> 饰不可过，亦不可缺。淡妆与浓抹，惟取相宜耳。首饰不过一珠一翠一金一玉，疏疏散散，便有画意。如一色金银簪钗行列，倒插满头，何异卖花草标。服色亦有时宜。春服宜倩，夏服宜爽，秋服宜雅，冬服宜艳；见客宜庄服，远行宜淡服，花下宜素服，对雪宜丽服。吴绫蜀锦，生绡白苎，皆须褒衣阔带；大袖广襟，使有儒者气象。然此谓词人韵士妇式耳。若贫家女典尽时衣，岂堪求备哉？钗荆裙布，自须雅致。花钿委地无人收，方是真缘饰。③

对于女妓来说，装饰的最佳效果在于"淡妆浓抹总相宜"。首饰要疏散有致，簪钗满头反显得俗气，着装更要四季分明、场合有别，最重要的是要沁透着一种儒雅风度。总体来说，女妓的形态以自然、适性为主，潇

---

① （明）兰陵笑笑生撰，陶慕宁校注：《金瓶梅词话》，人民文学出版社 2008 年版，第 728 页。
② （清）余怀著，李金堂校注：《板桥杂记》，上海古籍出版社 2000 年版，第 13 页。
③ （明）卫泳：《悦容编》之"缘饰"，第 69 页。

散有致、儒雅俊爽为度，方为真妙。

如此装束在潘之恒之《亘史钞》中屡见卷端，王玉儿"气宇温然，鬓发缟衣，不事装束，杂然群女中自是夺目"①。张如英"风神秀发，容色光生，而无纤秾夭冶之态；体度春融，仪文典雅，而无闺房儿女之习；沉厚而寡然，幽闲而婉娈。体若不胜衣，言若不出口，动若无所为，静若有所思"②。范珏"寡所嗜好，一切衣饰歌管、艳靡纷华之物，皆屏弃之"③。南方女妓注重展示人自然的肤色与魅力，在《板桥杂记》中多有如此评析，李十娘"生而娉婷娟好，肌肤玉雪，既含睇兮又宜笑"；十娘女侄媚姐"白皙，发覆额，眉心如画"；葛嫩"长发委地，双腕如藕，面色微黄，眉如远山，瞳人点漆"；玉敏"颀而白如玉肪，风情绰约，人见之，如立水晶屏也"。江南多潮热，衣薄素洁，加之妇女皮肤姣好，自然增一分丽色。④

歌舞曲艺的学习是青楼女妓的基本功，因为乐户本来就有乐舞相袭的职业传统。夏庭芝在《青楼集》中记载了元代青楼女妓的诸多伎艺，如酒宴间诙谐调笑的曹蛾秀、一分儿，擅长杂剧的珠帘秀、顺时秀、司燕奴等，善唱诸宫调的赵真真、杨玉娥、秦玉莲、秦小莲等，善歌舞的刘燕歌、王巧儿，善小唱慢词的小蛾秀、解语花等。除去歌舞、饮宴传统的青楼伎艺外，元代流行的诸公调、杂剧、慢词等伎艺多是当时流行的曲艺。明代青楼名妓亦以曲艺为精，余怀的《板桥杂记》记录了金陵教坊一天的生活："妓家分别门户，争妍献媚，斗胜争奇。凌晨则卯饮淫淫，兰汤滟滟，衣香一园；停午乃兰花茉莉，沉水甲煎，馨闻数里；入夜而摵笛搊筝，梨园搬演，声彻九霄。"⑤兹摘录明人笔记中有关女妓之曲艺的记录。

徐渭的《南词叙录》云：惟昆山腔止行于吴中，流丽悠远，出乎三腔之上，听之最足荡人，妓女尤妙此，如宋之嘌唱，即旧声加以泛

---

① （明）潘之恒：《亘史钞》，《四库全书存目丛书》，齐鲁书社 1995 年版，第 524 页。

② 同上书，第 528 页。

③ 同上书，第 529 页。

④ 明中晚期文人小品对女妓的描写多重肤色体态而轻服饰装扮，这与传奇小说中的人物描写有较大差距。一方面因为明代小说继承唐传奇、宋元话本等文学形式，多采用夸饰、铺张的写作手法，故多是对服装首饰的繁缛描写；而文人小品则侧重人物描写的真实性，带有晚明文人的美学感知与文学性修饰。这些都可能影响文人对青楼形象的塑造。

⑤ （清）余怀著，李金堂校注：《板桥杂记》，上海古籍出版社 2000 年版，第 8 页。

艳者也。

《板桥杂记》中卷谓：（尹春）性格温和，谈词爽雅，无抹脂障袖习气。专工戏剧排场，兼擅生旦。余遇之迟暮之年，延之至家，演《荆钗记》。扮王十朋，至"见娘""祭江"二出，悲壮淋漓，声泪俱迸，一座尽倾，老梨园自叹弗及。

《壮悔堂集》卷五云：（李香）玉茗四传奇，皆能尽其音节，尤工《琵琶词》。

《十美词记》云：（陈圆圆）演西厢，扮贴旦红娘脚色，体态倾靡，说白便巧，曲尽萧寺。当年情景。

戏曲与歌舞本来就有着天然的联系，而青楼世界更是歌舞的专擅之地，《亘史钞·外纪》中有张幼于对张文儒之舞的记载：

张幼于《志舞书》成，语余："公见旧院妓张文儒舞耶，惜公生晚不及见其盛。常夜造其室，侍儿传曰'娘来矣，娘来矣'，如是数四，犹未至。至则徐徐其行。前双鬟导以明角灯二，后侍婢以二羽扇障之。望之若洛川凌波。左明珠而右翠羽，有选盘旋舞，荐间又如天女散花，惜子未之见也。"予犹习见徐惊鸿观音舞、万华儿善才舞。云今曲中尽废此伎矣。或云小娥文儒号也，色极艳而缠足最小。尝脱屣以饷人。初山阴高孝廉狎之最昵，及居南省当斋宿，小娥着青衣帽杂入小幼中进幸。后以不谨失官，尚因家璺而不及小娥事，即此可推矣。①

但是明末青楼女妓往往不轻易以歌舞示人，这可能与青楼女妓实现"由艺而道"的行为相关。"教坊梨园，单传法部，乃威武南巡所遗也。然名妓仙娃，深以登场演剧为耻，若知音密席，推奖再三，强而后可，歌喉扇影，一座尽倾，主之者大增气色，缠头助采，遽加十倍。至顿老琵琶、妥娘词曲，则只应天上，难得人间矣！"②

明中后期，北方青楼逐渐衰敝而湮没无闻，南方青楼因其地利之便与

①（明）潘之恒：《亘史钞·外纪》卷一，第518页。
②（清）余怀著，李金堂校注：《板桥杂记》，上海古籍出版社2000年版，第11页。

人文复兴而愈渐兴盛。在传统的歌舞伎艺之外，江南名妓更注重内在文人风度的塑造，她们在生活品性、举止风度、文学涵养诸方面有意去追慕时尚的江南文人。在潘之恒的《曲中志》中，这样的记载比比皆是，"马如玉，字楚屿，修洁萧疏，无儿女子态，凡行乐伎俩无不精熟，工文选唐音，善小楷八分书及绘事。倾动一时，士大夫而闺秀女娱与之婉娈，至有截发烧臂抵死不相舍者，曲中咸以为异"①。马如玉是秦淮女妓的一个缩影，文士与之结交酬和，甚至闺秀名媛都与之相交甚密，这说明了江南青楼与文人生活的密切相融。

青楼世界的文人化，不仅要求其生活场景的文雅风致，更表现在对文人身份的认同与模仿："女人识字，便有一种儒风。故阅书画，是闺中学识。"②在明代士人的著录中，名妓莫不喜与文人交往，这已成为名妓显名露己的一种方式了。她们有意识地向当时的名人去学习书艺诗赋等才艺，如金陵名妓徐翩翩即转学多师：

> 徐翩翩，字飞卿，一字惊鸿，别号慧月，行大，居旧院，年十六，名尚未起。谢少连氏以翩若惊鸿目之，由是得名。鸾生初与之昵，为三迁其居，同日就四师授以艺，字则周公瑕，琴许太初，诗陆成叔，曲朱子坚。翩少曲姿琴韵，遂以诗擅场。③

可以说，徐翩翩的成名与社会名流的鼓吹、教授有着密切的关系。翩翩居旧院，十六岁仍无名气，可谓成名甚晚，之后得谢少连为之取号揄扬，又因潘之恒的偏爱而三迁其室，这均为其成名打下了基础。当然，这也离不开徐翩翩自己的辛苦努力，在与潘之恒同居的日子里，她向周公瑕学字、向许太初学琴、向陆成叔学诗、向朱子坚学曲，然后练就了双手作书的绝技。

---

① 引自王初桐《奁史》（清嘉庆二年伊江阿刻本）卷二十一"娼妓一"，然而此处著录与潘之恒所撰《曲中志》多有不同，兹复录潘氏所著有关马如玉者："楚屿，行大，本金陵南市楼，徙居旧院。以马蕙芳为假母，遂称马。如玉云心，窃厌薄纨绮，与同志者品题花月，指点江南，意豁如也。无论一时名流艳慕，即闺媛女娱见者如以胶投漆。后受戒栖霞法师，易名妙慧。"

② （明）卫泳：《悦容编》，团结出版社1994年版，第71页。

③ （明）潘之恒：《亘史钞·外纪》卷之五《徐翩传》，第542页。

诗词酬和、花榜品题等活动使青楼世界慢慢地浸濡了文人文化氛围。既然要结交士人，就必须掌握精英士族的衣冠本领，那么对于文人的琴棋书画、诗词歌赋等能力就必须掌握。琴与棋本来就是青楼世界的专擅，余下的书画诗词则成为衡量女妓身份高低的重要筹码。明清士人对青楼女妓的书画伎艺更是推崇万分：

《朱鸟逸史》：姜舜玉，号竹雪居士，隆庆间旧院妓。工诗，兼楷书。

《静志居诗话》：朱无瑕，字泰玉，桃叶渡边女子，幼学歌舞，长而淹通文史，工诗善书，时人以方马湘兰云。

《俞琬纶自娱集》：顾文英，善书，以碧丝作小行楷，绣之盛镜囊，以遗所欢。

《书画史》：梁小玉，武林人，七岁依韵赋落花诗，八岁摹大令帖，长而游猎群书，作两都赋，半载而就。

《书史会要》：杨宛，字宛叔，金陵名妓也。能诗，有丽句善。董其昌云，杨宛书非直娟秀，取姿而回腕出锋，绝无媚骨。

《甲乙剩言》：薛五素素，姿度妍雅，能书，作黄庭小楷，尤工兰竹，下笔迅扫，各具意态。又善驰马挟弹，能以两弹丸先后发，使后弹击前弹，碎于空中。

《梅村集》：卞赛，字赛赛，自号玉京道人，莫详所自出，或曰秦淮人。知书，工小楷，能画兰，能琴。侨虎邱之山塘，所居湘帘棐几，严净无纤尘，双眸泓然，日与佳墨良纸相映。晚依良医保御氏，刺舌血为书《法华经》，既成自为文序之。

《板桥杂记》：卞敏，善画兰鼓琴，对客为鼓一再行，即推琴敛手，面发赪色。画兰，亦止写筱竹枝、兰草二三朵，不似玉京之纵横枝叶、淋漓墨沈也，然一以多见长，一以少为贵，各极其妙，识者并珍之。

《曲中志》：王少君，名曼容，白皙而庄，清扬巧笑，殊有闺阁风。其居表以长杨人，遂呼为长杨君。学字于周公瑕，学诗于畲宗汉，学琴于许太初，争以文雅相尚。

《珊瑚网》：杨蕙娘，名晓英，秦淮女郎，精黄庭小楷。

《珊瑚网》：沙宛在，名彩姝，擅临兰亭。

《珊瑚网》：郝艺娥，名宛然工写宣示帖。

《板桥杂记》：顾湄，字眉生，又名眉，庄妍靓雅，风度超群，鬓发如云，桃花满面，弓弯纤小，腰肢轻亚，通文史，善画兰，追步马守真，而姿容胜之，时人推为南曲第一。

《图绘宝鉴续纂》：顿继芳，南京旧院人，能画兰。

如果说琴棋书画是文人休闲生活之自我点缀的话，那么诗词歌赋则是文人间相互联系的交际话语。与文人交往若仅靠女色伎艺博得士人怜爱，那么随着韵华流逝，自然也会"门前冷落鞍马稀"了。尊显女妓身份的资本不仅是文人的品鉴与题咏，更是与文人平等对话的权利。实现这种权利最好的办法，莫过于与文人诗词的酬唱应和了。在诗词唱和等活动中，青楼女子才真正实现了与文人的身份对等。青楼诗妓，在历史中不乏名辈，而明代则蔚为大观。清代章学诚于此则有独特的认识，其在《文史通义·妇学》中讲道：

> 盖自唐、宋以讫前明，国制不废女乐。公卿入直，则有翠袖熏炉；官司供张，每见红裙侑酒。梧桐金井，驿亭有秋感之缘；兰麝天香，曲江有春明之誓。见于纪载，盖亦详矣。又前朝虐政，凡缙绅籍没，波及妻孥，以致诗礼大家，多沦北里。其有妙兼色艺，慧擅声诗，都士大夫，从而酬唱；大抵情绵春草，思远秋枫，投赠类于交游，殷勤通于燕婉；诗情阔达，不复嫌疑……是知女冠坊妓，多文因酬接之繁；礼法名门，篇简自非仪之诚，此亦其明征矣。夫倾城名妓，屡接名流，酬答诗章，其命意也，兼具夫妻朋友，可谓善藉辞矣！①

如果有意去翻检明代女性所作的诗词文集的话，你就会发现大量的作品出自行院女子之手。兹简列如下，以窥一斑：

杨琰的《一清轩词》、朱斗儿的《月波词》、马如玉的《楚屿词》《谢尘诗》《鹤间词》、赵彩姬的《青楼集》、崔嫣然的《幻影阁集》、沙宛在的

---

① （清）章学诚撰，叶瑛校注：《文史通义》，中华书局1985年版，第534—535页。

《蝶香阁集》、郝婉然的《调鹦集》、马守贞的《湘兰子集》、徐翩翩的《秋水词》、刘宝的《惆怅词》、郑如英的《寒玉斋集》《红豆词》、葛嫩的《蕉贞咏》、李贞丽的《韵芳集》、寇皑如的《逊雪楼集》、王曼容的《长扬君集》、吴娟的《萍居草》、杨宛的《钟山献》、柳如是的《戊寅草》《我闻室梅花集句》《湖上草》《东山酬唱集》《我闻室鸳鸯楼词》，等等，此外还包括散轶于诗词集、词话、诗话之中的零散诗词。

楚人丘谦之与呼文如的诗词恋慕，诗妓齐景云与傅春的酬唱赠别，金陵妓赵燕如与士人朱射陂、陈海樵、王仲房诸人的唱和优游，甚者如柳如是与钱谦益、龚鼎孳与顾媚、冒襄与董小宛的婚姻爱情，都深刻体现出了明代青楼文化的独特魅力。

第二章　明代青楼与文人品鉴

　　一种文化现象的形成往往不是由一种因素引起的，它背后牵连着诸多的制度、族群、文化、思潮等社会因素。明代青楼代表的不仅是一座院落、几个女妓，再加上几拨来往其间的冶游文人商贾，它更是一种持久的文化现象。这种文化现象的背后罗织着复杂而零乱的文化元素。在现代研究者看来，这些留存至今的元素不过是些付之梨枣的文字、遗迹，或传说，例如金陵十六楼、盒子会、白眉神崇拜等，然而作为文史研究者，则必须从这些历史碎片中去还原明代所形成的独特的青楼文化，进而在这个青楼文化背景下去了解、体识明代文人的风神情态。

一　金陵十六楼与行院风俗

（一）明初金陵十六楼

　　唐代社会以官妓侍奉士子的传统，在明初得到了很好的继承。朱明王朝取消了元人实行的种族歧视政策，采取科举、征召、荐举等方式，大力吸纳人才以充实新政权。皇帝对于在职朝臣、应举士子的表彰莫过于赐宴题诗、歌妓侍奉了，这种文化传统既能体现皇帝对臣僚士子的关心与重视，又满足了臣僚士子对荣誉、赏识的期望。为表示新朝廷对朝臣士子的恩宠与礼遇，朱元璋在金陵建十六楼以储官妓，并广宴群臣士子：

　　（洪武二十七年八月）庚寅，新建京都酒楼成。先是上以海内太平，思欲与民偕乐，乃命工部作十楼于江东诸门之外，令民设酒肆其间以接四方宾旅。其楼有鹤鸣、醉仙、讴歌、鼓腹、来宾、重译等名，既而又增作五楼，至是皆成，诏赐文武百官钞，命宴于醉仙楼。九月癸丑，定正蔡传书成，赐诸儒宴及钞，俾驰驿还。[①]

沈德符在《万历野获编》之"禁歌妓"条中亦记载了此事：

> 太祖所建十楼，尚有清江、石城、乐民、集贤四名，而五楼则云轻烟、淡粉、梅妍、柳翠（据李泰《十六楼集句》当为翠柳），而遗其一，此史所未载者，皆歌妓之薮也。国初临川人揭轨，以举明经至京，宴南市楼，有诗云："诏出金钱送酒垆，绮楼胜会集文儒。江头鱼藻新开宴，苑外莺花又赐酺。赵女酒翻歌扇湿，燕姬香袭舞裙纤。绣筵莫道知音少，司马能琴绝代无。"则知不第儒臣锡宴，即举子亦叨圣赐，高会其中矣。[②]

由此可知，金陵诸酒楼实际上是为了宴请群臣与士子而专设的，普通庶民则不能于此消费娱乐。

关于金陵诸酒楼的实际数量与名称，明人有不同的说法。《太祖实录》中载其为十五楼，著其名者为鹤鸣、醉仙、讴歌、鼓腹、来宾、重译六楼。顾起元记为十六楼，他在《客座赘语》卷六"十四楼"中记载：

> 国初市之楼有十六，盖所以处官妓也。而《南畿志》止十四，曰"南市，半门桥东北；北市，干道桥东北；鸣鹤（依《太祖实录》所载，应为鹤鸣楼），西关中街北；醉仙，西关中街南；轻烟，西关南街，澹粉与轻烟楼对；翠柳，西关北街，梅妍与翠柳楼对；讴歌、鼓腹，石城门外二楼相对。来宾、聚宝门外之西；重译，聚宝门外之东；集贤，瓦屑坝西；乐民，集贤楼北。"按李泰，字叔通，鹿邑人，洪武时进士，博学，知天文，曾掌钦天监，有《集句咏十六楼》，中有清江、石城二楼。晏振之，永乐中的《金陵春夕诗》又曰"花月春江十四楼"，则知相沿已久。今独南市楼存，而北市在干道桥东北，似今之猪市，

---

① 《明太祖实录》，台北中央研究院历史语言研究所校印，1962 年版，第 3417—3418 页。
② （明）沈德符：《万历野获编》补集卷三，中华书局 1997 年版，第 900—901 页。

疑刘辰《国初事迹》所记富乐院即此地也。①

关于十六楼的具体地理位置，周吉甫在《二续金陵琐事》之"十六楼基地"中亦有详细的记载：

> 南市楼，在城内斗门桥东北，此楼独存。北市楼，在城内干道桥东北，太祖时回禄不存。来宾楼，在聚宝门外之西，尚有来宾桥。重译楼，在聚宝门外之东，尚有重译桥。集贤楼，在瓦屑坝西。乐民楼，在瓦屑坝集贤楼北。鸣鹤楼，在西关中街之北。醉仙楼，在西关中街之南。轻烟楼，在西关南街。淡粉楼，在西关南街。翠柳楼，在西关北街。梅妍楼，在西关北街。石城楼，在石城门外。讴歌楼，在石城门外。清江楼，在清凉门外。鼓腹楼，在清凉门外。②

此外陈鲁南的《金陵世纪》亦载十四楼，而遗清江与石城二楼，"讴歌楼，在石城门外，鼓腹与讴歌楼相对"，此说与闻人诠所撰《南畿志》的记载相同，《四库全书总目提要》卷七十四之"南畿志"条载"诠以监察御史提督南畿学政，因与南京太仆寺卿陈沂纂辑是书。沂即撰《金陵古今图考》及《金陵世纪》者也"。

如上可知，《南畿志》与《金陵世纪》所记录之"讴歌、鼓腹，石城门外二楼相对"与周吉甫所载"讴歌楼，在石城门外，鼓腹楼，在清凉门外"相冲突。再参考顾起元于《客座赘语》卷六之"诸桥"中所记录的诸桥位置："城内桥之跨秦淮者，曰武定桥、镇淮，南门内……跨运渎者，曰斗门，曰干道……跨国朝御河者，曰会同，会同馆前……跨古宫城河者，南曰内桥……跨今城壕者，曰正阳，曰通济，曰聚宝，曰三山，曰石城……跨城外诸水者，曰来宾，在小市口东，曰重译，在西天寺东古乌衣巷。"③
由此可推断，讴歌与鼓腹两楼与石城门并无直接联系，且《南畿志》与《金

---

①　（明）顾起元：《客座赘语》，《元明史料笔记丛刊》，中华书局 1987 年版，第 203 页。

②　（明）周晖：《金陵琐事·续金陵琐事·二续金陵琐事》，南京出版社 2007 年版，第 330—331 页。"鸣鹤楼"在《金陵琐事》中为"鹤鸣楼"。

③　（明）顾起元：《客座赘语》，《元明史料笔记丛刊》，中华书局 1987 年版，第 203 页。

陵世纪》均少石城、清江二楼，故可推断此二书所记地理位置为非，以周吉甫所叙十六楼位置为准确。而《太祖实录》中所记录之十五楼，当遗北市楼，盖因北市楼建后焚毁所致，"盖酒楼本十六，其一北市楼建后被焚，此《实录》止言增建五楼也"①。

十六楼延及万历时只以六院为盛，《南京都察院志》卷二十一之"六院"条载："旧院、和宁院、陡门院、会同院，俱中城地方。南院，南院城地方。西院，西城地方，年久倒塌。以上六院太祖高皇帝设立，贬罚为乐户娼贱，设教坊司奉銮等官统辖。"②明末教坊六院零替，青楼以旧院、珠市、南市为翘楚。《板桥杂记》载："洪武初年，建十六楼以处官妓……自时厥后，或废或存，迨至三百年之久，而古迹寝湮，所存者为南市、珠市及旧院而已。"③

余怀在《板桥杂记》中记载："旧院人称曲中，前门对武定桥，后门在钞库街。"④刘辰在《国初事迹》中记载："太祖立富乐院于干道桥……复移武定桥等处。太祖又为各处将官妓饮生事，尽起赴京，入院居住。"⑤由此可知明初富乐院当是北市楼，后因大火之原因复移至武定桥等处，武定桥即后世之旧院。

自明初金陵诸酒楼建立起，十六楼便成为文人诗词题咏的最佳题材。青楼里不仅有着曼妙优雅的女妓、绕梁三日的歌声与风姿绰约的舞姿，更有文人诗酒纵乐的豪放与自信。明初士人揭轨⑥曾与翰林诸学士参与校定《书传会选》。书成后，适逢诸酒楼建成，太祖遂赐钞并宴于南市楼。揭轨有《宴南市楼》诗记录了这次恩宠：

其一

帝城歌舞乐繁华，四海清平正一家。

龙虎关河环锦绣，凤凰楼阁丽烟花。

---

① 陈田辑：《明诗纪事》，上海古籍出版社1993年版，第301页。

② （明）施沛：《南京都察院志》，《四库全书存目丛书补编》第73册，齐鲁书社1997年版，第605页。

③ （清）余怀著，李金堂校注：《板桥杂记》，上海古籍出版社2000年版，第1页。

④ 同上书，第8页。

⑤ （明）刘辰：《国初事迹》，借阅山房汇钞本第五集，第298页。

⑥ 陈田辑撰《明诗纪事》甲签卷十四载"轨字孟同，临川人。洪武初，以明经除清河主簿，迁知县。秩满归复，召主江西乡试，校定《书传会选》，书成赐金归，有《新河集》"。

金钱锡宴恩荣异，玉殿传宣礼数加。

冠盖登临皆善赋，歌词只许仲宣夸。

其二

诏出金钱送酒垆，绮楼胜会集文儒。

江头鱼藻新开宴，苑外莺花又赐醄。

赵女酒翻歌扇湿，燕姬香袭舞裙纤。

绣筵莫道知音少，司马能琴绝代无。①

在帝都金陵城里，歌舞繁华，四海清平，宴如一家。峻险关峡守卫着锦绣山河，南市楼内有烟花粉丽靓装献艺。不仅有金钱赐诏之赏赐，还有酒楼承宴等荣誉。此处歌声婉转、绕梁不绝，歌扇舞裙、绣筵袭香。那妙美佳人，怎能不引得才人士子们留恋生情呢？

君臣士子之礼遇极大地刺激了士人参政议政的欲望，金陵诸酒楼的建立激发了明初文人的诗文创作热潮。舞袖歌喉、酒翻裙衿与文人纵情歌诗，正演绎了明初士人那种积极入世、自信乐观与奋发向上的精神状态。鹿邑李泰②有《金陵十六楼集句》以记录当时金陵诸酒楼之盛况：

南市楼

纳纳乾坤大，南楼纵目初。规模三代远，风物六朝余。

耆旧何人在，登临适自娱。皇恩涵远近，莫共酒杯疏。

北市楼

危楼高百尺，极目乱红妆。乐饮过三爵，遐观纳八荒。

市声春浩浩，树色晓苍苍。饮伴更相送，归轩锦绣香。

集贤楼

迢迢出半空，画列地图推。鱼水千年庆，车书万国同。

长歌尽落日，妙舞向春风。今古神州地，康衢一望通。

---

① 陈田辑：《明诗纪事》，上海古籍出版社 1993 年版，第 300 页。

② 鹿邑李泰，字叔通，号仙源，洪武中进士。博学，知天文，曾掌钦天监，遂入钦天监。

乐民楼

江城如画里，迢递起朱楼。白日催人老，青樽喜客留。
百年从万事，一醉解千愁。帝德尧同大，洪恩被九州。

讴歌楼

西北高楼好，闲宜雨后过。凭阑红日早，回首白云多。
广槛停箫鼓，深红净绮罗。千金不计意，醉坐合笙歌。

鼓腹楼

翼翼四檐外，居人有万家。盘空斋屡荐，舞破日初斜。
小酌知谁共，新诗取自夸。圣图天广大，烂醉慰年华。

清江楼

涵虚混太清，时转遍云声。湖应双双起，渔舟个个轻。
世情何远近，人事省将迎。谈笑逢耆老，终身愿太平。

石城楼

翠袖拂尘埃，烦襟出九垓。清光依日月，逸兴走风雷。
鸿雁几时到，江湖万里开。文章成锦绣，临咏日盘回。

来宾楼

地拥金陵势，烟花象外幽。九天开秘祉，八极念怀柔。
造化钟神秀，乾坤属远猷。吾皇垂拱冶，不待治书求。

重译楼

使节犹频入，登临气尚雄。江山留胜迹，天地荷成功。
干羽三苗格，车书万里同。圣朝多雨露，樽俎日相从。

澹烟楼（一为"轻烟楼"）

久坐惜芳尘，莺花不弃贫。开心悲地隔，有酒纵天真。
不问黄金尽，应惭白发新。登临聊极目，紫陌万家春。

轻粉楼（一为"淡粉楼"）

郡楼闲纵目，风度锦屏开。玉腕擅红袖，琼卮泛绿醅。
参差凌倒影，迢递绝浮埃。今日狂歌客，新诗且细裁。

鹤鸣楼

翠挹凭阑外，楼高不倦登。抑扬如有诉，凄切可甚听。
白日移歌袖，青天扫画屏。古来形胜处，重到忆曾经。

醉仙楼

自得逍遥趣，乾坤独倚楼。天笼平野迥，江入大荒流。
待弃人间事，来为物外游。蓬莱自有路，雪雨梦悠悠。

梅妍楼

天地开华国，招邀屡有期。风烟归逸兴，钟鼓乐清时。
对断惜余景，逢人诵旧诗。平生无限意，莫信笛中吹。

翠柳楼

白帻岸江皋，开筵近鸟巢。交疏青眼少，歌罢彩云消。
落日明孤塔，青山见六朝。平生爱高兴，回首兴滔滔。[①]

　　明初的青楼题咏，多与文人诗酒斗艳、炫才使能密切相关，文人多将青楼作为诗歌的取材背景，而不细细体察青楼环境与女妓群体同文人诗词题咏的具体关系。明初文人与女妓的关系仍然延续着传统的欣赏与被欣赏的对立，士妓之间尚未形成平等的对话与倾情的相知，亦如揭轨所咏《南市楼》诗"赵女酒翻歌扇湿，燕姬香袭舞裙纤"，女妓已类化为一种美女符号"赵女"或"燕姬"，而对女妓的身份、个性与音容都未体现出一丝情感上的流露，从而使明初的青楼吟咏产生一种审美上的隔膜。

（二）盒子会里的青楼风俗

　　除却符号类型的青楼题咏外，明初文人亦有记录青楼女妓生活的诗作。

---

① （明）周晖：《金陵琐事·续金陵琐事·二续金陵琐事》，南京出版社 2007 年版，第 28—29 页。

景泰年间，石田文人沈启南曾作《盒子会》一诗，记录了青楼世界的女妓宴会：

> 南京旧院有色业俱优者，或二十三十姓，结为手帕姊妹。每上节，以春蒅巧具肴核相赛，名盒子会。凡得奇品为胜，输者罚酒酹。胜者中有所私，亦来挟金助会，厌厌夜饮，弥月而止。席间设灯张乐，各出其技能，赋此以识京城乐事也。诗云：

其一

> 平乐宵灯闹如沸，灯火烘春笑声内。
> 盒奁来往斗芳邻，手帕绸缪通姊妹。

其二

> 东家西家百络盛，妆肴钉核春满蒅。
> 豹胎间挟惊冰捥，乌揽分才捯玉生。

其三

> 不论多同较奇有，品里输无例陪酒。
> 呈丝逞竹会心欢，袖钞褌金走情友。

其四

> 哄堂一月自春风，酒香人语百花中。
> 一般桃李三千户，亦有愁人隔院住。①

　　盒子会时，青楼世界每每欢愉达旦，其间笑声鼎沸、宵灯通明。行院里的诸家姐妹拿出各家的肴核美食欢聚一堂。之间奇品竞出，争奇斗艳，斗输了的人还要罚酒。当然，这种环境怎么能少了丝竹歌舞之乐呢？于是她们竞番呈艺、会心欢笑，与自己的意中人绸缪相会。这样的盒子会欢宴持续近一个月才结束。沈启南（周）生活于英宗、宪宗、孝宗朝，此时文人多有流连青楼行院者，而文人的青楼题咏亦已逐渐上升至对青楼环境、

---

① （明）周晖：《续金陵琐事》之"盒子会词"，南京出版社 2007 年版，第 240—241 页。

行院生活、女妓评品的层次了。

盒子会是明代行院人家过的一个节日，在节日的当天，女妓们各以春繁巧具肴核相赛，故曰盒子会。之间，行院中色艺较优的女妓以结手帕的形式相互约为姐妹，其间有至二三十姓者。这与唐代教坊女妓之"香火兄弟"相似，"坊中诸女，以气类相似，约为香火兄弟。每多至十四五人，少不下八九辈"。[①]后来这种节日逐渐流于形式，时间有时延续一个月之久，实际上已成为青楼世界的一个娱乐活动。

关于盒子会的具体时间亦有争议，周吉甫的《续金陵琐事》记为"上节"，清代周亮工的《书影》记为"上元节"，《儒林外史》第五十三回则记为"春三二月天气"，且当时女妓多"戴着貂鼠暖耳，穿着银鼠、灰鼠衣服"。而孔尚任的《桃花扇》则记为清明节："（生）是了，今日清明佳节，故此皆去赴会，但不知怎么叫做盒子会。"由此可形成两种推断：其一，明初盒子会当在上元节举行，后随着盒子会活动举行日期逐渐延长，到明代中后期逐渐接近清明节前后。然而此说多为不可靠，因为上元节是正月十五，而清明节则在春分后十五日，两者相差近三个月，一个节日不可能持续如此长的时间。其二，盒子会至明代中后期已流于形式，依附于上元或清明某个节日，在这个节日里女妓相聚一起以盒子会的方式进行团体活动。

在明代中后期，盒子会已成为青楼女妓们比色试艺、博取声价的活动了。《儒林外史》第五十三回中，描绘了旧院女妓的盒子会排场：

> 每到春三二月天气，那些姊妹们都匀脂抹粉，站在前门花柳之下，彼此邀伴顽耍。又有一个盒子会，邀集多人，治备极精巧的时样饮馔，都要一家赛过一家。那有几分颜色的，也不肯胡乱接人。又有那一宗老帮闲，专到这些人家来替他烧香，擦炉，安排花盆，揩抹桌椅，教琴棋书画。那些妓女们相与的孤老多了，却也要几个名士来往，觉得破破俗。

[①]（唐）崔令钦、孙棨、夏庭芝：《教坊记·北里志·青楼集》，古典文学出版社1957年版，第7页。

在《桃花扇》的故事情节中，侯方域与李香君的相见背景亦被孔尚任安排在"卞姨娘家的盒子会"。剧中柳敬亭扮演丑角，苏昆生扮演净角，侯方域扮演小生。

（生）是了，今日清明佳节，故此皆去赴会，但不知怎么叫做盒子会。

（丑）赴会之日，各携一副盒儿，都是鲜物异品，有海错、江瑶、玉液浆。

（生）会期做些什么？

（丑）大家比较技艺，拨琴阮，笙箫嘹亮。

（生）这样有趣，也许子弟入会么？

（丑摇手介）不许不许！最怕的是子弟混闹，深深锁住楼门，只许楼下赏鉴。

（生）赏鉴中意的如何会面？

（丑）若中了意，便把物事抛上楼头，他楼上也便抛下果子来。相当，竟飞来捧觞，密约在芙蓉锦帐。

……

（净指介）你看，楼头奏技了。

（生听介）弦悠扬，（内打云锣）（生听介）玉玎珰，一声声乱我柔肠。（内吹箫介）翱翔双凤凰。（大叫介）这几声箫，吹的我消魂，小生忍不住要打采了。（取扇缀抛上楼介）海南异品风飘荡。要打着美人心上痒！

（内将白汗巾包樱桃抛下介）

（丑）有趣有趣！ 掷下果子来了。

（净解汗巾，倾樱桃盘内介）好奇怪，如今竟有樱桃了。（生）不知道哪个掷来的，若是香君，岂不可喜。

（末取汗巾看介）看这一条水绡汗巾，有九分是他了。

（小旦扮李丽贞捧茶壶，领香君捧花瓶上）

盒子会是青楼名妓斗艺比色的一个节日，在这种群芳毕至的赛会里，女妓们各尽所能，备列珍奇肴核以博胜算，"凡得奇品为胜，输者罚酒酌"，比如李香君就从楼上抛与侯方域一包樱桃，以致侯方域惊讶万分。盒子会里的女妓们攀比竞艺，是最吸引文人注意的事情了。然而盒子会只是色艺俱优之女妓的权利，而那些众多的无名女妓则不会有如此光艳四射的机会，"一般桃李三千户，亦有愁人隔院住"，这也反映了青楼世界的辛酸一面。

　　明代金陵盒子会不仅是女妓行院生活的一个特写，更成为文人品评女性生活的一个窗口，清初高士奇的《题谢石臣盒子会图》对明代之行院盒子会有以下之论：

其一

十六红楼春尚浅，晴烘梅萼东风软。

绮榭琼窗艳蕊多，交枝簇蒂皆佳选。

其二

醁醾腊酒陈羽觞，屧履交错聚一堂。

春荽饤饤斗新异，调丝压管声低昂。

其三

夜久微寒月影白，蜡烟香雾深脉脉。

瑞锦氍毹作地衣，双鸳蜀襽垂帘额。

其四

谁家年少金貂人，翠鲜红稚成迷津。

不数袁羊与薛鸭，兰肴厌饫烹猩唇。

其五

吴娃越女新妆好，凤低蝉薄蛾轻扫。

昭文楷字无瑕诗，断肠有句传芳草。

其六

酣情密意欢经月，直待花繁犹未歇。

那识邻家有饿夫，短褐难周瓮米阙。

其七

谢翁妙笔绘作图，轻烟翠柳今有无。

想象苔荒径泥滑，雪天高咏倾醍醐。①

高士奇是一名诗人、书画家、鉴赏家，亦是康熙的宠臣，在他身上有着清初文人的务实态度，其诗风亦以温柔敦厚为主。此诗绝大部分在渲染金陵十六楼之盒子会的繁华奢艳场面，从盒子会上的酏醲觞酒、春檠饾饤，至女妓的婉转歌喉、曼妙舞姿，再而联想当年冠誉金陵的妓家美食与女妓诗才，无不透出作者的羡慕之情。然而这种欣羡赞誉的诗情正当尽情释放的时候，却马上被清初文人的那种理性道学所节制。作者笔锋一转，"那识邻家有饿夫，短褐难周瓮米阙"，将对金陵风月的赞誉转为对劳苦人民的同情。与沈启南的盒子会诗相比，高诗更显雍容典丽，诗境趋于内敛，多清初文人气象；而沈诗则更平滑自然，多明代文人的洒脱张扬之气。

盒子会的聚会形式亦成为后世士妓交际的范本。清人所撰之《水窗春呓》记载的"荻庄群花会"则是后世"盒子会"的翻版。

> 清江、淮城相距三十里，为河、漕、盐三处官商荟萃之所，冶游最盛，殆千百人，分苏帮、扬帮。有湖北熊司马随官河上，甫逾冠，美丰姿，多文采，尤擅音律，丝竹诸艺，靡不冠场。家雄于资，千金一笑不吝也。一时目为璧人，羊车入市，争掷果焉。
>
> 春日，群艳廿四人，仿秦淮盒子会，设于淮城之荻庄。其地水木明瑟，厅事在孤渚中，窗棂四达，绕槛皆垂杨桃杏，渺然具江湖之思。乃相聚谋曰："是日不可无善歌者侑觞。"佥曰："必约熊郎来。"君欣然就之。挟琵琶筝笛先期往，欢宴竟日，执壶觞遍酬群艳，转喉作诸曼声，一坐为靡。临河观者数千人，皆以为神仙高会也。酒罢，各出一玩好为缠头，或珠，或玉，或披霞，或汉璧，皆人世罕有而精巧绝伦。②

无论后世模仿得如何奢华繁艳、惟妙惟肖，但明代青楼的整体气度是

---

① （清）高士奇：《高士奇集》，苑西集卷十古今体诗，康熙刻本。

② （清）欧阳兆熊、金安清：《水窗春呓》，中华书局1997年版，第29页。

一去不返了。时代已过，物是人非，盒子会的架子也只能成为后世私家娼妓招揽生意的彩头了。

（三）白眉神与青楼巫术

中国古代自有淫祠的崇拜习俗。古代以职业为户籍，使民户形成了较为集中的风俗信仰，民间各行各业皆有自己的神灵，如匠户以鲁班为师祖，船户以妈祖为神，商户以比干、范蠡为祖，等等。乐户亦自有供奉之神——白眉神。

白眉神之来历，最早见诸沈德符所撰《万历野获编》之"神仙误称"条：

> 近来狭邪家，多供关壮缪像，余窃以为亵渎正神，后乃知其不然。是名白眉神，长髯美貌，骑马持刀，与关像略肖，但眉白而眼赤。京师相詈，指其人曰"白眉赤眼"者，必大恨成詈首仇，其猥贱可知。狭邪讳之，乃驾名于关侯。坊曲娼女，初荐枕于人，必与其艾猳同拜此神，然后定情，南北两京皆然也。[1]

沈德符所描绘的白眉神绝似关公，只是眉毛为白、眼睛为赤而已。白眉神在现代仍然可以看见，沈平山在台湾市肆中亦见一白眉神，头部上尖下圆，眉白眼赤，似鸳鸯，脸基赭色。[2]

白眉神在各地乐户中均有供奉，《如梦录》之"街市纪第六"记载了明代开封城内的白眉神庙情况：

> （城中五胜角大街路东）向南，三间黑大门，匾曰"富乐院"。内有白眉神庙三四所，各家盖造居住，钦拨二十七户，随驾伺候奏乐。其中多有出奇美色妓女，善恢复、谈谑，抚操丝弦，撇画、手谈、鼓板、讴歌、蹴圆、舞旋、酒令、猜枚，无不精通。每日王孙公子、文人墨士，坐轿乘马，买俏追欢，月无虚日。[3]

---

① （明）沈德符：《万历野获编》补遗卷四，中华书局，第919页。

② 沈平山：《中国神明概论》，新文丰出版社1979年版。

③ 孔宪易校注：《如梦录》，中州古籍出版社1984年版，第49页。

由此可知，明代行院供奉白眉神并不是一种孤立的现象。对于青楼妓家来说，白眉神似乎有着特殊的魔力。田艺蘅在《留青日札》中记载了行院妓女的施魔方式：

> 教坊妓女皆供白眉神，每至朔望则以手帕汗巾之类扎神面一遭。若遇子弟有打乖空头者，辄以帕洒拂其面一晃而过，则子弟之心自然欢悦相从，留恋不已。盖花门厌术也。①

谈迁在《枣林杂俎和集》中引《花锁志》的记述："教坊供白眉神，朔望用手帕针线刺神面，祷之甚谨，谓撒帕，着人面则或溺不复他去。"谈迁与田艺蘅所载稍有出入，田艺蘅记述为用手帕汗巾之类扎神面，而谈迁则记载为以手帕针线刺神面。窃以为谈迁所载可能错误，以针刺神面当是大不敬之举动，又何以求得神灵庇佑？田氏所记录之"扎"字当作"捆缚"解，即女妓用手帕汗巾等丝布系以神面，以接附神之灵气，使之具有神的超凡能力。谈迁则误将"扎"解释为针线，实为理解之误。

青心才人所著小说《双合欢》在第八回中，记载了青楼妓家巫祝的另种特异方式：

> 进得门来，只见内中已有两个妇人，浓妆淡抹相迎。又见有四五个读书的在那里探头张望。翠翘一发心下不解。行到家堂之处，早已有供献果品在那里。远看像一幅关圣帝君，细看却是两道白眉。这神道叫作白眉神，凡是娼妓人家，供养他为香火。若是没有生意，这些娼妓便对此神脱得赤条条，朝着他献花祷祝一番，把筷子连敲几下，藏在床头，第二日便有客来嫖。若是过年，将鸡鱼肉三献五供。一碗饭，三杯酒，请了白眉神，把这三献五供并在一个沙盆里，酒饭俱别用碗分盛，亦坐在那放供献的沙盆中。将日用的马子，预先洗刷干净，到此日请献过神道，将沙盆放入马子里过除夕。次日看有甚好嫖客浪子来贺节，取出与他吃了，那人便时时刻刻思念着她家。就要丢开，

---

① （明）田艺蘅：《留青日札》之"白眉神"，上海古籍出版社 1985 年版，第 700—701 页。

那禁陞的上心来。所以人家好子孙，新正月初二三切不可到妓家去。①

同样是供奉白眉神，这种巫术则显得有些另类。妓家对此神祷祭的时候还要脱得赤条条，如同白眉神天生就是好色之徒一般。此外，亦须用三献五供来"贿赂"，好像此神亦是贪得无厌之人。当然，这些方法实为民间巫术崇拜，其行为如似"鬼附身"之法，并无实际效果，其作用亦不过青楼女妓的自我慰藉而已。

明人谐谑小品集《山中一夕话》中，有许多嘲谑女妓生活的作品，其中有一篇《妓家祝献文》描写了妓家祷神的状貌：

> 伏以香焚宝鼎，烛插银缸。奉请勾栏土地、教坊大王、烟花使者、脂粉仙娘。弟子生长九江之上，侨居圣帝之傍，因无生理，买良为娼。今遇七夕令节，启建荤素道场，拜献本司圣众，愿祈如意吉祥。大姑常接有钱孤老，二姐广招多钞财郎，三姐房中时时舞弄狮子，四姐床上夜夜捉对鸳鸯，五姐忙兜兜近新送旧，六姐急忙忙脱裤宽裳，七姐盐商包定，八姐绢客连桩，九姐愿得富翁梳弄，十姐只求财主成双，厨厦春梅秋菊常接个帮闲落剩之客，走动张三李四频烧些净脚洗手之汤。合家利市永保安康。②

此文语言诙谐浮浪，颇有晚明文人儇薄轻浮之习气。首以供鼎焚香，再祷祝风月诸神临场，勾栏土地、教坊大王、烟花使者、脂粉仙娘等神次列出场。勾栏、教坊、烟花、脂粉均是与行院生活息息相关的事物，将它们异化为神灵正体现了青楼信仰的事物崇拜习俗。民间信仰往往神化与其生活密切相关且代表其生活本质的事物，从而借此"事物神"来祈佑他们生活安定、福泰安康。勾栏是宋元两朝民间艺人的演艺场所，后世文人多以勾栏比拟青楼世界。土地神源自上古时期之地祇崇拜，后来随着造神谱系的完善与规范，地神逐流渐变为民间辖管一方土地的土地神。勾栏土地

---

① （清）青心才人：《双合欢》，春风文艺出版社 1983 年版，第 65 页。
② （明）李贽辑：《山中一夕话》，《明清善本小说丛刊初编》第六辑"谐谑篇"，天一出版社 1985 年版。

神正是这种民间"事物神"与"观念神"的结合体，而成为行院世界的守护者。教坊是元明两季执管乐户的现实机构，将现实机构神化代表着青楼世界对世俗权威的一种恐惧与顺从。烟花使者、脂粉仙娘则是对青楼世界的指代称呼，是青楼世界的一种抽象化神祇了。

关于白眉神的原形，民间有多种说法。《枣林杂俎》以之为古洪涯先生："白眉神即古洪涯先生也。"① 明《列仙全传》卷一称："洪涯先生，或曰黄帝之臣伶伦也，得道仙去。姓张氏。或曰尧时已三千岁矣。汉仙人卫叔卿，在终南绝顶与数人博，其子度世问卿曰：'同与博者为谁？'叔卿曰：'洪涯先生辈也。'"伶伦相传为黄帝时乐官，是古乐律的创造者。《吕氏春秋》之"古乐"载："昔黄帝令伶伦作为律。"张衡《西京赋》之薛综注云："洪涯，三皇时伎人，倡家托作之，衣毛羽衣。"由此可知，三国时倡家已有保护神之说。这种塑神方式与古代行业追祖溯源的民间信仰有密切的关系。古代各行业往往将本行之神牵附在具有悠久历史与巨大影响的个体人之上。那么，对于秉承音乐歌舞职责的乐户来说，洪涯无疑是最佳神选了。

除洪涯先生之外，亦有部分明清小说中将盗跖奉为白眉神。明代赵南星所撰《笑赞》第七十二条"盗跖"，就记录了这样的白眉神故事：

> 柳盗跖死后魂灵不散，打劫的财物一些带不到阴间，饥寒难忍，意欲作贼，争奈喽罗们一个也没有。阎罗王怕他害人，不许转生，连禽兽也不许他做。思量无奈，到处罗唣，娼妇人家替他盖下矮小庙宇，图些酒食，因他排行第三，叫做三郎神，这个神见了小鬼也要回避，偶然行路之间撞遇孔圣人，回避不及，跪在路旁。孔圣人说道："你当初那等火性，如今怎么这样小心？"盗跖说："自从听了圣人的言语，近来也略有些涵养。"
>
> 赞曰：盗跖横行杀人，在泰山下，孔圣人去劝化他，他就要吃孔圣人的心肝。及至死后，却受乐户的香火，乐户家女子初学弹唱，定要先参见他，乞讨聪明。有等妓女将他暗暗供养，不令人见，因他的眉毛尽白，叫做"花柳魔"，勾引的浪荡子弟都来此家挥金如土，这

---

① （明）谈迁：《枣林杂俎》，中华书局 2006 年版，第 508 页。

样人说不得他个无耻。一日众判官禀问阎王曰："柳盗跖辞世多年，何不收在地狱？却教做那等丑神。"阎王曰："此是上帝之意，着他在世间做恶人的样子。"众判官合掌赞叹，上帝千方百计，只是要人行善。一时鬼王夜叉，牛头马面，猪嘴獠牙，一切小鬼闻之，皆大欢喜而退。①

此外，烟霞散人的《斩鬼传》第八回"悟空庵懒诛黑眼鬼——烟花寨智请白眉神"亦讲述了盗跖为娼妓神的故事：

> （小鬼）含冤道："你家有白眉神吗？"柳金娘道："上边供奉的就是白眉神。"含冤扬起慢子看，果然一尊神像，两道白眉。含冤又问道："这尊神是何出身，在生时姓甚名谁？"柳金娘道："小妇人也不知其详，只听得当日老亡八说是柳盗跖。"

白眉现身后亦自称道：

> "俺自春秋以来，至于今日，娼妇人家，家家钦敬，大小奉祀，竟如祖宗一般。"钟馗道："将军在春秋时何等英雄，为何不树功立名，封妻荫子，反受此娼妇供奉，岂不有玷将军乎？"白眉神道："和尚无儿孝子多，那些粉头水蛋就是俺的儿子。每日享他们的供献，受用无比，何必巴巴结结为儿孙作牛马乎？"②

赵南星刻意贬低盗跖而抬高孔子的行为，可能与崇儒尊孔的心理有一定的联系。相比而言，《斩鬼传》里的盗跖则更为形象生动，符合春秋时期的英雄风范。

《金瓶梅》续书《金屋梦》第四十二回亦有记载："但见（勾栏）巷口一座花神庙，是塑的柳盗跖，红面白眉，将巾披挂。因他是个强盗头儿，封来做个色神。"然而此说颇不尽情理，可能传写于小说人之口。民间对青楼之销金窟的认识，使小说人感觉青楼世界亦如盗贼一般劫掠良人钱财，

---

① （明）赵南星、冯梦龙纂，周作人校订：《明清笑话集》，中华书局 2009 年版，第 38—39 页。
② （清）烟霞散人：《斩鬼传》，广益书局 1935 年版，第 58 页。

故民间将娼妓与盗贼并称，所谓"男盗女娼"者也。如此，文人即将盗贼之祖移至娼妓之神，其间不无鄙斥之意。

此外，女妓所供奉之神亦有吕洞宾、管仲等人。民间传说吕洞宾成仙之前多浪迹于青楼歌馆之间，与青楼女妓有不解之缘，故后世亦有将吕洞宾奉为行业神之说。管仲被奉为行业神，可能与其为最早娼妓创立者之原因相关。然而无论何种原型均无法自圆其说，原型与神像的不统一，以及民间信仰的复杂性都使青楼之白眉神带有一种神秘色彩。

二　文人冶游与青楼品鉴

（一）明之前的冶游活动

旅游与爱情相结合是冶游的本质意义。上古时代，年轻的男女成群结队地相约于某地，赏观景物，谈情说爱，借旅游之名而寻求自己理想的伴侣，这就是冶游的原始形态。这种自由、平等的恋爱风气在春秋时期就已经开始了。在春天里的一个特定节日里，年轻男女结队外出，去野外的一个公共场所里游玩观景，互相追逐嬉戏，在游玩活动中选择自己心中的伴侣。这种冶游不需要媒妁的通导、牵合，所以更充溢着自由、浪漫的气息，正如《列子·汤问》所叙："男女杂游，不媒不聘。"春秋时期，这种冶游风气在诸侯国内多有流行，郑国的溱洧河畔、齐国的社稷、宋国的桑林、燕国的祖泽等，皆是男女相会的冶游场所。这些痕迹仍然保留在先秦的历史典籍中，如《诗经·溱洧》中的男女秉蕑游春，《墨子·明鬼》所记载的"燕之有祖泽，当齐之有社稷，宋之有桑林，楚之有云梦也：此男女所以属而观也"。此皆古人冶游之始祖也。

随着社会的发展，这种男女冶游活动慢慢地突破了时间与地点的限制，出现了个人或一些人自主求偶的冶游行为。这种冶游活动的角色也不局限于男性，很多女性亦有冶游求偶的经历。后世为了树立男权制度的权威，慢慢淡化女性冶游的历史记载，虽然如此，我们仍然可以在历史文献中去拼凑出女性冶游的大致轮廓。在《诗经·周南》之《汉广》里有"汉有游女，不可求思"的记录。朱熹在《诗集传》里对此解释为："江汉之俗，其女好游，汉魏以后犹然。"朱熹的话是很有根据的，因为在司马迁的时代里，某些地方仍然保留着这种社会风气，如北方之齐燕、南方之吴越亦多浸染此风。司马迁在《史记·货殖列传》中记载："越女郑姬，设形容，揲鸣琴，揄长袂，蹑利屣，目挑心招，出不远千里，不择老少者，奔富厚也。"[①]越郑两地妇女，修饰容貌，华装丽服，携琴擅乐以投奔富贵之家，不正是女妓游艺他方的现实写照吗？降及东汉，班固在《汉书·地理志》中仍记载了这种游艺风俗："赵、中山地薄人众，犹有沙丘纣淫乱余民。丈夫相聚游戏，悲歌慷慨，起则椎剽掘冢，作奸巧，多弄物，为倡优。女子则弹弦跕躧，游媚富贵，遍诸侯之后宫。"[②]不过，这种女性冶游活动到了后来逐渐发展为女性卖艺求生的生活方式了，而其冶游求偶的原始目的则慢慢淡化，甚至是湮没无闻了。

随着男权地位的确立与儒家伦理制度的建立，两性关系逐渐趋于规范化，原始性质的男女冶游活动亦被繁杂的婚礼制度所取代。自战国始，男女间的冶游婚恋之习俗逐渐被统治阶层定义为非法婚姻。对于具有私奔性质的冶游婚恋，《礼记·内则》有如此规定："聘则为妻，奔则为妾。"在先秦乃至秦汉时期，妾的地位是相当低下的，其身份相当于女奴，那么其生活境遇亦可想而知。在这种政策下，男女冶游活动逐渐销声匿迹。然而儒家伦理制度在扼止女性冶游活动的同时，也在一定程度上变相地取消了男性的冶游权利。因此，在秦汉至魏晋南北朝之间的"家妓与奴隶娼妓时代"[③]，男性的冶游被替换成了男性权势阶级的疯狂纳妾与豢养家妓等活动。对于贫寒士子来说，这种纳妾与家妓之享受无疑是奢侈而无法企及的，他们只能在达官显宦或富商巨贾的府邸中得以觇见她们的身姿才华，或者得到这些权贵阶层所赏赐的一两个女妓，以显示身份与荣耀。

士子文人自由而频繁的冶游活动在唐代中后期才得以真正地复兴起来，这与起自唐代的发达官妓制度有着密不可分的关系。从某种意义上来讲，上

---

① （汉）司马迁：《史记》，中华书局 1959 年版，第 3271 页。

② （东汉）班固：《汉书》，中华书局 1962 年版，第 1655 页。

③ 依王书奴《中国娼妓史》的划分方式，隋唐以前皆属于奴隶娼妓的时代，因为此时女妓多作为权势阶层的附属品而存在。

古时代的男女自由冶游活动，在经历秦汉至魏晋南北朝的漫长时期后，已经
演变为以自由男性与固定女妓为主体的冶游活动了。在这种冶游活动中，先
秦时期男女平等、交往自由之风气已消失殆尽，取而代之的是男女畸形的
交往关系。然而这毕竟是一种制度上的"进步"，因为它在一定程度上解放
了底层受压抑的文人士子，使他们有机会去享受才艺女性所带来的新鲜与刺
激。而这些冶游活动的前提条件则是有着悠久历史的女妓文化传统。

严格地讲，从上古时代"恒舞于宫、酣歌于室"的女乐与承应饮宴祀
祭之"女酒"，再至战国管仲所设之"女闾"，女妓文化代表了一种服务于
国家政权与士族阶级的女性文化。然而这种文化至唐代中晚期发生了巨大
的变化，由于财政的短绌，官妓逐渐走出宫廷、官府的严格掌控，而面向
普通市民、文人等群体。唐代中后期的教坊、北里分别反映了唐代的歌舞
妓与饮妓群体从皇室宫廷、各级官府与贵族富室的专有权向广大士人之公
共权过渡的发展状态。可以说，女妓服务之公共权力的开放为唐代士妓之
交往提供了必要的制度保证。而士子文人与女妓群体的广泛交往则相应地
促发了唐代青楼文学的繁荣局面。

两宋时期，女妓已渗透至城市生活的各个角落，从王室宫廷的礼乐歌
舞，到士大夫间的饮宴助觞，再至民间的社会节庆等，都少不了女妓的身
影。两宋政府所实施的榷酒制度使女妓走进广大市民的日常生活，与女妓
交往之对象亦逐渐扩大到社会各个阶层。女妓的市井化给宋代文学带来了
新面貌，大量的以女妓为题材的传奇小说涌入市民生活。总体上来说，两
宋士妓之交往更流于世俗化、生活化，并因此促进了青楼文学题材的通俗
化与市井化。正因如此，两宋青楼文学比唐代青楼文学更贴近日常生活，
更加翔实、生动。

元代政权实行户籍与职业相联属的粗放管理方式，诸般曲艺皆属乐部，
故习艺乐人皆属乐籍。笼统的管理方式必然导致各行业界限的模糊，在宋
代女妓与伎艺人、乐工之间的行业分属在元代已笼统地归为"乐籍"了。
元代这种笼统而粗放的户籍管理方式消除了下层文人与乐户体系的身份隔
阂，故元代落魄文人多能以平等的身份体会乐户女妓的生活境况，而不是
高高在上的救赎与怜悯。关汉卿烟花杂剧中所描写的女妓都具有积极乐观
的生活心态，这一点与其他朝代有着巨大的区别，其原因正由于此。

除此之外，文人士子的冶游活动必须具备以下两个条件：其一，必须有供男性冶游的娱乐场所与女性服务者，并且这种服务必须达到相当规模。唐代的平康北里即是专门承应纨绔子弟、应举士子冶游的主要场所，其以助觞行饮为主职，已启明代青楼之滥觞。唐之前，女妓多以官奴婢或私奴婢的身份隶属于宫廷官府、达官仕宦与富商巨贾，贫寒士子是难以企及的。唐代中后期，由于政府财政的短绌，教坊始兼有外雇之业。教坊与平康北里的外雇代表着传统的女妓私有权向士子公共权力的开放。

其二，冶游男性必须有富裕的时间、精力、金钱为资本，这样就使冶游局限于纨绔子弟、富商巨贾与名士才子等群体。唐代教坊起初只承应宫廷皇室的娱乐歌舞，相当于后世的皇家歌舞团。唐中叶以后，皇室为了表彰有功绩的将勋臣子，教坊歌舞亦用于朝臣赐宴。这种象征性的赏赐在唐代中后期成为惯例，以致新进士亦可行牒召妓饮宴。《北里志》载："近年延至仲夏，京中饮妓，籍属教坊，凡朝士宴聚，须假诸曹署行牒，然后能致于他处。惟新进士设筵顾吏，故便可行牒。追其所赠之资，则倍于常数。"[1]

（二）明代文人的冶游传统

青楼文化是一个流动的历史文化，青楼女妓与狎邪文人永远是推动青楼文化发展的两翼。文人与女妓交往的目的不仅仅是性欲的发泄与情感放纵，更代表着一种生活方式。或随性自适，如"每游赏，必以妓女从"的谢安，或如柳永"偎红倚翠，风流事、平生畅"，或纵酒高歌、征歌选妓之放浪形骸，或佯醉卖狂、醉卧风月以纾祸避难……明代士人把这种文化传统表现得淋漓尽致。明代青楼文化是一个动态的历史进程，随着明代文人势力的起伏盛衰，青楼亦经历了从萌芽到兴盛，再至鼎盛，最后又极速崩溃的发展过程。

（1）明初官妓与朝士饮宴

明初朱元璋建金陵十六楼以宴群臣士子，成为明代文人冶游之滥觞。然而金陵十六楼与明代行院仍有本质的区别。金陵诸酒楼是政府为了招待在朝官员而设立的官方娱乐机构，酒楼之女妓多来自乐籍女子，她们受政

---

[1]　（唐）崔令钦、孙棨、夏庭芝：《教坊记·北里志·青楼集》，古典文学出版社1957年版，第22页。

府征召来承应官员的歌舞饮宴等活动。这一点与明初富乐院恰恰相反，富乐院建立之初只允许市民商贾入院，而于官员则有严禁。作为官方娱乐机构的金陵诸酒楼，它们的女妓品级定然比面向市井大众的富乐院女妓要高出许多。正是如此，才会有明初朝臣士子的咏讽金陵诸酒楼之诗作。关于这一点，笔者在前节《明初金陵十六楼》中有过详细的论述。

金陵诸酒楼的建立与明初所施行的官妓制度有着密切的联系。官妓制度是政府征召公私女妓承应君臣礼乐饮宴等活动的行政制度。对于官妓的具体含义，古人有一些模糊。在两宋时期，官妓是指身份隶于官府的妓女，与私妓、家妓相对。在元、明时期，由于女妓统一隶于乐籍，没有官私之分，所以在元、明两朝人眼中，官妓是一种承应在朝官员之歌舞饮宴的值班女妓，所谓"唤官身"①。永乐朝，解缙曾强烈地谴责明初官妓制度：

> 太常非俗乐之所肄，官妓非人道之所为。禁绝娼优，易置寺阉。……妇女非帷薄不修，毋令逮系。……今之为善者，妻子未必蒙荣，有过者，里胥必陷其罪。况律以人伦为重，而有给配妇女之条，取之于不义，则又何取夫节义哉。②

解缙所讲的官妓有两种含义，其一指身份隶于官府或宫廷而承应饮宴歌舞等活动的女妓，与寺阉相对，与宫妓同义；其二指的是因丈夫或父亲犯罪，罚斥其妻女入官府而为官妓。前者指的是明代女妓的身份与职业，后者指的是女妓的出身与来源。解缙认为，君王不应该沉溺于娼妓歌舞之中，而太常寺亦不应该以俗乐歌舞为务，所以要禁绝娼优、改革太常机构。

由此可知，明初继承了前朝的官妓制度，官府宴飨皆由女妓承应。《坚瓠集》八集卷三记载的一则故事，颇能反映明初官员与官妓的交往事实：

> 齐亚秀者（或名齐雅秀），京师名娼。尝侍长陵宴。出语人曰，

---

① 官员征召艺人或女妓去官府或公私宴会进行乐舞饮宴等活动，称为唤官身。唤官身，最初只为承应官府祀祭乐舞或公务饮宴等活动，后来在朝官员亦可以拘唤乐人到私人宴会进行歌舞承应等活动。元代至明初，仍实行官妓制度，宣德年间始废之。可参考穆凡中《勾栏瓦舍》之"唤官身"一解。

② （清）张廷玉等：《明史》，中华书局1974年版，第4116—4117页。

知音天子也。每唱到关目处，即为举卮。晚年有目疾。女曰江斗奴，以色艺擅声。宣德间，海内清谧，上下皆以声妓自娱，英公张辅尤奢泰，尝延三杨饮，命斗奴佐觞。二杨颇降词色，西杨俨然，南杨乃举令，各取古诗句有月字在下者。云："梨花院落溶溶月。"东杨云："舞低杨柳楼心月。"西云："金铃犬吠梧桐月。"斗奴跪而请曰："妾亦得句，敢言乎？"英公咄咄曰："汝当歌各月，毋徒诵也。"斗奴歌曰："梨花院落光如雪，犬吠梧桐夜，佳人杨柳楼，舞罢银蟾灭，者春月、者夏月、者秋月，总不如俺寻常一样窗前月。"诸公称赏，西杨亦剧饮，东杨至拥之膝，连沃数觥。杯覆，斗奴以罗裙拭之，云："血色罗裙翻酒污。"英公叱曰："总为母狗害事！"斗奴应曰："妾所接皆公猴耳。"众人大噱。明旦，三公皆以绯罗赠之，西杨曰："吾辈老矣，犹为尤物动，况少年乎？"即奏禁百官，宿娼者除名。①

明初朱元璋配予各藩王若干乐户以供礼乐之用，齐亚秀可能即是其一。长陵宴是朱棣为燕王时所观戏的地方。齐雅秀演唱时，每到关目处，朱棣即为举卮，可见朱棣亦是曲艺的爱好者。齐雅秀之女江斗奴亦是伶俐诙谐之人，甚至可以自如应付三杨的刁难。这个故事还有多个版本，故事中的官员角色同样是三杨，但是官妓则换为齐雅秀。李诩《戒庵老人漫笔》卷一之"妓巧慧"条记载了其中一个版本：

　　三杨学士当国时，有一妓名齐雅秀，性最巧慧，一日被唤，众谓之曰："汝能使三阁老笑乎？"对曰："我一入，就令笑也。"进见，问何以来迟，对曰："在家看些书。"问何书，对曰："《列女传》。"三阁老闻之果大笑，乃戏曰："我道是齐雅秀，乃是脐下臭。"盖因其姓名之声而讥之，应声曰："我道各位老爹是武职，原来是文官。"以文为闻也。三公曰："母狗无礼！"又答曰："我是母狗，各位老爹是公侯。"侯者猴也。②

---

① （清）褚人获：《坚瓠集》，《笔记小说大观》第十五册，江苏广陵古籍刻印社1984年版，第261页。
② （明）李诩：《戒庵老人漫笔》，中华书局1997年版，第11页。除此之外，《尧山堂》《青泥莲花记》等笔记中亦载有相似的故事。

　　无论是齐雅秀，还是江斗奴，都塑造了机敏诙谐、舌战三儒的女妓形象。抛去后世文人的修饰润色，我们仍可得出一个事实，即明初官员酒宴筵饮可以召官妓陪侍。其陪侍的内容亦与前代相同，即歌舞助兴、席宴酒令，抑或是谐谑谈笑等。

　　私人聚会如此，公务外的群聚宴会亦变本加厉。至宣德朝，官员退朝后多饮宴于酒楼，以致害政废务，《明政统宗》卷九载："本朝初不禁官妓，每朝退相率饮于妓楼，群婢歌侑筵饮踰时。后乃浸淫放恣、解腰盘薄喧啾竟日。楼牕悬系牙牌累累相比，日昃归署，半已沾醉，曹多废务。"①左都御史顾佐上书宣宗以严禁官妓："宣德四年八月，宣宗谕礼部尚书胡濙曰：'祖宗时，文武官之家不得挟妓饮宴，近闻大小官私家饮酒，辄命妓歌唱，沉酣终日，怠废政事，甚者留宿，败礼坏俗。尔礼部揭榜禁约，再犯者必罪之。'"②官妓之禁实施后，南北教坊失去了官方的饮宴活动，明初时的风月繁华亦随之而逝。加之永乐朝京师北迁，南京烟花场所顿时萧条零落，"时南院尚有十余家，西院亦有三四家，倚门待客。其后不十年，南西二院遂鞠为茂草，旧院房屋半行拆毁"③。然而官妓之禁只限于在职官员与官府的饮宴活动，居家之士人与休职之缙绅则不在此例，"唐宋皆以官伎佐酒，国初犹然，至宣德初始有禁，而缙绅家居者不论也。故虽绝迹公庭，而常充牣里闬"④。

（2）佯狂避祸与纵情花酒

　　文人世界往往充斥着太多的世俗纷争，太多的名缰利索，自古至今，文人的出路不过入仕与出仕两种。文人的生活亦不过随入仕与出仕而升降浮沉：入仕意味着汲汲功名，宦海浮沉，仕途显晦；出仕亦不过是远离庙堂，或如竹林七贤遁迹山林，或如陶渊明醉情田园。然而仍然有一部分人选择了入仕与出仕之间的另番抉择——沉溺声妓、纵情诗酒。对于流浪于家庭之外或徘徊于仕途之中的士人，青楼无疑为他们营造了最美的太虚梦

① （明）涂山辑：《明政统宗》，《四库禁毁书丛刊·史部》第2册，北京出版社1997年版。
② （明）余继登：《典故纪闻》，中华书局1981年版，第167页。
③ （明）顾起元：《客座赘语》，《元明史料笔记丛刊》，中华书局1987年版，第232页。
④ （明）谢肇淛：《五杂组》，上海书店出版社2001年版，第157页。

境。留恋于红尘，却又没有足够的勇气去面对现实，或者受现实的窘迫却又不甘隐遁山林，都不若放浪形骸于青楼与群妓之中。在放浪形骸的文人看来，对朝廷的疏离应该表现为自我价值的放逐，而自我价值往往体现在对社会伦理、政治体系的不合作与反抗上。

杨慎的沉溺狭邪之行为是一种反政治迫害的佯狂，"胡粉傅面，作双丫髻插花，诸妓拥之游行街市"[①]。佯狂与纵欲是对社会制度的一种无奈的反抗，西晋士人迫于司马氏政权的高压政策，往往采取了奢靡狂浪、狎妓纵欲的逃避方式。历史中总会有极为相似的政治场景，明代的士人仍然处于一种"不自由"的状态之中。这种"不自由"不同于西晋的政权与士人、名教的对立，它更突出地表现在以皇帝为代表的皇权与以士族为代表的阁权的对立上。明代士族没有宋代的那种优渥环境，却也不会沦落至元代知识分子的境界，因而明代士族对自己的地位有一种尴尬心理。在嘉靖朝"大礼议"事件之后，文人集团已处于皇权的压制之下，明初文人那种积极建言、前仆后继的情形已出现了式微之势。在这种情势下，很多文人沉溺于纵欲与狭邪之中，诸如杨慎、屠隆、曹大章等均可被视为这类士人的代表。因牵涉党祸而谪居的康海恒"征歌选妓，穷日落月……尝生日邀名妓百人为百年"，[②] 甚至"常与妓女同跨一蹇驴，令从人赍琵琶自随，游行道中，傲然不屑"；[③] 边贡被劾罢归后，"日与豪士浮白倡和，醉则两妓肩扶，歌于途，观者如堵，不为怪"[④]。

盛行于明代中后期的"三言二拍"可以说是反映明代世人情态风貌的一个窗口，之间所展示的大千世界往往比文人的笔记小说更具史学价值。在其篇目中颇能洞悉明代文人与青楼的交往情境，在《卖油郎独占花魁》故事中，我们可以借老鸨之口一窥名妓的日程安排：

> 美儿（即花魁女）昨日在李学士家陪酒，还未曾回。今日是黄衙内约下游湖，明日是张山人一班清客，邀他做诗社，后日是韩尚书的

---

① （清）钱谦益：《列朝诗集小传》，上海古籍出版社 2008 年版，第 354 页。
② 同上书，第 313 页。
③ （明）何良俊：《四友斋丛说》，中华书局 1997 年版，第 159 页。
④ （清）查继佐：《罪惟录》，《明代传记丛刊·综录类》，明文书局 1991 年版，第 2314 页。

公子，数日前送下东道在这里，你且到大后日来看。届时老鸨却说：
"今日又不工夫了，恰才韩公子拉去东庄赏早梅……来日还要到灵隐
寺，访个棋师赌棋哩，齐衙内又来约过两三次了。"

从莘瑶琴的活动日程中，我们可以看到明代中后期女妓群体所渗透的
社会各色群体，有以黄衙内、齐衙内为主的纨绔子弟，有以韩尚书公子为
主的"高干子弟"，有以明代山人为代表的秋风清客，再加上以秦重为代
表的商贾势力，基本上可以涵盖除官员之外的整个城市层次了。然而官员
最终也不能避免情欲势力的诱惑，王世贞在其《觚不觚录》中谈道：

> 河南、淮北、山陕诸郡士夫，多仍王威宁、康德涵之习，大小会
> 必呼伎乐，留连宿饮，至着三词曲不以为怪。若吴中旧有之，则大概
> 考察削籍不堪复收者。既而听用在告诸公，亦染指矣；又既而见任升
> 迁及奉使过里者，复澜倒矣。乃至居丧，未尝轻缣白裕，左州侯，右
> 夏姬，以纵游湘山之间，从人指目，了不知怛。呜呼！异哉。①

王世贞已敏锐地注意到，明代中后期，政策法规对官员纵妓行为的惩
戒力度逐渐减小的事实。河南、淮北、山陕诸地首发其端，诸郡士夫的大
小宴集或诗社酒会多征召女妓佐宴，甚至有的留妓宿饮，如此情境在这些
地方已经司空见惯了。王世贞又将视角转移至吴中一带。在他看来，吴中
官员纵妓之行为不是一个突然爆发的现象，它有一个逐渐兴盛的过程。削
籍不堪复收者，似乎是这场运动的始作俑者，这些离职而又无复任之望的
官员，往往通过纵情声色来排解内心的苦楚与愤懑之气。削籍不堪复收之
官员的放浪行为，很快波及等待调用而暂无实职的预备官员群体。削籍不
堪复收者与听用在告诸公，在本质上没有任何的差别，按谢肇淛的说法，
他们都属于"缙绅家居者"之群体，因此他们很容易钻朝廷"官妓之禁"
的政策漏洞而逍遥法外。一旦转任升迁，这部分临时赋闲而纵情声妓的官
员，便会将这种恶劣的风气传染给在职的官员。

---

① （明）王世贞：《觚不觚录》，《丛书集成初编》，商务印书馆 1936 年版，第 15 页。

除此之外，社会各种势力也在逐渐腐蚀大明王朝的官僚队伍，如商贾势力对官员的钱色诱惑。《金瓶梅》第四十九回，两淮巡盐御史蔡蕴留宿西门庆家，西门庆私下里向蔡蕴送上妓女董娇儿、韩金钏两人陪宿。商贾势力所操纵的这种无形的权色交易，是明政府防不胜防的。不仅如此，明代政府官员也受到山人势力的引诱而出现纵妓之行为。王百縠是明代中后期在朝野享有巨名的一名山人，他运用各种手段钻营于在朝官员之间，《万历野获编》之"守土吏狎妓"条载：

> 今上辛巳、壬午间，聊城傅金沙（光宅）令吴县，以文采风流为政。守亦廉洁，与吴士王百縠厚善，时过其斋中小饮。王因匿名妓于曲室，酒酣出以荐枕，遂以为恒。王因是居间请托，橐为之充牣。①

实际上，促使官员纵情声妓的不仅仅是商贾与山人两种势力，还有明代中后期整个社会的奢靡与纵欲之风气。明代中后期，城市经济极度繁荣，再加之商贾势力的奢靡生活方式与文人纵情声色之社会风气，使明代官员不可避免地浸淫于这种纵妓享乐的社会之中。

嘉靖、万历年间，文人洋溢着一种叛逆的勇气与张扬的个性。放浪形骸、纵酒狎妓已成为一种"致良知"的合理行为，像杨慎式的介于政治佯狂与个人狂狷之间的狎妓行为已不多了。此时的士妓交往更趋于一种合理的常态，女妓不是文人自我放纵的工具，而是文人诗酒品评、恬然生活的一种雅饰。屠隆正是这种心态转变的典型，早年生活潦倒、破落不堪，举官后备尝艰难苦辛，罢职后则一任纵情诗酒、狎妓纵欲。任职期间，在屠隆的内心深处，纵欲与治世一直处于冲突状态。当被罢官后，入仕的那种矛盾心态突然化解，行乐纵欲的心态已无治世之心的羁绊。屠隆的内心经历了一次蜕变，由汲汲功名而趋于个人之纵欲享乐，这种享乐更近于他的真实心境。正如袁宏道所论的人生五种真乐，其一就有"千金卖一舟，舟中置鼓吹一部，妓妾数人，游闲数人，泛家浮宅，不知老之将至"。②

---

① （明）沈德符：《万历野获编》，中华书局1959年版，第713页。
② （明）袁宏道著，钱伯城笺校：《袁宏道集笺校》，上海古籍出版社2008年版，第211页。

（3）秦淮风月与文社诗会

随着明中后期社会经济的发展与城市的繁荣，传统的士农工商等户籍界限趋于消融，加之江南各地奢靡享乐之风盛行及王学思潮的推波助澜，江南的青楼风月很快得以复兴。与此同时，文人诗社集会等活动骤增，各地均出现了不同规模的文人组社活动，"社盟的成立，既然这样地繁盛，他们结社会朋，动辄千人，白下、吴中、松陵、淮扬，都是他们集会之所，秦淮河畔，桨声灯影，虎丘池边，塔影夕阳，桃叶问渡，小院留人"[①]。明代中后期，江南已为人文才气之渊薮，在朝之官员与在野之文人往往在金陵结社集会。当然，文人的诗社文会总离不开青楼女妓的参与，甚至在晚明这已成为一种时尚与惯例。

文人的结社集会与青楼的征歌选艳巧妙地融合在一起，因此明代文人诗社集会等活动在一定程度上显示了江南青楼的盛衰轨迹。钱谦益在《列朝诗集》中记录了金陵士妓风流的发展历程：

> 弘、正之间，顾华玉、王钦佩以文章立坛，陈大声、徐子仁以词曲擅场，江山妍淑，士女清华，才俊歘集，风流弘长。[②]

弘治、正德年间，顾华玉、王钦佩等人以文章闻世。顾璘字华玉，上元人，弘治九年进士，官至南京刑部尚书，与王韦（字钦佩）、陈沂诗名并重，号"金陵三俊"。顾璘亦喜声色之好，喜设宴，宴必用乐，多征召于教坊：

> 先生喜设客，每四五日即一张燕，余时时在其坐。先生每燕必用乐，乃教坊乐工也。以筝琶佐觞，有小乐工名杨彬者，颇俊雅，先生甚喜之，常诧客曰："蒋南泠诗所谓'消得杨郎一曲歌'者，正此子也。"[③]

而陈大声与徐子仁则是活跃于金陵的戏曲名手。徐霖字子仁，金陵

---

①　谢国桢：《明清之际党社运动考·引论》，中华书局 1982 年版，第 8—9 页。

②　（清）钱谦益撰集，许逸民、林淑敏点校：《列朝诗集》，中华书局 2007 年版，第 4628 页。

③　（明）何良俊：《四友斋丛说》卷十五，中华书局 1997 年版，第 124 页。

人，诗书画皆精，善南北词，被称为"曲坛美髯公"。陈铎字大声，号秋碧，教坊子弟称之为"乐王"。顾起元在《客座赘语》中记载了二人参加黄琳宴会之事：

> 黄琳美之元宵宴集富文堂，大呼角伎，集乐人赏之，徐子仁、陈大声二公称上客。美之曰："今日佳会，旧词非所用也，请二公联句，即命工度诸弦索，何如？"于是子仁与大声挥翰联句，甫毕一调，即令工肄习，既成，合而奏之，至今传为胜事。子仁七十时于快园丽藻堂开宴，妓女百人，称觞上寿，缠头皆美之诒者。①

徐霖、陈铎二人应声就曲，择妓而歌，"曲坛美髯公"与"乐王"果然名不虚传。徐霖早年声名于学校，后来弃绝科举，遂流连于烟花粉黛之中。因为他多为青楼女妓制曲填词，所以赢得了烟花女子的追捧，甚至在他七十寿诞的时候，竟有妓女百人为之捧卮祝寿。《二续金陵琐事》亦载有徐霖轶事：

> 徐髯仙，豪爽迭宕人也，工书，能文章，善为歌诗。有声庠序间，后以事弃去，遂为无町畦之行。数游狭斜，其所填南北词皆入律，故娼家皆崇奉之。衡山尝题一画寄髯仙，其诗后半首云："乐府新传桃叶渡，彩毫遍写薛涛笺，老我别来忘不得，令人常想秣陵烟。"盖实录也。武宗南巡，献乐府因得供奉，武宗数幸其家，在其晚静阁上打鱼。后随驾北上，在舟中，每夜常宿御榻前，与上同卧起，亦异数也。②

徐霖可为江南文人狭邪之尤者，所谓"彩毫遍写薛涛笺"直可与柳永相比肩了。武宗南巡时数幸其家，又于其晚静阁打鱼，更是普通人家无比荣耀之事了。而对徐霖来说，最盛事当属"宿御榻前"且"与上同卧起"了。

陈大声正德间世袭官指挥，为人风流倜傥，精通音律，多有散曲传世，

---

① （明）顾起元：《客座赘语》，中华书局1987年版，第179页。
② （明）周晖：《金陵琐事·续金陵琐事·二续金陵琐事》，南京出版社2007年版，第355页。

以描写男女狭邪风情、闺怨相思为主。而其"乐王"之来历，亦有一段趣话：

> 大声为武弁，尝以运事至都门，客召宴，命教坊子弟度曲侑之，大声随处雌黄，其人距不服，盖初未知大声之精于音律也。大声乃手揽其琵琶，从座上快弹唱一曲，诸子弟不觉骇伏，跪地叩头曰："吾侪未尝闻且见也。"称之曰"乐王"。自后教坊子弟，无人不愿请见者，归来，问馈不绝于岁时。①

陈大声的故事颇有戏剧性。教坊子弟本精于此，却未料到山外有山，人外有人，自己终生以曲艺为职，却不若一贵族豪客，能不叩头跪拜乎？由此可知矣。

嘉靖年间，金陵社集则由朱日藩、何良俊、金銮、皇甫汸诸人鼓其风骚，由此亦启金陵风月之初盛。

> 嘉靖中年，朱子价、何元朗为寓公，金在衡、盛仲交为地主，皇甫子循、黄淳父之流为旅人，相与授简分题，征歌选胜。秦淮一曲，烟水竞其风华；桃叶诸姬，梅柳滋其妍翠。此金陵之初盛也。②

何良俊，字元朗，华亭人，少笃学，诗文、戏剧无所不精。何氏亦是风流放旷之人，他曾任南京翰林院孔目一职，致仕后又长期寓居金陵，因此熟谙金陵风月。《列朝诗集小传》称其"妙解音律，晚畜声伎，躬自度曲，分寸合度。秣陵金闺，都会佳丽，文酒过从，丝竹竞奋，人谓江左风流复见于今日也"。③何良俊留于后世自炫者，莫过于"妓鞋行酒"一事：

> 某一日至阊门，遇王凤洲于河下。是日携盘榼至友人家夜集，强余入坐。余袖中适带王赛玉鞋一只，醉中出以行酒。盖王脚甚小，礼部诸公亦常以金莲为戏谈。凤洲甚乐，次日即以扇书长歌来惠，中二

---

① （明）顾起元：《客座赘语》，中华书局1987年版，第180页。
② （清）钱谦益撰集，许逸民、林淑敏点校：《列朝诗集》，中华书局2007年版，第4628页。
③ （清）钱谦益：《列朝诗集小传》，中华书局2007年版，第450—451页。

句云："手持此物行客酒，欲客齿颊生莲花。"盖不但二句之妙，而凤洲之才情亦可谓冠绝一时也。①

妓鞋行酒之事，虽不自何良俊始，但江南文人的狭邪癖好可窥一斑。非但礼部诸公常以此为戏谈，甚至王世贞亦以此为佳话。

其他诸人亦以诗文、曲乐声闻于金陵。朱日藩，字子价，号射陂，宝应人，嘉靖二十三年进士，历任南京刑部主事、礼部郎中，后迁九江知府，以文章诗词闻世。金銮，字在衡，号白屿，陇西人，工诗精曲，何良俊极称之："南都自徐髯仙后，惟金在衡最为知音，善填词，嘲调小曲极妙。每诵一篇，令人绝倒。"②盛时泰，字仲交，上元人，好藏书、工诗画，与何良俊诸人交善。皇甫汸，字子循，嘉靖己丑进士，历任工部郎中、南京吏部郎中等职，后以大计免官。其为人和易，不修边幅，近声色，好狎游。金陵诗社之初盛远不止于诸人，仅以此存其大概耳。

万历初年，陈芹解职归于金陵，在笛步附近定居，复修青溪社，相与唱和者有金銮、盛时泰、张幼于、王百穀诸人。

> 万历初年，陈宁乡芹解组石城，卜居笛步，置驿邀宾，复修青溪之社。于是在衡、仲交以旧老而莅盟，幼于、百穀以胜流而至止。厥后轩车纷沓，唱和频繁，虽词章未娴大雅，而盘游无已太康。此金陵之再盛也。③

朱孟震《停云小志》有青溪社之记载："当桃叶淮清之间，有邀笛步者，晋王徽之邀桓伊吹笛处也。陈明府芹即其地为阁焉，俯瞰溪流，颇有幽致。"④青溪社实际成立于隆庆五年，一直持续到万历初年。参与胜会者亦有后来誉满秦淮的山人王百穀、张幼于诸人。

万历中后期，又有曹学佺、臧懋循、陈德远、盛太古诸人结社唱和。

---

① （明）何良俊：《四友斋丛说》，中华书局1997年版，第241页。
② （明）周晖：《金陵琐事·续金陵琐事·二续金陵琐事》，南京出版社2007年版，第82—81页。
③ （清）钱谦益撰集，许逸民、林淑敏点校：《列朝诗集》，中华书局2007年版，第4628—4629页。
④ （明）朱孟震：《停云小志》，明万历刻本。

此时亦正值秦淮风月正盛时期，由此可见秦淮风月与文人诗社之盛衰。

> 其后二十余年，闽人曹学佺能始回翔棘寺，游宴冶城，宾朋过从，
> 名胜延眺，缙绅则臧晋叔、陈德远为眉目，布衣则吴非熊、吴允兆、
> 柳陈父、盛太古为领袖。台城怀古，爰为凭吊之篇；新亭送客，亦有
> 伤离之作。笔墨横飞，篇帙腾涌。此金陵之极盛也。①

秦淮一曲承载着文人集会的风潮与辉煌。万历时的金陵十二钗②以及秦淮四美人均是文人集会中的常座。南京为江南人文之渊薮，由南京之一斑可管窥江南之全豹。文人士子的结社集会总少不了青楼女妓的参与，这又助长了青楼的品评之风。

（4）狭邪狂热与文人反思

经过文人社集的鼓噪与市人狎游的吹捧，秦淮以及江南风月日趋繁盛，晚明的江南社会出现了前所未有的青楼狂潮。冯梦龙在其民歌集《挂枝儿》中，深刻地描述了这种青楼狂热：

> 闻先辈云，四十年前，吴下妓者皆步行，使后生抱琵琶以从。见
> 士大夫及武弁俱行稽首礼。近来此风，惟北地庶几犹存，而南国若扫
> 矣，吴下其尤也。娼不唱，妓不伎。略似人形，便尊之如王母，誉之
> 如观音。颐指气使，莫不俯从。曲中稍和一两字，相诧以为凤鸣鸾响，
> 跪拜不暇。又不然，则曰某也品胜，某也人良；南昌龌龊青楼，遂无
> 弃物。取之弥恕，其质弥下；奉之弥甚，其技弥拙。而所谓抱琵琶过
> 船者，仅归之弹词之盲女与歌之丐妇，名娼名妓，实赘乞之不若矣。
> 诚得一有喉咙者，何妨爱杀。妒妇之口，吾未敢信。③

---

① （清）钱谦益撰集，许逸民、林淑敏点校：《列朝诗集》，中华书局2007年版，第4629页。
② （明）潘之恒《亘史钞·马姬传》："平康诸姬先后若干人，风流艳冶，鹊黑鸦黄，倾人城国者，何限在马姬。前者刘董罗葛段赵，与姬同时者，何蒋王杨马褚，青楼所称十二钗也。"
③ （明）冯梦龙编纂，刘瑞明注解：《民歌集三种注解》，中华书局2005年版，第163页。

冯梦龙所举之事实充分说明了江南文人对青楼及女妓的崇拜与狂热。冯梦龙认为，江南青楼女妓技艺拙劣的状况与当时社会的狂热崇拜有着密切的关系，所谓"取之弥恕，其质弥下；奉之弥甚，其技弥拙"。正因为江南社会对青楼女妓"尊如王母""誉如观音"，甚至"跪拜不暇"，才会出现"娼不唱，妓不伎"的现象。另外，青楼女子的这种"职业丧失"情况，亦与行院女子的文人化塑造有着密切的关系，如《板桥杂记》中所言，秦淮名妓以登台献艺为耻。在这些名妓看来，声乐歌舞诸伎艺是不入流品的，真正的文化当是一种脱离于伎艺的文人风格，因此，她们淡化自己的伎艺传统，而追求一种通脱的文人生活方式。但是物极必反，当过于轻视传统的声乐歌舞等伎艺时，亦造成了自我身份的丧失，即如不唱不伎，甚至不如市肆卖唱之盲女与丐妇。金陵青楼这一独特的文化现象，与江南文人结社与冶游有相当的关系。相比而言，北地妓女则古风犹存，由此亦可折射出北地文人结社风气之薄弱。

冯梦龙的话亦反映了明代传统士人对青楼狂热的反思与对传统伦理的回归。对于青楼与女妓，士人总是带着欣羡与警戒心态去对待它。在冯梦龙编纂的书籍中明显带着这种矛盾心理，一方面《情史》鼓吹女妓真情至上、情有独钟，另一方面在《挂枝儿》《山桃》等民歌集中又极力渲染女妓的粗俗与不堪。欣羡与警戒保持着一种适当的度，当人们对青楼的狂热超过伦理的界限时，士人便对这种狂热加以纠正。这也是为什么在明代发达的情色说部中，会有如此众多的劝善序文的原因了。

青楼文化从侧面勾勒出明代士人的情色爱欲之心态。从明初十六楼的官妓承应，经明弘治、正德时期谪居士人的狎妓癫狂，至隆庆、万历时期文人群体的纵情诗酒与征歌选妓，最终在崇祯时达其鼎盛并引发理性的反思，青楼文化的兴衰与文人的生活息息相关，之间所激发的诗词题咏、狭邪游记、嬉谑杂言与说部戏曲等文学都深刻反映了明代士人的情态风貌。

（三）明代文人青楼冶游与女妓品鉴

文人冶游的目的有多种，或沉溺于肉欲之快，或浸淫于情色之妙，或品鉴于声乐歌舞之艺，或醉酣于饮宴调笑……对于女妓的情色才艺，文人自有品位，或流于物品式的观摹，或倾情于两性相悦的欣喜，或追求于自然超脱、美人相伴的人生畅意……凡此种种莫不与文人的游戏心态有关。游戏可大可小，可以是青梅竹马式的儿童嬉戏，可以是世人对生活的一种达观态度，亦可以是文人情趣的一种展示。相对而言，冶游文人对行院女妓的品鉴，也许是文人的一种最妙趣横生的游戏吧。

如果要细细地追溯青楼品鉴的历史渊源的话，则可能要寻至魏晋六朝的人物品藻了。魏晋文人承继东汉末期的清议传统，对士夫文人进行人格、形貌、容止、才能诸方面的评骘与品鉴。中国文人的这种评议品鉴之情结，很容易被移用在青楼世界的两性游戏之中。用一首诗、一曲词，甚至一句话都可以对女妓进行简单的品赏，这种最简朴的女妓赞美，最终经文人的修饰而变得文雅而精致起来。如果用现代传媒术语来说，文人的品评更像是青楼世界的精致广告，在某些时候，这种"广告"甚至影响到女肆生意的清淡兴隆。唐代范摅在《云溪友议》中记载了这样一则故事：

> 崔涯者，吴楚之狂生也，与张祜齐名。每题一诗于倡肆，无不诵之于衢路。誉之，则车马继来；毁之，则杯盘失错。……又嘲李端端："黄昏不语不知行，鼻似烟窗耳似铛。独把象牙梳插髻，昆仑山上月初生。"端端得此诗，忧心如病，使院饮回，遥见二子蹑屐而行，乃道傍再拜竟灼曰："端端祇候三郎、六郎，伏望哀之。"又重赠一绝句"觅得黄骝被绣鞍，善和坊里取端端。扬州近日浑成差，一朵能行白牡丹"粉饰之，于是大贾居豪，竞臻其户。①

唐代北里，后期已启市肆之门，富商巨贾均可入肆享乐，然而最得妓女之欢喜者仍然是士子文人，他们不仅多是腰缠万贯的富家公子，更重要的是，他们带来了名誉与商机。崔涯一言毁誉而定其生意兴隆，这种文人的广告效应可见一斑。唐宋以后，女妓群体逐渐从宫廷府邸中独立出来。文人不必在达官贵人、富室王侯的府苑宴席中一睹女妓之风采，他们可以去平康北里去招饮、可以去花街柳巷去冶游。因此，文人的品鉴与评判等花榜活动有了出现的可能。

---

① （唐）范摅：《云溪友议》，古典文学出版社 1985 年版，第 32—33 页。

可以说，青楼品鉴是文人对群体女妓的集中筛选活动，是文人以一种游戏的心态来解决青楼冶游之"无穷与有限"问题的最佳方式。青楼品鉴的方式有两种：其一是花榜式的评品，用鲜花芳草来比附女妓，并附以诗词评语，进而评定品级。明清两季，文人又比拟完善的明清科举等级而完善了花榜的形式。其二为对女妓形体、容姿、才艺进行诗词描摹或品赏的评鉴方式。如徐石麒撰有《美人词》一卷，邹枢亦有《十美词纪》词咏沙才、卞赛等十位女妓。从形式上来讲，花榜像是单纯的名次与品阶公布表，而诗词品赏则更像是青楼女妓的人物题评，但亦有兼二者于一炉的，如杨慎的《江花品藻》中，就有女妓之评品，有花之比附，亦缀以诗词描摹。

花榜之兴，当始于宋。①罗烨所撰《醉翁谈录》之戊集卷一"烟花品藻"与卷二之"烟花诗集"可能是有关女妓品藻的最早记载。其"烟花品藻"载翁元广所评二十八名女妓：

> 丘郎中守建安日，招置翁元广于门馆，凡有宴会，翁必预焉。其诸妓佐樽，翁得熟谙其姿貌妍丑，技艺高下，因各指一花以寓品藻之意，其词轻重，各当其实，人竞传之。

翁氏以花比拟女妓，并缀诗加以品评。以吴玑、杨倩与吴瑛为例：

> 吴玑　红梅：喻清绝而为花籍之魁。
> （诗评）云样轻盈雪样清，琼瑶蕴藉月精神。
> 　　　　羞同桃李夸姿媚，独占人间第一春。
> 杨倩　水仙：喻仙姿轻盈，取为花魁之亚。
> （诗评）盈盈罗袜欲生尘，冉冉绡衣照水明。
> 　　　　移得洛川佳丽种，风标未肯让梅兄。
> 吴瑛　白莲：喻姿格好而流落风尘。
> （诗评）回塘过雨欲生莲，粉面凝羞翠盖低。
> 　　　　自是高标最清绝，莫嫌踪迹在淤泥。②

---

① 参见武舟《中国妓女文化史》之《花榜的盛行与〈嫖经〉的出现》一节。
② （宋）罗烨：《醉翁谈录》戊集卷一至卷二，古典文学出版社1957年版，第45—54页。

香草美人是中国文学固有的历史传统，女妓与花草都能给人以新鲜舒悦的心理感受，因此以花之榜喻女妓之榜便有了可通之感。花有科属，人有异秉，鲜花之品性与美人之风骨自有相通之妙，如翁元广对女妓吴瑛评以"白莲"，而其按语为"喻姿格好而流落风尘"。白莲自有"出淤泥而不染"之喻，翁氏以此喻吴瑛正可见鲜花美人相得益彰之意。按评之诗词则更倾向于一种游戏性的品赏与解说，因为没有形神俱备的画笔，所以女妓的形容风貌要靠文人的笔端来描摹了，所以诗词便成了这种女妓品赏的最佳记录形式。

杨慎谪居云南期间，流连锦江花酒，作有《江花品藻》一卷。此榜列出女妓名次、花品、评鉴等格式，且每妓附缀一词，已初具花榜的基本形态。然而文人冶游尚未兴盛，故青楼花榜亦未形诸风潮。明代正德年间，江南青楼复兴，与其说是青楼复兴，不如说是文人冶游活动的繁盛。青楼之兴衰荣晦，与文人的参与有着直接的联系，文人代表着古代社会的中坚势力。文人亦是历史的记录者，如果没有文人的记录，那么青楼品鉴亦无觅踪迹。正因为冶游文人的参与，我们才能在众多文献中还原明代青楼的繁盛场面。

隆庆四年（1570），曹大章邀吴嶷、梁辰鱼等人于金陵组织莲台仙会，其间赏花品妓，饮宴丝竹，可谓青楼世界一盛事。曹大章所撰之青楼花榜——《莲台仙会品》，标志着青楼花榜样式的定型与成熟。《莲台仙会品》首次将女妓名次与科举榜次相联系，从而完善了花榜的基本要素：名次、品阶（科举榜次）、花品、评鉴、诗词与酒令。这种形式亦为后代花榜所继承，后世花榜大多以此为范版，或稍作变异而不离其宗。万历（庚子）二十八年（1600），冰华梅史仿曹大章《莲台仙会品》之例，作《燕都妓品》评鉴北京教坊司诸女妓。其评品人数较以往有所增加，榜名亦随之添列。不仅如此，还增加了《世说新语》之故事以寓附其义，可谓明代花榜的衍生品。

天启元年（1621），潘之恒作《金陵妓品》，评品金陵三十二位女妓。品次分为：一曰品，典则胜；二曰韵，丰仪胜；三曰才，调度胜；四曰色，颖秀胜。崇祯年间，秦淮河畔亦多有女妓评鉴活动，其方式大都与前相似，兹不赘述。

三 《江花品藻》与《莲台仙会品》

（一）杨慎与《江花品藻》

失意文人、落职士夫之纵情声色、饮酒狎妓的行为，多与仕途蹭蹬有直接的联系。对于古代文人来说，入朝为政是人生唯一之主题，文人的一切活动都与之割却不断。入学、科举、中举、授官、执事、致仕，这如流水般的职业规划，早已在士人的心中铭刻千万次了。对某些幸运的士人来说，他们的职业流程是一个完美的曲线，有起伏，但没有太大的波澜，生活也是这样的滑过。但是对那些遭遇不幸的人来说，中途折断职业曲线的打击是巨大且难以承受的。虽然过程有所不同：有人夭折于科举之途，有人折戟于官场之中，亦有人被强行致仕……但结局却是一样。对于士子文人来说，职业曲线的断裂在某种程度上意味着失业，而失业所面对的后果却不仅是生存的困境，更为严重的是——人生航标的毁灭。

人生航标之毁灭所引发的后果不外乎两类：一类是借诗酒文学以耗雄心壮志；另一类则流为自甘堕落、沉沦颓废。有意思的是，两者之行为却颇有共同之处，即浪迹青楼，纵情诗酒。浪迹青楼、沉溺狭邪，意味着对世俗伦理与制度的对抗，这是一种最直接而明显的文人反抗方式。杨慎正是此种反抗形式的集中代表，杨慎的张狂才气、纵意诗酒与狎妓冶游，都与其人生曲线的断裂有着直接的联系。借此，我们可以从中剖析此类士妓交往的典型心理。

杨慎（1488—1559），字用修，号升庵，四川新都人。其父杨廷和官至内阁首辅，杨氏 24 岁举进士（正德六年），殿试名列一甲第一，取得状元头衔。此后仕途腾达，历任翰林院修撰、经筵讲官等职。然而正值年少有为之际，却突遭"大礼议"事件，而被世宗谪戍到云南永昌卫。此后杨慎在云南戍居三十余年，半生未离滇地，可谓郁郁此生矣。由青年之凌云壮志而突遭半世之奇祸，杨慎一生所经历的宠辱显晦可谓尽矣。正因为经历了人生的大起大落，杨慎才会有如此之行径。著书立说、尽意诗酒之举，不过聊耗雄心壮志；放浪形骸、纵妓狎游之为，乃是佯狂避祸心机。

正因如此，杨慎之放浪形骸、品花纵饮的行为，得到了后世文人的普遍同情与理解。杨慎在滇的轶事，明人多有记述，一则以之为奇，二则以之为狂。奇则无匹，人莫能之；狂则傲世，人多仰之。《升庵集》记载："独于脱略礼度，放浪形骸，陶情于艳曲，耽意于美色，乐疏旷而悍拘检。"[①]《艺苑卮言》中亦记载："用修谪滇中，有东山之癖。诸夷酋欲得其诗翰不可，乃以精白绫作祗，遣诸妓女服之，使酒间乞书。杨欣然命笔，醉墨淋漓裙袖，酋重赏妓女购归。装潢成卷。杨后亦知之，便以为快。"[②] 对于杨慎的放浪肆忌之行为，王世贞有着深刻的认识："用修在泸州，尝醉，胡粉傅面，作双丫髻插花，门生舁之，诸妓捧觞，游行城市，了不为怍。人谓此君故自污，非也。一措大裹赭衣，何所可忌？特是壮心不堪牢落，故耗磨之耳。"[③] "壮心不堪牢落，故耗磨之耳"，可谓一语中的。明人沈自征曾以杨慎为原型作杂剧《簪花髻》一折，祁彪佳的《远山堂剧品》评曰："杨升庵戍滇时，每簪花涂面，令门生舁之以游。人谓于寂寥中能豪爽，不知于歌笑中见哭泣耳。"[④] 真可谓至评！

杨慎词曲中颇多歌筵咏妓之词，如《调笑白话·隐括泽民词》八首，分咏崔徽、泰娘、盼盼、文君、灼灼、莺莺、苕子、好好八人。其词艳靡旖旎，内容不离情爱相思。杨氏之《金衣公子·李菊亭携妓夜过》则直叙与美人交往之经历："良夜客相过，唤佳人细马驮，睡痕红界桃腮破。滇音按歌，秦声半讹，金屏笑映如花坐。夜如何？东山高卧，兴比谢公多。"[⑤] 此词描写客人夜半召妓之事。女妓用云南的方音歌之，秦声亦不太标准，然而却不失一种谐趣小调，又加之以如花美貌，让客人兴致昂然。其二"丰韵海棠娇，占花营夺锦标。凌波罗袜天然俏，绿杨舞腰，朱樱品箫。东君不管花枝小。索春饶，千金买笑，驻马在皋桥"。小曲描摹了一位风姿出众、琴管含意、曲舞多情，丰韵兼擅的雏妓形象。

---

① （明）杨慎：《升庵集》，《文渊阁四库全书》，商务印书馆 2002 年版，第 76 页。
② （明）王世贞撰，罗仲鼎校：《艺苑卮言校注》，齐鲁书社 1992 年版，第 323 页。
③ 同上书，第 324 页。
④ （明）祁彪佳：《远山堂剧品》，《中国古典戏曲论著集成》，中国戏剧出版社 1982 年版，第 144 页。
⑤ 王文才编选：《杨慎词曲集》，四川人民出版社 1984 年版，第 205 页。

杨慎亦有不少咏妓之词作，以《江花品藻》[1]为例，一窥其词翰之风采。《江花品藻》序曰："余品蜀艳首薛弘度事，文采风流，为士女行中独步，惜时无嗣响，故此卷亦阁未传。乙卯中秋之闰，社友张康叔携焦太史家所藏《江花品藻》一卷见示。盖杨用修太史谪滇中，息跻锦江，花酒流连，所乞题咏而藉以佐觞政者。"由此可知，杨慎此卷《江花品藻》当是焦太史家所藏之本。杨慎后世声名甚大，著作亦等身，然而后人多着意整理其文史等方面著作，而对其艳词俗曲则多有疏漏，甚至有意删弃其中的女妓评品之作。后世文人的编纂方式固然无可厚非，保留正面著作、删弃不经言论，亦是为先人"遮丑"的最重要方式，然而如果仅因其粗涉狭邪艳曲而一概削减的话，不亦太滥乎？

杨慎在《江花品藻》中品评滇中女妓二十四位，首按评语以比附花卉，复续艳词以增其气采，尾缀酒令以助觞宴。卷末载杨慎《自题》诗，记载了其此次花酒经过，其诗云：

> 散花楼上早梅芳，选妓征歌出洞房。
> 百指管弦齐和曲，十眉图画俨分行。
> 可怜金谷繁绘地，兼是兰亭翰墨场。
> 乐阕酒阑宾散后，归途犹自有馀香。[2]

在群妓争艳的青楼之中，诸妓鱼次走出各自的闺房。她们争奇斗艳，试才比艺，管弦齐鸣。这种激魂荡魄的场面恐怕让石崇的金谷园也相形见绌吧。如此场景，怎能缺少才子的文笔题词呢？于是我（杨慎）聊乘酒醺写下了诸妓品赏之词。欢筵虽已结束，可是在路上仍有阵阵馀香萦绕，让人久久回味不已。此诗多采典入诗，如"散花楼"典出李白《登锦城散花楼》诗："日照锦城头，朝光散花楼。"王琦注曰："散花楼，在摩诃池上，蜀王

---

① 《江花品藻》不著录于《杨慎词曲集》，查王文才《杨慎学谱》之《杨慎著录考》，王先生并无确凿证据证其为伪。按其词风格多与杨慎之词风相近，且《江花品藻》多存于明清文人所编之目录，故此仍列于杨慎著作之中。《江花品藻》一卷，收录在秦淮寓客《绿窗女史》卷十三"青楼下"中，兹于之摘出。

② （明）秦淮寓客：《绿窗女史》卷十三"青楼下"，《明清善本小说丛刊》第二辑，天一出版社1985年版。

秀所建。"十眉"典出苏轼《苏州闾丘江君二家雨中饮酒》诗之二:"五纪归来鬓未霜,十眉环列坐生光。"自注:"容满、婵态等十妓从游也。""金谷"指西晋石崇所筑之金谷园,潘岳作《金谷集作》诗:"朝发晋京阳,夕次金谷湄。"如此花团锦簇,与名妓、佳苑、胜筵相聚,岂不人生一乐事哉?

　　除此之外,细细咀嚼杨氏品评诸妓之词曲,亦多有回旋绕肠之处。文人的花榜评品亦有一定的规矩,如评列等次、品鉴形容、伎艺勘磨、比拟花卉等均须遵守相应的标准。不仅如此,其评鉴的内容与所评列的诗词亦有直接的联系。以评品第一的雷逢儿为例,首表以名字"惊鸿",次评鉴为"洛浦神仙",花次梅花,缀艳词为《临江仙》,而以酒规"敬坐在首席的一大杯"续尾。

　　　　翩若惊鸿来洛浦,风流正遇陈王,凌波罗袜步生香。不言惟有笑,多媚总无妆。
　　　　回首高城人不见,一川烟树微茫,最难言处最难忘。归程须及早,一掷买春芳。[①]

　　由此花榜亦可见杨慎之缜密文思与肆迈才气。细细剖析,杨慎在评品雷逢儿之前,必有一番文思设计,其以女妓之字号"惊鸿"涉题,而品辞为"洛浦神仙",将女妓的名字与花榜之品辞巧妙地化用于《临江仙》的上阕之中。所作之词句与所用之典多取自曹植之《洛神赋》。《洛神赋》是一篇形容美人的极佳作品,其词"翩若惊鸿""凌波罗袜"亦成为美人的意象表征。除此之外,作者亦将美人比拟为"梅花",而《临江仙》下阕则别具匠心地化用了贺铸《青玉案》之"一川烟草,满城风絮,梅子黄时雨"的名句,将"梅花"之花品与《临江仙》之深情巧妙地结合在一起。且在两者之外,杨慎仍考虑到席宴之酒令:"第一名"与"敬坐在首席的一大杯",使女妓品次与行令酒规自然地联系起来。如此浑然一体,不禁让人拜服其才气。

　　此种缜密心思与恣肆才气,在《江花品藻》中比比皆是:如第三名李

[①]　(明)秦淮寓客:《绿窗女史》卷十三"青楼下",《明清善本小说丛刊》第二辑,天一出版社 1985 年版。

爱儿，字玉池。其评语为"多情多爱"，以照应其名字"爱儿"。其评词《水仙子》亦艳冶多媚，描写李爱儿在闺房中的万种风情与娇嗔痴态，与评语"多情多爱"相对应。

> 翠帏深处畅春情，绣被红翻锦浪生。银灯背壁羞娇影，骂玉郎，且暂停。
> 喘吁吁小语低声，堪描画鸳鸯颠倒，软厮禁鸾凤和鸣，愿今宵长打三更。[①]

此词直描男女云雨之情。首句直写两情交欢的地点是在女妓的闺房。在翠色的帏帐里，绣被翻出阵阵的锦色浪花。彩灯映照出女子的娇羞身影，小姐轻声地嗔道："小哥缓缓些，不如你我鸳鸯颠倒。"两情相悦时时久，但愿时间驻三更。

第四名王暗香，字芳卿。其评语为"月林清影"，花曰"枇杷"，其词曰：

> 疏影暗香芳径里，风流更遇逋仙。垂鬟接黛破瓜年。素娥同皎洁，青女斗婵娟。
> 言笑不分凝睇久，离情指下能传。鸳衾翠被冷无眠。后期重会日，约定早春天。[②]

王暗香，正与暗香疏影相对，故此词化用林逋《山园小梅》诗："疏影横斜水清浅，暗香浮动月黄昏。""暗香"一词的潜在环境是月夜疏笼下的清冷风物，或绰约倩影，或疏离玉枝，有意地营造了一种冷色调情境，所以评其"月林清影"。滇地盛产枇杷，其叶大荫浓，秋孕冬花，春实夏熟，是文人最喜欢的一种观赏植物。试以月下观之，不禁生阴柔静谧之美，所以誉之为"枇杷"。此词以林逋之暗香疏影为启，而誉其风流绝代。她乌黑的髻鬟垂近了眉黛，今年她十六岁，正值芳华。她身姿清绝，就如天

---

① （明）秦淮寓客：《绿窗女史》卷十三"青楼下"，《明清善本小说丛刊》第二辑，天一出版社 1985 年版。

② 同上。

庭里掌管霜雪的素女。素女是传说中掌管霜雪的女神，《淮南子·天文训》：
"至秋三月……青女乃出，以降霜雪。"她皎如月华，即如嫦娥临凡。素娥，
古人指称月中仙子嫦娥，《文选·谢庄〈月赋〉》："引玄兔于帝台，集素娥
于后庭。"李周翰注云"常娥窃药奔月，因以为名。月色白，故云素娥"。
上阕描其品质风姿，下阕则摹其形神状貌。不苟言笑，流盼生情。两情惜
别，纤纤素手偏能动人情魄。可惜今宵别后，却怕春闺梦冷、翠衾无眠，
不如早定归期，约以春天。

　　杨慎的《江花品藻》承继了前代女妓评品的基本样式，花榜的主要结
构为：排行、名字、评语、花品、品辞与酒令等。花榜之品题更多地表现
为一种文人式的游戏心态，花榜亦以活跃文人集会之气氛为主题。但是《江
花品藻》并未将科举体制引入花榜品题之中，不仅如此，供杨慎所品藻的
女妓数量有限，而不具备成熟花榜之"无穷与有限"的筛选特征，成熟的
花榜形式则有待于曹大章在《莲台仙会品》中完成。

（二）曹大章与莲台仙会

　　明代中后期，社会经济发展，市民生活丰富，加之阳明心学流播广布，
文人士夫往往纵情诗酒，狎妓冶游。士妓之交往仿佛成为一种生活时尚、
一种身份象征、一种生活态度了，甚至文人流连青楼亦被视为风流雅事。
明初文人多热衷于对青楼世界的印象题咏，而忽视对个体女妓的体切与关
注。明代中后期，随着文人冶游活动的频繁与深入，冶游文人的视角逐渐
从青楼世界的外部体察转移至对个体女妓的品质评鉴上。青楼世界的花榜
与文人对女妓的诗词品赏正是这种青楼品鉴文化的集中代表。

　　青楼花榜盛行于明代中后期，曹大章在《秦淮士女表》中曾论及之前
的数次女妓品评活动：

> 　　曾见《金陵名姬分花谱》，自王宝奴以下凡若而人，各缀一词，
> 切而不雅。《十二女校书录》差强人意，未尽当家，馀子纷纷蛙鸣蝉噪，
> 刻画无盐，唐突西子，殊为可恨。①

---

① （明）曹大章：《秦淮士女表》，录于《绿窗女史》卷十三之"品藻"部，《明清善本小
说丛刊》第二辑，天一出版社 1985 年版。

由此可知，在曹大章《秦淮士女表》之前，青楼世界已有《金陵名姬分花谱》《十二女校书录》等花榜。《金陵名姬分花谱》的体制可能是"分花判词"之形式，而《十二女校书录》则可能是女妓小传的集编。此外亦有"金陵十二钗"之评品，朱彝尊《静志居诗话》之"赵今燕"条载："今燕，张幼于所狎，名冠北里，时曲中有刘、董、罗、葛、段、赵、何、蒋、王、杨、马、褚，先后齐名，所称十二钗也。"[①]《潇湘听雨录》亦有"秦淮四美人"之评品："名妓朱泰玉、郑无美与马湘兰、赵今燕为秦淮四美人。"然二者之花榜人物多不可查考，且于后世之影响亦不显著。唯曹大章所作《莲台仙会品》于后世有巨大影响，兹借以分析明代青楼花榜之盛。

曹大章（1521—1575 年），字一呈，号含斋，南直隶金坛人，嘉靖三十二年（1553）以会试第一、殿试第二的成绩，授翰林院编修，有《曹太史含斋先生文集》。曹大章才华横溢，为人洒脱，早年荣登科第，中年又因党政倾轧而落职。曹氏落职返乡后，重修先人"乐天园"，每日以声色歌舞自娱，遇良辰佳节辄"树修篺，陈倡优，聚侲童，为角觝、曼延之戏"。[②]

曹大章纵情声色的行为并不孤立，比其稍晚的屠隆亦有相似的经历，俱因官场失意而落职，落职后沉溺于诗酒声色，然而曹氏比屠隆更为洒脱、自然，而无屠隆之辛苦穷态。曹氏给后世留下了相当丰富的文化遗产，其中很重要的一个便是"莲台仙会"。莲台仙会的成功举办，成为后世文人狎妓冶游的一个范例，以致后世文人竞相垂拜、模仿。潘之恒《亘史钞·外纪》卷三之"莲台仙会"记载了这次盛会[③]：

> 叙曰金坛曹公家居多逸豫，恣情美艳。隆庆庚午（四年）结客秦淮，有莲台之会。会同游者毗陵吴伯高锬、玉峰梁伯龙辰鱼辈，俱擅

---

① （清）朱彝尊：《静志居诗话》，人民文学出版社 1990 年版，第 763 页。
② （明）曹大章：《曹太史含斋先生文集》卷首《四库全书存目丛书》，第 127 册，第 602 页。
③ 秦淮寓客所辑之《绿窗女史》中亦存《莲台仙会品》一文，可与《亘史钞》所载"莲台仙会"互补。

才调，品藻诸姬。一时之盛，嗣后绝响。诗云"维士与女，伊期相谑。"非惟佳人不再得，名士风流不亦仅见。盖相际为尤难耳。吾尝询之旧游颇能言之，而未悉也。己酉（万历三十七年）仲夏遇先辈吴令君，乃得所梓录而传之人，自为篇附以雅谑。①

由小序可知，此次与会文人有吴钦、梁辰鱼等人。吴伯高（一作宗高），名钦，武进人。《康熙常州府志》卷二二"人物"载："嘉靖乡举先辈制义，评骘梓之，名曰《正脉》，穷乡僻里，无不传诵。著有《四书（讲义）》、《诗经讲义》，选长垣教谕。"②吕天成《曲品》称他喜善音律，"吴居士会心丝竹"③。梁辰鱼，字伯龙，号少白、仇池外史，昆山人，明代戏剧家。他精通声律，以时调昆山腔作《浣纱记》传奇，声名广播。其为人豪放，纵情声色，徐又陵称其"艳歌清引，传播戚里间。白金文绮，异香名马，奇技淫巧之赠，络绎于道。歌儿舞女，不见伯龙，自以为不祥也"。④以三人为首的文人才子与金陵香艳之女妓，共同谱写了莲台仙会之传奇，之间所出现的曲艺斗技、品艳歌舞均一时之妙选，正如曹氏在"谢启"所云"簪缨满座，文抒丽日之才；歌舞当筵，响遏行云之调"。

此次胜会得以广泛流传，除了与其品花评艳的主题密切相关之外，与曹氏所谱写的文启亦有莫大的关系。曹氏以太史之笔肆，纵情意于纸端，全篇以骈赋罗织，典尽雅华，语究富丽。

　　速启云：月之十有二日。花事未阑，开到荷香十里；兔华欲满，渐添桂影三分。雪藕调冰，公子佳人俱集；裁云剪月，清歌妙舞宜夸。兕觥象俎具陈，朱履弓鞋交错。金钗十二，一顾倾金谷之筵；玉斗百千，三伏开河朔之宴。柔肌无汗，何夏非春；娇眼流波，有醒皆醉。

---

①（明）潘之恒：《亘史钞》，《四库全书存目丛书》子部第194册，齐鲁书社1995年版，第522—537页。

②（清）陈玉琪：《康熙常州府志》，《中国地方志集成》一辑36册，江苏古籍出版社1991年版，第514页。

③（明）吕天成撰，吴书荫校：《曲品》，中华书局1994年版，第157页。

④（清）焦循：《剧说》卷二，引徐又陵《蜗事杂订》，《中国古典戏曲论着集成》第8册，第117页。

天才万斛，群贤总是。青霄子夜一声，六月惊飞白雪。皓魄映铅华而耀彩，南熏联笑语以生香。鸾书先日预期，鱼驾同时如约。[①]

速启乃会社东道通知与会文人之书信，一般介绍集会组织之目的、时间、人员与活动等事项。文章首以月十二日表以时间，再以公子佳人俱集，说明此次集会之人员。此时荷花开遍，香闻十里。明月欲圆，更增加了月中桂影的情趣。此次宴会肴核俱陈、清歌妙舞，有调以冰糖的粉嫩藕片作美食，亦有裁云剪月般的歌舞供观赏。佳人十二，可媲美石崇的金谷胜筵。美酒千壶，醉避三伏之热。河朔之宴化用刘松醉酒避暑之事，《初学记》卷三引曹丕《典论》："大驾都许，使光禄大夫刘松北镇袁绍军，与绍子弟日共宴饮，常以三伏之际，昼夜酣饮，极醉，至于无知。云以避一时之暑，故河朔有避暑饮。"再加以饮宴之觥觯俱陈与美色之清歌妙舞，此夜必定是清凉无比，正所谓"柔肌无汗，何夏非春。娇眼流波，有醒皆醉"。如此美事，何由不往？

　　谢启云：青楼弱质，深惭误落风尘。紫阁元公，何幸得瞻山斗。既遂登龙之愿，复叨与鹰之荣。胜集一时，价增百倍。簪缨满座，文抒丽日之才；歌舞当筵，响遏行云之调。谁识个中天趣，请看别样风光。兰麝喷琼葩，如在神仙蓬岛；蒹葭依玉树，共登学士瀛洲。杏脸生春，宠沐金茎之赐；花心藏字，荣逾华衮之褒。沉李浮瓜，辱追随于夏日；野花闲草，尽披拂以春风。绝胜缠头，偏宜镂骨。莲花会上，才知此境清凉；桃叶渡前，不数当年佳丽。嫦娥相爱，曾钓鳌于朱紫班中；风月为盟，更骖鸾于翠红队里。玉堂人物，金屋婵娟。聚兹天上德星，占尽人间福海。虽司空见惯，应谓事同寻常；而太史品经，顿觉光生倍蓰。聊陈悃素于万一，不胜感激之再三。[②]

谢启之论，与其说太史代女妓而作谢启，不如说是太史借女妓之口而

---

　　①　（明）潘之恒：《亘史钞》，《四库全书存目丛书》子部第194册，齐鲁书社1995年版，第522页。

　　②　同上。

炫胜会之荣、女妓之丽、青楼之艳而已。这些青楼女子，误落风尘之中，却有幸拜瞻泰山北斗似的文人才子，实在是青楼女妓之万幸。想来胜会必然是士族满座，诗酒斗艳；妙妓歌舞，响遏行云了。之间女妓与才子饮宴调笑，想必让这炎炎暑日也变得清凉起来。高贵的才人公子与婵娟美人相聚于这天上人间般的胜景之中，再加上太史对女妓的诗词品评，真是让人无比欣幸的事情啊。

> 答启云：良缘胜赏，真千载之一时；附翼攀鳞，实三生之万幸。欢腾巷陌，群鸟解歌，喜溢凡筵，百花知笑，恭惟相公阁下出尘。风调绝俗，襟期擅誉词场；掷地韵成，金石驰声翰海，濡毫价拟珠玑。龙虎榜头高题姓字，凤凰池上首列班行。尔乃抗志烟霞，养苍生之重望；结盟泉石，乞绿野之闲身。譬诸楚碧潜形，精光自昭乎万壑；吴钩隐耀，神气自冲乎七星。兹者浪迹名山，偶过游侠之窟；濯缨胜地，暂栖佳丽之都。歌舞起南熏，不减乐天高致；管弦留夜月，何殊安石清标。豪举满前，竞说平原好客；英才接席，争夸郑驿邀宾。笑语虽在寰中，兴趣自超天外。时维六月之末，节换素秋之初。欣当降岳令辰，况有梦态佳兆。芳年初度，人间奇会难逢；遐算千龄，天上祥光正照。蝉声集高树，西郭迎金梧，叶覆瑶阶，心星送暑。妾等铅华凡质，每叨金谷琼筵；蒲柳弱姿，恒觐玉堂青眄。两行粉黛，安能断刺史之肠；一曲琵琶，未必下江州之泪。仅借光阴于暇日，聊开怡悦于幽林。到处宜秋，喜新凉之沁爽；随方为乐，幸大雅之陶情。谨敛轻裾，用回逸驾。①

纵辞海于奋游，展学宇之劲翼。太史以凌云之笔，模拟生平，如在卷端。其间所充溢之豪放气概亦可略窥一斑：如对才气诗华之自信，"风调绝俗，襟期擅誉词场；掷地韵成，金石驰声翰海"。自我意志之张扬，"譬诸楚碧潜形，精光自昭乎万壑；吴钩隐耀，神气自冲乎七星"。其落职之后的生活态度，"兹者浪迹名山，偶过游侠之窟；濯缨胜地，暂栖佳丽之都。歌舞起南熏，不减乐天高致；管弦留夜月，何殊安石清标"。在曹大章看来，

---

① （明）潘之恒：《亘史钞》，《四库全书存目丛书》子部第 194 册，齐鲁书社 1995 年版，第522—523 页。《亘史钞》云："此隆庆庚午年夏末秋初两会启也。至今四十年，人犹艳而称之云。"

有歌舞美妓相伴，与朋辈文友诗酒擅场、饮宴纵乐，应该是最美之事了。这样的神仙境界，即使是落职赋闲，也不啻为一件美事，而白居易为琵琶妓所掉之泪也变得没有意义了。

在莲台仙会中，曹大章与诸文人品评出金陵十几位女妓，兹以表格简略记之，如附图。曹氏首次将科举名次引入到花榜之中。在这之前，文人只将女妓比附于鲜花而略加品评，并不及科榜，《莲台仙会品》的出现奠定了明代花榜的成熟形式。这与明代所建立的成熟的科举制度有着密切的联系。相对于前朝的文人取士制度来说，明代科举制度更加规范、严格，而且具有明显的等级层次，这样的形式很容易被熟稔科举考试的冶游文人所借用。因此，从某种意义上来说，《莲台仙会品》所表现出来的文人游戏心态，正是明代中后期冶游文人随性、自适的真实表现。

此外，与曹氏花榜品评诸妓不同，与会文人梁辰鱼则采用了散曲的形式咏题诸妓。在梁氏的《江东白苧》与《续江东白苧》诸散曲集中有多首曲咏及金陵女妓，如《题居士贞画金陵王儒卿赛玉卷》[1]（其序云"称卿不足而重之以儒；比玉未敷而加之以赛"）、《步步娇·丙寅初夏为庐陵尹教甫赠蒋兰玉小字绮霞作》[2]、《榴花泣·代少室山人九日雨花台别陈文姝作》[3]、《甘州歌·代敲台居士赠徐三琼英》[4]等，可见梁氏与青楼交往之密切。

曹氏同与会文人品评女妓的目的，似乎与饮宴有直接之联系。曹大章在《莲台仙会品》中记录了酒令规矩：

> 遵旧录用十四章，雕镂人物花卉以媚观者著为令，从大会上方可行。必满十四人，乃如法少一人则去一魁。叶其法，特难于考试者。遍席各散一叶覆之。令执学士、太史二叶者，先发覆，学士指某曰举解元。当即应，应非即罚一觞。次太史举一人，亦如之。傥及储材即

---

① （明）梁辰鱼撰，吴书荫点校：《梁辰鱼集》，上海古籍出版社 1988 年版，第 391 页。
② 同上书，第 391—392 页。
③ 同上书，第 409—410 页。
④ 同上书，第 410—411 页。

夺标，而解元隐勿露，凡再问而储材不得应，五举而得状元乃止。三元张宴以次行觞，随意作乐而榜探不与焉。缺一元则以次补。凡五举而储材无偶，幸为下第散材矣。听三元任意施为，即学士、太史十举而无当鼎甲及一元者，亦罚出席不预燕，而听施为得三元而勿举则抢魁者，奉慰一觞而同袍之情尽矣。曾见行试官令者，抑举子过当，故以此报之。夫士不遇主司耳，岂尽才之罪哉？储材而举者命也，非与典试之功，故虽举犹无当也。己酉夏日冰华主人定。①

由此可知，在《莲台仙会品》之前，女妓配以酒令多为十四章。席间，比附花卉人物，以媚觞者。曹大章认为这种行酒令的方式比科举难多了，其中不无讽刺之意。而其尾又言"曾见行试官令者，抑举子过当，故以此报之。夫士不遇主司耳，岂尽才之罪哉？储材而举者命也，非与典试之功，故虽举犹无当也"。其中言词不无对科举主试官的辛辣批评，而曹氏借酒令以舒心中骚郁之情，亦展露无遗。

对于文人集会来说，诗酒与饮宴似乎是不可分割的主题。酒醋人心、肝胆开张，亦是文人施展才华的最佳状态。此种时刻，最易忘怀，亦最易倾怀。忘却世间之俗事俗人，抛却惊魂之宦海浮沉，或者一醉千愁，万般苦闷一倾杯中酒，在酒香之发酵下，忘怀与倾怀的功用是一样的。文人自不会像山莽野夫一样，大碗喝酒，大块吃肉，他们喝酒必然有文雅之方式，行酒令，制酒规，再恰当不过了。这也是为什么唐代"北里""曲中"最是文人向往之原因了。

---

① 此行酒之令以《亘史钞》之《莲台仙会品》为底本，参照《绿窗女史》本《莲台仙会品》校录。

附表：

女品	名氏	小字	名号	行辈	住所	花品①	评语
女学士	王赛玉	儒卿	玉儿	六	旧院后门街	紫薇	嬴楼国色原名玉，瑶岛天仙旧是王
女太史	杨璆姬	婆喜	新匀	一	旧院纱帽巷	莲花	旧家谑国还秦国，绝世吴璆共楚璆
女状元	蒋兰玉②	双双、兰芬	淑芳	四	旧院鸡鸣巷	杏花	丽质人如玉，幽香花是兰。汉宫宜第一，秦史合成双
女榜眼	齐爱春	爱儿	淑芳	五	旧院长板桥	桃花	六宫独倾国，一笑可留春
女探花	姜宾竹	玉儿	如真	八	旧院前门上	西府海棠	风月宜为主，心情共此君
女会元	徐琼英	爱儿	宾行	三	旧院道堂街	梅花	飞琼归月宫，云英捧玉情
女解元	王玉娟	姐儿	彩姬	十	旧院后门上	菊花	璠玙蕴藉昆山璧，明丽婵娟倚月宫
女会魁	赵连城	延龄	彩鸾	五	旧院大街上	芍药	连城重良璧，飞舞美纤腰
女会魁	陈玉英	八十儿	士兰	八	旧院厂儿街	绣球	芳英春娃色，雅舞又飞声
女魁③	陈文姝	回儿	素芳	五	旧院红庙边	桂花	旧里陈宫生结绮，高情朱阁细论文
女经魁	张如英	奴儿	友真	五	旧院石桥街	芙蓉	含英娇灼灼，真情自如如
女经魁	蒋文仙	耐经	媒屏	五	旧院大街上	葵花	文姿本超俗，仙籍近题名
储材	陈琼姬	芳春	宾儒	十		蕙草	
储材	王芷梅			一		芝草	

① 《百史钞》（子部第194册第132页）载《莲台仙会品》，其将女品士第配以花名，而行酒令。

② 顾公燮的《丹午笔记》中亦记载其事，兹录于后。其又名蒋四娘。

③ 此则在《百史钞》之《莲台仙会品》中品号记为女解元，与《百史钞》中《莲台仙会》所载不同。疑为作者记忆错误而导致混淆。

（三）《燕都妓品》与京师风月

青楼的兴盛总与冶游文人有着直接的联系，没有冶游文人参与的青楼世界，总会少些精致的文雅气息。文人的狎游总会留下许多的风流逸事，为青楼文化增添不少风采。不仅如此，它还影响着后世文人对青楼世界的感性认识，因为绝大多数的青楼故事是由文人来记录、传播的。在后世研究者眼里，青楼名妓总是局限于秦淮河两岸，或者范围再大点，扩展到整个江南地区。因为江南地区水秀山清，造就了江南女子的妩秀婉媚。相比而言，北方姝丽则多不为人瞩目，甚至在贵为京师的北京，亦少见留名后世的青楼名妓，这似乎已成为人们的常识。明人谢肇淛在《五杂俎》中就曾说过：

> 维扬居天地之中，川泽秀媚，故女子多美丽，而性情温柔，举止婉慧。所谓泽气多，女亦其灵淑之气所钟，诸方不能敌也……古称燕、赵多佳人，今殊不尔。燕无论已，山右虽纤白足小，无奈其犷性何。大同妇女姝丽而多恋土重迁，盖犹然京师之习也。此外则清源、金陵、姑苏、临安、荆州及吾闽之建阳、兴化，皆擅国色之乡，而瑕瑜不掩，要在人之所遇而已。①

谢氏认为，女子之优良秉性与山水有密切关系，"妇人女子，尤关于水，盖天地之阴气所凝结也。燕赵、江汉之女，若耶、洛浦之姝，古称绝色，必配之以水"。照谢氏的想法，北地世袭严风酷寒，且多名山巨川，所以女子多无婉媚娟秀之气，而多粗犷放达之性。然而这种情形亦有例外，谢氏就认为山西多出产美女，他在书中不止一次地提到山西妇女的美丽。"九边如大同，其繁华富庶不下江南，而妇女之美丽，什物之精好，皆边塞之所无者"。"谚称蓟镇城墙、宣府教场、大同婆娘，为'三绝'云"。但对于燕赵的妇女，谢氏则另有看法：

> 京师妇人有五不善：馋也，懒也，刁也，淫也，拙也。余见四方

---

① （明）谢肇淛：《五杂俎》，上海书店出版社 2001 年版，第 147 页。

游宦取京师女为妾者，皆罄资斧以供口腹，敝精神以遂其欲，及归故里，则撒泼求离，父母兄弟群然嚚竞，求其勤俭干家，千百中不能得一二也。①

明人对南北两地妇女的整体印象，往往会影响到冶游文人对北方青楼的整体评价，在这个印象之下，我们亦可以推断北方青楼女妓的尴尬地位了。不仅如此，北方青楼的"凋敝"也与冶游文人的较少参与有重大的关系。可以说，明代青楼的繁盛，往往是明代冶游文人所记录的，而冶游文人又多集中于江南之地。以南北两京相较，北京是天子辇毂之地，其文网罗织比南京更为严密，正因如此，冶游文人及缙绅仕宦较少到北方青楼，而北方青楼女妓亦多眷恋商贾。商贾自然不会有文人式的风流，更不会用诗词歌赋来点缀青楼，正因如此，北方青楼不如南方青楼那么繁盛。

然而我们仍然可以从一些文献中来还原北方青楼的大致规模。以北京教坊三院为主，我们可以在冰华梅史的《燕都妓品》中，来略窥北京青楼的发展境况。由其凡例所注明的时间"万历庚子花朝日"可知，此次大会举行的时间当在万历二十八年二月，然而因南北方民俗之差异，花朝日有二月二、二月十二、二月十五等说法，故以此备考。自其序可知，此次品评之缘由：

> 叙曰燕赵佳人，颜美如玉，盖自古艳之。矧帝朝建县，于今为盛，而南人风致，又复袭染熏陶。其艳惊天下无疑。万历丁酉（二十五）到庚子（二十八）年间，其妖冶已极。余自辛卯（万历十九年）出都，未及寓目。后得梅史叶子，犹可想见其一二人。此帙比金陵莲台仙会而谑浪过之。作此品题固不须庄语耳！②

由序可知，此次燕都女妓品评是比照金陵莲台仙会而作的。所品评诸妓以北京教坊三院为主，而时间亦局限在万历二十五至二十八年间。此序

---

① （明）谢肇淛：《五杂俎》，上海书店出版社 2001 年版，第 147 页。

② （明）冰华梅史：《燕都妓品》，收录于《绿窗女史》卷十三之"品藻"部，《明清善本小说丛刊》第二辑，天一出版社 1985 年版。

可能是潘之恒在收录时所附加，冰华梅史正是其号。冰华梅史在其所作凡例中介绍自己的评判原则：

> 取怜竞态，傍观无当局之谜。而分品计功，过目有持平之察。要以爱憎如山，己心作粘泥之絮。妍媸若照，情无系鉴流之波。虽宠极有歆，只应抱恨于红颜；然何地不逢，焉用致饥于糊眼。①

作者以公平自鉴，每个女妓皆以容色、体态、技艺等作持平之论。在凡例中作者设定了花榜方式：其一，借用科举榜名，并设文武状元，且扩设四元例：十字元 11 人、万字元 9 人、百字元 9 人、文字元 11 人。扩设四元例是为了满足所有女妓的评鉴欲望，而不失其人心。正如冰华梅史所言，"盖英雄宁王扶馀，壮士或甘鸡口。故一榜尽赐，无荣及第之名。而武维扬，益增良士之重"。其二，其基本格式为：名次、科第、名字（居住）、附诗、评语、引《世说》、酒令。以十字元一名状元郝筠、二名榜眼陈桂为例：

> 十字元一名状元郝筠，字林宗，东院人。
> （评诗）韦应物诗：能使万家春意闹。评云：不知秋思在谁家。
> 《世说》：王司州在谢公坐咏："人不言兮出不辞，乘回风兮载云旗。"语人云："当尔时觉一坐无人。"
> 执此坐美少年合席奉酒，仍合席饮。
> 方德甫云："筠大有丰姿，艳惊人目。新都王伯约娶归。"沈郎云："夺我燕支山，使我妇女无颜色。"②

冰华梅史对北京教坊女妓的评品略为简单，只是排列科名，次列名字住址。评诗则多截取古人诗词，稍作比附，并无直接的意义关联。最具女妓品鉴价值者，为方德甫点评之语。

---

① （明）冰华梅史：《燕都妓品》《绿窗女史》，《明清善本小说丛刊》第二辑，天一出版社1985 年版。
② 同上。

二名榜眼陈桂，字雅卿，本司人。

（评诗）杜甫诗，五陵佳气无时无。评云：五陵之气如此。

《世说》：荀中郎在京口，登北固望海，云："虽未睹三山，便有使人有凌云意。若秦汉之君，必当褰裳濡足。"

执此坐有风调者巨觥。

方德甫云："桂貌瘦身长，眉目清扬，而面色稍黑，手爪自好。其擅一时名，当有逸情耳。"余答云："此生定有烈士风。"余曾为江郎作传。①

冰华梅史与方德甫共品评女妓 40 人，其中本司者 5 人，东院 19，西院 4，前门 8，前门外 3，不记住处 1 人。由此可知，万历年间，北京教坊女妓以东院最胜。又以北京教坊女妓所嫁之人，亦可探窥明代乐户女妓的婚姻，并不像近代研究者所论述的那样悲惨。如：（十字元）状元本司妓郝筠由新都王伯约娶归；五名三甲李定嫁于郭皇亲家。（万字元）二名屈二，被临淮小侯所昵；七名武状元崔琼归汪景纯，景纯死嫁切叔；此外亦有左翠、刘英标注"已嫁"。笔者曾作专文研讨此问题，明代青楼女妓，特别是那些世袭乐户之女妓，在生活福利、社会待遇、司法受理等方面均有诸多优势条件。

继冰华梅史作《燕都妓品》之后，北方女妓品评及花榜便寥若无闻。以秦淮河为代表的南方青楼大盛，遂成为一代青楼之风标。而此后，江南文人品评之风大兴，各种名目之品评亦如雨后春笋般出现。如天启元年，潘之恒作《金陵妓品》，其将所评 32 名女妓，以品、韵、才、色四类而分别加以评鉴，实为文人游戏之另类而已。崇祯年间，桐城孙临于金陵设诗酒会，会集诸文人，"大集诸姬于方密之侨居水阁。四方贤豪，车骑盈闾巷，梨园子弟，三班骈演，阁外环列舟航如堵墙。品藻花案，设立层台，以坐状元。二十余人中，考微波第一，登台奏乐，进金屈卮。南曲诸姬皆色沮，渐逸去。天明始罢酒。次日，各赋诗纪其事"。②

---

① （明）冰华梅史：《燕都妓品》《绿窗女史》，《明清善本小说丛刊》第二辑，天一出版社1985 年版。

② （清）余怀著，李金堂校注：《板桥杂记》，上海古籍出版社 2000 年版，第 49—50 页。

明清鼎革后，明代青楼女妓之评鉴与品评，亦随着金陵风月的凋败而湮没无闻了。其留于后世的青楼花榜与青楼风流，亦只留存于苟延于新朝的遗老遗少之胜朝记忆里了。

（四）《吴姬百媚》与《金陵百媚》

经过《莲台仙会品》与《艳都妓品》等花榜的摇旗鼓噪，女妓品鉴成为冶游文人的一时风尚。一部分书坊主为了迎合市民的狭邪需求，联合一些冶游文人出版了以女妓品鉴为主题的系列花榜，较著名的有《吴姬百媚》与《金陵百媚》。

《吴姬百媚》刊于万历四十五年（1617），此书以诗词、文赋、散曲、民歌等文体品鉴了苏州一带数十位青楼女子。对于何为"媚"与如何"媚"，宛瑜子在《百媚小引》中有如此评介：

> 媚亦有辨焉。涂脂抹粉、妆点颜色，媚之下也；娇歌嫩舞、夸诩伎俩，媚之中也；天然色韵，亦不脂粉，亦不伎俩，而自令人滥，媚而上。奚夷光兴越、麋鹿姑苏，有云"风花队里妆飞箭"，此又以媚为戈者也。嘻，可叹也，可叹也。明妃出塞，胡虏和亲，有云："旁人莫讶腰肢软，犹胜嫖姚百万兵。"此又以媚为盾者也。嘻，可叹也，可叹也。总之习媚则皆女子事，丈夫不与焉。丈夫媚人而又欲女子媚己，吾恐媚人之丈夫讪且泣随之矣。而谓女子甘心媚之耶？女子甘心媚人者，似惟秦楼女然。有棲神于澹者，有寄想于悠者，有托怀于旷寓、情于傲标、韵于落拓者，皆自成一品格而不露一毫媚态者也。乃真态也。女有态，男有杀，以有态之女子追随有杀之丈夫，磊落光明，何必非处子，何必非节妇矣。吾次秦楼女而取"一顾百媚生"之义，以媚传媚，则奈何曰"才郎薄幸，自令非其人；浪子多情，谁言不是我"。[①]

在宛瑜子看来，媚是女子的一种天然情态，女子之媚与男子之杀是对立而统一的两种气质。妇女中多有处子、节妇，然而"处子不解媚""节

---

① （明）宛瑜子：《百媚小引》，《吴姬百媚》，明万历贮花斋刻本，国家图书馆藏书。

妇不肯媚"，故失其本真。女子虽然为媚，然而媚亦有多种，脂粉颜色，媚之下者；歌舞伎俩，媚之中者；天然色韵，媚之上才。媚者可以兴国亡邦，媚者可以御抵强虏，所以不可以媚之故而矫失女性的天然情态。世上以媚取人者惟青楼女子，而青楼之媚亦有千姿百变之态，故"吾次秦楼女"而"以媚传媚"，作此《吴姬百媚》。

《吴姬百媚》综合了青楼花榜与女妓品鉴的体制特征，采取了更加丰富的方式来表现行院女子的生活情态，以科榜、花品等，附以诗、词、赋、散曲、民歌诸体。诗之下分以绝句、律诗、古体等，词曲之下又分诸曲牌，可谓是诸体兼备、繁缛雍促。以探花蒋五为例，以见其格式。

探花　蒋五
讳守贞，字云襄，系金陵旧院，新从武林移居姑苏壮濠。
品　桂花
一种秋香不向春，风斗艳品□（原书已阙，故用□代替，下同）韵胜。

七言律

若耶溪畔斗纤妆，远逐吴庐压众芳。
减却半分应觉短，添将一粟即为长。
娥媚淡扫春无色，醉眼微舒夜欲光。
试向寿阳宫里过，定教愧煞李三郎。

七言绝句

一样时妆别样新，无端眼角巧流情。
凤城佳丽谁相似，夺却宫花占却春。[①]

其后依次为仿古乐府、古体、赋诸体。再后为套曲，简列如下：

代友人追思作（附介白）

（引）千思万思论宠儿，描他难矣。想不出娇容嫩姿，摹不了双睛偷觑。

①　（明）宛瑜子：《吴姬百媚》，明万历贮花斋刻本，国家图书馆藏书。

（白）想到巫山棲碧云，几回肠断泣秋声。情缘自短君休恨，前路相逢尽路人。自与蒋云襄相别，不觉又惊秋变。虽然两意云心几成梦幻，只这风情月貌，尚属临摹。我这里户内壁灯寒、窗前山月冷，知云襄此时作何光景也。

（唱）（山坡羊）冷凄凄秋霜飞坠，乱迷迷好似落花飞絮。意悬悬相思未休，想沉沉独坐无情。绪展转思，非关眷恋伊。（那些个）侯门一入深无底，万种恓惶、百般憔悴，须知伤怀在□□，还知闺情在剩枝。

（白）吾想这一天好月，难道云襄睡也。忆得客秋此时，同友人宛瑜子遇云襄于虎丘山畔，月下蹴球，至今思之，令人欲狂。初见之时，距今久别之后，聚散深沉，不独云襄一人。开开落落，一任东风可胜三叹。

（唱）（前腔）月溶溶玉人何处，风冷冷洞箫归去。云深深鹤唳九天。露凉凉好和相思泪，非是痴幽情，说与谁。（你看）开窗一望一望天无际。都是陌路萧郎，谁亲谁弃。羞提章台旧舞衣，堪提霍家小玉儿。

（白）吾想半日思量也只枉然。乘着这月色不免驾访戴之舟、访宛瑜子于仰苏山楼，索酒相对、闲话片时。可又道是与君一夕话胜读十年书。

（唱）（尾声）人生勋业归何处，世态浮去住。（总是）青楼也，只是这套子。少年逐逐少年场，共谁情短共谁长。正是在家不敢高声哭，只恐猿闻也断肠。[①]

此套曲歌咏了作者在离开云襄之后，对云襄的刻骨思念之情。想情人双睛秋水，忆佳人月下蹴球，可是却难临摹佳人的情态风姿。想此时，作者一人月下孤赏，不知佳人此时何为，是否也会像我一样思念着对方。思量无尽，一声三叹，却又开始埋怨这青楼世界让我割舍不断。

最后以"总评"结尾：

---

① （明）宛瑜子：《吴姬百媚》，明万历贮花斋刻本，国家图书馆藏书。

宛瑜子曰，娇媚二字，可定云襄。若论双睛，无论当今罕俪，即古来恐亦无丙也。其种种妙处，题咏中已得八九，无烦再赞，与吾吴一友人最善。余不惜借我之手代友之心，友人见之何如。①

在宛瑜子《吴姬百媚》之前，恐别有花榜在刊，于是作者另附旧评尾缀其后。旧评曰：

探花 蒋五
又品 玉叠梅
  梅称玉叠，分外清奇，墙外之粉蝶飞来，阁内之幽人遄往。共争花蕊，花不许，曰以俟词客。

（挂枝儿）（俏）
  不爱你俏身躯轻如燕，却爱你俏眼儿灵变多般。眉儿来眼儿去，好似飞珠着线。含羞情自远，带笑态偏妍。堪怜。你棋子儿的才赢也，临了时不留着个眼。

又评：
  评曰，蒋老五原籍金陵，今闻从金陵友人去。苏人风土不习，固其宜也。予曰，临了时不留着个眼，留却双睛，余却任他自去。②

与《莲台仙会品》等花榜相比，《吴姬百媚》在原来诗词品赏的基础上，增加了赋体、散曲、民歌等文体，扩大了文本容量。不仅如此，《吴姬百媚》还增加了二十五张惟妙惟肖女妓图。每图描摹一名女妓，撷取其生活一景，使图画成为美人生活的现实展示，如榜眼冯仙弹棋图、探花蒋云襄弄球图、二名冯凰英抚琴图、五名马舜英写兰图、二甲一名冯无埃豪饮图等，反映了行院女子的种种生活情趣。本来为文人游戏性质的花榜，竟成为一种类似现代女性杂志的时尚读物。

---

① （明）宛瑜子：《吴姬百媚》，明万历贮花斋刻本，国家图书馆藏书。
② 同上。

《吴姬百媚》刊行后，得到了市民的一致好评。精明的书商于是又出版了另一本女妓品赏杂志——《金陵百媚》。①《金陵百媚》刊于万历四十六年（1618），广陵李云翔著品，吴中冯梦龙批阅。书前有李云翔所作之序，叙述了编辑此书的故事始末：

> 南畿为六朝都会，以其纷华靡丽胜也。其尤胜者，桃叶渡头秦淮旧馆是也。予兹岁铩羽金陵旅中，甚寥寂。偶吴中友人过予处，见予郁郁，呵余曰："李生何自苦乃尔，岂素谓豪侠者，一至此耶！"因偕予游诸院，遍阅丽人。其妖冶婉媚，或以情胜，以态胜，以韵胜，以度胜。虽种种不一，无非乔妆巧抹，以媚人也。总之千万难当什百，亦何异于当今之世尽以狐媚公行哉。予殆为之不平。友曰："子既为之不平，何不一为之平，以洗近日之陋于见闻者。"遂强予。予不觉走笔之下，随花品题，阒然成帙。②

可知，此书作者李云翔因金陵科举失利，友人冯梦龙为消其块垒，携其遍览秦淮诸妓。之后，李云翔感慨万千，遂为金陵脂粉作传以传之后世。即使如此，《金陵百媚》仍然脱不了"剽窃"身份，它参照了《吴姬百媚》的基本体例，首以配图，次以妓品、诗词、曲赋、民歌为主体，最后加以总评，介绍与女妓相关的种种经历。③以状元董年为例，兹呈一览：

> 状元　董年
> 讳白雁，字双成，行四，小字年儿，住琵琶巷。
> 品　丹桂花
> 此天上之葩，非人间之种。芳韵依人，清标可挹，花中之最贵者。众亦虽艳，谁得似之。但贵人攀折，固宜凡辈，盈头可厌，置之亚匹不恋。品之最上，亦取其质，而不责其瑕乎。

---

① 《金陵百媚》刊于万历四十六年，前有为霖子之序，后有"吴中友弟龙子犹九顿"之跋。书前题有"广陵为霖子著品　吴中龙子犹批阅"。为霖子即李云翔，字为霖，别号百花主人。龙子犹则为冯梦龙。

② 转引自高洪钧：《冯梦龙年谱》，天津古籍出版社2006年版，第379—380页。

③ 参见（日）大木康著，台湾辛如意译《中国游里空间》一书之《金陵百媚》一节。

品评之后，亦有诗（七律二首）、词（清平乐、长相思）、吴歌（时腔、挂枝儿）、曲、总评。

七律

稜稜仙骨世无俦，不逐东风韵自幽。

清贵自堪羞紫树，芳资真足压红墙。

闲喷香气侵人袂，漫放花枝点客筹。

自是广寒宫里物，还将插付状元头。

以桂树名状元，仍是继承了《吴姬百媚》的评价体系。桂树来自月宫，象征着清标孤傲、与世不俗，而以此喻状元再恰当不过了。

其下为词《清平乐》：

仙花妙种，产在天香阁。嫩蕊娇姿冰玉洁，惟有貴人攀折。如今暂谪尘埃，飞琼漫步，瑶阶相偎。自是气合，芳心时向人开。

其下为吴歌，兹选其一之《时腔》：

姐儿生来好似一介丹桂花，

几介好人折了又与偌人拿。

姐道我介郎呀，

花盛开时不与那众人采朵子去，

那介人能采得几些些。

最后以为霖子之《总评》为结：

予初识双成于舟中，见其丰姿意态，皎黠国色，予便以第一许之。及遍访诸丽人，无出其右者。①

---

① （明）为霖子著，冯梦龙批阅：《金陵百媚》，日本内阁文库本。

（五）明代文人的女妓咏评

对流连青楼的文人来说，诗词曲赋不仅是科场利器，亦是炫耀才学、纵横青楼的资本。自唐代青楼从王室宫廷与贵公府邸独立出来起，女妓便与文人结下了不解之缘。文人在传统社会中的威望与地位，使文人成为整个社会时尚的引领者。可以说，文人之品位与情调代表着整个社会的时尚要求，那么，文人得以傍身之资本——诗词曲赋、琴棋书画——则是彰显个人魅力的最佳标志了。以诗词来评品女妓，既是文人得心应手之事，又足以投青楼女子之好，此正一举两得之美事。

与崔涯一诗决定青楼荣衰相似的故事，在唐以后的青楼世界里不可胜数。因为这样的原因，与文人结交、得到文人之题彩便为青楼女妓的荣耀了。如此，宋代才会有柳永、周邦彦诸人，明代才会有潘之恒、王百穀、张幼于等青楼世界里的冶游常客。如果没有这些陶情花柳、寻芳引蝶的风流文人的话，明代青楼亦不会如此出众。甚至，在某种程度上，这些文人与底层社会里的掮客与帮闲并无两样，只不过一方有文人的贵显身份，另一方的身份是流氓无赖而已。如今，我们有幸一睹明代青楼之盛繁，亦多依靠这些人的冶荡文笔。正德年间，武宗南巡驻跸金陵，同时亦捎带"参观"了一下久负盛名的"旧院"，这无疑是对士人青楼冶游的一种变相鼓励。自正德以来，文人似乎突然成了青楼世界里的主角，而文人的女妓咏评亦成为青楼常态。

这种常态表现为一种文人不自觉的簇拥与跟随，自明代隆庆、万历以至明末，文人纵妓冶游似乎成为一种常态，而文人之咏题已是司空见惯了。这种情形在江南社会，表现得更加明显，以至无妓不席，无妓不欢。在江南文人的文集里，赠妓、咏妓之词屡见不鲜，除却我们熟知的名士如钱谦益、余怀、龚鼎孳、冒襄、陈子龙、侯方域外，亦有唐寅、沈谦、施绍莘、邹枢等人。可以毫不夸张地说，明末的江南，文人士子几乎都受到青楼或女妓的直接或间接的影响，明代词作多柔靡脂粉姿态亦与之有莫大关系。

邹枢，字贯衡，自号酒城渔叟，吴江人，有《十美词纪》一卷。其词分别题咏女妓沙才、卞赛、如意、陈圆圆、李莲、朱素、罗节等人。然其词多雕镂文辞、冗陈杂典，之间卖弄学问，如老学究，读之令人作呕。兹摘其词一二，以供品赏：

春风袅娜

借梁园金谷，培养琼肌。珠作唾，玉为啼。道黉堂女婢，聪明侍郑，槐扉根叶，窈窕名崔。蝶谱时窥，凤毫轻点，巧夺滕王孰与齐。粉字吟梅和雪写，碧笺咏柳带烟题。

曾共湘帘吹絮，倚箫选梦，多少事、说着眉低。青幛隔，绀园迷。釭花夜笑，往恨重题。鹊渚遗簪，泪辞春阁，凤楼锁佩，影伴香溪。鸿音凭纸，待寻踪南浦，横塘待渡，踏遍云堤。①

永遇乐（陈圆圆）

浓点啼眉，低梳坠髻，声骤平康。苔翠氍毹，花红锦毯，趁拍舞霓裳。双文遗谱，风流谁解，卿能巧递温凉。香犀挽、生绡淡束，几疑不是当场。

星回斗转，芳筵已散，倦余娇凭牙床。玉版填词，琼箫和曲，粉脂尚殢纱窗。钿车催去，燕台程远，鼓鼙进噪渔阳。风尘老、蛮烟远隔，信音渺茫。

绮罗香（卞赛）

清剪冰华，香团雪彩，淡绝秋娘风度。青粉墙头，门对白堤云树。开晓幕、茉莉来时，临凉槛、木瓜声处。展鹅笺、轻扫丛兰，白瓷斟茗篆烟午。

堪怜江梦未杳，曾草香蕤丽句。欣附芳谱，拟结同心，又值赋骊情苦。空撇下、万卷霞绡，觅西楼、一塘春雨。问何年、重见风流、小窗深夜语。

解语花（沙才）

相台录事，韦曲司书，仙藻凭纤手。冷金笺剖。皴毫嫩、常伴翰林千首。碧衫唾皱。早看尽娼门杨柳。赋小词、题遍鲛绡，满路飔香蔻。

---

① 饶宗颐等编：《全明词》，中华书局 2004 年版，第 3089 页。

何意怜才赠玖。写回文短幅，春情先逗。微波暗溜。相怜处，为我客前辞酒。傍奁未久。又鼓桌、石城渡口。想到时、懒唱桃根，人似黄花瘦。①

相比之下，徐石麒②所作之《美人词》一卷则清丽可喜，让人读之津津有味。徐石麒（生卒年不详，约生活在明末清初），字又陵，号坦庵，扬州人。其人精研声律，善戏曲，工诗词，有《坦庵词》等著作存世。其词清丽可人，描摹女性细致入微，多有易安之妙。兹记其"咏美人"词数首，以供赏析：

浣溪沙（美人）

酒渍胭脂共染唇。盈盈一笑递香温。绿箩光里拣情人。
胸帛交成花玉彩，腕阑简得柳金纹。向来心事为谁春。

前调（郊游美人）

得意春来分外姿。玉蝉娇趁海棠丝。翠勾红引步迟迟。
好语暗猜风软款，韶颜争认柳参差。养花天里试相思。

前调（送酒美人）

锦瑟红牙玉柱筝。抱瓶花近美人行。一杯春酒送娉婷。
笑指粉腮辞薄醉，暗挑丝鬓转柔情。怨红愁绿一声声。

前调（美人送酒）

酒在尊中漱滟波。泥人好句近人歌。且推檀板捧金锣。
玉手斟时休道满，金莲约处不曾多。此宵无醉奈情何。③

把美人作为一种静物来体察描摹的文学创作方式，在《花间集》中已为洋洋巨观。这与词的体裁有密切关系，词最初为女妓吟讴之歌，多抒发闺阁情怀，体式亦妙短灵巧，便于即兴创作。如徐石麒以《浣溪沙》为词

---

① 饶宗颐等编：《全明词》，中华书局 2004 年版，第 3090 页。
② 徐石麒明代有二，其一为抗清英雄，其二为清遗民，精曲词。此词为后者所作。安舒：《徐石麒家世及生平初探》，《安徽文学》2010 年第 10 期，可兹参考。
③ 饶宗颐等编：《全明词》，中华书局 2004 年版，第 1799 页。

牌而创作的四首小词，则以生动的笔触描摹了女妓的艳媚情态。美酒与佳人，是青楼文化中不可或缺的题材。酒醺人胆，易使人忘怀，而佳人侍酒，更能勾人情怀。这一组《浣溪沙》，徐氏将美酒与佳人合二为一，艳靡之情遂跃然纸上。"酒渍胭脂共染唇"，美人轻轻地用红唇试了试酒温，温度正好，于是美人带着盈盈的微笑，把那杯浸渍着胭脂香的酒浅尝入口。酒晕微泛，美人的秋波在人群里寻觅，哪个人才是我的意中人呢？"锦瑟红牙玉柱筝""一杯春酒送娉婷"，在丝竹笙歌的宴饮中，美人送来春酒一杯，又怎能拒绝呢？"玉手斟时休道满，金莲约处不曾多"，不如一饮而尽，沉醉在这春风荡漾的晚上。此词备写酒宴女妓之柔媚风态，之间并无华词艳章，而女妓风情夺目尽现。

鹧鸪天（美人写书）

坐拂云笺宝翰香。镜台弹指熟思量。

草书珍重频千万，花字连环押一双。

书释手，泪盈眶。殷勤小语寄书郎。

薄情若问闲梳洗，不是当年堕马妆。[①]

古人描摹美人情态的工具不过两种：一为画笔，二为文笔。画师的方法是利用画笔与涂料将物体的面貌以图像的方式留存下来，而文人则是利用语言文字将现实的物体抽象地概括出来。一为取貌，一为写神，各有千秋。徐氏所作《鹧鸪天·美人写书》一词，则将二者巧妙地融合在一起。上阕对女妓以静态描摹，一位美人临案握管准备给远方的情人写信，但是美人此时心绪万千，无从起笔，只是在纸上无意识地写满"珍重"的字样。信笺终于写完了，泪早已充满了眼眶。当交寄书信的时候，还殷勤地嘱咐寄书郎，如果情郎问起我，就说我早就不是当年那样的时尚新妆了。

意难忘（美人舞）

长袖翩跹。惯迷云弄月，轻似秋千。花光争蜡焰，香气杂炉烟。金钏响，玉钗偏。恁加意娟娟。小凌波，折腰新步，消得人怜。

---

① 饶宗颐等编：《全明词》，中华书局 2004 年版，第 1780 页。

几多佳客华筵。尽摩娑醉眼，酒政停喧。鸦云松宝髻，粉汗湿香肩。歌玉树，落金莲。恍身是飞仙。只愁伊，乘风归去，想勾经年。①

如果说，摄影是时间与动作之记忆的话，那么，文人用诗词对歌舞之描摹则是女妓身姿的再现。徐氏仿佛一名高超的摄影师，运用镜头的焦聚切换，来实现远近的视觉焦点变换，而随着节奏的变换，又穿插了观众的目光与情感体验。长袖翩翩，如行走在风云月露之间，起跃腾挪，恰似身踩秋千。烛花争焰，香气冉冉。随着舞拍逐渐加快，舞妓摇动手上的金钏，就连头上的玉钗也偏了。"小凌波，折腰新步，消得人怜"。在经历一个高潮后，节拍渐渐放缓，那纤小的脚，跳着轻柔的舞步，真让人爱怜。接着，作者将镜头拉向了观众：本来是喧哗的宴会，现在却只有客人那醉醺醺而无焦聚的目光了。因舞步而松动的云髻，香汗沁出而微湿香肩，伴着那悦耳的歌喉，让人如临仙境，仿佛面前就是一位曼妙动人的仙女。太美好了，真是害怕她会像仙女一样飞身离去。

沁园春（美人心）

一点灵犀，无有人知，荧荧到今。在若耶溪畔，浣纱曾捧，上阳宫内，欲锁难禁。才寄双眉，又拈三指，好向风流谱上寻。黄昏后，看篆香成字，吹玉传音。

花间重掩罗襟。恐未许游蜂试浅深。怕长卿膝上，瑶琴巧拨；虎头画里，棘刺轻针。笑扆将来，眼波递出，珍重相思一寸金。分明处，在丁香舌上，细语微吟。②

美人的心思不可捉摸，既如此，不如从历史中追寻。从在若耶溪畔浣纱的西子讲起，到深锁上阳宫的梅妃，却仍然无法寻觅其踪迹，没有办法，只好向风流人物中去寻找了。天色渐黄昏，看着香烟冉冉地升空，让人倍感无聊。花间重掩罗襟，却害怕听到司马长卿的瑶琴之声，又担心看到顾恺之的画，而心思难禁。到底是什么事让美人如此愁闷不堪？最后一句"珍

---

① 饶宗颐等编：《全明词》，中华书局 2004 年版，第 1800—1801 页。
② 同上书，第 1801—1802 页。

重相思一寸金"则揭开了谜底，原来是因情郎将别，而内心伤感所致。此词构思精巧，以设谜入题，而又以解谜为踪迹，步步寻绎，终在尾底而揭见谜底，让人恍然大悟。其语言浅丽清新，而又不失纤巧。

凤凰台上忆吹箫（意中美人）

一点常凝，频年不遇，依稀有个卿卿。要兼花比色，选玉评声。那更温柔心性，挑剔尽、词赋丹青。堪怜是，高怀独绝，于我多情。

盈盈。时来醉眼，自不屑凡媛，舞榭歌亭。有风流万种，拟向他倾。待阙鸳鸯社里，消受我、雾帐云屏。何时幸，销魂真个，笑眼双青。①

古代文人理想中的女性是什么样的姿态呢？我们可以用徐氏的这首词做个解答。"要兼花比色，选玉评声"，她的容貌姿态可以与鲜花相媲美，她的声音要如玉石那样清脆。温柔体贴，且擅长诗词书画等艺术，亦是她必备的优点。"堪怜是，高怀独绝，于我多情"。最重要的是，她对我要用情专一，不像那种招蜂引蝶的游女一般。"时来醉眼，自不屑凡媛，舞榭歌亭"。她如秋水般的目光，时时给我几分妩媚的流波。那高超的舞姿，自然让那些庸脂俗粉相形见绌。不仅如此，她妖冶风流，云雨狐媚更是让人销魂。在儒家伦理之外，青楼实实在在地实现了文人这个梦想。

咏美人之诗词者，多艳于美人之姿容意态，或咏其神情，如喜、怒、哀、乐、愁、怨诸精神；或咏其风态，如痴、醉、睡、迷、懒、软诸身姿；或摹其艺，如歌、舞、琴、箫、丝、竹诸专擅。这些皆与女妓之情真意趣密切相关，于此不若以明人眼中之女妓情趣为结，作一总结：

美人有态、有神、有趣、有情、有心。

唇檀烘日，媚体迎风，喜之态；星眼微瞋，柳眉重晕，怒之态；梨花带雨，蝉露秋枝，泣之态；鬓云乱洒，胸雪横舒，睡之态；金针倒拈，绣屏斜倚，懒之态；长颦减翠，瘦靥消红，病之态。②

---

① 饶宗颐等编：《全明词》，中华书局 2004 年版，第 1804 页。

② （明）卫泳：《悦容编》之"寻真"，《中国香艳全书》第 2 册，团结出版社 1994 年版，第 69、71 页。

态者，美人的外在形象，不重妆扮服饰，自有一种妩媚风致之貌。喜、怒、哀、乐均有可爱处。所谓睡、懒之妙，更凸显女子那种百无聊赖之意，《吴姬百媚》有《副榜会魁张丽娥春睡图》（见附录二图四），图中为士人偷窥美人春睡一景，酥胸半露，睡意酣浓，可谓一态。病之态，自古有之，西施"病心而颦其里"，已见其端。美人之泣，之病，均让人生怜，由怜生情，古今亦然。林黛玉"态生两靥之愁，娇袭一身之病"，其美正在于此。

> 惜花踏月为芳情，倚阑踏径为闲情，小窗凝坐为幽情，含娇细语为柔情。无明无夜，乍笑乍啼，为痴情。[①]

怜花寻月，美人雅情，托花自怜，对月而饮，古人的雅致风情，对于女子则为芳情，《吴姬百媚》有《六名刘含香望月图》（见附录二图二）可作一解。小窗凝坐，无端出神，幽然自寂，别有幽怜情自生。娇莺软语，细声柔笑，自然是柔情似水了。

> 镜里容，月下影，隔帘形，空趣也；灯前目，被底足，帐中音，逸趣也；酒微醺，妆半卸，睡初回，别趣也；风流汗，相思泪，云雨梦，奇趣也。[②]

趣，情意盎然、意犹未尽者：镜花水月、隔帘疏影，自然有空逸无踪、捉摸不定之趣。灯前双睛、被底缠足、帐里情音，谐逸之情趣也。酒醺妆半、睡眼惺忪、正态之余韵，雅致之别趣也。风流畅情、相思漓泪、云雨入梦，趣中之奇也。

> 神丽如花艳，神爽如秋月，神清如玉壶水，神困顿如软玉，神飘荡轻扬如茶香，如烟缕，乍散乍收。[③]

---

① （明）卫泳：《悦容编》之"寻真"，《中国香艳全书》第 2 册，团结出版社 2004 年版，第 71 页。

② 同上书，第 72 页。

③ 同上。

神，精神之簇聚者。丽如花、爽如月、清如玉，标格神态，脱于凡尘。困意如软玉，神态如荼香，悠然如缕，美人最上者。

数者皆美人真境。然得神为上，得趣次之，得情、得态又次之，至于得心，难言也。[①]

词与青楼有着不解之缘。词之起兴于民间，而多流唱于青楼歌馆里的女妓之口。女妓之生活环境，以及独有的艺术禀赋，都使词带有浓浓的脂粉气息。明代中后期，江南文人生活优越，文人往往向往一种恬适、自然、随性的生活方式。这种生活强调个人生活的品位，注重个性的自然发展，这也是为什么明人崇尚魏晋士人生活态度的原因了。明代文人之于青楼，表现为一种适性、自然而欣赏的态度，正是这种态度，使文人易于用词来表现青楼世界之朦胧美。

---

① （明）卫泳：《悦容编》之"寻真"，《中国香艳全书》第 2 册，团结出版社 2004 年版，第 72 页。

第三章　狭邪冶游与文士帮闲

一　《青楼韵语》与明人风月指南

（一）明代狭邪冶游的游戏心态

恋爱是一种严肃的两性交际游戏，以及在交际中所表现出来的思想、心理及行为等活动。游，在上古时代含有男女相约求偶之意。如《列子·汤问》："男女杂游，不媒不聘。"《庄子·齐物论》："麋与鹿交，鳅与鱼游。"《礼记·月令》："合累牛腾马游牝于牧。"《广雅·释言》："淫，游也。"《离骚》："日康娱以淫游。"而戏，则含有模仿、嬉笑、游耍之意，其本意特征在于"非正式"的情境模仿。

儿童扮演过家家、青梅竹马是一种童稚游戏，其游戏的本质在于将理想、意念物化为一种现实的表现场景，进而在这种虚设的场景中实现理想角色的转变。如果以这种方式来定义古人之青楼冶游的话，那么明人冶游青楼何尝不是一种成人游戏呢？这也与中国传统的家庭构建有密切的关系。儒家以礼仪与伦理治国，对于家庭关系中的女性（包括妻妾、侍婢、家妓等），儒家有着明确的分工：嫡妻的作用在于持家与传衍子嗣；妾室则是家庭夫妻关系的补充；而侍婢与家妓的职责则在于对男性物质与精神方面的服侍。在儒家建构的家庭之两性关系里，有权势或财力的男子固然可以有一夫多妾的权利，但是男性那种猎艳的无休止欲望与对异性的强烈征服欲，都不是在家庭内部所能满足的。在精力过剩的男性看来，这种关系的维持无疑是缺乏生机与活力的，因此他会寻求一种更加刺激的方式来排解这种欲望，如私通、偷情、逛妓院等。《雪涛阁外集》有句话充分反映了这种男性欲望心理，"妻不如妾，妾不如婢，婢不如妓，妓不如偷，偷得着不如偷不着"。① 但是在"男女大防"的社会里，私通与偷情是冒很大风险的犯罪举动，而妓院无疑是最佳的选择。

明代中后期，乐户之行院体系形诸商业化，也标志着明代青楼产业的兴起。富有、闲雅而有才气的文人亦多流连于青楼。在乐户所建立的青楼世界里，文人不一定是来得最频繁的主顾，但却是最重要的客户。青楼正因为这些文人的鼓吹宣传，才会如此兴盛。正因如此，青楼名妓才会接纳所谓的名人士绅，哪怕是不计钱钞，倒贴本钱。青楼与冶游文人似乎达成了一种无形的契约关系，而这种无形的契约关系之实质，则是一种两性关系的游戏实践。这种平等、自由的两性追求，可以说是对上古社会男女自由婚恋情境的还原。而这种游戏情境的还原，恰恰是近古社会男性最欣羡的生活经历。在唐传奇小说中，有很大一部分故事表现了文人对这种自由而浪漫之婚恋的欣羡之情，诸如元稹的《莺莺传》、白行简之《李娃传》等故事，都是这种游戏情结的充分例证。

冶游文人与青楼女妓是一种平等、自由而浪漫的两性游戏，那么明代的"风月宝鉴"，则是冶游文人与青楼女妓的游戏指南。明代中后期，文人崇尚自然、闲适而随性的生活，甚至有些文人走向放浪不羁、荒诞不经一路，人们随性而作，调侃经典，因此，便有了明人玩世不恭的"风月宝鉴"。

（二）"风月门"与《青楼韵语》

在明人看来，放浪于烟花柳巷的狭邪子弟与惯于风月伎俩的红尘女妓之关系，可以简单地用一个"嫖"字来概括。在青楼世界里，"嫖"是一种严肃的游戏规则，当然，更是一种建立于两性游戏之上的快乐体验。正如男女体验房事之快乐一样，它注重一种未达而欲达之过程，而这个过程，明人将它浓缩于一个"嫖"字之上。在明代社会广为传播的《嫖经》，正是久任风月情场之浪子们的必持宝卷。

然而，明人所惯称之所谓《嫖经》者，本非其原名，称其《嫖经》者，当源自《青楼韵语》中花裓上人所作之《青楼韵语题词》："古之韵人于是发愤作嫖经……故梦征居士为辑是集，颜之曰《青楼韵语》，冠以《嫖经》，

---

① 此则引语转自冯梦龙：《挂枝儿·私部》之评语，《明清民歌时调集》，中华书局 2005 年版，第 16 页。

附以诗若词，绘以图，与元亮氏漫缀以品题焉。"①玄度子所言之"嫖经"本是一种散漫的世人称谓，其本无实际之特指，其情形亦与狭邪小说中所言之"嫖经"者如出一辙，多泛指介绍风流情性之故事与房事交和之淫术的情色书籍。②那么，《青楼韵语》中所标列之"嫖经"者，其本来面目为何？其所言之"旧注"为何？近世青楼研究者，多辑《青楼韵语》所载之经注为"嫖经"之原典，然而其离真实之"嫖经"有多远，多未知之。幸运的是，朱元亮、张梦徵所言之"嫖经"，在明代的通俗日用类书中存录不少。

所谓通俗日用类书者，是指流行于市井百姓之家，为民众的日常生活提供通俗性知识的类书。它包含着与民众日常生活息息相关的诸多实用性知识，上至天文地理、人纪四夷、庙堂官制、法律乡规，下及民生百态、医卜相筮、琴棋书画、茶米油盐，凡事无所不备。在这些日用类书中，凡此类属多以"门"相概称，如"天文门""日用门""翰札门"等。在如此众多的"门"类中，有一种"风月门"最引人注意，风月者，男女媾合、儿女私情、风花雪月之谓也。因此，"风月门"中所列之知识多与男女两性密切相关，如两性书札、洞房交合、色欲良方、淫欲情药。不同类书亦多有不同的编排，"嫖经"在不同"风月门"中有不同的名称，笔者所见明代日用类书凡二十余种，其中含"嫖经"内容者六种，其中四种以"风月机关"冠名，一种"青楼轨范"，一种"花槛机关"。在明代日用类书中，"风月门"所载之"嫖经""经文"基本相同，仅个别字或有出入，然而其"经注"则详略不同、雅俗有别。兹将明代类书中包含"嫖经"之情况简列如下表所示：

日用类书	编者	风月门	成书时间
《新锲全补天下四民利用便观五车拔锦》33 卷	（明）徐三友	上：《情书纪要》 下：《青机轨范》	明万历二十五年（1597）刊本
《鼎锲崇文阁汇纂士民万用正宗不求人全编》35 卷	（明）不著撰者	上：《情书纪要》 下：《青机轨范》	明万历三十七年（1609）刊本

---

① 隐虹轩刊：《青楼韵语》之玄度子《韵语小引》。
② 在流行于明清两代的情色文学中，多有引及《嫖经》一书者，然书中所引之语多作者自己编造而假借《嫖经》者，如《绿野仙踪》第五十二回有一则："《嫖经》上有四句道的好，正是：十个妇人九好干，纵然脔死也情愿。果能鏖战称他心，天下花娘随手转。"

续表

日用类书	编者	风月门	成书时间
《新板全补天下便用文林妙锦万宝全书》38 卷	（明）徐企龙	上：《洞房春间》《闺阁事宜》《缠札之类》《洗涤之类》下：《风月机关》	明万历四十年（1612）刊本
《新刻邺架新裁万宝全书》34 卷	（明）冲怀	上：《春闺要妙》《风月机关》《色欲良药》《春意妙药》下：《子弟要书》	明万历四十二年（1614）刊本
《新刻搜罗五车合并万宝全书》34 卷	（明）不著撰者	上：《春闺要妙》下：《风月机关》	明万历四十二年（1614）刊本
《群书摘要士民便用一事不求人》22 卷	（明）陈允中	上：《洞房春意》《洗涤要法》下：《风月机关》《神仙戏术》	明万历书林种德堂本

在明代日用类书之"风月门"中，又以徐企龙所编《新板全补天下便用文林妙锦万宝全书》之《风月机关》最为完整、详细，参以《青楼韵语》系统之作家评注，多有与之契合者。且由《青楼韵语》之序与《韵语小引》可知，张梦徵删弃了"嫖经"中的原注，而采用了朱元亮所作之注。《青楼韵语》有语："久于舞榭，易结好缘；才入歌台，便生恶晦。"条注曰："旧注恶晦，生疮也，学嫖者往往受其毒。"而《风月机关》于此注曰："卤奔之徒，岂谙嫖趣，好丑不分，惟湎恋色，未几生疮，真成恶悔。"类似者仍有数处，不复赘举。由此推断，朱元亮所言之"嫖经"其实即是明代日用类书所载之《风月机关》。对于此种风行于明代社会之"嫖经"，我们已很难考辨其真实名称了，然而失名的遗憾并没削减其文献价值。为了方便起见，笔者仍用流行于市井的"嫖经"来称呼它，以彰显其在青楼世界中的"经典"地位。

由于明代民间日益狂热的狭邪纵游活动，加之以日用类书的广泛传播，《嫖经》在万历年间呈风靡之势。作为一部出众的风月指南，《嫖经》逐渐为文人士子所接纳，但是由于其"经文"注释的鄙俗不堪，又影响了文雅之士的阅读习惯，于是有人出来对《嫖经》进行了重新整理与注释。其实，明代日用类书的编纂者，在辑刊《嫖经》时，已对其经过了雅洁、修饰之整理，如书林种德堂所刊之《嫖经》就较《新板全补天下便用文林妙锦万宝全书》《新锲全补天下四民利用便观五车拔锦》等类书所刊之内容更加简练、明晰。即使如此，《嫖经》仍然摆脱不了粗鄙的市井气，于是万历四十三年（1615），张梦徵与朱元亮两人合作，以旧本《嫖经》为底本，刷洗旧注，标注新释，配以历代名妓诗词，而作《青楼韵语》。《青楼韵语》的出现，一洗旧本《嫖经》的鄙俗不堪、荒淫不经之气息，从而冠冕堂皇地进入文人雅士的视野。

《青楼韵语》有其独特的编排方式，它迎合时人的狭邪狂热，将冶游青楼的风月宝鉴——《嫖经》，分门别类地列为其书之纲领，又结合每则经文之注释，缀以与其相关之女妓诗词，从而将"青楼—嫖经—诗词"三部分组成了一个有机整体。青楼自古被文人视为陶情花柳、纵情恣意之胜地，诗词又是文人驰骋翰苑、标榜风骚之利器，而两者又以风行天下之《嫖经》相缀连裙，自然是韵中觅胜、楼台近月之佳作了。正如花裈上人许当世在其《青楼韵语题词》中所言：

　　天下事未有不以韵胜，足供吾党品题者。青楼世所谓韵地也，青楼中人世所谓韵人也。虽然韵乎哉，彼其人云何而居青楼？恐非为怜才计也。古之韵人，于是发愤作嫖经。嫖经韵乎？曰："韵。"曰："语以蕴藉，韵道破则不韵。嫖经如蕴藉何？"曰："是不然。以我之不韵，破彼之不韵，彼种种之不韵，了然我胸次，而我得藉是以游戏其间，称快无碍，韵安往而不在耶？则青楼与青楼中人，我视之又自韵甚，乃况其诗词也者。以故梦徵居士为辑是集，颜之曰青楼韵语，冠以嫖经，附以诗若词，绘以图，与元亮氏漫缀以品题焉。虽曰品题，实嫖经注疏也。韵哉！梦徵！"①

---

① 许当世：《青楼韵语》，隐虹轩刊本。笔者按，花裈上人实名许当世。明崇祯丁丑武林张氏白雪斋刊本《白雪斋选订乐府吴骚合编》有许当世之序"丁丑仲春花裈上人许当世题"诸字。明张琦、王辉同编《吴骚二集》中亦有其序，后缀"丙辰秋，花裈上人许当世撰并书"诸字。

在明代风流士人看来，天下的事均有其韵味。青楼乃风花雪月、游戏情欲之所，自古被称作风流韵地，而青楼之曼妙歌妓自然被称作韵人了。虽然韵人有其丰韵，但为什么还要以青楼是居呢？恐怕不是怜惜才人之故，于是古人作嫖经以阐释青楼之韵。嫖经自然是韵书了，其韵在于借其不蕴之韵破青楼种种不韵，而其过程恰然是嫖经的真正韵味所在，因此在明人看来，这正是青楼与名妓的真韵所在。如此再缀之以青楼诗词，绘之以图，自然是韵中有韵之作了。

《青楼韵语》刊行后，马上风靡一时，风头甚至盖过了先前的《嫖经》，其书流刊广布，版本亦颇为繁杂。[①] 论其精良，民国三年复刻之"隐虹轩"本可谓《青楼韵语》的最佳版本。其书封面正题为"青楼韵语"，保存了原书的大量插图，刀刻精良，印制精美。正文前署有"青楼韵语原名嫖经附图（武林）环应居士朱元亮辑注并校证/六观居士张梦徵汇选并摹像"。《青楼韵语》中有玄度子所作的《韵语小引》，记载了朱元亮、张梦徵与玄度子的一则逸事，多能反映明人之于青楼及《嫖经》的达观态度。玄度子自谓是一介腐儒，喜欢讲一些理学道理，所以朱、张二人想着办法去捉弄他，适值《青楼韵语》书成，便以此示之，希望能够借此书困窘其辩。但是当玄度子不情愿地阅毕此书后，却为之拍案击节。对于《嫖经》之世用功绩，玄度子有如此之深论：

　　玄度子初殊不欲阅，及阅未竟幅，不觉一读一叫绝，曰此书真从讲道学中得来，真足羽翼经传。乃正襟危席，以语居士曰："自古乘教立言，其意主于化诲愚俗、摄邪归正而已。夫吾人从无始以来，情为业因，爱为苦本，变态莫可究诘，而举世冒觉，自驱自纳，如鸟投罗。诸贤圣不得已指点迷途，尽情剖示。故吾儒经有十三注疏，道家经有三十六部，佛氏经有五千余函，大都正言十之一，寓言十之九。古之

---

　　① 《青楼韵语》现有五种版本，其一为刊于万历年间之四卷本，题名为《青楼韵语辑注校证》，朱元亮撰，张梦徵辑，四册有图，九行十八字，四周单边。其二为明方悟编、张几绘图之《青楼韵语广集八卷》四册，明崇祯四年刊本，近人任中敏手批，收藏于台湾国立中央图书馆。另有民国两刊本，一刊本为民国二十四年（1935）中央书店作为"国学珍本文库"第一集第九种的铅印版，插图不全。另一刊本为民国三年隐虹轩刊本。此外，刊刻于崇祯六年（1633），由张梦徵编辑、李万化重订之《闲情女肆》四卷，亦是《青楼韵语》的后期重刻本。

注《嫖经》者，如大禹铸九鼎，以图神奸，使民不逢不若，此正与道学相发明，安得谓其有异耶？不特此也，且可以助道学所不及。何也，凡人之情，乐放而恶拘。道学诸书，其持论非不正，然或绳人所不堪，则赋性高明者，反耽情逸乐以自豪。乃若寓规矩于讽，似骚似雅，令人一唱三叹，篇什之中，恍然有会。此即劝惩之遗法也。故曰，诗可以兴，虽然妇女而工声歌，其黠慧必有过人者，乃习有所使，安为不善。特借所丑以发其愧悔，良心岂中灭也耶？然则集韵语而别之以青楼，讵徒警醒男子，并可感悟妇人矣。子固真道学中人也，又安所事予语以解嘲。①

自古以来，人们就因情业而困，处于爱欲循环之中，故圣人立经典以化喻世人，所以儒家有十三经注疏、道家有道藏三十六部、释教有佛经五千余函。不仅如此，道学诸书持论有正，不近人情，多使人不堪于规矩，所以劝世效果多不明显。《青楼韵语》一书则"寓规矩于讽，似骚似雅，令人一唱三叹，篇什之中，恍然有会"。如此说来，《青楼韵语》果然是一部道学书，其功用甚至可以"警醒男子，并可感悟妇人"了。

《青楼韵语》辑录自晋代迄明代的青楼诗妓 180 人，其中晋代、南齐、梁代各 1 人，隋代 4 人，唐代 24 人，宋代 25 人，元代 10 人，明代 114 人。书中所选缀之诗词韵语 500 余首，其中不乏文学高雅之佳作。《青楼韵语》选辑女妓诗词之原因，当与明代中后期所流行之狭邪风气有密切之联系，此亦可以看作是明代重性思潮的一个重要表现。作为明代女性文学整理运动的一部分，女妓诗词的选辑与编纂，更具有一种特殊的文化意义，正如方鼻甫在《青楼韵语广集》中作序所言的那样：

　　文人慧业，寄之篇什、播之声歌者，非若才姝词妇，亦何必对红儿歌懊恼，联赤玉，唱促离差为韵事？不知琵琶写心，箜篌械怨，一往深情，非曲不臻其极。昔人云，诗导情，歌咏志，唯曲能悉宛转幽郁之气也。然人情莫甚于男女，男女莫甚狭斜，所以歌舞音乐尽出楚

---

① （明）朱元亮辑注，张梦徵摹像：《青楼韵语·韵语小引》，隐虹轩刊，1914 年版，第 1—2 页。

馆秦楼，自古逮今，称闺秀者，几人解此勾当？即一二偷香窃玉，翻飞词翰间，仅作唐人伎俩，而步元音正不多见。故当时蓄音乐姬媵咸称为伎，伎也者，非止言工艺，盖言能支人以情也。情不幻不灵，情不变不妙，今之居青楼者幻矣，慧业人偏置身焉，唇花意蕊从十指开出，奇巧新样，朵朵俱天上所有，岂人间能闻？要非倡粉缤纷，那得演是郢调？澹然翁久集成帙，题之曰广青楼韵，令天下情痴习灵造妙，不止资冶音之艳，乃复雕文心之奇也夫。时崇祯辛未朱明日，茗上挟马生方新子鼻甫漫书桐叶阴中。[1]

在明代文人看来，诗、歌、曲皆抒写人心声之载体，然而因体裁之分，却有不同之功效，"诗导情，歌咏志，唯曲能悉宛转幽郁之气也"。正如古人云"诗导情，歌咏志"，然而诗歌所叙写的情，多是生命志气，抒发经天纬地的志向，而志向落魄时的抑郁幽怨之情，则需要用曲来浇解之。"琵琶写心，箜篌械怨，一往深情，非曲不臻其极"。所谓"曲尽人情"正是此处的最好注解。何为人情，这里的人情当然不是儒家所构建的人伦天理之情，它指的是人自然而发的情感，男女相悦的真情，更倾向于儒家所鄙斥的"私欲"，所以"人情莫甚于男女，男女莫甚狭斜，所以歌舞音乐尽出楚馆秦楼"。在儒家设定的世界里，真正自由而浪漫的爱情是不存在的，这种爱情只能在青楼中去寻找。对明人来说，青楼是寻找浪漫爱情的地方。只不过当时没有"浪漫"这个词，与这个词同义的是"幻"，因此明人有"情不幻不灵，情不变不妙"这样的看法也不足为怪了。

（三）《嫖经》与文人的冶游指南

对于《嫖经》之内容，在杭子在其《青楼韵语·序》中有如此的概括："夫嫖经摹写青楼情状、眉目肺肝都具，尽乎态矣。人情不相远，举人世机慧伏匿、开阖幻妄，亦尽乎情矣。匪第荡子宜惕覆辙，尤涉世者所资南车。"《嫖经》以简洁而通俗的笔触勾画了青楼世界里的委曲情状与男女情爱关系。

---

[1]　（明）方悟编，张几绘图：《青楼韵语广集·序》，明崇祯四年刊本，台湾国立中央图书馆藏。

《嫖经》的主旨可以用一个字来概括，就是"嫖"。在这一百四十余则"经文"、一万余字的"风月指南"中，青楼世界里的一切机关陷阱、隐语巧慧，都浓缩在一个"嫖"字之中。嫖，本义是把玩、狎弄，具有强烈的游戏性质。青楼世界正是狭邪男女的游戏场所，这场游戏以男女情爱为赌注，男女双方的责任与义务表现为一种"嫖"（追求）与"被嫖"（被追求）的游戏规则。在既定的游戏规则里，男子作为外围介入者，有着更为主动的行动权，他的角色目标是以一种外来者身份，去适应、融入这个游戏情感世界，并用自己的种种行动去赢得自己心仪女妓的芳心，因此"嫖客"不得不使用金钱、时间、情感、才艺等道具来实现这一目的。作为游戏的"被嫖"角色——女妓，则拥有自我情感的归属权，用来决定哪个男性能够"捕获"其芳心。当然，这场游戏也会发行一些通关秘籍，《嫖经》就是其中最为风行的一部。

笔者所辑《嫖经》共 143 则，较《青楼韵语》所载之 134 则多 9 则。其中涉及与女妓交往之原则、方式、技巧等冶游指南，亦有部分反映青楼女妓自身境况之论述。总体上来讲，《嫖经》是以男性视角来观照两性的情感交往关系的，因此不乏一种历史性的偏见，如《嫖经》第 70 则"痴心男子广，水性妇人多"，其注曰："孤老表子两人设盟之后，男子守其规矩，再过美妓则不相亲。值两下反目，女人心已灰，男子犹不舍，岂不是痴心？妇人之性随波逐流、荡于高下，实难捉磨，岂不是水性？"

作为风月场所的游戏指南，《嫖经》表现了狭邪男女的种种情态，或痴情苦守，或做戏玩弄，或机关算尽，或执迷不悟。在《嫖经》中，作者根据嫖妓之方式，把青楼冶游分为二十余种，如根据嫖技之谙熟高低，可分为作家嫖与雏嫖、小官嫖与早嫖；依嫖妓之辛苦经历，又可分为痴嫖与苦嫖、自在嫖与游方嫖；以时间短长，又可分为汤嫖与门嫖、眼嫖与口嫖；以与同伙之关系，又可分为敲嫖与借宿（独嫖）等。凡此种种嫖妓之原则，无非一个情字。在《嫖经》的作者看来，青楼虽为男子逍遥风流之场所，但是仍然需要以真情一以贯之。在《嫖经》中，作者对男女两性的滥性无情之行为，不无谴责之意。《嫖经》的第一则即是"男女虽异，爱欲则同"，肯定了男女关系的情感基础。

对初嫖子弟来说，识破行院里的种种机关陷阱无疑是最重要的，因此

《嫖经》花了相当大的篇幅来讲解青楼世界的隐匿机关。"且如寻常识见，皆由绳准之中；设若奇巧机关，更出筌蹄之外"，"初耽花柳，最要老成"，如此警示之言在《嫖经》中比比皆是。那么，如何洞破其中微妙玄机，巧妙化解陷阱机关呢？《嫖经》则一语破之："若不运筹，定遭设网。"（3 则）其注曰："子弟在娼家行走须要如大将之应敌运筹于内，不然则遭彼罗网中矣。"在青楼伏匿机关之中，最重要的一则就是如大将般"运筹帷幄"，这也是青楼游戏中过关斩将的最佳武具。当然，你可以一掷千金，青楼买笑，"潘安孔方同路，而使妓欢"（54 则）；亦可以势弹压，盛气凌人，"有等地虎，在于妓家，不施恩义，专一豪强，稍有不遂心，便生歹意，此谓狼虎嫖"（74 则）。但是如此行为只可买其身，却不能得其心，如"对王面赵，是亦可嫌；抱李呼张，此尤当怪"（106 则），岂不可怜。因此，青楼嫖妓的"最佳境界"应当是俘得美人心，抱得美人归，甚至于美人为自己悬榻留宿、周患共济，"悬榻既下徐孺留，今犹如是"（90 则），"朝则茶，暮则酒，只为孤老；贫能周，患能济，乃是情人"（93 则）。

在青楼世界所流行的诸多手段中，最著名者莫过于十大"必杀技"："妓为孤老条目有十：曰走、曰死、曰哭、曰嫁、曰守、曰抓、曰打、曰剪、曰刺、曰烧。"（35、36 则合注）条目虽为十种，每种之下又分数种，合之则有数十种之多。这十种形式基本概括了青楼女子与冶游子弟交往的各种情形，每种情形又可分为情真、情假者，反映青楼世界里的虚虚实实、假假真真。如"走者"有"情走"，有"计走"，情走者，因与子弟生情而与之相约私奔者，有民歌记之，"荡性总难驯，约更阑潜出门，那人期在津头等。怕的是门儿有声，愁的是鸡儿早鸣，弓鞋温浥露行难进。笑文君，相如去也，兀自动琴心"。[①] 计走者，哄骗子弟金钱，设其圈套，诈与其私奔也。以"死者"而论，亦有假死、真死之说，真死者，为相好子弟殉情而死，此种例子盖不胜数，在梅鼎祚之《青泥莲花记》、冯梦龙之《情史类略》之"情贞"篇中，均可见其实例。哭者，又可分为情哭，为情而恸哭；贪哭、彼笑哭，虚情假意，只为留人哭。又如"嫁者"，可细分为真嫁、暂嫁、说嫁者。子弟为相好妓女出钱赎身，妓女亦为之洗心革面，却脂粉、洗铅华，荆钗

---

① 选自《新编百妓评品》之"奔妓"条，见周玉波《明代民歌集》，南京师范大学出版社2009 年版，第 99 页。

布裙，粗食疏粝，两人伉俪情如合也。依《嫖经》言，作狭邪游的子弟们有两种，一种为买情而游，另一种为买笑而游。买情而游者，欲得有心人，琴瑟相谐；买笑而游者，只为今宵一笑，纵欲狎妓。如其82则所言，"买心多费钞，得趣便抽身"，其注曰："贪恋美色，恐怕生心，不顾费钞，但要买心，此谓之小官嫖。伶俐之士，才得其趣，即便抽身，不肯久恋，谓之早嫖。"

子弟于青楼"嫖"妓，本身就是一种享受两性欢愉的过程。其间，卿卿我我，两厢私守，娱情适性，自然美好不过了。当然，纯粹的颠鸾倒凤、云雨销合，并不是快乐的终极目标，真正的欢愉在于两性相悦时的情感体验，即如《嫖经》40则所言："其趣在欲合未合之际，既合则已，其情在要嫁不嫁之时，既嫁则休。"其注曰：

> 男女初见，彼此相调，眉头锁恨、眼角传情，约以花前、期以月下，千般致意，万种思量，在此有不尽趣。既交合之后，男心已灰，女意必败。从前兴致皆废矣。孤老表子，两情俱浓，娶意已决，嫁期在迩，鸨子争钱，厥丁索钞，男不撇女，女不舍男，无可奈何，在此有无限之情。既嫁娶之后，收其放荡，除其风情，叙以夫妇，处以家常，从前意思，无关矣。譬如戏文传集（疑"奇"），初则有许多的出处搬演，至会合之际则收场矣。

如此之言，确实不虚，俗语有云，过程往往比结果更美好。由于环境、身份、教育等条件的差异，青楼女子往往比闺阁妇女更为自由、谐趣，这种行为使其更接近人之自然属性，从而更容易满足男子那种猎艳心理，即如《嫖经》17则所言："大家规矩，自是不同；科子行藏，终须各别。"其注解曰："捧翠袖以无言，弹相裙而不语，此大家规矩；未曾走动裙先开，方才坐下鞋便脱，此科子行藏也。"

可以说青楼女子的万种风情，与其天真无赖之手段不无联系，所谓抓、打、剪、刺、烧是也。俗谚，打是亲，骂是爱，自古皆然。与子弟相厚无间，才会有数此者，"抓者，与孤老取讪之时，抓指痕于脸上，吮齿迹于项中，使朋辈识者，曰此人之失约也。厚中如此，薄者不然"，"讪打者，乃厚中夺趣之所为。孤老入门，揪耳问曰，连日如何不来，人在哪家行走，一一从头给我招出。拳头刚歇，巴掌又随，变脸越打，陪笑则休也"，彼虽抓打于我，实有心于我，拳头口齿，虽痛于脸颈，于心则同其乐也，此打中取乐也。明代民歌中有多数咏此者，此记其一：

> 床儿前。快快的双膝跪。唤了丫鬟剥去了帽和衣。直招着昨夜在谁家睡。簪儿那里去了。汗巾儿送与谁。实实的说来。冤家。休得要博嘴。[1]

至于剪发烙香，皆为青楼女妓的常用手段。剪者，有真剪，为情而剪，"分当顶之情丝，借情人之口，齿系以彩绳，永为表记也"；有拒剪，恨至而生，永无复合之记也，"但言烧剪以言强拒，一烧则绝，一剪则断你我情长"。烧者，以香炮烙其肤，永以为记也，所谓至痛则至亲是也，至于《嫖经》所列举之"梅花烧""无情烧""万星拱月烧"等，则真成妇女之酷刑罢了，还复有什么情真、情愉之悦？亦有民歌评之：

> 苦肉钓钱钩，把香肌结作仇，不量穴道将来灸。一壮不休，二壮不休，绵脂热处眉儿皴。问疼么，旧疤儿上，觉得辣绉绉。[2]

对于烧剪者，民歌亦有唱之：

> 圆纠纠紫葡桃闸得恁俏，红晕晕香疤儿因甚烧。扑簌簌珠泪儿不住在腮边吊。曾将香喷喷青丝发，剪来系你的臂；曾将娇滴滴汗巾儿，织来束你的腰。这密匝匝的相思也，亏你淡淡的丢开了。[3]

狭邪子弟追求青楼女子亦需费一番周折，更须使出浑身解数应对之，

---

[1] （明）冯梦龙撰，刘瑞明注解：《冯梦龙民歌集三种》，中华书局2005年版，第143—144页。

[2] 《新编百妓评品》之《香疤》，《明代民歌集》，第102页。

[3] （明）冯梦龙：《冯梦龙民歌集三种》之《挂枝儿·隙部五》之"情淡"，中华书局2005年版，第143—144页。

如"使钞偏宜慷慨，讨情全在工夫"（53 则），其注曰："使用钱钞，最宜慷慨，悭而且吝，则被彼小视。取讨好情，最要工夫，暂来暂去，则受彼打发。谚云，一要工夫，二要钱，理有之。"又如"潘安孔兄（方）同路，而使妓欢；翼德味道并驱，不遭人议"（54 则），其注曰："潘安，晋之美貌者，孔方，古号钱为孔方。张翼德，性如烈火。苏味道，乃唐相，其性最宽。正谓财貌两全、刚柔相济，则妓者喜而人亦不能诽议我也。"在青楼世界里，钱是第一位的，上至老鸨厮丁养家糊口，下至妓女相好添置胭脂首饰，均须钱钞来打点。即便要钱，行院却不便明说，于是便有了行院里的种种催钞妙方，"蹙额告乎家事艰，知其相索；锁眉诉乎借贷广，欲我相偿"（45 则），"夸己有情，是设挣家之计；说娘无状，欲施索钞之方"（48 则）。在青楼世界，除了一掷千金外，还需要花费大量的时间与精力与之周旋，所谓"讨情全在工夫"也。即使肯消磨时间，仍然需要一些技巧才能成功，《嫖经》则大谈其道。家境优越自然好，有才学、气质、人品，效果更佳，如果品位高一些，就更容易博得行院女子之青睐了，"爱饮酒杯，常备刘伶之具；擅知诗句，多谈杜甫之才"，其注曰："爱饮者，与之酬酢壶觞；知吟者，与之唱和音律。此亦子弟之所急务也。"（14 则）如果通诗词，则不妨以诗相挑，"题诗而寄意，歌曲以伸情"（66 则）。

另有一些反映青楼世界的规矩与忌讳者，如"偏宜多置酒，莫怪不陪茶"。其注曰："酒色二事，相随未有不饮酒者，如设东还席、接风送行之类，亦不厌重复也。妓者之家，迎送最广，吃茶不陪，是其定例，子弟不当怪也。"（第 29 则）"妓钻龟而有玷"，其注曰："妓者，人伦虽失，行止尚存，如若钻龟，则为有玷。"（57 则）又有民歌以嘲之，"一气本相通，笑家鸡雌逐雄，孤房有个人填空。萧郎也是本宗，萧娘也是本宗，龟儿原入龟儿洞。算春风，知心几许，多在教坊中"。[①]青楼世界少不了浮浪油闲、帮闲篾片于此蹭吃蹭喝，如果驻留太久，必然招人嫌烦，"串可频而坐不可久，差宜应而债不宜询"（30 则），其注曰："无事之时，同友往妓家讨茶，一家才出仍又一家，俗呼为串门。子弟大抵不可久坐以妨彼事。彼虽不言，背后怨嗟。"吕楚卿有《嘲友》诗，颇可见其可憎面目："晓妆初拭镜，客

---

① 《新编百妓评品》之"钻妓"条，《明代民歌集》，第 97 页。

至罢铅华。旧识章台柳，频探杜曲花。到门题凤字，入座试龙茶。几度逢迎罢，空庭日影斜。"

　　如果要选一意中人，除了花费钱钞、时间、精力外，更要注重行院女子之品性。那么，如何鉴别青楼女妓之优劣品性，则成为狭邪子弟的首要任务了。"驽骀遭遇，必藏骐骥之良；蚌蛤生辉，决蕴贝珠之贵。"其注曰："所谓何地不生才者此也。陶铸识拔，是在大善知识。倘鱼目混珠，则伏枥之难，豪杰所不能已。"（18 则）虽则处青楼之中，亦必然有拔俗之辈，如柳如是、呼文如辈者，狭邪子弟岂能忽之？又有择人从良之举，则不得不察，"举止轻盈，终于卖俏。行藏稳重，乃可从良"（31 则）。其注曰："体态轻盈、形容袅柳，如此之人，终为卖俏行藏。稳重作事端严，虽在柳巷，后必从良。"亦要注重其情志态度，所谓"情不在貌，色要择人。为情者，嫫母可以同居；为色者，西施才堪并处"（33 则）。对于长幼之妓，亦须谨慎对待，如"雏性易训，一训而易失；苍心难好，一好以难灰"（44 则），其注曰："少年之妓，世事不谙，人若调之，其性易驯。稍有争差，亦易于败。长年之妓，世事多轻，人若亲之，其性颇猾，既而情好，容易不灰。"

　　总体而论，《嫖经》并不完全是一部诲淫导欲之书，与同时期所流行的淫邪小说相比，其更像是一种对青楼女子与狭邪子弟的良性规劝。[①] 它没有像浮浪文人那样对妓女百般嘲弄、极尽挖苦，反而处处对青楼女子予以一种公正而不失同情的评价。青楼本是如此，子弟们如果身正不入此处，又焉能被其所迷惑？诋毁者往往掩饰自身的性格缺陷，而将责任归于青楼世界，岂不滑稽至极？对于《嫖经》，我们不妨将之视为那个时代的独特产物，它表现了晚明士人那种洒脱自然、率真直露之个性，亦代表了那个狭邪纵游时代之狂热一景。

---

　　① 《嫖经》中亦有个别有悖伦理者，如其 109 则："好色亲三代，盛容仅十年。"其注曰："嫖为贪淫之所致。初则嫖其母，次则嫖其女，再次嫖其孙女，大抵亲生之女颇少也。女人盛容，譬之春花，不能常存。古云，女子二七天癸至，乃血气方全，所以容颜强盛。自十四至二十四，仅有十年耳。过此则呼为下娇也。"然而此则在《青楼韵语》中已被删去，可见当时文人对此则的反感。

二　文士帮闲与狭邪鼓吹

从商业角度来看，明代青楼更像是一个营利性质的私人会所，其以经营规模与女妓品级之差异，接待不同层次的狭邪子弟。以秦淮河旧院为代表的教坊女妓，代表了青楼的顶级层次，其接待的客人多社会名流、达宦缙绅与才子名士。地方青楼则代表了社会底层群体的消费方向，主要集中在市井浮浪、游商走贩与地方纨绔子弟等群体。既然是以盈利为目的的商业会所，就必须考虑到一个关键因素——客源。客源的多寡优劣与青楼自身经营的品质与规模相关，亦与青楼的声望有密切之联系，而青楼与女妓的声望大小，往往取决于为其宣扬鼓吹的狭邪帮闲与冶游文人。

狭邪帮闲者，多混迹于青楼歌馆，熟谙青楼世界里的时事掌故，对诸家青楼之优劣品阶与行院女子之个性风姿了如指掌，专为青楼行院与粉头孤老牵针引线、说纷解合。帮闲篾片之行迹可追溯至宋代，耐得翁在《都城纪胜》之"闲人"条中，对之有详细的记录：

> 有一等是无成子弟、失业次人，颇能知书写字。抚琴下棋，及善音乐，艺俱不精，专陪涉富贵家子弟游宴，及相伴外方官员到都干事。及猥下者，为妓家书写简帖取送之类。
>
> ……
>
> 又有赶趁唱喏者，探听妓馆人客，及游湖赏玩，所在专以献香送劝为由，觅钱赡家。大抵此辈若顾之则贪婪，不顾之则强颜取奉，多呈本事，必得而后已，但在出着发放如何也。①

这种帮闲在《金瓶梅》等世情小说中，有着详尽的刻画，诸如应伯爵、谢希大、孙天化等。他们一面结交于诸路青楼妓馆，一面讨好于各位财宦乡绅，为孤老粉头撮合搭桥、引石铺路，他们工于心计、巧于营计，寄食

---

① （宋）耐得翁：《都城纪胜》，中国商业出版社 1982 年版，第 15—16 页。

于青楼歌馆与财宦孤老之间。①

然而，此类社会底层青楼世界里的篾片帮闲，与冶游于顶级青楼会所的风骚文人相比，则不啻于小巫大巫之别了。这些冶游文人长期狎游于青楼世界，洞释青楼女子之神态丰韵，与之诗酒唱和、文艺切磋，自然更了解她们的心性品位。他们有的是致仕乡居之缙绅、牟利自售之山人，亦有寄食于青楼歌馆的落魄文人。他们往往衣装鲜整，浮浪声名，求售于达官显宦，寄食于行院名妓之间，为青楼名妓鼓吹，为士妓媒合牵线。他们为青楼女妓鼓吹香贞风情，为之高树艳帜，"曲中诸姬多倩笔于人"②，而青楼女妓亦为其拉拢官绅，结交世网。万历年间，女性文化之重塑方炽，狭邪纵游之活动方盛，士民往往沉浸其中，于是竟有一部分文人为之鼓吹、揄扬，诸如曹大章、潘之恒等；而至明晚期，这种无形之鼓吹变成了有形之利用，名士山人、士子风骚往往寄寓青楼以博名号，情系美妓以恣疏狂，诸如王伯穀、张幼于等。可以说，晚明社会之狭邪纵游与青楼崇拜，实与此辈之怂恿鼓浪有相当大的关系。以明末文人杜濬的一首《初闻灯船鼓吹歌》作结：

> 记得座中客，能说王穉登。穉登褪鼓湘兰舞，赏音击节屠长卿。后来好事潘景升，晚节犹数茅止生。绝艺于今谁作主，李小大歌张卯舞。当时惆怅说于今，忍见于今又成古。③

（一）潘之恒与女妓窥略

可以说，潘之恒是那个纵游方炽、狎游初狂时代的产物，之所以如此说，是因为明初的士妓狂热在沉寂了近百年之后于此时复兴，而潘之恒恰恰做了这场狭邪狂潮的重要推手。潘之恒以商人兼文士的身份，来往于仕宦显贵与青楼歌馆之间，他用一生的时间来经营自己的闲适生活，与文人

---

① 吾师陶慕宁先生《〈金瓶梅〉中的青楼与妓女》之第五章《帮闲、妓女与嫖客》，对此有精辟之论，可为参阅。

② （明）潘之恒：《亘史钞》，《四库全书存目丛书》子部193册，齐鲁书社1995年版，第533页。

③ （明）杜濬：《变雅堂集》，龚斌、范少琳编《秦淮文学志》下册，黄山书社2013年版，第1624—1625页。

社友诗酒酬唱、评品风骚，与歌妓美眷征歌选艳，清赏才艺。潘之恒亦代表了明代中后期所出现的一个重要社会群体——儒商。他们行商贩贾，资藉豪富，纵游于青楼歌馆、狭邪柳巷之中；同时他们又通擅诗词文艺，联络于仕宦文人、名士社流之间。正因此辈，明初所设立的士妓交往之禁律才会名存实亡。

潘之恒，字景升，号鸾啸生、亘生、天都逸史、冰华生等，因其须髯如戟，所以亦称髯翁，有时其亦自称髯，南直隶徽州府歙县（今属安徽）岩镇人，生于嘉靖三十五年（1556）正月初八，天启元年（1621）十月客死于南京，享年六十六岁。潘之恒所生活的时代，正是明代社会发生巨变的时期，作为一个游奔四方、结交通达的儒士商人，潘之恒几乎成了那个时代士民互融的一个典型。

潘家世代经营盐业，兼布匹、典当，活动范围以真州（江苏仪征县）为中心，遍及江淮吴越，资产雄厚。其祖父与父亲具有较高之艺术修养，与当时著名文人皆有往来。受家庭的礼乐文化之熏陶，潘之恒自幼耽于吟咏，聪异拔识，受到同里仕宦汪道昆的赏识，并因此参加汪氏所组织的白榆诗社，与当时的著名文人屠隆、俞中尉、王寅等人结为社友。后来又得汪道昆之举荐，结识文坛巨擘王世贞，并得其奖掖，声闻于文坛。又因其祖上积累之财富，潘之恒早年耽于游乐，怒马鲜衣、裘车竞狂，纵游于狭邪花柳间。他虽家于真州，而遍游吴越、金陵、苏杭诸地，在宴游征逐之同时，他识音工律、品歌度曲，结识了诸多戏曲名家、青楼歌妓。与之交游者有梁辰鱼、张凤翼、梅鼎祚、汤显祖、臧懋循、袁于令等戏曲名家。潘之恒用切实而生动的笔触为与他相识的青楼歌妓立传、评品，成为那个时代青楼女妓的知音。

在优裕的生活里，或宴游征逐、征歌选妓，或品胜斗艳、律艺绳曲，潘之恒享尽人生快意。他早年求学于毗陵，于此时识得名妓刘生、吴生："毗陵多丽人，工奏曲，在晋已然。余弱冠从学于兹，私昵刘生、吴生。刘慧而有声，吴美而发艳，每为之心动魂销。"① 万历十三（1585）至十六年（1588）间，他于南京参加科举考试，其间又接触了大量的青楼名妓："余犹记秦淮之初艳也。王赛玉、罗桂林以善音鸣，或当景而舒啸，或中曲而

---

① 《潘之恒曲话》之"李仲之"，中国戏剧出版社 1988 年版，第 133 页。

涕零。……余结冬于秦淮者三度，其在乙酉、丙戌，流连光景，所际最盛。余主顾氏馆，凡群士女而奏技者百余场。"[1]

万历十六年（1588）科举失利后，潘之恒开始了漫长的游历生活。在此期间，他肩负祖业，行商贩贾于燕赵、齐鲁、荆楚、吴越、苏杭诸地，览历了诸地的名胜大川，同时亦结交了一些诗朋文友、歌馆名妓。在其暮年，他将此时所览游交访之风尘女子编诸《亘史钞》与《鸾啸小品》，从而为后世留下了一批生动而翔实的名妓传略，亦成为我们了解那个时代青楼世界的最好窗口。他的友人黄居中曾这样评价他的生活与著作：

> 以余之槵户经年，焚膏丙夜，不能措一词，而髯乃得之宴游、征逐、征歌、选伎之余。其间品胜、品艳、品艺、品剧、目成心通，匪同术解，殆天授，非人力也。或以其多蔓草之遇，芍药之赠，恋景光而媚窈窕，颇见尤于礼法。不知国风好色，靖节闲情，皆意所至，而借以舒其幽懑，发其藻丽，岂其流缅以忘本，慢易以犯节，如桑间濮上之云乎？[2]

潘之恒所经历之征逐宴游、评歌选妓等活动，亦成为后世戏剧曲艺等研究的重要资料，它们大部分保存在《亘史钞》与《鸾啸小品》之中。《亘史钞》乃是明人杂著类文章之汇编，多搜录不经正史、不通经典的琐碎逸闻、杂俎典故。除此之外，书中亦保存了相当数量的女性传记资料。如顾起元在《亘史钞序》中所言：

> 问其惊艳、绝采、奇趣、淫情，足以摇韵士之魂，快舌人之辩而已矣。语何必绝乎诞迂神怪。故或曰："内纪""内篇"以内之，而忠孝节义、赘行、名言之要举；或曰："外纪""外篇"以外之，而豪侠、奇伟、技术、艳异、山川名胜之事彰；或曰："杂记""杂篇"以杂之，而草木、鸟兽、鬼怪、琐屑、诙谐、隐僻之用列。"纪"以类共事，"篇"以类其言。[3]

---

① 《潘之恒曲话》之"初艳"，中国戏剧出版社 1988 年版，第 32 页。
② （明）黄居中：《潘髯翁戊已新集叙》，载潘之恒《漪游草》卷首。
③ （明）顾起元：《亘史钞序》，《亘史钞》，《四库全书存目丛书》子部 193 册，齐鲁书社 1995 年版，第 3 页。

　　《亘史钞·外纪》之"艳部"，包括卷十六至卷三十六，共计二十一卷，所收文章一百二十余篇，记录了嘉靖、隆庆、万历年间，活动在金陵、吴越、荆楚、燕赵、齐梁、江南诸地的一百四十余位名妓。其中《亘史钞·杂篇》之"文部"所收文章多与《鸾啸小品》相同，论及万历年间女性艺人的曲艺状况，其中多半是青楼行院中人，诸如"初艳"中所记录之王赛玉、罗桂林、杨瑈姬、蒋六者，均行院中人。①古之以女妓而成专著者，有唐代崔令钦的《教坊记》、孙棨的《北里志》，至元代则有夏庭芝的《青楼集》，然而均不如潘之恒所载之详细、曲折、精审。故顾起元在《亘史钞·序》中对潘之恒有如下之称赞："千载而下，知景升有《亘史钞》也，即《亘史钞》有景升矣！"②

　　翻阅潘氏所自撰或搜辑的这些女妓小传，恍惚有刘阮入天台之感。中国古代文人对美的镜鉴，似乎比图画丹青更富有神韵。面对立体形象的人物风姿，我们常常会感喟语言词库的匮乏，"言不尽意"，语言与感观的差距，往往成为语言临摹的障碍。但是这种障碍，在中国古代文学家手里被克服，古代文人用比附与形象的手法，避开对物象的直观临摹，而注重其风神意态的刻画。如此，文人便将物象的美感以一种形象化语言呈现给第三者。第三者在接受的过程中，逐渐剥离对原始物象的期望，而接受文人所呈现的美的表意征象。这种文学手法，在《诗经》《楚辞》中均有体现，而至"赋体"时达其大成，如曹植《洛神赋》堪称美人描摹的经典之作。

　　《亘史钞》中的女妓小传充分地继承了这种文学思维，以《亘史钞》所描摹的女妓为例，我们可以觇略明代名妓之风姿。以"陈文姝传"为例，我们可以大致了解《亘史钞》女妓传略的体制形式：

　　　陈文姝传（姝亦作珠，其妹曰瑹）
　　　陈姬文姝者，名素芳，行五，为今院中之出色第一人也。姬生而

---

①　以万历本《亘史钞》统计之，《外纪》卷一有三篇，分别是《杨玉香》《徐姬》《张文儒》；《外纪》卷二有《王眉山传》；《外纪》卷三有《王赛玉》《杨瑈姬传》《蒋兰玉》《齐瑞春》（原号爱春）等十二篇；《外纪》卷四有《马姬传》《张楚屿传》《金陵丽人纪》等共六篇；《外纪》卷五至卷七，共六十篇，七十余位人物；《外纪》之"江南艳"有妓女小传十五篇，共十六人；《外纪》之"吴艳"有传记二十余篇；《外纪》之"齐艳"至"楚艳"约六十余篇，约略传主共一百六十余位。

②　见潘之恒《亘史钞》之顾起元序。

淑媚，花颜芳妍，有海棠着雨、芙蓉出水之娇；丰神雅澹，有梅花缀雪、玉兰晕月之清。肌体纤腻，有莹玉凝脂、明月散彩之辉；仪度悠扬，有惊鸿拂燕、流水行云之态。皓齿丹唇，金莲玉笋；两鬓堆云，双眸剪水。娉婷旖旎，迥出天然，飘飘若在尘外，真有玉杵玄霜、天风环佩之气味也。

赋性聪慧，幼即颖异，不与凡女同调，沉厚晦默，澹然如无所事者。虽宾客阗骈，而随物应酬，未尝错乱。雅好文墨，非名儒硕士不相交媾。庸俗有以利动者，必以敛容谢之，而和气婉娩，曾不见其拒人之迹。对客笑谈，亹亹皆今古珠玑。弹棋博戏，雅歌投壶，恂恂如雅达之士。息交多暇，则闭阁焚香，检阅《毛诗》《烈女传》《草堂词话》，玩饫不倦，时遇风月清宵、适意赏心之景，则吟咏清歌、琴瑟自恰，绰然不着烟花色相。每以失身为恨，而亦付之无可奈何之命也。

若姬者，其诸汉之班婕妤、王嫱，唐之婉儿、薛涛幻为一体者乎？岂坤仪淑气、花月精英钟毓于姬，将与文章士类，同声竞芳于斯世耶？余尝浪游吴越、齐楚、荆秦、燕南、赵北，采抱英华而未见如姬之奇出者也。若文姝者，奚特为秦淮院中之第一人已焉，故识之遗后使知有姬云。

　　　　　　　　　　　　　　　　越中紫云道人撰

《亘史钞》所辑诸小传，因著于不同作者之手，故修短不一，长则两千余字，短则寥寥数语，然而其体式却大致无异。《陈文姝传》代表了《亘史钞》所载女妓小传的大致体式。传略首先叙述传主的姓氏行辈、里第住址，再者细摹传主之体态风姿，次论其姿性品质与人格操守，后谈及其诗书棋画、歌舞酒筹之才艺。详细者，再附以与名姬相识之缘由，或女妓之精奇事例者，以增其曲折回旋之气采。传记多用纤华秾丽之辞藻、骈四俪六之句式以增其气势；语言如行云流水，以和其风采；备述交往之曲折、人物之清雅，以扬其声名而已。宗其大体，不过赏誉有佳，鼓吹青楼女妓万般风骚者。

但是潘之恒并不是单纯地以辑录名妓小传为目的，有时亦会以"外史氏""亘史钞"的角色参评其中，借此以表达一种褒贬赏誉之情，如其在《张楚屿传》后所附之短评：

外史氏曰，余阅如玉传，窃疑女子之聪慧艳冶倾动人意者，古今不乏，然皆耗荡丈夫之具耳，非所以论于妇人行也。及以如玉事质之，曲中诸媪历历不爽，烧臂则有陈大、截发则有徐美、涕泣啮肤则有陈五，他如良家妇史三姊、李五娘辈相与密意钟情逾于伉俪。京师传播以如玉为阴阳女子，然实不尔也。昔李势妹能消宣武妻之悍妒，至谓我见犹怜，何况老奴？

……

亘史钞云，曲中诸妓多情笔于人，惟如玉不倩人，自成名家，即倩人乌能及如玉者。王百穀有"情人墓草已宿而哭奠如新"，而如玉可瞑矣。①

潘之恒所附补之内容比正传更富意趣，世人对张楚屿之阴阳人的谣传风语，恐怕比正面的图画临摹更具有说服力吧。不仅如此，《亘史钞》在传记之后往往附缀与传主相关之诗词赞评，从而增强传主的魅力。

兹简附《亘史钞》所载名妓数名如下表所示，可洞窥其一二：

传主	姿貌	品行	才艺	交往	作传人
王赛玉②	鬒发缟衣，不事妆束。见人不甚笑，语间一笑一语令人销魂。肌丰而骨柔，履三寸，纤若钩月，轻若凌波	器宇温然无品故拟诸玉	情极慧，能辨人贤慧，察人意	当意者指不屈设，不当意者，虽荣利熏炙，漠如也	南海居士
杨璆姬③，名新匀，字侣真	皙而上鬒，星眸善睐，美靥辅齿	逸品 知仁义而抱幽远之思，倾才慕侠，十二钗	善音律歌舞，雅好翰墨丹青，独以才美者著	不喜金，多愿从名公乞片言	曹大章

① （明）潘之恒：《亘史钞》，《四库全书存目丛书》子部193册，齐鲁书社1995年版，第533页。

② 同上书，第524页。

③ （明）潘之恒：《亘史钞》，《四库全书存目丛书》子部193册，齐鲁书社1995年版，第525页。《亘史钞》补注云："璆姬善舞，余犹及从家大人见之。其体之所靡何惜千金。万历己酉间，一时名流都尽惟璆。姬犹老，家居。其孙女小真称酒人豪，与文士狎。"

续表

传主	姿貌	品行	才艺	交往	作传人
蒋兰玉[①]，蒋氏女。室名绮霞阁，与齐瑞春交	含英毓华，蜕尘祛污，体香袭人，若朝霞飞炫夺目	玉莹兼有而似之，仙品	音律书绘，殊绝一时	遇才则然，匪遇则殆	金门东方生
齐瑞春，齐氏第五女。[②]原号爱春	垂当细杨，泽兰微传，恍然锦云，面淡白色，微绀，又隐隐猩红	光而连城，飞照一室，榜眼	词翰、书画、歌舞、箫管、蹴鞠、走马六博，靡不擅场，而尤喜围棋、弹琴，至忘寝食，能解人意无不靡		东方生
姜宾竹[③]	修而姱秀，慧而婉媚，媚妩而意传，目转而心结。譬之柔枝垂垂，弱羽依依，又如兰芬袭衣，温犀投怀	色中尤人，色鼎甲		与里士方林宗交	东方生
王芷梅，名姬雪梅之女。芷玉之姊也。讳宾儒，行一[④]	生淑美风姿，清丽秀发。肤莹洁如雪，容色娇媚而不与桃李争妍	天然色相，自出尘表	夙好文墨，渔猎书史，多解旨义，音乐、歌舞、诗画之属，皆所精心。对客则弹棋角博，谈笑古今	每以胎骨于烟花为恨，叹不得相如者，与之当垆白首	鲁山人思白道史撰

① 潘之恒：《亘史钞》，《四库全书存目丛书》子部193册，齐鲁书社1995年版，第525页。《亘史钞》云："庚午之明年，兰玉过金坛为太史称四十寿，遂留不归。太史携之祈嗣白岳，从歙浦登防。见者惊如洛神湘妃，真一代佳人。"

② 潘之恒：《亘史钞》，《四库全书存目丛书》子部193册，齐鲁书社1995年版，第526页。《亘史钞》云："爱春有姊女张胜为余言，爱春瘦而娉婷，清扬妩媚，自词翰书画歌舞箫管蹴鞠走马六博，靡不擅场，而尤喜围棋、弹琴，至忘寝食，能解人意无不靡。破瓜五岁而无，年十九耳，所遗奁筒之积累千金。"

③ 《亘史钞》云："宾竹，亭亭玉树，一见令人神敛。其从里士方林宗，失利之后，举空棺而逃籍，居荆州数年乃归里中。自甘淡，素脱耀首珠饰。为募酒资，虽未亲当垆，其酿清洌不减宜城九酝矣。"《莲台仙会品》将其列为"探花"，花品"杏花"。

④ 潘之恒：《亘史钞》，《四库全书存目丛书》子部193册，齐鲁书社1995年版，第529页。《莲台仙会品》将其列为"储才"，花品"芝草"。

续表

传主	姿貌	品行	才艺	交往	作传人
赵连城①,燕如女侄,燕如风丽变笑鸿儒,连城承之	初见不甚惊炫,而情思沈鬱,有雅尚喜	方皋相马,得之牝牡骊黄之个,亦连城之品云		喜亲词翰人	方东生
陈文姝②,名素芳,行五	姬生而淑媚,花颜芳妍,有海棠著两、芙蓉出水之娇,丰神雅澹,有梅花缀雪、玉兰晕月之清	为今院中之出色第一人也。飘飘若在尘外	虽宾客阗骈,而随物应酬,未尝错乱。弹棋博戏,雅歌投壶,恂恂如雅达之士	雅好文墨,非名儒硕士不相交媾。庸俗有以利动者,必以敛容谢之	越中紫云道人
张友真,号如英	丰神秀发,容色光生而无纤秾夭冶之态。体度春融,仪文典雅而无闺阁儿女之习	天然性真,不可以模拟	慨然清歌若法,歌已,复操琴击筑,遍举音乐,略无凝滞	狷介寡合,非文儒不见	荆阳了道子

潘之恒《亘史钞·外纪》之"金陵艳"所记诸女妓多与莲台仙会所品女妓同,而作传之人却多有参差。诸地之女艳,多采辑于他人所著作,潘氏这种采集博纳的编撰方式,保留了诸多青楼女妓之逸事,客观上刺激了明代文人对青楼女妓的恋慕之情。除此之外,潘氏还记录了江南诸地女妓的大量精湛演出。这些华丽生动的文笔,无疑是江南青楼的最佳广告。以潘氏之《鸾啸小品》之"初艳"为例,我们可以看到金陵女妓之精彩伎艺:

> 余犹记秦淮之初艳也,王赛玉、罗桂林以善音鸣,或当景而舒啸,或中曲而涕零。十年空音,犹若在耳;千里忆别,惨于临歧。人人欣

---

① 潘之恒:《亘史钞》,《四库全书存目丛书》子部 193 册,齐鲁书社 1995 年版,第 527 页。
② 传记见于《亘史钞》,第 527—528 页。《莲台仙会品》将其列为"女魁",花品"桂花"。

于一遇，不可必于造次间，品之上也。杨璆姬之舞甉毸，徐惊鸿之舞观音，一靡其身，而绣被千金；一扬其腕，而珠串十琲。能沾沾自喜，而取媚于怜，一犹有惭德者耶。余结冬于秦淮者三度。其在乙酉、丙戌，流连光景，所际最盛。余主顾氏馆，凡群士女而奏伎者百余场。武陵慧甚，授曲于解闷，与合被而记之，辞客如避仇怨。蒋六工传奇二十余部，百出无难色，无拒辞，人人皆倾艳之，有招，无不至也。杨美之《窃符》，其行若翔，受拷时雨雪冻地，或言：可立鞠，得辟寒。美蒲伏不为起，终曲而肌无栗也。宇四之家禁严，过子夜，俟翁、媪甘寝，启户而出，得一见其长，潜迹而去。其在己酉，岭南韩孝康以《凌云》词拟《西厢》。余客傅氏双艳楼。其兄妹二人，曰卯，曰寿，皆父瑜自传北调，日习一折，再折即为陈于庭。朱氏馥以工诗闻，顾氏节以姹女闻，数来，观不厌也。而今不然矣，筠卿游道广涉，润卿结好同流，其度曲登场，吴侬为之敛服，乃自讳如不欲陈，避席类如逃窜，甚至涕泣而道，作色而翔。皆由识者不真，求者不切，故令奏者自恧，才者自弢。追曩昔之旧欢，不啻隔越千里。与寇琰若谈及，为感慨久之。润卿闻此论，翻然改玉。余更字曰"仙度"，而极诶之。非好诶也，观者或曰："昔之西施未必能然"，则真善谈者矣。[1]

在潘氏所记录的秦淮香艳诸人中，有以歌舞胜者，如杨璆姬、徐惊鸿，有以工戏曲而著名者，如宇四、蒋六、杨美之、傅氏兄妹等。江南所流行之四大声腔，亦多传于乐户之口，故乐户女妓又多精于此艺也。在明代乐人看来，戏曲与歌舞本是相通之伎艺，所以在潘氏的名妓记录中，多有色艺兼绝之人。这些女妓对于艺术的执着亦可见一斑：杨美表演戏剧《窃符》之受拷打一情节时，当时天寒地冻、雨雪夹之。有的人劝她，你可以站立弯着腰来表演，这样就可以避寒了。但是杨美仍匍匐于地不起，至曲终而肌体无栗色。

潘之恒的游历与著作，客观上刺激了明代中后期文人的狭邪纵游活动。《亘史钞》的刊行，在青楼世界里引起了极大的轰动，它甚至成了秦淮名

---

[1] （明）潘之恒：《鸾啸小品》卷二之"初艳"，见《潘之恒曲话》，中国戏剧出版社 1988 年版，第 32 页。

妓借以扬名的重要资本。潘之恒在晚年曾两次复游秦淮旧院，仍被行院女子奉为座上客，与之不无关系。对于《亘史钞》所带来的青楼效应，名妓吕倩华曾如此感慨："倩固有二愿：一得偕隐钦中如鹿门故事，一得当《亘史钞》列艳于江南。"①潘之恒交游甚广，在其所辑录的名妓小传中，多有文人与妓女诗词酬唱者。其中有多数文人日后科举得官，诸如同里汪道昆、汪道会、屠隆，公安三袁，麻城丘长孺，京山李维桢诸人。这些人未做官时，纵于享乐、狎游青楼、得官后，犹未抛却红尘、恣意滥情，如屠隆、袁宏道、袁小修者，均其例。另一些名士山人，隐逸词客，如张献翼幼于、王穉登百穀者，均同其流，而狎游青楼、沽名钓誉。正因如此，王夫之在《搔首问》中，对潘之恒及其交游之文人的所作所为大加伐斥：

> 潘之恒以纳赀入太学，用淫媒术事宾尹，施施以兽行相矜，乃至纂撰成编，列稗官中，导天下恶少年以醉骨。而袁中郎、钱受之、钟伯敬辈争推毂之恒，收为名士。廉耻堕，禽风煽，以使神州陆沉而莫之挽。②

王夫之的言论不免有过激之处，却从另一面反映了潘之恒对明代青楼与女妓的摇旗鼓吹之功。然而明代的狭邪狂热并非潘之恒一人所为，其代表着晚明纵欲、使性之社会风气。譬如，与潘之恒同时且与潘氏交游甚好之梅鼎祚，亦是一位青楼鼓吹者，其著作《青泥莲花记》则是鼓吹青楼的又一力作。

（二）梅鼎祚与《青泥莲花记》

如果说，潘之恒《亘史钞》所载的女妓小传是记录明代女妓之断代史的话，那么梅鼎祚之《青泥莲花记》则是记录古代青楼女妓的长篇通史。《青泥莲花记》以女妓纪传体的形式，旨在向人解读女妓群体的生活状态、生存意义、价值理想与精神操守。与其说梅鼎祚是在为青楼及女妓鼓吹，

---

① （明）潘之恒：《亘史钞·外纪》卷三十五之《吕倩华传》，《四库全书存目丛书》子部193册。

② （明）王夫之：《船山全书》第12册，岳麓书社1996年版，第639页。

不如说梅鼎祚是在为青楼女妓之地位作历史依据之寻绎。《青泥莲花记》是明代重情思潮下的产物，它是明代人文启蒙活动向乐籍群体延伸的一个突破口。因为行院女子的特殊身份与地位，表现行院女子的德行节义、贞洁操守与情性才艺，成为重建女性文化的重要组成部分。

梅鼎祚，字彦和，一字禹金，号无求居士，晚年号胜乐道人，别署梅真子、太一生，宣城（今属安徽）人，生于嘉靖二十八年（1549），卒于万历四十三年（1615）。梅鼎祚是晚明一位颇为自得之文人，其生于书香门第，自幼饱学诗书，且精于诗文声律，又泛爱交游，与前辈学者罗汝芳、王世贞，同辈沈懋学、汤显祖、张凤翼、潘之恒等均有交往。梅氏与汤显祖同受教于罗汝芳门下，师承泰州学派，从而形成了尚义崇侠、重情任性的思想。此外，与潘之恒之交往，又加深了其对青楼及女妓的认识，这些都成为梅鼎祚创作《青泥莲花记》的主因。

梅鼎祚创作《青泥莲花记》亦颇有戏剧性："梅禹金鼎祚笃志纂辑，尝纳妾邹氏，一月不出。人怪其昵，问之，则已辑《青泥莲花记》十三卷。"①梅氏作《青泥莲花记》的缘由，可从其序中得以揭示：

> 乐日烂漫昉自夏季，倡日黄门署在汉宫。此风一扇，女妓递兴，遥历有唐，以逮胜国。上焉具瞻赫赫，时褵带而绝缨；下焉胥溺滔滔，恒濡足而沬首。举国如狂，匪今为烈尔。我明睿思遐览，竹书申挟倡之禁，金科严买良之条，以故官曹邕肃、樽俎燕闲，余二百载矣。然而彼姝者子实繁有徒。红颜皓齿三千队，半出清闺；淡粉、轻烟十四楼，争相列肆。刺绣虽巧，不如依门；攫金是图，顿忘入市。抑或才人偶赋，致白璧之微瑕；至或宕子虚名，俾绿衣之兴刺。甚则指陵柏而结同心，托墓梓以成连理，又惑之惑者焉。嗟乎，此予青泥莲花之所为记也。②

由其序可知，梅氏是从历史的角度来揭示明代青楼发达的原因的，这种女乐传统可追溯到夏朝，而乐人之官署则可上溯至汉代的黄门署。梅氏

---

① （清）吴肃公撰，陆林点校：《明语林》卷三"文学"之三十六条，黄山书社1999年版。
② （明）梅鼎祚：《青泥莲花记》，《续修四库全书》第1271册，第622页。

亦揭示了一个事实，虽然明初已有官妓之禁，但是这种禁律并没有遏制民间的青楼狂热，甚至良家妇女亦从事此类行业，"红颜皓齿三千队，半出清闺"。作者认为此种现象实出自明代商业之刺激，"刺绣虽巧，不如依门；攫金是图，顿忘入市"。明人对这种狎邪风潮亦表现出两种截然相反的论调：一部分人认为，文人偶涉狎邪，即有玷清白，应该遭受世人的鄙斥；而另一部分文人欣赏与女妓指柏结心、托墓梓而成连理的行为。在梅氏看来，这两种态度都是不足取的，士人与女妓之交往应该建立在理性的基础之上。世人应该理性而公正地对待青楼女妓，而青楼女妓亦应该以儒家伦理来规范其行为。正是抱着此种目的，梅鼎祚才开始了《青泥莲花记》的编辑工作。

在《亘史钞》所辑略的女妓群体中，多数与潘之恒及其所交游之文人有交往经历，而潘之恒与狎邪文人亦多参与行院女子之传记的创作。这一点使《亘史钞》所辑录的女性更加真实生动、体贴自然，亦能体现潘之恒对青楼女子的一种人文性的关怀。相比之下，梅鼎祚则多从史官稗乘、屑语琐碎、文集杂部中辑取女妓资料，从而使《青泥莲花记》具有强烈的目的性、系统性。由于编辑此书的教化目的，《青泥莲花记》所撷取故事多质而无文，较少文学性，不如《亘史钞》富于强烈的感性意味。另外，此书的编选遵循明显的史学体例，这一点使梅鼎祚在女妓的选取、事迹的真伪、教化意义诸方面颇下功夫：

> 是记大例惟四：其一，在尚名行而略声色。然专以娼论，古昔家乐亦称为妓，顾各自有主，列次姬侍，非可与人尽夫者等也，不在此内；其一，金元以后凡有戏剧好失故实，又多影响，或未必有其事，或出谈说家，总无明据，并不混载；其一，记从以终事者为则，有他不录；其一，诸凡疑误并为分注。①

由于要保持事实的客观性与劝世教化之功用，所以梅鼎祚舍弃了文学性较强的戏曲、传奇、小说等体裁，而集中于正史、稗官、别集、方志、

---

① （明）梅鼎祚：《青泥莲花记》，《续修四库全书》第1271册，第622页。

诗话、笔记与佛道经藏。然而，在编写的过程中，梅鼎祚又不经意地对《凡例》有所突破，如选辑大量记录女妓才艺的篇章入书，如《外篇》之"记藻"所采传记 67 篇，占全书各节之最，这明显与《凡例》"以终事者为则，有他不录"的原则相悖。

《青泥莲花记》共搜辑汉魏至元明年间的数百名女妓事迹，将其汇为一编。此书分内、外两编，内编又分为"记禅""记玄""记忠""记义""记孝""记节""记从"；外编亦分为"记藻""记用""记豪""记遇""记戒"诸节。梅氏编排《青泥莲花记》的体例，实遵循以下的原则：

> 记凡如千卷禅玄，经以节义，要以皈从。若忠、若孝，则君臣父子之道备矣。外编非是记，本指即参女士之目，摭彤管之遗，弗诔也。其命名受于鸠摩，其取义假设女史。盖因权显实，即众生兼摄；缘机逗药，庶诸苦易瘳。故谈言可以解丝，无关庄论；神道由之设教，旁赞圣谟。观者勿仅以录烟花于南部，志狎游于北里而已。①

记禅、记玄之旨，在于借助佛教的因果轮回之说与道教的得道成仙故事，使青楼女妓学会皈依与顺从。古代青楼女子身处社会最底层，受社会迫害极为严重。成名之妓在年轻貌美时，人多追捧，如众星拱月，及至年老色衰，则门前冷落。繁华零落、大起大衰相隔不到十年，这使她们更容易看透世态炎凉，而将生命的悲情离合寄予缥缈的宗教，借以麻醉自己。以明代而计，名妓遁世出家者在在有之，著名者如王宝奴、马湘兰、卞玉京，她们大都经历繁华荣盛，又备尝坎坷苦辛，然而因为身世处境之原因，她们的适人从良之路又充满艰难险折，因此多寄身于佛道禅玄之中，一则借此以避开世俗事务之纠纷，二则养心求静以终年。

内编之记忠、记义、记节、记孝与记从，则是利用儒家伦理学说，让女妓之行为符合传统的妇德女范。乐籍女子本是以歌舞调笑、酒宴觞饮为职业的人群，由于社会制度的有意压制与贱视，从而成为有别于传统"良人"之群体，但是她们所禀赋的女性伎艺与温柔体性，又是所有男性梦寐以求的

---

① （明）梅鼎祚：《青泥莲花记》，《续修四库全书》第 1271 册，第 622 页。

理想人格，那么，塑造乐籍群体的"良人"形象，便成为梅鼎祚撰写《青泥莲花记》的主要追求。其用传统的妇德女学来规范乐籍女子的行为，进以实现行院女子的心性品质之改造。即如梅鼎祚所言妓女之忠孝节义者：

> 女史氏曰：孝，百行之首也。故女自有孝经，倡虽失行乎？其孺慕固有天性焉，而不小概见，则以多祝而似者耳。①
>
> 女史氏曰：倡以色为职，而主利者也。见金夫则不有躬，遘璧人则争萦手，盖自昔为然。至其阴阳捭阖术险于山川，憎爱冤亲情危于泡露，故过而不存，庶超蹊径之外；往而不反，必堕云雾之中矣。乃翘然自殉其身而皎然不欺其志者，顾代不乏人焉。此诅必彤管受训于师氏，柏舟始咏于共姬耶夫。亦习不能远性而已。②

在梅氏看来，女性践行忠孝节义等行为，当源自人的天性，与个人的气质禀赋密切相关。青楼女子虽以色相为职而牟利取金，但是本性与普通女子并无二致。如金翠翘者，虽未学习妇德女学，忠贞节义却为天下之表率，较之庸庸妇人，又何足道也？

外编之记藻、记用、记豪、记遇、记戒，则注重表现女妓所特有的才艺与价值。整体而论，《青泥莲花记》之内编强调用传统的懿德妇范来规范青楼女妓的思想与心理，外编则强调青楼女妓的正常职业规范，在于提醒世人对女妓应持一种公正与理性的认识。在《青泥莲花记》的诸节中，记述女妓才藻的篇章比重最大。在《青泥莲花记》内编的编排中，记禅、记玄各占一卷，记忠、记义、记孝合为一卷，记从独占二卷，比重最大者为记节，独占卷四、卷五、卷六三。在外编中，记用、记豪、记遇、记戒合为卷十三，而记藻一节则独占卷九至卷十二。明代重视妇女的守节行为，作为妇女中的特殊群体，行院人家亦不例外，因此内编之记节独占三卷。尽管如此，记节之比重仍少于外编之记藻一节，由此可见梅鼎祚对行院女子才艺的肯定。在这种文化背景下，外编之记藻一节成为此书的重中之重，就不难理解了。因此，梅氏在书中借"女史氏"

---

① （明）梅鼎祚：《青泥莲花记》，《续修四库全书》第1271册，第680页。
② 同上书，第717页。

之口，阐述了这种观点：

> 女氏史曰：妓者技也。技丝竹、讴舞，及琴奕、蹴鞠、藏钩而已。飞筹纠席善令章，则又有都知、录事之目。乃姑舍是，而独能吮墨泚毫，以文藻自奋，此其人非大雅不群者乎？西陵之咏久传，乐府其最著者推洪度。楚靓淑姬，自后代兴，时有矣。温琬遂疏义孟子，比迹台卿。然余是编悉外之，盖要自有所重焉。若其娇节与义，从一而终者，亦尝斐然有辞、华实相副，是称得全。嗟夫，彼蔡文姬、李清照，岂不抑文人哉？①

梅氏认为女妓本以音乐歌舞、席觞令章为业，而又自奋以文藻，自当是卓尔不群之人，而且这种才姬名妓自有其历史传统。在梅氏看来，青楼女子与良家妇女的区别仅在于德义与从一而终，那么如果这种才女名姬，配以妇范懿德，又与良家妇女有什么区别呢？梅氏之论，实将青楼女妓之地位，提高至与文人贤淑相同之地位。正是在这种进步思想与人文关照下，梅鼎祚才会有《青泥莲花记》之辑录，这亦代表着明代文人对青楼文化之认识的进一步深化与扩展。

梅氏的这种努力，实际上起到了"劝百讽一"的历史作用。清代四库馆臣对《青泥莲花记》的题评，可谓一矢中的："自谓寓维风于谐末，奏大雅于曲终。然狭邪之游，人情易溺，惩戒尚不可挽回，鼎祚乃捃摭琐闻，谓冶荡之中亦有节行，使倚门者得以借口，狎邪者弥为倾心。虽意主善善从长，实则劝百而讽一矣。"②

（三）名士山人与狭邪纵游

与潘之恒、梅鼎祚之著书立说以鼓吹青楼玩好不同，另有一些人长期混迹于青楼，沽名钓誉以牟取实利，小者牟利以自售，大者结党而营私。嘉靖、万历以至明末，经过文人与社会的鼓噪与推波助澜，狭邪之兴盛已不可阻扼，文人与女妓的交往，更加趋于常态。文征明素不喜声妓，而唐

---

① （明）梅鼎祚：《青泥莲花记》，《续修四库全书》第1271册，第787页。
② （清）纪昀等编纂：《四库全书总目》之《青泥莲花记》条，中华书局1997年版，第1921页。

伯虎与祝枝山却多流连其中，在唐、祝二人看来其不通情理，因此设局以考验文征明：

> 文衡山待诏素性高雅，不喜声妓。吴俗六月廿四，荷花洲渚，幽舫笙歌咸集。祝枝山、唐子畏预匿一妓人于舟尾，邀之同游。衡山先面订不与妓席，唐、祝私约。酒阑，歌声相接，出以侑觞，衡山愤极，欲投水。唐祝呼小艇送之。[①]

与文征明同时代的文人多与女妓亲近，这个故事在明中后期流传甚广，正因文征明"不喜声妓"的另类，此故事才会如此为人所津津乐道。而事实上，明代中后期的文人整体狎妓之行为，多与唐、祝二人之行为相似，即文人之间的牵合介绍，如侯方域与李香君之相识，亦是由张溥牵线介绍的。"仆之来金陵也，太仓张西铭偶语仆曰：'金陵有女伎李姓，能歌《玉茗堂》词，尤落落有风调。'仆因与相识，间作小诗赠之"。[②]

文人之间以女妓相结交的兴起，多与明代的山人势力有密切之关系。山人是活跃于明代中后期的庞大文人群体。他们以诗文书画、游艺方术等技艺，来往于达官显宦、王公贵族之家，进而谋食自售而鬻名得利。此辈往往仕进无望，而又不甘于安贫乐道，通过种种手段以结交权贵，而其结交权贵、拉拢官员之途，又与女色之惑不无联系。此类人上达于公卿将相，下及于烟花市井，文网虽密却不受制约，投桃送李而借以渔利。此处以盛名于晚明且游狎于青楼之著名山人——王穉登与张幼于为例，来论说明代山人势力与青楼女妓之关系。

（1）王穉登与女妓的青楼因缘

明代中后期，社会中出现了一个极大的山人势力，他们不事生产，打秋风于官宦缙绅、士民商贾之间，据诗文技艺以谋生。以晚明山人陆弼为例，李维桢称他"上可以交公卿，下可以群牛医马卒，浊可以游卖浆狗屠，

---

① 见于清《御选历代诗余》卷一百二十之"词话"条。
② （清）侯方域：《侯方域集校笺》卷三之《答田中丞书》，中州古籍出版社1992年版，第112页。

清可以对高僧羽客，诚难以一节名先生"。① 此类文人群体，多无望于科举
仕途，转而求助于世情解脱，任情而达性，执着于山水湖泽、诗文书画、
交游访览诸事务。然而这并不意味着山人完全弃绝于世俗，山人之名号多
在于一种沽名钓誉，并且这种风潮在明末变本加厉。明代中后期先后出现
的王穉登、陈继儒等声名巨著之山人，均为此中之代表。

王穉登（1535—1612 年），字伯穀，江苏江阴（一说武进）人，明代
中后期著名山人。王氏早年锐意仕途，却一直蹭蹬不获，屡试不第后，遂
弃意科举，以寄食权贵、游幕官宦为生。其早年北游太学，受到当时权相
袁炜之青睐，遂极尽阿谀奉承之能事。沈德符在《万历野获编》之"王百
穀诗"讲述了这样一则故事：

> 近年词客寥落，惟王百穀巍然鲁灵光，其诗纤秀为人所爱，亦间
> 受讥弹。如其初入京试内阁紫牡诗中一联云："色借相公袍上紫，香
> 分天子殿中烟。"极为袁元峰（炜）相公所赏，因成知己。同邑周幼
> 海长王十年，素憎王，因改"袍"为"脖"、"殿"为"屁"以谑之，
> 两人遂成深仇。王又有诗云："窗外杜鹃花作鸟，墓前翁仲石为人。"
> 时汪太函介弟仲淹（道贯）偕兄至吴，亦效其体作赠百穀诗："身上
> 杨梅疮作果，眼中萝卜醫为花。"时王正患梅毒遍体，而其目微带障，
> 故云。然语虽切中，微伤雅厚矣。②

周幼海与汪氏兄弟对王诗的篡改不无恶毒之意，而王诗的吹捧阿谀亦
非空穴来风。袁炜利用自己的交际关系着力向身边同僚引荐王穉登。因为
袁炜之关系，王穉登结交了当时的翰林申时行、王锡爵、余有丁等人。这
些人很多后来成为朝廷的要员，从而使王氏得以长期通达于官场。

王穉登生于吴中富商之家，他早年过着轻裘骏马、鲜衣美食的浮浪生
活，纵游狭邪、适意红粉，寄情于舞榭歌馆之中，与当时社会的纨绔子弟
并无二致。在浪迹于烟花柳巷的近二十年，他洞悉了青楼世界的种种内幕，

---

① （明）李维桢：《大泌山房集》卷十三之《陆无从集序》，《四库全书存目丛书》集部
第 150 册。

② （明）沈德符：《万历野获编》，中华书局 1959 年版，第 585—586 页。

结交了大量的青楼名妓。他为她们写了大量的鼓吹文字，并借此以狎游于胭粉世界之中。李维桢对王氏早年生活有如此之描述：

> 其为人，少年轩举，北过胡姬酒楼。暖燕玉，跕赵屣，南渡桃叶，宿长干，自度曲，被歌声，按节起舞，博弈壶矢，终日同人酲醉……先生历三朝，享大名，取精多，用物弘矣。丧一姬，复一姬进。姬笄而侍先生，恒言不称老，为之生女，曰"行且得雄"。贱子按方书，切人脉何可数，如先生健者殊鲜。岂其有天老轩皇之图，彭祖少君之术乎？①

李维桢为他人所写之传记，多尽阿谀奉承之词，此篇对王稚登之称颂亦然。从李维桢对王氏"艳史"与"老而弥坚"之事的津津乐道，亦可以看出明代文人对于纵欲与混迹青楼之行为的一种普遍认同与欣赏。对于浪迹青楼、狎玩女妓的行为，王氏亦不以为讳：

> 仆十二而游青楼，三十二遂断绝。中间二十载，虽未尝不与此曹燕昵，钗珥纵横，履舄错杂，连袂接枕，迷花醉月，而此心匪石，更不可转。年来既修头陀行，娈童季女之好，寂然不萌，食火吞针，游戏三昧而已。……间者，浪游秣陵，诸君冠进贤而来者，恒满户外，野鸥之性不觉惊飞。②

依王氏之言，他在三十二岁之后已无狭邪之癖，但是这种说法却值得商榷。他在四十岁之后，仍然一度沉溺于秦淮胭粉之中。甚至在声名鹊起之后，王稚登仍然未断声色之好，亦如李维桢所说："丧一姬，复一姬进，姬笄而侍，先生恒言不称老。"王氏在《与陈侍御书》中则说得更为直白：

> 不肖老谬妄庸，摈斥于时，日饮醇酒，弄妇人，消其魂磊耳。与马姬游有十五年，甚怜此媪俊也。今来见其厄在囊下，不胜怆怛。③

① （明）李维桢：《大泌山房集》卷三十五之《才难篇》。
② （明）王稚登：《答朱十六》，《王百穀集·谋野集》卷三，《续修四库全书》子部第193册。
③ （明）王稚登：《谋野集》卷二《王百穀集》，《四库禁毁书丛刊》集部第175册。

然而，王穉登纵欲狭邪的实际目的，却远非消解性欲这么简单，更没有"消其魂垒"这么高尚。王穉登与行院女子的关系，更倾向于互利互惠的双赢结交。王氏对青楼世界与行院女子极尽声色名望之鼓吹，他为江南名姝多有传记，除了为人所熟知的马湘兰，亦有郝文姝、张楚屿若辈。《亘史钞》记其曾为张楚屿作《情人墓草》诗以寄念，他自己亦宣言："金陵才人惟郝文姝、马楚屿二人而已，然貌不称才而钟情过之。马慷慨多丈夫气，郝婉媚自怜而人怜之甚，非独以才也。吁！可以语知己矣。"[1] 李维桢如此评价王氏对青楼女子的誉扬之力："青楼歌舞依倚就声价者，非先生品题不踊贵。"[2]

王穉登的品题确实提高了青楼女妓的声望，而王氏亦利用自己与青楼的密切关系，来拉拢科举士子、在仕官员。王氏曾仗义地撮合士妓的结合：

> 郑玉姬，江都人，良家女。年十一，父母双亡，其叔洪四将姬卖于妓女薛媚卿家。年十□，名重一时，性稳重，赖王百縠□之□□，嫁吴江吕隽生。吕后以湖阳通判卒于官。[3]

沈德符在《万历野获编》之"守土吏狎妓"条中，记载了这样一则事实：

> 今上辛巳、壬午间，聊城傅金沙（光宅）令吴县，以文采风流为政。守亦廉洁，与吴士王百縠厚善，时过其斋中小饮。王因匿名妓于曲室，酒酣出以荐枕，遂以为恒。王因是居间请托，橐为之充轫。[4]

王穉登的另一著名事例，则是与马湘兰的暧昧关系。马湘兰于后世享有盛名，亦与王穉登的这篇《马湘兰传》有密切联系。兹辑出以窥王

① （明）潘之恒：《亘史钞》，《续修四库全书》子部 193 册，齐鲁书社 1995 年版，第 527 页。
② （明）李维桢：《王百縠先生墓志铭》，《大泌山房集》卷八十八，《四库全书存目丛书》集部第 150 册。
③ （明）王端淑：《名媛诗纬初编》，清康熙清音堂刻本，第 1057 页。
④ （明）沈德符：《万历野获编》卷二十八，中华书局 1959 年版，第 713 页。

氏之心机[①]:

> 嘉靖间，海宇清谧，朝野熙熙，江左最称饶富，而金陵为之甲。平康诸姬，先后若尔人，风流艳冶、鹊黑鸦黄、倾人城国者何限？在马姬先者，刘、董、罗、葛、段、赵，与姬同时者，何、蒋、王、杨、马、褚，青楼所称十二钗也。马氏同母姊妹四人，姬齿居四，故呼四娘。小字玄儿，列行曰守真，又字月娇，以善画兰，号湘兰子。而湘兰独著，无论宫掖戚畹、王公贵人、边城戍士、贩夫厮养，卒虽乌丸屠各、番君貊长之属，无不知马湘兰者。湘兰名益噪，诸姬心害之，及见马姬，高情逸韵，濯濯如春柳早莺，吐辞流盼，巧伺人意，人人皆自顾弗若也。[②]

自正德时，十里秦淮风月已初肇其盛。适时，正德皇帝驻跸江南，时旧院有王宝奴者供奉于前，甚得帝意，而江南旧院亦借此声名骤显。时至马湘兰前后，已有金陵十二钗之说，又以湘兰声名著于宫廷贵子、番地走夫，亦可知嘉靖时秦淮风月之盛较正德时又过之。王氏云:

> 姬声华日盛，凡游闲子、沓拖少年走马章台街者，以不识马姬为辱，油壁障泥杂沓户外。池馆清疏，花石幽洁，曲室深闺，迷不可出。教诸小鬟学梨园子弟，日为供张燕客，羯鼓、胡琵琶声与金缕红牙相间，北斗阑干挂屋角犹未休。虽缠头锦堆床满案，而金凤钗、玉条脱、石榴裙、紫襦挡常在子钱家，以赠施多，无所积也。祠郎有墨者以微谴逮捕之，攫金半千，未厌，捕愈急。余适过其家，姬被发徒跣，目哭皆肿。客计无所出，将以旦日白衣冠送之渡秦淮。会西台御史索余八分书，请为居间，获免。姬叹:"王家郎有心人哉！"欲委身于我。余谢姬:"念我无人爬背痒，意良厚；然我乞一丸茅山道士药，岂欲自得妹

---

① 可能因与青楼相涉有碍声名的缘故，王稚登的文集中未载此篇。此篇现存于潘之恒《亘史钞·外纪》与《绿窗女史》中。

② （明）王稚登:《马姬传》，潘之恒《亘史钞·外纪》，《续修四库全书》子部193册，第530页。

丽哉！脱人之厄而因以为利，去厄之者几何？古押衙而在，匕首不陷余胸乎？”由是不复言归我，而寸肠绸缪，固结不解。正犹禅人云：“如鱼饮水，冷暖自知。”亦惟余与姬两心相印，举似他人，不笑即唾耳。[①]

行院女子虽盛名繁华、客人如堵，然终究不脱贱籍之属而受制于礼部教坊。马湘兰受制于祠部与顾媚受制于仪部[②]，又何其相似。此时，马湘兰所相交之人竟无所计出，染此危急，一介妇人又何以堪？此时，王穉登适然而至，利用自己的关系，解其困厄。大难虽然已解，但是马氏仍然心有余悸，此时她已看破行院女子的卑贱无主之命运，而王穉登显然是她最好的托付终身之对象，因此她向王氏表达了自己委身于王的愿望。此时，王穉登却有另番打算，婉言拒之，此种心思于后分析之。

乌江一少年游太学，慕姬甚，一见不自持，留姬家不去。俄闻门外索逋者声如哮虎，立为偿三百缗，呵使去。姬本侠也，见少年亦侠，甚德之。少年昵姬，欲谐伉俪，指江水为誓，大出橐蹗，治耀首之饰，买第秦淮之上，用金钱无算；而姬系鲜为供具仆马，费亦略相当。是时姬正五十，少年春秋未半也，锦衾角枕相嬿婉久，而不少觉姬老，娶姬念愈坚。姬笑曰：“我门前车马如此，嫁商人且不堪，外闻我以私卿犹卖珠儿，绝倒不已。宁有半百青楼人，才执箕帚作新妇耶？”少年恋恋无东意，祭酒闻而施夏楚焉，始怏怏去。[③]

正所谓无奇不传，秦淮香艳均有其传奇故事。马湘兰五十之高龄仍有年少粉丝为之迷恋不已，可见马氏之风采，又可觇睹行院风月之惑人。盛名虚妄，狭邪之盛多文人相互鼓噪之故，所谓两情相依，又往往经不住实际之考验。果真少年对马湘兰“娶姬念愈坚”，又岂因祭酒之苛责而怏然归去？亦如《负情侬传》之李甲背弃与杜十娘之盟誓、宋辕文之于柳如是

---

① （明）王穉登：《马姬传》，潘之恒《亘史钞·外纪》，《续修四库全书》子部 193 册，齐鲁书社 1995 年版，第 530 页。

② 祠部乃祠祭司，仪部指仪制司，两者均为礼部下属，而执管教坊诸司。

③ （明）王穉登：《马姬传》，潘之恒《亘史钞·外纪》，《续修四库全书》子部 193 册，齐鲁书社 1995 年版，第 530 页。

遭驱而束手无力一样，这些纨绔子弟总经不起狭邪风潮之鼓动而沉溺其中，却又无力面对社会舆论之压制而忘情负义。

> 盗闻之，谓姬积钱货如山，暮入其室，大索宝玉。不满望，怒甚，尽斩书画玩好，投池水中。姬贫乃次骨。后楼船将军于江中捕得盗，搜其箧，出马氏负子钱家券累累，而后知姬室中靡长物也。然其侠声由此益著。
>
> 先是，姬与余有吴门烟月之期，几三十载未偿。去岁甲辰秋日，值余七十初度，姬买楼船，载婵娟，十十五五，客余飞絮园，置酒为寿。绝缨投辖，履舄缤纷满四座，丙夜歌舞达旦，残脂剩粉，香溢锦帆。泾水弥月氤氲，盖自夫差以来，龙舟水殿、弦管绮罗埋没斜阳荒草间，不图千载而后，仿佛苎萝仙子之精灵，鸾笙凤吹，从云中下来游故都，笑倚东窗白玉床也。吴儿啧啧夸美，盛事倾动一时。未几，复游西湖。梅雨淹旬，暑气郁勃，柔肌腻骨不胜侵灼，遂决西归之策，曰："明年枫落吴江，再过君家三宿，邀君同刺蜻蛉舟，遍穷两高三竺之胜，不似今年久客流连，令主人厨中荔枝鹿脯都尽也！"余方小疾扶病登舟送之。射渎分袂之顷，姬握手悲号，左右皆泣，余亦双泪龙钟，无干袖矣。比苍头送姬自金陵返，述姬所以悲号者，怜余病骨尫然，不能俟河清也。呜呼，孰意姬忽先朝露哉！ ①

王穉登着重叙述了与马湘兰交往的最后几年经历。其意图很明显，一则表现马湘兰之恩施情义，二则表现王穉登之威望风光。以余之见，其二用意颇显。王穉登可以纳姬御妾，日复一日、纵夜不歇，却不愿娶归马湘兰，其中深意不过嫌其累赘耳。设如娶马湘兰入王氏家邸，又岂复有"买船祝寿、欢娱竟夜"之荣耀？王氏每每苦言以真情付之，岂不荒唐言哉？徒为文人自我粉饰耳！

> 余别姬十六寒暑，姬年五十七矣，容华虽小减于昔，而风情意气

---

① （明）王穉登：《马姬传》，潘之恒《亘史钞·外纪》，《续修四库全书》子部 193 册，齐鲁书社 1995 年版，第 531 页。

如故，唇膏面药，香泽不去手，鬓发如云，犹然委地，余戏调："卿鸡皮三少如夏姬，惜余不能为申公亚臣耳！"归未几，病暍已，病瘵下，皆不在死法中，医师妄投药，绝口不能进粥糜水食者几半月。先是，姬家素佞佛，龛事黄金像满楼中，夜灯朝磬，奉斋已七年。将逝之前数日，召比丘礼梁武忏，焚旃檀龙脑，设桑门伊蒲之馔，令小娟掖而行，绕猊座胡跪膜拜，连数昼夜不止。趣使治木狸首，具矣，然后就汤沐，裕服中裙，悉用布。坐良久，暝然而化。此高僧道者功行积岁所不能致，姬一旦脱然超悟，视四大为粉妆骷髅，华囊盛秽，弃之不啻敝屣，非赖金绳宝华之力，畴令莲花生于火宅乎？彼洛妃乘雾，巫娥化云，未离四天欲界，恶得与姬并论哉！①

崇事礼佛、暝然坐化，多为王穉登之谀辞。行院女子不得待人而嫁者，多苦寂无终，以侍佛而居，马湘兰与行院其他女子又有何异？王穉登所言如此，多是内心愧疚之笔也。

姬稍工笔札，通文辞，擘笺题素，裁答如流，书若游丝弱柳，婀娜媚人，诗如花影点衣，烟霏著树，非无非有而已。然画兰最善，得赵吴兴、文待诏三昧，姬亡后，广陵散绝矣！姬姿容虽非绝代，而神情开朗，明秀艳异，方之古名妓，何秀苏孝、薛涛、李娃、关盼诸人之亚匹与！胡不择名流事之，纵未能贵齐汧国，燕子楼中不堪老乎？欲作王家桃叶、桃根，余强学吾宗处仲解事，事遂不谐。以此负姬，惜哉！侠骨虽香，不逮蝉蜕污泥耳。②

王穉登的文集中没有收录《马湘兰传》这篇小传，其中原因无非是此篇兼涉青楼，而与王氏声名有违。王氏写此小传的目的，亦不过是借以自炫声名，表现自我仗义行侠的名士风度。马湘兰曾多次表达自己的从嫁之心，而王穉登却多借故推辞。在其行迹中，不难窥测王氏心机。首先，娶

① （明）王穉登：《马姬传》，潘之恒《亘史钞·外纪》，《续修四库全书》子部193册，第530页。
② 同上书，第531页。

嫁于王氏，必然会影响王氏在当时士人圈中的声誉。虽然嘉、隆时期，部分文人以流连青楼为风流，但仍有相当数量之文人对之斥鄙。其次，不娶马氏亦与其"狡兔三窟"之思想有必然的联系。王氏救马湘兰后，马氏自然对王氏感恩戴德，留寄款待亦是自然。王穉登曾一度寄居金陵马湘兰居所，其亦将马湘兰住处视为自己的"狡兔"一窟，"桃叶老姬家，鞍马渐稀，曲户低帏之内，萧瑟如愁，差堪谢客。仆时时高枕其间，听筝簟，调鹦鹉，箕踞散发，穷夜达旦，以此当狡兔一穴耳"。①

对于王穉登的行为，罗宗强先生有过精辟的论述：纵欲以自适、牟利以自售。对于王穉登来说，青楼与女妓只不过是自己纵欲自适之工具而已，甚至在某种场合，还可以牟利自售罢了。②

（2）张幼于之狂简争名与狭邪生活

在晚明的山人群体中，王穉登是一个相当成功的文人，他结交社会诸色文人士流，又有文集诗作传世，甚至《明史》亦为之列传，可谓声名巨著。而与王穉登约略同时，亦有一位山人狂放不羁、纵酒狎妓，与王穉登争名夺誉，但他却败得甚惨，声名狼藉，为人所不屑，死后著作亦被人毁版焚书，以致湮世无闻，此人正是张献翼。

张献翼（1534—1604年），一名敉，字幼于，或作友于，苏州府长洲人，与兄凤翼、弟燕翼号称"三张"。早岁入赀为国学生，屡困于场屋，不得一举，遂弃绝科举，刻意为歌诗，三张之名独献翼为高。因科举蹭蹬，屡试不中，遂颓然自放，故为越礼任诞之事，以惊世俗。张幼于比王穉登大一岁，论其山人经历与手段，两人有绝肖之处：两人均因科举受挫、仕途无望而转入"山人"群列；两人均有肆浪青楼、狎玩女妓之癖好。然而因家庭、身世之不同，他们的性格又有些微之区别，王伯穀出身商贾之家，故其游历多倾向于自售与渔利；张幼于家世宦达，故其行务于争名求誉。

张幼于天资聪慧，早年即隽负才名，颇得前辈的青睐，《列朝诗集》记载之：

---

① （明）王穉登：《答朱十六》，《王百穀集·谋野集》卷三，《四库禁毁丛刊》集部第175册。
② 罗宗强：《晚明后期士人心态研究》，南开大学出版社2006年版。

献翼字幼于，一名敉。年十六以诗贽于文待诏，待诏语其徒陆子传曰："吾与子俱弗如也。"入赀为国学生。姜祭酒宝停车造门，归而与皇甫子循暨黄姬水、徐纬刻意为歌诗，于是三张之名，独幼于籍甚。幼于好易，十年中笺注凡三易，仿《颜氏家训》，教戒子弟，垂四万言。[①]

然而过早成名，在享受众人之称誉的同时，也极容易承受盛名之下的负担。与张氏交往颇深的沈德符在《万历野获编》中记录到：

> 吴中张幼于（献翼）奇士也，嘉靖甲子，与兄（凤翼）伯起、弟（燕翼）浮鹄，同举南畿试，主者以三人同列稍引嫌，为裁其一，则幼于也。[②]

所谓"三人同列稍引嫌"之语，不过粉饰幼于科举失利的托词罢了。在这次科举考试中，其兄凤翼与弟燕翼均衣锦还乡，而自幼冠誉文名的张幼于却是铩羽而归。于是，早年的盛名才实之赞誉，就成了张幼于无法释怀的心理负担。以袁宏道言，张幼于早年是个恂恂守矩之人："夫幼于氏淳谦周密，恂恂规矩，亦其天性然耳。"[③] 但是为了消解这种压抑情绪，张幼于一改如初的恂恂面貌，以致流于纵妓狎游、放荡不羁之列。

> 归家愤愤，因而好怪诞以消不平。晚年弥甚，慕新安人之富而妒之，命所狎群小呼为太朝奉，至衣冠亦改易，身披采绘荷菊之衣，首戴绯巾，每出则儿童聚观以为乐。且改其名曰敉。予偶过伯起，因微讽之曰："次公异言异服，谅非公所能谏止。独红帽乃俘囚所顶，一献阙下，即就市曹，大非吉征，奈何？"伯起曰："奚止是，其新改之名亦似杀字，吾方深虑之。"未几，而有蒋高支一事，幼于罹非命，同死者六七人，伯起挥泪对余叹狂言之验。先是幼于堂庑间挂十数牌，署曰"张幼于卖诗"或"卖文"，以及"卖浆""卖痴""卖呆"之属。

---

① （清）钱谦益：《列朝诗集小传》，中华书局 2007 年版，第 452—453 页。
② （明）沈德符：《万历野获编》卷二十三之"张幼于"，1995 年版，第 582 页。
③ （明）袁宏道撰，钱伯城校：《袁宏道集校笺》卷四，第 194 页。

余甚怪之，以问伯起曰："此何意也？"伯起曰："吾更虞其再出一牌。云'幼于卖兄'，则吾危矣。"余曰："果尔再出一牌，云'卖友'，则吾辈将奈何？"相与抚掌大哈。[①]

因科举失利而流于放诞乖简的例子，在历史中不胜枚举，近者如唐寅亦与此相肖，然而均不如张幼于如此之甚。对于张幼于的怪异行为，连其兄长朋友都感到惊诧不解，甚至哈笑非之，那么张幼于是如何作想的呢？对于这一点，钱谦益有着深刻的见解，"狂简争名"才是张幼于心态的真实写照：

好游大人，狎声妓，以通隐自拟，筑室石湖坞中，祀何点兄弟以况焉。晚年与王百穀争名，不能胜，颓然自放。与所厚善者张生孝资，相与点检故籍，刺取古人越礼任诞之事，排日分类，仿而行之。或紫衣挟伎，或徒跣行乞，邀游于通邑大都，两人自为侪侣，或歌或哭，幼于赠之诗曰："中年分义深，相见心莫逆。还往不送迎，抗手不相揖。荷锸随吾行，操瓢并吾乞。中路馈吾浆，携伎登事席。薅里声渐高，薤露歌甫毕。子无我少双，我无君罕匹。"每念古人及亡妓，辄为位置酒，向空酬酢。孝资生日，乞生祭于幼于，孝资为尸，幼于率子弟衰麻环哭，上食设奠，孝资坐而飨之。翌日行卒哭礼，设妓乐，哭罢痛饮，谓之收泪。自是率以为常。[②]

游大人、狎声妓、祀何点兄弟、与王伯穀争名诸事，皆可揭橥张幼于的心理动机。同样是游大人、狎声妓，王穉登注重自己的声名与晚节，行为更近于节制与理性；张幼于则倾向于刻意地模仿与造作，行为更近于一种张狂与简肆。与张孝资检点古籍，选古人越礼放诞之事而加以模仿，本非发自内心的真性情。所以联想到袁宏道所言之恂恂守矩的早年性格，张幼于的"争名"心理更加彰显无余了。

嘉靖、万历年间，虽然社会上狭邪风气兴盛，然而大多士人仍然对此鄙斥不已。因此，王穉登对自己早年纵欲狎游之"劣迹"保持了相当的克

---

① （明）沈德符：《万历野获编》卷二十三之"张幼于"，1995 年版，第 582—583 页。
② （清）钱谦益：《列朝诗集小传》，中华书局 2007 年版，第 452 页。

制，如不将马湘兰娶归于家，在文集中删除《马湘兰传》等。而张幼于却恰恰相反，他有意渲染，甚至夸大这种狎妓纵欲、流连歌舞之行为："张幼于每喜著红衣，又特妙于乐舞，因著《舞经》。家有舞童一班，皆亲为教演成者。舞时非其臭味，不欲令见也。"①张幼于甚至介绍后生溺入狭邪世界，如向潘之恒介绍自己所作《舞经》："张幼于《志舞》书成语余，公见旧院妓张文儒舞耶，惜公生晚不及见其盛。"②

物以类聚，人以群分，沉溺于青楼行院、烟花风月的人总会找到惺惺相惜的共同点。潘之恒可谓是张幼于的忘年友，潘氏比张幼于小二十二岁。幼于罹难后，潘之恒为之作《代恸》一文，以纪念这位青楼前辈。这篇文章是记录张幼于纵妓狎游的重要资料，兹附全文，以略窥这位狭邪"名士"的风范：

> 明词士张幼于先生，以万历甲辰秋八月蒙难曲水园，死非命，年已七十一矣。先日大郫长鼍旅人托先生为忘年交、称莫逆。先生敬爱异等，凡遇歌舞筵，非奉先生出则载之入，醉白公石下不啻百回。四方游妓绕白公石而居者，皆先生葇之。题其门曰"张幼于畜妓"，不以讳。然备执巾之列渺，当御者其所幸为金陵陈氏、刘氏，载自叙中。而后最昵近者吴一、陆二，余挟小姬侯双，时造之。双年十三，逮十五，皆以谑浪取怜，眈眈自负。先生结三艳，盟，罗拜而自称长会。不縠病得之闷郁，先生张广乐于庭，日进一旅。自秉翟执钥与侬人分行，或召豪爽侠士、婉娈媚子遍举觞，而闷郁之病若脱。先生下己榻，自屏隘室逾月而无惰容。独时时称说新妓王吟，屡遣召，为他客夺，每怏怏失望。③

张幼于的狭邪癖好，可谓后世风月子弟之先导。聚四方游妓于白公石下，自己又葇昵数辈于私榻，以侍寝者金陵陈、刘二氏，而昵爱者又吴、

①（明）郑仲夔：《耳新》，《丛书集成》初编卷五"矜奇"条，第31页。

②（明）潘之恒：《亘史钞》之《张文儒》，《四库全书存目丛书》子部193册，齐鲁书社1995年版，第518页。

③（明）潘之恒：《亘史钞》，《四库全书存目丛书》子部第194册，齐鲁书社1995年版，第149页。

陆二氏。不仅如此，又瞻顾朋辈亲友之姬妾，甚至于潘之恒之幼姬亦为求觇。张幼于畜妓之癖，可谓之甚矣。自己纵欲享乐，又以此劝喻他人，如此"大公无私"，张幼于与潘之恒真可谓臭味相投。

> 癸卯夏，余别归，大鄣先生约宾客饯送盘门留三日，不能发。又逾月，入秋，双郎失庇，转鬻裴氏，载入大鄣。明年夏，不穀为赎，居别馆。先生寄以诗，其末云"安得侯双唤张枚"。余报曰："幸少胥将以登高日，挟侯生奉先生上方山。"而先生凶问先及。余悁愦累月不苏，病复大作，逾岁少闲。迨乙巳十一月朔日始匍匐金昌亭下，谋哭先生礼奠。先生尝曰："殡者，己所不见者也；铭旌者，欲令人知者也。吾蕲见吾所不见，而何顾人之知与不知。"令具空槽而大书其傍曰"此张某枢"。倩群姬挽于前而歌"暮雨催寒蛩，晓风吹残月"。吾听之跃然，知死之逾生。自今以往，历死日为生年，享生祭如廪饩，锡祉福以嘉言，神依人附，何乐如之。吾吊刘保御，盖吴一为尸，弹檀槽而艳桃李，径醉乃归。刘君有知其忍吐乎。余尝观先生斋祭，端坐执板若木偶然，幸姬侍侧，儿童拜舞于前，陈箈豆皆实牲俎。祝者致辞曰："令太上乐于斯，千秋万岁如一日。"而先生大笑起，御幸姬，酣卧不愿求白云乡矣。[①]

张幼于生祭一则，真让人哭笑不得。自备空槽、自写其铭，又倩群妓挽歌听哭。如此无聊之事备极，与王穉登争名，又怎能胜之？

> 嗟呼，先生履坦抱冲、违俗超世，谁者为祟而令先生蹈此难也。故余之为奠也，陈牲列妓一如先生生前，出侯双手蚕之帛，征王吟绕梁之音，且告之曰："侯双寄悲，新泪在帛；王吟扬袂，旧曲当筵。"足发先生一粲而歙之矣。会楚人丘坦与不穀同客关尹刘元定所，亦称先生旧旅曾遭夺宠之辱，岂地固不祥而所罹独酷于今日耶？白公松石流风，恐不堪污蔑，吾宁颓其玉而焚其脂，署曰"艳丽之场"，其不可久居也如此。如先生履坦而踬于垤，抱冲而砆于砺，违俗而遭劫戮，

---

① （明）潘之恒：《亘史钞》，《四库全书存目丛书》子部 第194册，齐鲁书社1995年版，第149页。

超世而染濡缕，豹养于内而虎食其外，黄公道力卒不能胜，信可痛矣。若乃衔冤莫报，幽愤难伸，宋玉不招，彭生为厉，岂平原门客尽散而田横岛士皆亡哉？余乌能知之，又乌能言之而激胥江之怒涛为也。驴鸣非恸骖解以哀，余又安能为不及情之事，所以哭先生、奠先生者，如斯而已矣。而述先生于不朽未效也。吁嗟痛哉。①

潘之恒与张幼于之友谊确为深厚，因为张氏生前爱好声妓，潘氏在其奠堂前请列了张氏生前最为喜欢的侯双、王吟，以哭奠其亡灵。可悲的是，张幼于最后死于强盗之手，死在自己最后的寓所——曲水园——这座荒宅子里了。

万历甲辰，年七十余，携妓居荒圃中，盗踰垣杀之。幼于死之前三日，遗书文文起，以遗文为属，及其被杀也，人咸恶而讳之，故其集自《纨绮》诸编外，皆不传于世。②

张幼于与朝野各色人物相交往，其友自然不在少数，但是其著作竟然没有可以托付之人，实在是对其汲汲于声名的一大绝讽。钱谦益所记之《纨绮》诸编，后世已无存者。张氏的零星身世亦只存于其友的酬赠诗中，如袁宏道③、南园五先生，甚至青楼女妓赵金燕、马湘兰等，仅以两青楼女子之诗为张幼于此章作结吧。

送张幼于还吴门

赵金燕

花前双泪湿衣裙，把酒红亭落日余。

此去吴天霜橘满，逢人好寄洞庭书。

---

① （明）潘之恒：《亘史钞》，《四库全书存目丛书》子部第 194 册，齐鲁书社 1995 年版，第 150 页。

② （清）钱谦益：《列朝诗集小传》，中华书局 2007 年版，第 453 页。

③ 袁宏道：《袁宏道集笺校》卷六《张幼于》，其诗为 "家贫因任侠，誉起为颠狂。盛事追求点，高标属李王。鹿皮充卧具，鹊尾荐经床。不复呼名字，弥天说小张"。

小春十七夜送别张幼于

马守真

故人一别久，千里隔山川。

乍见浑疑梦，相看互问年。

挑灯肠欲断，祖酒思还牵。

此际堪愁恨，浮生愧薄缘。[①]

---

① 两首诗均见于张梦徵、朱元亮所辑之《青楼韵语》一书。

第四章　明末士妓的婚恋传奇

　　文人才士与名妓香艳的婚恋聚合，在历史的长河里已不是什么奇异事物了。唐之前，女妓的地位与价值仅仅是精擅伎艺的物品而已，如贵族王公对文人的馈赠，朝廷皇室对勋臣的赏赐等，女妓的身份如同专属个人所有的奴婢与财产。唐之后，女妓的身份从官奴或家奴逐渐过渡到半独立之地位，这种趋势可从《教坊记》《北里志》中窥觇一斑。唐宋两代，是奴隶娼妓与官娼并行之时代，而官娼之身份亦介于奴隶与乐户之间，而并无实际的身份与自由。如果没有身份上的独立，自由便无从谈及，因此唐宋两代的士妓恋情是不彻底的。蒙元一代，乐户逐渐形诸户籍。明代以降，乐籍制更趋于制度化与系统化。乐籍逐渐成为与工、商、匠、灶诸户相并列之户属。乐籍制使乐户的身份与地位受到国家制度与礼部司法的保护，极大地维护了乐户的基本生活，保障了女妓的身份与自由，从而为女妓的独立人格之培养奠定了基础。正是在这种时代背景下，明代才会出现前所未有的士妓婚恋传奇。

　　明人尚情，而尚情之精神，必然导以男女之情，所以在这种"男女之情"的导引下，明人记录了不可胜数的男女相恋之故事。"人情莫甚于男女，男女莫甚狭斜"，在这些男欢女爱的故事中，最放异彩且具时代之精神者，莫如士妓相恋之故事。正是在此风尚之下，才会有丘谦之与呼文如、钱谦益与柳如是、龚鼎孳与顾媚的情爱传奇。丘与呼之定情代表了普通士子与女妓的结合，钱柳、龚顾的结合代表了名人仕宦与名妓的联姻。

　　在文人所编织的士妓情爱故事里，文人总是占据着风流放诞、才华横溢的主动角色，而青楼女子总会被其才情所吸引，甚至投怀送抱、自荐枕席。这些故事中，不乏男性的自淫心理，但是挤掉这层文学虚构水分，我们仍然可以看到士妓恋情的真实一面。在集权制社会，文人代表着荣耀、仕途与美好而稳定的生活，而女妓则代表着浪漫、温柔、体贴与美丽的女性化身。青楼女子，或者严格地来讲，明代乐户女子，她们的婚配除了本籍的乐工，或同处社会底层的商贾群体外，还有着通过士族门槛而成为朝廷命妇的婚恋途径。正因如此，才会有如此众多的名妓千方百计地去追寻、试探、取悦于文人。

明代中后期，当文人将冶游青楼、纵欲狎妓看作是一种文人情调而加以鼓吹宣扬的时候，也给了乐户女子寻偶求匹的最佳机会。文人与乐户女子的身份差别，只流于一种人为制定的良贱之分了。不仅如此，这种良贱差别，亦随着户籍间的相互文流而逐渐弱化，甚至在某些"时尚"名人看来，所谓的等级差别不名一钱。

重情的明人似乎对挣脱世俗婚恋模式的情侣格外重视。或许，最初文人是把他们当作予以警戒的反面教材，但是随着社会的发展，他们这种反面教材的警戒性逐渐减弱，取而代之的是人们的同情与认可，甚至某些故事成了文人所津津乐道的逸闻趣事。历史中，这样的例子在在有之，如文君私奔相如，如张生与莺莺之西厢苟合。试想之，这些故事的主角换作平常人的话，对于传统卫道士来说，其结果不啻于洪水猛兽。这个假设给了我们一个启示，即文人对自身的宽容性，这种自我宽容之心理，甚至可追溯至"刑不上大夫"的礼法制度。因此，在这种自我宽容的心态下，文人之风流狂诞、纵欲狎妓便找到了最佳的释放理由。

嘉靖、万历时期，士妓交往的故事如雨后春笋般涌现出来，当然，这并不包括传奇、戏剧、说部等文人臆想出来的"男才女貌"之文学作品，因为这些作品夹杂着太多的文人幻想，而幻想变为现实则要经过相当之时空酝酿，或文人群体的整体认同与传播。明人尚情，后人对明人尚情仍然认同，这才是士妓婚恋故事能够呈现在我们眼前的根本原因。

一 丘谦之与呼文如

我准备用丘谦之与呼文如的故事，作为此节的第一个案例，来分析明人重情精神之下的士妓恋情，这是因为这则故事抛却了以往文学作品中"男才女貌""男主女次"的俗套情节，而展示了明代乐户女妓的独立精神。

呼文如与丘谦之的故事，始见于钱谦益的《列朝诗集》之"呼文如"中：

> 楚人丘谦之《遥集编》序曰："万历间，江夏营妓呼文如，小字祖，知诗词，善琴，能写兰。与其姊举齐名，或伪为胡姓云。岁丙子，西陵有丘生者，以民部郎出守粤，过黄州，遇文如于客座，一见目成，遂定情焉。将携之以东，生之父不许。生不得已，乃为书谢文如，文如恸绝，刺血写诗以报，誓死无他。"①

丘齐云，②字谦之，湖北麻城人，嘉靖四十四年（1565）进士，初授官四川富顺县知县、升户部郎，出为潮州保宁知府，然而为人刚直不阿，不容于官场，年三十八即致仕归家，此后与妻呼文如遍游名山大川，吟诗弹琴以终身，有《吾兼亭集》《粤中稿》传世。呼文如，名采，小字祖，与其姐呼举（字文淑，号素蟾），皆以擅诗词名于江夏。

丘谦之于万历四年（1576）出任潮州保宁知府，之间取次黄州，黄州郡守出营妓呼文如行酒，两人一见目成，遂为定情。谦之将携文如赴任，而丘之父力拗之，谦之不得已，作书以绝文如之念想。文如悲恸欲绝，作《刺血寄生诗》以表明自己忠贞不渝之心迹：

> 长门当日叹浮沉，一赋翻令帝宠深。
> 岂是黄金能买客？相如曾见白头吟。③

此诗前两句化用陈皇后掷千金求购《长门赋》以重获汉武帝宠爱的典故，来抒发自己希望丘郎回心转意的殷切心愿。后两句则反向揭示了司马相如为陈皇后撰《长门赋》的真实原因并非钱财之诱惑，实是因为卓文君所写之《白头吟》所感化的结果。而《白头吟》之用典，亦从另一面烘托了自己愿与丘郎白头偕老的坚贞愿望。此诗切合语境，而婉诉深情。

---

① （清）钱谦益撰集，许逸民、林淑敏点校：《列朝诗集》，中华书局 2007 年版，第 6550 页。

② 其传见于汪道昆：《太函集》，《续修四库全书》集部第 1346—1348 册卷五十六《明二千石麻城丘谦之墓志铭》。

③ （清）钱谦益撰集，许逸民、林淑敏点校：《列朝诗集》，中华书局 2007 年版，第 6552 页。

丘谦之终于独自去东粤赴任，文如赠谦之送别诗《寄丘生东粤》一首：

> 郎马无凭似蟢蛛，也有游丝在路途。
> 侬心好似春蚕茧，镇日牵丝不出庐。①

虽然丘郎你没有留下任何牵挂悄悄地走了，可是你却像蟢蛛吐丝一样给我留下了长长的思念。我定然做那终日吐丝作茧的春蚕，为了你谢绝所有应酬，终日等你回来。

另有词《菩萨蛮·赠别丘进士》一首，可与送别诗相映照：

> 身虽欲去心犹恋，双蛾消损芙蓉面。何事促人归，江头怅落晖。
> 柳堤含泪别，心事翻难说。顷刻各西东，宵来有梦通。②

丘郎渐渐地远去了，只留下寂寞的我独自徘徊在李楼之上：

送生后还李楼

> 莫问天台落日愁，桃花片片水悠悠。
> 寒窗一闭秦箫月，惹得人呼燕子楼。③

丘郎去后，只有我独自一人去寂寥地面对这四时伤景。
附四时词《皂罗袍》四首：

（一）

　　早是灯儿时节。见燕儿做垒，对对欹斜。榆钱儿买不得春风夜，杨花儿故意飞残雪。门儿重掩，灯儿半灭。人儿不见，病儿怎说？腰儿掩过裙儿折。

---

① （清）钱谦益撰集，许逸民、林淑敏点校：《列朝诗集》，中华书局 2007 年版，第 6552 页。
② 饶宗颐等编：《全明词》，中华书局 2004 年版，第 1251—1252 页。
③ （清）钱谦益撰集，许逸民、林淑敏点校：《列朝诗集》，中华书局 2007 年版，第 6551 页。

（二）

早是莺儿时候，见莲花儿出水，瓣瓣风流。心儿欲火煨红榴，鼻儿酸涕过梅豆。门儿重掩，帘儿半钩。人儿不见，病儿怎瘳？扇儿折叠眉儿皱。

（三）

早是雁儿天气，见露珠儿夺暑，点点侵衣。针儿七夕把肠刺，砧儿万户敲肝碎。门儿重掩，帐儿半垂。人儿不见，病儿怎支？书儿难写心儿事。

（四）

早见雪儿飘粉，见梅儿潇洒，蕊蕊争春。梦儿冻死也离魂，气儿呵杀全无影。门儿重掩，被儿半熏。人儿不见，病儿怎禁？屏儿靠热床儿冷。①

数年后，丘谦之需次赴京，顺道路过江夏，遂于武昌再访文如：

生需次赴京师，便道过楚，访文如于武昌。相见甚喜，饮庭中安石榴下，赋一诗以呈生。视其图记，文曰："丘家文如，沥酒树下。妾所不归君者，如此石矣。"将别，泣而请曰："丝罗之约，如何？"生曰："以官为期。"文如笑曰："观君性气，非老于宦海者。君散发，我结发，当不远矣。"②

是夜，丘谦之与文如饮于庭中安石榴树下，两人相互赋诗而赠，文如作诗《题亭中安石榴呈生》，文如以安石榴树自喻，表达了自己希望扎根丘郎之家的愿望。

---

① （清）钱谦益撰集，许逸民、林淑敏点校：《列朝诗集》，中华书局2007年版，第6551—6552页。
② （清）钱谦益：《列朝诗集小传》，上海古籍出版社2008年版，第745—746页。

安石孤根托谢庭，合欢枝上日青青。

悬知雨露深如许，结子明朝似小星。①

谦之赋诗《文如留馆中赋别》以回赠之：

回思往事怨蹉跎，复有新愁奈若何。

清梦不缘神女苦，小词难得雪儿歌。

隔窗雨逐流苏堕，落叶飞随翠篁多。

若问此时留别意，双星七夕在银河。②

喜泣相逢，两人不禁醉酒于深夜，文如口占《与生饮醉后泣下口占》一首以赠丘郎：

悲歌当哭有余悲，今夕同君醉始知。

却倚胡床禁不得，一时双泪堕金卮。③

是啊，良宵苦短，这千思万念许多时的一夜，马上就要过去了，又让我怎能不悲歌痛哭呢？

数日后，丘谦之与呼文如在黄林野分别，两人恋恋不舍，呼文如作赠别诗《黄林野送丘生北上》二首：

（一）

雪中送君君莫辞，长风吹妾妾自知。

一从刻臂盟公子，肯惜寒云上氅丝。

（二）

送君北上黄林隅，路旁争问谁家姝？

胡姬自言今罗敷，千骑中央夫婿殊。④

---

① （清）钱谦益撰集，许逸民、林淑敏点校：《列朝诗集》，中华书局2007年版，第6551—6552页。

② 同上书，第6553页。

③ 同上书，第6553页。

④ 同上书，第6551页。

黄林野分别后，丘呼互有书笺往来：

生如京师不能从奉寄

寄来尺素有谁知，双泪龙钟重妄思。

千载高山流水调，只应生死尽交期。①

得生诗寄怨

人间自是语便便，不是春风不肯怜。

为寄一声何满子，相思今日尽君前。②

自黄林野分别后，丘呼二人可能仍有短暂相会，送别之地可能是在一舟中，这些可以从呼文如的诗中推测出来。

别后舟中风雨却寄

不堪风雨夕，憔悴在孤舟。

泪与波声湿，灯萦暝色秋。

梦犹疑赤壁，目已断黄州。

此际君知否，湘妃自可求。③

至武昌寄生

孤舟别后两相望，霜露凄凄落叶黄。

黄鹄矶头天万里，知君何日渡潇湘？④

别后

别后江头夜雨凉，可怜憔悴谢红妆。

腹中不有郎行路，那得车轮日转肠。⑤

---

① （清）钱谦益：《列朝诗集小传》，上海古籍出版社 2008 年版，第 6554 页。

② 同上书，第 6552 页。

③ 同上书，第 6553 页。

④ 同上书，第 6554 页。

⑤ 同上书，第 6552 页。

青楼名妓往往有着非凡的识鉴能力，这与其交际阅历有着密切的关系。对于丘谦之的为人处世，再联系尔虞我诈之官场习气，呼文如对丘郎的前途早已有洞悉。丘生后调任阆州，果因事忤而被罢官。

> 生调知阆州，果罢官。归，复以事如京师，久之还里，文如促数贻书，订于归之约，其父母力梗之。[①]

丘谦之被罢官后，呼文如数遗书丘郎，以求丘郎履行前约：

闻丘生罢官有寄

> 有官亦何喜，罢官亦何悲。
> 一官生罢去，是妾嫁君时。[②]

以诗订丘生前约（二首）

（一）

> 流水郎车马，垂杨妾鬓丝。
> 春江他自好，一一入相思。

（二）

> 时时可问花，处处堪沽酒。
> 风波君不知，愁杀楼中妇。[③]

然而丘谦之仍受到父母的阻拦，而不敢与呼文如履付前约，此事遂一直搁浅。直至壬午年（1582）冬，事情终于有了转机。

> 壬午科，大雪，登楼抚楹，念文如在三百里外，前期未决，彷徨凝望。俄而，闻橹声咿哑，一小艇飞棹抵楼下。推篷而起，则文如也。惊喜问之，则曰："父利贾人金，将卖妾。事急矣，买舟潜发，三鼓

---

① （清）钱谦益：《列朝诗集小传》，上海古籍出版社 2008 年版，第 746 页。
② （清）钱谦益撰集，许逸民、林淑敏点校：《列朝诗集》，中华书局 2007 年版，第 6554 页。
③ 同上书，第 6554 页。

至阳逻，五鼓以金钗市马。明日至亭州，易舟以行。稍迟一日夜，落贾人手，吾死无日矣。"相与抱持恸哭。明日以书报其父，乃委禽成礼焉。生罢官无长物，携文如遍游名山，弹琴赋诗，以终其身。追忆往事，附以赠言，编次成编，命曰《遥集》云。[①]

万历十年（1582）的冬天，一场大雪压覆天地，丘谦之独自在楼头抚楹怅望，心想，此时如果文如在身边该是何等的福望，可惜自己仍然不能痛下决心迎娶文如归家，如斯怅然许久。突然，有一小艇飞楫抵楼下，船篷被推起，竟然是文如来了。文如备述此次归来之缘由的惊险与曲折，两人不禁相互抱持恸哭。这次的奇遇终于坚定了丘谦之的纳娶决心，第二日，他以书报父，表达了自己迎娶呼氏的决心。这次丘之父母没有阻拦，或许因为自己的儿子已下了不可逆转的决心，抑或受到呼文如如此奇行的感染，两人终于委禽成亲了。其后生活之美满，自然不需赘述，两人相携遍游名山大川，赋诗弹琴，以终此生。

呼文如用诗歌记录了自己雪夜奔丘郎的故事，以至我们现在仍然能够从诗歌中，去体会这奇女子的乐观、自信与坚贞的心态。

追丘生于临皋道中

武昌东下水茫茫，一日扁舟远自将。

莫怪人疑桃叶渡，从来难得有心郎。[②]

宛转词归丘生后作

赤壁矶，蟠桃宴，妾年二八郎相见。鸳鸯锁，燕子楼，空床绣被为郎留。

郎潮海，妾鄂渚，银河相望牛与女。妾倚闾，郎悬车，文君自奔马相如。

郎吟诗，妾劝酒，彩毫巨罗日在手。郎操瑟，妾鼓琴，天长地久同一心。

---

① （清）钱谦益：《列朝诗集小传》，上海古籍出版社 2008 年版，第 746 页。

② （清）钱谦益撰集，许逸民、林淑敏点校：《列朝诗集》，中华书局 2007 年版，第 6553 页。

珠为灯，玉作窟，妾是小星郎是月。锦障泥，绣屠苏，郎乘驷马妾坐舆。

斧伐柯，则不远，若有曲直在郎眼。心百折，肠九回，即令万死妾焉辞。①

这个传奇故事，一改以往传奇文学中的"男性色彩"，在整个故事情节中，丘谦之的形象似乎很平凡，没有什么过人之胆识，甚至文采亦无文如之好，正如钱谦益所述，呼文如与丘谦之的结合多因其为人之风格。

谦之名齐云，隆庆戊辰进士，②豪于诗，亦以豪去官。编中载两人酬和诗甚富，谦之诗多伦父面目，殊不堪唐突。文如所取于谦之者，以意气相倾悦耳，非以其诗也。余故择而采之。③

呼文如的曲折爱情故事，为时人所津津乐道。所谓的宗法礼数、闺阁淑养等戒条，似乎在此失去了以往的蛮横与专断，人们被这个青楼女子的识鉴与魄力所折服。这个故事在湘楚流传颇广，以至楚人于此了如指掌，秦淮妓李素素与徐翙对此故事均有记载：

李素素女史跋曰：侬在秦淮，则楚人道呼娘事如指掌。今来新安，得识使君，因知呼娘即使君妇也，叹赏不已。侬观使君所止处，其门如市，其客如云，得士若此，自其气味。乃女伴亦欲寄命焉，何也？徐卿曰："使君海内有心人也。"知言哉！顾论呼娘事者，多啧啧雪夜事，侬谓未尽也。呼娘曰："率孺子耳，一至寒舍之者至矣！"又初别后即刻丘家文如图记，其志定矣，其见卓矣。寥寥数载，而始就使君，乌得无罪。使呼娘闻之，当必首肯是语。万历丁亥七月十五日。④

徐翙女史跋曰：往秦符为侬语呼娘事，啧啧壮之。嗣宗难余中道

---

① （清）钱谦益撰集，许逸民、林淑敏点校：《列朝诗集》，中华书局2007年版，第6554页。

② 据《明清进士题名录》与乾隆《麻城县志》所载，丘谦之中进士时间当在嘉靖乙丑年，时年24岁。

③ （清）钱谦益：《列朝诗集小传》，上海古籍出版社2008年版，第745—746页。

④ 胡文楷：《历代妇女著作考》，上海古籍出版社1985年版，第126页。

悔遁，奈使君何？侬谓不然，呼娘之计审矣。及见使君于新都，信海
内有心人也。呼娘为无负哉！《遥集编》为千载风流公案，可谓文生
于情。而少廉一序，叠叠有致，岂非情生于文耶？因属侬手书之，每
遇心折之语，不能无动。观者毋谓花骨欹斜，云情散乱，幸矣！①

丘谦之所作《遥集编》之序给我们描绘了一个热情大胆、具有真知灼
见的青楼女子形象，以至相隔数百年，读毕此序后，仍然让人心潮澎湃、
啧啧称奇。这个故事的曲折与惊险，恍惚是在观摩一场传奇剧，之间联附
呼文如之诗词，更显这位传奇女子的风范。而时人对呼文如行事之赞赏，
亦可体现隆、万时期，士妓婚恋之界限的松动。丘呼之结合，更在某种程
度上刺激了这种士妓婚恋的狂热，而后涌现于金陵的钱柳、冒董、龚顾之
婚恋，莫不受此影响。

二　钱谦益与柳如是

晚明是个造就传奇的疯狂年代，在这不足百年的时间里，涌现出了无
数的奇闻逸事，这些逸事颇可与魏晋——那个颇为怪诞的时代——相埒。
如果说丘谦之与呼文如的爱情，开启了一个士妓婚恋新时代的话，那么钱
谦益与柳如是则把这种士妓爱情推向了新高峰。钱柳爱情在某种程度上成
了我们记忆晚明秦淮香艳的一个见证。关于钱柳的爱情纠葛、详情原委，
已经有陈寅恪先生的大作《柳如是别传》横亘于前，论者几无罅隙可钻，
故于此节，余不得不另辟蹊径以介绍晚明士妓婚恋之传奇。

柳如是（1618—1664），原姓杨，名爱，后易姓为柳，名隐，字蘼芜，
又改名是，字如是。与钱氏结合后，又称河东君，号我闻居士。柳才色俱佳，
书画兼绝，诗词更为卓绝，有《戊寅草》《湖上草》《柳如是诗》传世。

柳如是一生坎坷，早年被士绅周道登从盛泽妓院中买为姜室，却因周
府众人之排挤而再入娼门。此后，柳如是浪游秦淮间，与诸名士才子，如

---

① 胡文楷：《历代妇女著作考》，上海古籍出版社 1985 年版，第 126—127 页。

陈子龙、李待问、宋辕文等酬唱交往，而最终与当时文坛领袖钱谦益结缘。此后，钱柳相互扶持、荣辱与共，直至柳如是自缢而亡。关于柳如是之诗词书画，此均不予赘述。因本文以考察晚明青楼女妓与士人之渊源聚合为主题，故此节以撷取反映柳如是青楼时期活动的材料为主，并以此来探查士妓交往关系之微妙。

有关柳如是的记载纭繁冗夥，且多陈陈相因，而记取较生动者，则莫若钱肇鳌之《质直谈耳》，其记叙柳如是早年之经历，与浪游秦淮时和宋辕文、陈子龙、李存我之交游，亦是考察时人生活风貌的重要窗口，兹截取如下：

> 柳如是，吴江周氏宠姬，年稚明慧，主人常抱置膝上，教以文艺，以是为群妾忌。独周母喜其善于趋承，爱怜之。然性纵荡不羁，与周仆通，为群妾所觉，谮于主人，欲杀之，以周母故，得鬻为倡。其家姓杨，乃以柳为姓，自呼"如是"。扁舟一叶，放浪湖山间，与高才名辈相游处。其在云间，则宋辕文、李存我、陈卧子三先生交最密。①

柳如是出身已不可探知，其最早经历当从松江府盛泽镇的归家妓院说起。柳如是十四岁那年，致仕缙绅周道登从名妓徐佛手中将其买为侍妾。因其娇秀伶俐，深得周母喜欢，但却因此遭到周氏众妾的排挤而再次被卖入娼门。由此，我们可以推断，柳如是并未入乐籍，按其身份当属明朝廷所言之"流户"（即不隶乐籍之游妓②）。明代中后期，由于江南狭邪风气之狂热，乐户人家往往经营人口转卖之勾当，虽然明朝廷对此明令禁止，但因其惩戒甚轻，故至晚明时，此风越发浓炽。明代江南所盛产之"扬州瘦马"多与人口买卖有密切之关联。此类人多属流户，即非在籍之人属，其多出身于各地行院，受过乐户人之歌舞声乐之训练，除却身份之不同外，与在籍女妓并无实际之区别。不仅如此，游妓亦可自赎其身而交游各地，

---

① 转引自范景中、周书田编纂《柳如是事辑》，中国美术学院出版社 2002 年版，第 468—469 页。

② 《大明律集解》"流娼虽非乐人，官吏娶者与此条同拟"。亦有民歌《抽丰妓》以讽之，其词曰："人事买些须，远相投、访故知，道自君别长相忆。你家中有的，我家中没的，管教满载方回去。另寻谁，望门投止，又遇着妒花妻。"

与古之游女颇同。在江南发达之地，这种游妓是一个相当大的群体，《板桥杂记》所记之卞玉京与其妹玉敏，两人以伎艺相携而浪游吴越，其身份皆属游妓。

游妓者多浪迹于文人簇拥之地，侨居一所以待文士商贾之游猎，其精于应酬酒宴，而兼擅诗词曲艺。游妓多为达宦士绅、富商巨贾之姬妾，因其主病故或大妇不容而出外流为游妓。这种传统甚至可追溯至唐代，唐蒋防《霍小玉传》中霍小玉之母即为霍王之宠婢，霍王死而分资外出流为游民，其性质亦与明代之游妓相同。游妓往往高执艳帜，以作结交士流之资本，柳如是即以"相府下堂妾"的身份而悠游湖山间。这种游女传统亦为清代私娼所继承，甚至民国赛金花依然仿效之。

游妓无定居之所，不像乐籍女子那样，有一定的家院可以寄生，她们必须有相当的资金来源，来维持各方面的生活支出。为了这些，她们可以寄存诸商贾之家，如崇祯十一年（1638）秋，柳应邀赴杭州，住徽商汪汝谦横山别墅，登汪氏画舫"不系园"。除此之外，柳如是的生活开支，多源自应酬纨绔子弟、市民商贾的赆金，如"时有徐某者，知如是在畬山，以三十金与鸨母求一见。""徐三公子为文贞之后，挥金求与往来。如是得金，即以供三君子游赏之费。如是者累月。"① 可以说，明代中后期所流行之士妓交往之狂热，很大一部分原因来自此类游妓的推波鼓浪。因此，明朝廷对此类游妓有相当之法律控抑，如《实政录·乡甲约》卷五之"禁谕乐户"条："但有流来水户在于地主惑诱良家者，许乐首禀官赶逐出境。"② 而此控令亦成为柳如是与宋辕文分手之直接导火索。

初辕文未与柳遇也，如是约泊舟白龙潭相会。辕文早赴约，如是未起。令人传语："宋郎且勿登舟。郎果有情者，当跃入水俟之。"宋即赴水。时天寒，如是急令篙师持之，挟入床上，拥怀中煦妪之。由是情好遂密。辕文惑于如是，为太夫人所怒，跪而责之。辕文曰："渠不费儿财。"太夫人曰："财亦何妨。渠不要汝财，正要汝命耳。"辕文由是稍疏。未几，为郡守所驱。如是请辕文商决，案置古琴一张，

① 范景中、周书田编纂：《柳如是事辑》，中国美术学院出版社2002年版，第469页。
② （明）《实政录》，明万历二十六年，赵文炳刻本。

倭刀一口。问辕文曰："为今之计，奈何？"辕文徐应之曰："姑避其
锋。"如是大怒，曰："他人为此言，无足怪。君不应尔，我与君自此
绝矣！"持刀斫琴，七弦俱断。辕文骇愕出。①

宋辕文（1618—1667），就是明清之交的宋徵舆，辕文是其字，江苏
华亭人。辕文为诸生时，与陈子龙、李雯等倡几社，以古学相砥砺。《四
库全书总目提要》评其云："徵舆为诸生时，与陈子龙、李雯等以古学相
砥砺，所作以博赡见长，其才气睥睨一世，而干练不及子龙，故声誉亦
稍亚之云。"按《柳如是别传》所推断，柳如是与宋辕文相识于陈继儒的
七十五寿辰会宴上，此年柳如是与宋辕文刚十五岁，可谓正值情窦初开时
期。两人年龄相当，郎才女貌，可谓天作之配。此后，宋辕文开始不断追
求柳如是，于是便有了"投水入怀"之定情一幕。二人之结合颇多年少义
气之成分，亦可谓一见钟情的恋爱，其间充满了浪漫气息。但是浪漫往往
经不起现实的考验。当宋辕文面对长辈的责难而徘徊不定的时候，偏偏又
遇到了松江知府方岳贡驱逐游妓的事件，这件事彻底断送了宋、柳之爱情。
从某种程度上来说，宋、柳之断交是必然的结局。一方面，二人年少气盛、
感情缺乏历练自是重要之原因，另一方面亦与宋辕文尚无自主之能力密切
相关。因此，在面对松江驱逐事件时，宋辕文表现出了相当的退缩与忍让，
而柳如是则爆发了极度的气愤与失望。

不过，驱逐事件终于被宋辕文的好友陈子龙所平息，而陈氏之手段
与能力，亦马上征服了柳如是，由此开始了柳如是人生中至为重要的一
段情感纠葛。陈子龙（1608—1647），初名介，字卧子，崇祯十年（1637）
进士。早年参加张溥、张采为首之复社，又与夏允彝、徐孚远等结几社。
明亡后，参加抗清斗争，事败为国捐躯。陈子龙比柳如是大十岁，陈帮
柳氏纾难时，已二十六岁，其社交、阅历、胆色均非宋辕文可比。因其
与方岳贡的关系，陈子龙摆平了这次危机。也正是此次事件让柳如是认
识到，浪漫不如实用更贴近实际：年轻才气、家世阀阅的膏粱子弟，亦
不是自己所能依靠之人，她所需要的男人必须能够给她一个安全有力之

---

① 范景中、周书田编纂：《柳如是事辑》，中国美术学院出版社 2002 年版，第 469 页。

臂膀，这也正是一个刚过及笄之年而身无所依的弱小女子最基本的要求。之后两三年，陈柳二人相聚为多，至崇祯八年（1635），陈子龙假借与徐孚远读书刻义之名，纳柳氏于徐致远之生生庵别墅小楼，行金屋藏娇之实。两人在此过了一段最温馨而甜美的生活，直至陈子龙受家庭胁迫与柳如是分手。此年初夏，可能因陈子龙与柳如是之同居关系太过张扬，嫡妻张孺人对陈柳二人之关系做了最后的通牒。张孺人挟陈氏祖母高安人、继母唐宜人之命，亲到南园，迫使柳如是与陈子龙分离，柳如是于是移居横云山麓。是年深秋，陈子龙送柳如是迁往盛泽镇归家院，陈柳之爱情亦悲情结尾。

如果说柳如是与宋辕文的交往是狂花无果之恋爱的话，那么陈柳之爱情，则是带着尚未成熟之酸楚与苦涩的青苹果。如果说，柳如是的第一次恋爱看重的是对方的家庭与背景，那么第二次之情恋，柳如是则把目光聚焦到了对方的为人与能力上。单论才华、责任与处世之能力，陈子龙固然是最佳人选，但是陈子龙不可能摆脱其家庭的种种束缚，其风流不羁的表面难掩其传统士夫的家国情结，正是这种情结，才会使他难以挣脱传统家庭伦理观念羁缚，才会使其投水殉国，而不像钱谦益那样以"匹嫡之礼"迎娶柳如是，不似侯方域那样面对家国情仇时矛盾徘徊。

陈柳分手后，柳如是暂居归家院，其间漫游苏杭，崇祯十一年（1638）与谢三宾相识，后又深鄙谢氏的为人，至崇祯十三年（1640）与之断交。此后发病呕血，离杭避往嘉兴养疴，住在吴来的芍园。柳如是生病缘由未详，极有可能因情所伤。与谢三宾之断交，让柳如是不得不对自己依附终身的人选做周详考虑：此人必须才气兼雄，能够满足自己诗酒画意之生活情调；具有相当之人望，能够给自己一个结束孤零漂泊生活的安身之所；有独立的人格与魄力，能够突破世俗、伦理、家庭之束缚，给自己一种自由、平等之对待。权衡利弊之后，柳如是终于找到了最合适的人选——钱谦益，尽管二人相差二十六岁，但柳如是还是做好了最充分的准备。

崇祯十三年（1640）冬十一月，经汪汝谦介绍，柳如是放舟常熟虞山，着男装初访半野堂之钱谦益。顾苓《河东君小传》对钱柳的相识有大致记略：

（柳如是）游吴越间，格调高绝，词翰倾一时。嘉兴朱冶㡭为虞山钱宗伯称其才，宗伯心艳之，未见也。崇祯庚辰冬，扁舟访宗伯。幅巾弓鞋，著男子服。口便给，神情洒落，有林下风。宗伯大喜，谓天下风流佳丽，独王修微、杨宛叔与君鼎足而三，何可使许霞城、茅止生专国士名妹之目。留连半野堂，文燕浃月。越舞吴歌，族举递奏；《香奁》《玉台》，更唱迭和。既度岁，与为西湖之游。刻《东山酬和集》。集中称河东君云。君至湖上，遂别去。过期不至，宗伯使客构之乃出。定情之夕，在辛巳六月初七日。君年二十四矣。宗伯赋《前七夕诗》，要诸同人和之。为筑绛云楼于半野堂之后。房栊窈窕，绮疏青琐。旁龛金石文字，宋刻书数万卷。列三代秦汉尊彝环璧之属，晋唐宋元以来法书名画，官、哥、定州、宣、成之瓷，端溪灵璧大理之石，宣德之铜，果园厂之髹器，充牣其中。君于是乎俭梳靓妆，湘帘棐几，煮沉水，斗旗枪，写青山，临墨妙，考异订讹，间以调谑，略如李易安在赵德卿家故事。然颇能制御宗伯，宗伯甚宠惮之。①

在柳如是拜见钱谦益之前，柳的声名已通过朱冶㡭之口而声闻于钱谦益，只不过钱谦益未能一睹柳之姿容。可以说柳如是访钱之前，已有相当之声势铺垫，抱阳生《甲申朝事小纪》记载："虞山与陈齐名望，因昌言于人曰：'天下惟钱学士始可言才，我非才如学士者不嫁。'适宗伯丧耦，闻之大喜。庚辰冬月，柳始遇宗伯。"②柳如是之心机不可谓不缜密，遂有虞山半野堂之行。对于钱柳相见之始末，《牧斋遗事》有详细的记述：

闻虞山有钱学士谦益者，实为当今李杜，欲一望见其丰采。乃驾扁舟来虞，为士人装，坐肩舆造钱，投谒，易"杨"以"柳"，易"爱"以"是"。刺入，钱辞以他往，盖目之为俗士也。柳于诗内已露色相，牧翁得其诗，大惊，诘阍者曰："昨投诗者士人乎？女子乎？"阍者曰："士人也。"牧翁愈疑，急登舆访柳于舟中，则嫣然一美妹也。③

---

① 范景中、周书田编纂：《柳如是事辑》，中国美术学院出版社 2002 年版，第 4—6 页。

② 同上书，第 473 页。《牧斋遗事》又记此事发生于钱柳相见之后，然余以为不合于理，故舍之。

③ 范景中、周书田编纂：《柳如是事辑》，中国美术学院出版社 2002 年版，第 473—474 页。

钱柳相见实是一则精彩之片段，钱谦益对柳如是的回访，则充满了好色与好奇之心理。果不其然，钱谦益见之大喜："谓天下风流佳丽，独王修微、杨宛叔与君鼎足而三。"自是二人流连半野堂月余，钱谦益亦为柳如是建绛云楼于半野堂后。次年六月初七，钱谦益不管士夫之非议，以匹嫡之礼与柳如是结缡芙蓉舫中。柳如是亦结束了其漂泊流浪、孤零无依之生涯，其后二人诗酒校书、患难与共，开启了柳为人妇的家庭新生活。

在钱柳结合之前，柳如是的生活更像是一种"游女求匹"之经历。其间诸如早年所遇之宋辕文，此后之陈子龙，再者谢三宾，而终于钱谦益，柳如是之相往经历颇多坎坷曲折。对于一个无家可归、无人可依之柔弱女子，她不得不以自己的青春年华作为资本而进行一场生命之博弈。柳如是并不是在籍之女妓，她有自己的辛酸苦楚，十四岁即被卖为妾，而不及一年又被驱逐出家门，自此她成为一个无所依靠的游妓，甚至会时时罹受官府的驱逐之辱，因此她不得不抛弃名淑闺媛的"特权"，而习艺歌舞、吟诗作赋，甚至是着男人装，交接客人等。当我们冠以柳如是以"独立、自主、名节"等名号时，我们可能真真正正地忽略了这位"游女"内心之苦楚。当一个时代，将"异类"标榜成一种先锋口号时，那么这个"异类"有两种可能：其一，是失去自我的张狂；其二，是太多自我的遗忘。很不幸，命运给柳如是选择了第二种，这也是笔者写此节时的心情。

三 冒襄与董小宛

览阅冒襄之《影梅庵忆语》之人，其第一感受多以"负心汉子痴情女"一句囊括之，然此多肤浅之见，而多未鞭辟入里。吾师陶慕宁先生有《从〈影梅庵忆语〉看晚明江南文人的婚姻性爱观》[①]一文，对冒董的情爱缠绵有过缜细之擘析，以之觇睹江南文人婚姻性爱之心理，多有发现。笔者不才遑论此节，多有搬玉输璧之嫌，故于此说明之。

对于冒襄与董小宛的情爱故事，我们最重要的参考资料是冒襄为董白

---

① 此文发表于《南开学报》2000 年第 4 期。

所作的悼亡小品《影梅庵忆语》。不过此文多冒氏一人心中之所见，溢美之词在所难免，不仅如此，其中又多夹杂冒襄为个人开脱请释之词，而难以剖见晚明教坊女妓从良之艰辛颠踣，本节以"董白归冒襄"之故事入手来分析明代教坊女妓的适从之路。

综观江南名妓从良之路，多女妓主动为之，诸如呼文如之丘谦之、柳如是之钱谦益，再及董白之冒襄。然而事实却并不能因此而以偏概全，名妓主动追求士子文人有其必然原因，而此必然原因又使女妓从良之事实以此一斑而被遮掩。如前篇所述，女妓从良多由被动原因所致，明代女妓有其自己的生活群体，当然这是指乐户中占绝大多数的女妓群体，她们多居社会底层，来往多同等社会群体之商贾市民及下层文人，其婚姻结褵亦多籍内乐工，而从良所归之人亦多商贾市井辈。究其原因，主要在于乐籍群体与商贾市井之同等社会地位、相同活动范围及生活品位等。而秦淮以及江南诸名妓，因其生活范围、交际对象，以及生活品位诸方面，已与普通乐籍之生活方式不啻天壤之别，故不可等而视之。

以董小宛之经历，我们可以看出此类名妓之生活图貌。董白，字小宛，一字青莲，生于天启四年（1624），卒于顺治八年（1651）。秦淮名妓，后移居吴门，其母亡故后，辗转追随于冒襄左右，后终得达人相助而委禽于冒氏。董氏在秦淮时的倩影，我们可以从余怀之《板桥杂记》中领略一二：

> 董白，字小宛，一字青莲，天姿巧慧，容貌娟妍，七八岁时阿母教以书翰，辄了了。少长顾影自怜，针神曲圣，食谱茶经，莫不精晓。性爱闲静，遇幽林远涧，片石孤云，则恋恋不忍舍去。至男女杂坐，歌吹喧阗，心厌色沮，意弗屑也。慕吴门山水，徙居半塘，小筑河滨，竹篱茅舍，经其户者则时闻咏诗声或鼓琴声，皆曰："此中有人。"已而，扁舟游西子湖，登黄山，祷白岳，仍归吴门。[①]

余怀的《板桥杂记》承负了太多的故国家思，其"忆笔"不乏溢美之词，然而我们仍然可以从中洞略董白的性情眷好：聪明娟秀、娴爱淑静，

---

① （清）余怀著，李金堂校注：《板桥杂记》，上海古籍出版社 2000 年版，第 34—35 页。

性嗜淡雅恬然之生活，如喜欢针线清曲、饮食品赏等，凡此种种均异于他妓。此种生活，颇多晚明文人之嗜好，而供此之消费亦非寻常人家可承担。考之，女妓生活之资费多由交际与饮宴所得，而此种闲雅静淑之痴好却与乐户生活之饮宴喧哗大异其趣，故可推测董小宛自小即有待价求匹之心意。张明弼《冒姬董小宛传》云："居恒揽镜，自语其影曰：'吾姿慧如此，即诎首庸人妇，犹当叹彩凤随鸦，况作飘花零叶乎？'"① 然而能满足其生活品位、人生意趣者，绝非粗俗市井之辈，亦非纨绔膏粱之流，而是文士风流且家财万贯者。正因如此，董小宛亦效法呼（文如）柳（如是），不断地游走江南诸地，寻觅自己最终之归宿。

名妓的生存资本在于投时人之所好，如此，其母才会在董七八岁时教以书翰茶艺、针红曲戏，甚至饮酒置令，这一点我们可以从《影梅庵忆语》中窥见，"午鞠月之朔，汝为曾延予及姬于江口梅花亭子上。长江白浪，拥象奔赴杯底。姬轰饮巨叵罗，筋政明肃，一时在座诸妓，皆颓唐溃逸"。② 又曰："姬能饮。自入吾门，见余量不胜蕉叶，遂罢饮。"③ 可知，董白亦是酒筋中巨觥常客，只因居家为妾之故而舍弃之。张岱《陶庵梦忆》卷七"过剑门"云："南曲中，妓以串戏为韵事，性命以之。杨元、杨能、顾眉生、李十、董白以戏名。"④ 然而此类酒宴喧闹、交接酬赠之事，终非董白所喜好，为此她与其母迁往吴门而住。对于此次迁徙之原因，可能是由于秦淮佳丽竞争过于激烈的缘故，亦可能有其他原因，兹不予赘论。

笔者认为探究董白与冒襄之情爱故事，不能绕开董白追求冒襄的踬踣经历，正如吾师陶慕宁所述："二人之结合，主要得力于董白处事的决断与百折不挠的意志及党社中慷慨尚义之士的资助擘画。"⑤ 而冒襄与董小宛的情爱故事，亦需从董白随其母迁徙吴门讲起。

崇祯十二年（1639），冒襄赴南京科考，其间方以智、吴次尾诸人向冒襄推荐董小宛，而小宛已与母移居吴门。冒襄落第后，与同乡许直间留吴门，遂乘间隙一觇其容，此冒襄与董小宛之初见，时董白方十六岁。

---

① （明）张明弼：《冒姬董小宛传》，张潮《虞初新志》，文学古籍刊行社 1954 年版，第 39 页。
② （明）冒襄：《影梅庵忆语》，《闲书四种》，湖北辞书出版社 1997 年版，第 31 页。
③ 同上书，第 40 页。
④ （明）张岱：《陶庵梦忆》之"过剑门"，中华书局 2008 年版，第 74 页。
⑤ 陶慕宁：《从〈影梅庵忆语〉看晚明江南文人的婚姻性爱观》，《南开学报》2000 年第 4 期。

　　比下第，辟疆送其尊人秉宪东粤，遂留吴门。闻姬住半塘，再访之，多不值。时姬又患罟，非受縻于炎炙，则必逃之鼪鼯之径。一日，姬方醉睡，闻冒子在门，其母亦慧倩，亟扶出相见于曲栏花下。主宾双玉有光，若月流于堂户，已而四目瞪视，不发一言。盖辟疆心筹，谓此入眼第一，可系红丝。而宛君则内语曰："吾静观之，得其神趣，此殆吾委心躅地处也！"但即欲自归，恐太遽，遂如梦值，故欢旧戚，两意融液，莫可举似，但连声顾其母曰："异人！异人！"①

　　张明弼与冒襄诸社人均交往过密，董白与冒襄之事亦多有所闻，观此与《影梅庵忆语》所述近似而详细过之。

　　此晤一别三年，其间虽有冒襄于崇祯十三年（1640）欲访之，而恰值董泛游西湖，遂未果。崇祯十五年（1642），冒襄访陈圆圆未果，失望之余，偶遇董所居之小楼，遂再访仍处病中的董小宛。董小宛正值母丧，且受田宏掠女之惊吓，已罹病几二旬，而此时冒襄突然探视，则不啻于雪中送炭，故强起羞体而拜见冒襄。

　　余强之上，叩门至再三，始启户。灯火阒如。宛转登楼，则药饵满几榻。姬沉吟询何来。余告以昔年曲栏醉晤人。姬忆泪下曰："襄君屡过余，虽仅一见，余母恒背称君奇秀，为余惜不共君盘桓。今三年矣，余母新死，见君忆母，言犹在耳。今从何处来？"便强起揭帷帐审视余。且移灯，留坐榻上。谈有顷，余怜姬病，愿辞去。牵留之，曰："我十有八日，寝食俱废，沉沉若梦，惊魂不安。今一见君，便觉神怡气旺。"旋命其家具酒食，饮榻前。姬辄进酒，屡别屡留，不使去。余告之曰："明朝遣人去襄阳，告家君量移喜耗，若宿卿处，诘旦不能报平安。俟发使行，宁少停半刻也。"姬曰："子诚殊异，不敢留。"遂别。②

　　与《冒姬董小宛传》所述之情节相较，《影梅庵忆语》内容多有删述。《冒姬董小宛传》中有董白向冒襄表明委身之意的载述："乃正告辟疆曰：

---

① （明）张明弼：《冒姬董小宛传》，张潮《虞初新志》，文学古籍刊行社 1954 年版，第 40 页。
② （明）冒襄：《影梅庵忆语》，《闲书四种》，湖北辞书出版社 1997 年版，第 20 页。

'吾有怀久矣。夫物未有孤产而无耦者，如顿牟之草、磁石之铁，气有潜感，数亦有冥会。今吾不见子，则神废；一见子，则神立。二十日来，勺粒不沾，医药罔效；今君夜半一至，吾遂霍然。君既有当于我，我岂无当于君？愿以此刻委终身于君，君万勿辞！'"[①]听及此言，冒襄此时对今夜之会晤后悔莫及，故百般托词而避之，甚至，次日冒襄准备不辞而别，而其朋友、仆人则认为如此仓皇逃逸，恐怕日后背负"见难不救"之名，力劝冒襄与董白再晤留别。此时冒襄已"骑虎难下"，不得不与董白再晤。而董白亦靓装鲜衣，束行李，强行与冒襄同舟，誓不复返。

其间，游惠山，历毗陵、阳羡、澄江，抵北固，凡二十七日，冒襄二十七辞。两人同登金山时，董白对江流自誓："妾此身如江水东下，断不复返吴门。"[②]冒襄听后怍然变色，坚始推辞：

> 余变色拒绝。告以期逼科试，年来以大人滞危疆，家事委弃，老母定省俱违，今始归经理一切。且姬吴门责逋甚众，金陵落籍，亦费商量。仍归吴门，俟季夏应试，相约同赴金陵。秋试毕，第与否，始暇及此。此时缠绵两妨无益。[③]

冒襄以家事需理、秋试未毕之理由相推诿，不过是敷衍塞责而已，其最重要之因素在于董白在吴门所欠之债务以及落籍之费用罢了，其中仅董父所欠之债即数千两，"姬时有父，多嗜好，又荡费无度，恃姬负一时冠绝名，遂负逋数千金，咸无如姬何也"。[④]虽冒襄家境富足，然亦是不菲之代价，冒襄不得不再次推托。然而，此时董氏似无退意，没有办法，冒襄只能答应董氏以秋试为期而再商量脱籍之事。董氏得冒氏之许诺后返吴。

董氏返吴后，闭门谢客，茹素不出，以待冒襄践履赴约。董白之父得知此消息后，星火奔至冒襄家中告冒襄妻子此事，而冒襄六月返回家中才得知此消息，为了表示对妻子的歉意，冒襄中途没有访董白于吴门，而直

---

① （明）张明弼：《冒姬董小宛传》，文学古籍刊行社 1954 年版，第 41 页。
② （明）冒襄：《影梅庵忆语》，《闲书四种》，湖北辞书出版社 1997 年版，第 21 页。
③ 同上，第 21—24 页。
④ 同上，第 24 页。

接去南京参加乡试。董白在吴门每月写信数封催促冒襄履约守诺之事。至八月初，董氏唯恐冒襄再次违约，遂孤身一人挈一妇，从吴门买一舟，欲直达金陵以晤冒襄。岂料中途遇盗，入苇躲避，折坏一柁，三日间遂无进食。科举结束之日，董氏很早便于科场门口等候冒襄出场。两人相见甚是惊诧，是夜召集同社诸君子宴集，社友交口称赞董白的果断刚毅之行为。

冒襄对此榜亦志在必得，谁知十七日后，忽传冒襄父亲休致的消息，冒襄遂不告董白而直趋父所，董白知此消息后，星夜追冒襄于銮江。七日后，榜发，冒襄仍落第，失望之余，冒襄日夜兼程奔赴家中，而董白亦紧随其后。因为落榜失意，又加以追逼董白者甚众，且董白落籍之事亦颇费周折，冒襄遂再次铁面石肠让董白归吴门，董白无奈复归吴门。冒襄无法，在拜诣房师的一场酒宴中，将此事托付于同盟某刺史，谁知刺史鲁莽行事，致使人言狺狺，谈判决裂而董白亦进退维谷。幸而钱谦益与柳如是获悉此事，亲自至半塘为董白谋划：

> 虞山钱牧斋先生维时不唯一代龙门，实风流教主也，素期许辟疆甚远，而又爱姬之俊识。闻之，特至半塘，令柳姬与姬为伴，亲为规划，债家意满。时又有大帅以千金为姬与辟疆寿，而刘大行复佐之，公三日遂得了一切，集远近与姬饯别于虎疁，买舟以手书并盈尺之券，送姬至如皋。又移书与门生张祠部，为之落籍。[①]

钱谦益与柳如是的相助可谓是冒董结合的最关键一步，《冒姬董小宛传》中称钱谦益素期许辟疆甚远，恐多是冒襄自饰之辞，而"爱姬之俊识"才是其仗义相助的最主要的动因。柳如是追求钱谦益亦是曲折再三，睹此思己，柳如是心中何曾没有万般波澜，痛人思己，同病相怜之人多有惺惺相惜之处，这才是柳如是与钱谦益出手相救的主因。试想，如果没有钱柳的侠义相助，而又因冒襄的推诿塞责，董白的结局注定是个不可避免的悲剧。虽然钱柳的善意相助，使这个故事由悲剧转为了美满结局，然而却终究不能化解董氏故事的悲剧情结。

---

① （明）张明弼：《冒姬董小宛传》，文学古籍刊行社1954年版，第41—42页。

董小宛与冒襄的相恋故事，至此而告一段落，然而笔者却仍然难以搁笔释怀。究竟出于什么样的原因让董小宛对冒襄穷追不舍？为什么董小宛不会像柳如是那样"移情别恋"而"另谋高就"？思索再三，不过以下诸方面之原因：其一，实因董白内心柔弱无依之体性所致，此一点决定了董小宛不会具有柳如是般雄迈决绝之秉气，亦无呼文如识人纳鉴之见地；其二，董小宛身份隶属于金陵乐籍，并无柳如是自由洒脱之条件，不仅如此，董小宛因其父欠下巨额债务，而备受责逼之苦，此又成为脱身之阻碍；其三，董白之情性爱好，生活品位亦使其择人范围较小。冒襄家庭生活富足，且具有江南文人之风好，兼以声名远播，无疑是最佳之人选。冒襄对董小宛亦非毫无感情，只是因其性格犹豫不定，致其对纳娶董小宛之事顾虑再三。无论如何，董小宛如愿以偿地融入了冒氏的家庭，她那颗惊魂不定的心，终于可以平静下来了。

四　龚鼎孳与顾媚

晚明的秦淮河少不了文人的社集结会，而文人的社集结会，当然不能缺少秦淮名妓的歌舞喧笑与诗酒华宴。当然，这需要一个固定而文雅的结社场所，酒楼是个公共场所，鱼龙混杂，自然不是好地方；而文人的自家园林则又过于张扬，最好不过秦淮河畔的青楼歌馆之中。它们属于私人之领地，不会有太多世俗人的干扰；它们又是精致的美食苑囿，在此可品尝天下珍品佳肴；最重要的是，它们拥有轻歌曼舞、温柔多情的绝色佳人。这些歌馆之中，最著名者，莫过于顾媚之眉楼了。

眉楼设于秦淮河畔桃叶渡口，是南京最为繁华之地。这里商贾云集、妓家如林，顾媚于此置产，以接待四方之游士才子、富商巨贾。眉楼者，以顾媚之风姿超卓而闻名，而眉楼又以名士风流多集于此，而助增顾媚之名声。《板桥杂记》记其生意之繁盛：

> 绮窗绣帘，牙签玉轴，堆列几案，瑶琴锦瑟，陈设左右，香烟缭绕，檐马丁当。余尝戏之曰："此非眉楼，乃迷楼也。"人遂以"迷楼"称之。

当是时，江南侈靡，文酒之宴，红妆与乌巾紫裘相间，座无眉娘不乐。而尤艳顾家厨食，品差拟郇公、李太尉，以故设筵眉楼者无虚日①。

不仅如此，眉楼还是一个艺术集结之所，各色艺人在此济济一堂，各呈才艺。

> 曲中狎客，则有张卯官笛，张魁官箫，管五官管子，吴章甫弦索，钱仲文打十番鼓，丁继之、张燕筑、沈元甫、王公远、朱维章串戏，柳敬亭说书。或集于二李家，或集于眉楼，每集必费百金，此亦销金之窟也。②

演艺于眉楼的艺人，一般并不是走游江湖的路歧杂艺，他们多是精通各色曲艺的专职音乐人，他们穿梭在秦楼歌馆中以谋生，又因此而结交社会各层之人士，以扬自己之名声，诸如柳敬亭之流。亦有以伎艺而长期混迹于秦楚烟花者，如张魁官。张魁官以吹箫之艺浪迹于青楼歌馆，哪怕是自己衣食不保的时候，仍然口餍肥甘，不思生计。

如此看来，眉楼果真"迷楼"也。这个"迷楼"的主人顾媚，字眉生，又名眉，其人风姿静雅，文采风流，"庄妍靓雅，风度超群，鬒发如云，桃花满面，弓弯纤小，腰肢轻亚，通文史，善画兰，追步马守真，而姿容胜之，时人推为南曲第一"。③眉楼如果移植到现代，真似一个商业性会所，只不过这里的主顾多是文人才子、风流俊彦罢了。

晚明江南文人热衷于结会集社，之间切磋时文、操持清议、品议朝政等。而文人集社自然多选择在秦淮河畔的青楼歌馆之中，一方面因为这里的环境清雅闲静；另一方面亦因青楼名妓有意接近文人士子，以增其文采声价。并且，参与集社的这些膏粱子弟，多有显赫的家势、富足的资财，常常在青楼歌馆一掷千金。美人华宴，文人诗酒，这的确是件两全其美的好事，因此发生在眉楼的文士风流、社盟集会亦不足为怪了。

---

① （清）余怀著，李金堂校注：《板桥杂记》，上海古籍出版社 2000 年版，第 29—30 页。
② 同上，第 30 页。
③ 同上，第 29 页。

眉楼有其商业性的一面，因此它会接纳各色资财万贯的世人出没；眉楼亦有私人会馆的文化性质，因此它亦包容风流俊彦、士子文人与仕宦缙绅。然而在古代，这两者并没有完全的界限，很多文人士子即出身于优裕之家庭，如孙临、冒襄、余怀、姚踦诸人均家财万贯；而明代富商巨贾亦多附庸风雅，兼有儒商之身份。因此，从某种意义上来说，眉楼更倾向于一种文化性的文人社集。这种文化性可以由两方面来体现：其一，与顾媚相交往之士人群体；其二，在眉楼所举行的文人结社活动。

冶游文人的诗词题赠，可能是青楼世界的最佳通行证，因此，我们可以从文人予女妓的诗词中，获悉士妓交往的错综关系。如明末词人范文光赠予顾媚之《望江东·赠金陵顾妓》一词：

> 作眉如作兰与字，笔影偏饶香味。多材多趣皆多艺，十载江南名士。到门词客俱怀刺，宛与良朋相似。图书钟鼎俱环伺，难记起风流事。

范在后记中云：

> 姬工诗能书，善作兰。每对客挥毫，顷刻立就。又时高谈惊四座，凡文人墨客之聚，必姬与俱。而姬亦雅意自托，思与诸才人伍，每有文酒会，必流连不肯去，故吾党重之。每当挥毫伸纸，其眼光影与笔墨之气，两相浮动。①

由此可见顾媚亦是才艺精擅之人，正因如此，顾媚才会得到士子文人之青睐。饮宴赴席是秦淮女妓的主要应酬活动，顾媚亦是如此。从王翃的词作《翠楼吟·阮圆海太常招同薛千仞、张深之、戴初士及顾眉生校书剧》来看，顾媚亦多游走于官宦士人之家，借此亦可窥晚明官妓之禁实际执行的式微。

顾媚之眉楼亦文人盟社之常所，如崇祯九年，陈梁、冒襄、张明弼、吕兆龙与刘履丁在眉楼的结盟。晚明江南复社文人操持清议，影响巨大，而秦淮名妓亦多随风靡附之，如顾媚亦多与陈梁、冒襄诸复社公子泛舟秦

---

① 《全清词》顺康卷第一册，中华书局 2002 年版，第 11 页。

淮、隔舫传笺、索题命诗等。松陵周永年曾作诗《丙子秋，秦淮社集夜泛，同冒辟疆暨顾仲恭、朱尔兼、陆孟凫、陈则梁、张公亮、吕霖生、赵退之、周勒卣、周简臣及顾、范二女史。二女史善画，顾复善歌》以记其事。撰有《陶庵梦忆》《西湖梦寻》诸名作的张岱，出身世宦之家，亦有狭邪之好。其在南京时，经常与复社友人结社燕聚、打马游猎：

> 戊寅冬（崇祯十一年），余在留都，同族人隆平侯与其弟勋卫、甥赵忻城、贵州杨爱生、扬州顾不盈，余友吕吉士、姚简叔，姬侍王月生、顾眉、董白、李十、杨能，取戎衣衣客，并衣姬待。姬侍服大红锦狐嵌箭衣，昭君套，乘款段马，鞲青鹘，绁韩卢，统箭手百余人。[①]

　　女妓追随士子文人在江南奔马游猎，本身就代表了一种女妓所特有的生活状态。对于汉族闺阁妇女来说，这种行为不啻为惊世骇俗，然而却为女妓提供了一种自由的生活方式。这亦与文人的癖好有直接的联系，张岱的煊赫家庭与张扬个性直接促成了这种浮艳之风气，如他在《自为墓志铭》云："少为纨绔子弟，极爱繁华。好精舍，好美婢，好娈童，好鲜衣，好美食，好骏马，好华灯，好烟火，好梨园，好鼓吹，好古董，好花鸟；兼以茶淫谲虐，书蠹诗魔。"

　　明代乐籍的特殊生活方式，决定了乐籍女妓自由而独立的生活状态，而乐籍的低贱身份亦给盛名之下的秦淮名妓带来了诸多麻烦。隆、万时期，名妓马湘兰亦曾遭到祠部官隶之勒索，惊花失蕊，几乎丧命，幸亏王百穀慷慨解围才未有囹圄之灾；近及柳如是亦遭官府驱逐游妓之令，而幸得陈子龙相助而脱险厄；誉满秦淮的顾媚也没有逃脱此种厄运：

> 然艳之者虽多，妒之者亦不少。适浙东一伧父，与一词客争宠，合江右某孝廉互谋，使酒骂座，讼之仪司，诬以盗匿金犀酒器，意在逮辱眉娘也。余时义愤填膺，作檄讨罪，有云："某某本非风流佳客，谬称浪子、端王，以文鸳彩凤之区，排封豕长蛇之阵；用诱秦诓楚之

---

① 张岱：《陶庵梦忆·西湖梦寻》，中州古籍出版社 2001 年版，第 98 页。

计，作摧兰折玉之谋，种凤世之孽冤，煞一时之风景。"云云。伦父之叔为南少司马，见檄，斥伦父东归，讼乃解。眉娘甚德余，于桐城方瞿庵堂中，愿登场演剧为余寿。从此摧幢息机，矢脱风尘矣。[①]

余怀此时为南京兵部尚书范景文的幕僚，而此伦父即为范景文之侄。余怀利用自己的关系为顾媚挺身解围。惊惶未定的顾媚对余怀的仗义相救甚为感谢，至余怀大寿时，她亲自登台演剧为余怀祝寿。于此我们亦可以探知名妓结交士人名宦的另种目的，即生活所依的关系保障。文人的错综关系，亦是青楼的重要人力资源。

经过此次事件后，顾媚对风花雪月的乐籍生活有了更加清醒的认识，再加以陈梁诸友人的从良规劝，顾媚开始有意地进行择婿试探。最终，顾媚选择了兵部任职的龚鼎孳，这与龚鼎孳的特别身世有直接的联系。龚鼎孳（1616—1673），字孝升，号芝麓，庐州府合肥人，生于世宦家庭，为崇祯七年（1634）进士，初授湖北蕲水县知县，因拒敌守县有功，崇祯十四年（1641）以"大计卓异"行取入京，授兵科给事中，崇祯十五年奉命南下办公，是年春天途经秦淮而参加复社文人举行的虎丘大会。龚氏在金陵逗留期间结识了顾媚，而顾媚亦被龚鼎孳的才华、人品及似锦仕途所吸引，两人遂以定情。

龚顾定情之经历尚无明确之记载，不过依据复社文人集会与结社之活动方式，可以推断龚顾之结交可能亦由文人牵头做引而成。龚鼎孳有《登楼曲》四首记其与顾媚相见之情景：

（一）

晓窗染研注花名，淡扫胭脂玉案清。
画黛练裙都不屑，绣帘开处一书生。

（二）

芳阁诗怀待酒酬，粉笺香艳残火篝。
随风珠玉难收拾，记得题花爱并头。

---

① （清）余怀著，李金堂校注：《板桥杂记》，上海古籍出版社 2000 年版，第 30 页。

（三）

彩奁匀就百花香，碧玉纱橱挂锦囊。

淡染春罗轻略鬓，芙蓉人是内家妆。

（四）

未见先愁别恨深，那堪帆影度春阴。

湖头细雨楼头笛，吹入孤衾梦里心。①

　　这四首诗记录了龚鼎孳进眉楼与顾媚相见的全过程。其一记述了龚氏初登眉楼时所见顾媚的第一印象：晓窗晴阁写着顾媚的名字，远处有一女子，淡施胭脂伏在清雅的案几旁。这位谢绝裙钗而肖似书生的女子，便是顾媚了。其二记叙了龚鼎孳与顾媚在酒宴上的诗酒酬赠。龚顾二人在宴会上诗酒斗趣，相互赠以诗句。顾媚在粉笺上写了珠圆玉润的诗句，其中"并头花"让人记忆犹新。由此诗可知，顾媚与龚鼎孳相互意许，已有定情之意。其三记述了两人在顾媚内室相见之情境：顾媚之内室彩色妆奁，弥漫着各种迷人的花香，碧玉色的纱橱挂着锦色香囊。此时，顾媚一袭淡染春罗，轻扫双鬓，身着内家装，芙蓉一般出现在龚的面前。想及此时美人之殊眷，龚鼎孳的心情必然是浪涛澎湃。由此诗可知，二人已缠绵于闺房绣闼之中。其四记述了龚顾分别后，龚鼎孳对顾媚深深的思念之情。

　　与诗相对，龚鼎孳亦有词数首记录了龚顾的初次相会。诸如《东风第一枝·楼晤，用史邦卿韵》其一：

　　凤络霞绒，莲铺金索，横桥檀雾吹暖。玉奁半懒春妆，一笑上楼人浅。朱衾画幔，紧围定、梦憨心自软。自题名、年少多情，不及杏梁朝燕。

　　云母阁、主司青眼。团扇第、书生觌面。醉扶璧玉飞琼，琐合柳乌小苑。珊瑚连枕，楚雨迸，神峰如线。爱紫兰、报放双头，恰如阮郎初见。②

---

　　①（清）龚鼎孳：《定山堂诗集》卷三十，清康熙十五年吴兴祚刻本，《续修四库全书》集部第1402—1403册。

　　②（清）龚鼎孳：《定山堂诗余》，清康熙十五年吴兴祚刻本，《续修四库全书》集部第1402—1403册。

此词恰可与登楼诗互为引证，如顾媚的书生装扮、闺阁的清秀淡雅，再如两人云雨后初见并头紫兰之惊喜，均可见龚鼎孳对顾媚的深深眷恋之情。

《误佳期》其二：

> 香定剪风罗幨，客践笼灯芳约。红绡沾酒下帘时，失记登楼作。狂枕玉箫眠，软绊金虫落。扫眉才子赋多情，可是怜轻薄。

《鹊桥仙》其三（用向芗林七夕韵）：

> 红笺记注，香縻匀染，生受绿蛾初画。挑琴擘阮太多能，自写影养花风下。
>
> 月低金管，带飘珠席，两好心情难罢。芳时不惯是乌啼，愿一世小年为夜。①

此数首词记述了龚顾在秦淮缠绵时的美好记忆，如两人诗酒相携、枕玉吹箫、卿卿我我、难分难离的场景。

而《惜奴娇·离情，用史邦卿韵》则记录了龚顾分别后的别样相思：

> 无赖鹦哥，谁遣唤花枝醒。阑干外，愁潮恨岭。一步妆台，受不起、加餐信。风静漾帘栊，回头小影。
>
> 有限天涯，载得了垂杨病。销魂牒、权时拜领。说谎高唐，可好托、春衾性。难听长叹与，清钲乍并。②

两人分别后，互寄相思，此之情愫多见于《定山堂诗集》《定山堂诗余》二集之中。

龚鼎孳公事完毕后，回京复命，而顾媚亦于崇祯十五年（1642）中秋

---

① （清）龚鼎孳：《定山堂诗余》，清康熙十五年吴兴祚刻本，《续修四库全书》集部第1402—1403册。

② 同上。

北上寻龚。然而途路兵燹纷仍、道路阻梗，遂流寓淮河岸边之清江浦，次年春再次渡江返泊于京口。入秋，复北上，辗转周折，直至崇祯十六年（1643）始达都门。对于顾媚的突然到访，龚鼎孳惊喜异常，他用《玉女摇仙佩》一词来表达自己的欣悦情绪。

《玉女摇仙佩·中秋至都门，距南鸿初来适周岁矣。用柳耆卿传人韵志喜》：

> 青天万里，忽下檀云，送到虹幢鲛缀。六代金霞，三春莺粉，拾得有情佳丽。便倩秋蟾比。怪年年碧海，成双非易。尽畴昔、罗裙画箑，无数销魂见面都已。相逢恰今宵，一世团圆，花明月媚。

> 兼有九宵玉佩，五夜香炉，好景安容抛弃。斗帐雾浓、珠绦丝热，柳毅龙宫输美。紫幨同心倚。任消受，南国知名才艺。哪忍忘，灯前却扇，笛边沾酒，上楼欢意。三生誓。玄霜碾入鹈鹕被。①

顾媚北上后，龚鼎孳纳娶顾媚，此后两人患难与共，饱经世人之訾议，历新朝，龚顾二人仍欢爱如初，并逐渐获得了众多明遗民的认可。可以说，龚顾之爱情比柳如是、董小宛之爱情更加顺利，这亦与龚鼎孳的个人情性有极大的关系。

对于龚顾两人婚后的情爱故事，本书不予赘述，在此笔者想要说明，晚明士妓之恋情多以女妓之主动追求为主，而文士风流对名妓之欣赏亦多建立于平等、自由基础之上。晚明秦淮名妓所刻意追求的文人化、自由化倾向，其实是一种女性自我独立之精神及风度的个性展现。而这种独立精神及个性风度，虽然可以代表女性对理想生活的精神诉求，但是其一旦成为他人妻妾后，仍然摆脱不了传统伦理文化的局囿。亦可以说，晚明女妓求偶的过程体现了自由、平等而独立之精神，而其夫妻生活方式仍然是以传统家庭伦理为归宿，虽然亦有例外，如柳如是之于钱谦益，但是整体之情爱方式不会有太大改变。

---

① （清）龚鼎孳：《定山堂诗余》，清康熙十五年吴兴祚刻本，《续修四库全书》集部第1402—1403 册。

第五章　青楼文化与青楼文学

文学是一种美化的精神，这种精神给予人一种陶冶于现实而又超脱于现实的美质感受。诗词是中国文学世界里最为璀璨的明珠，它濡染于文人所缔造的诗性思维，而又在诗性思维的跳跃中抒发诗人的心绪情志。诗词之美质离不开诗人的气质禀赋、身世阅历与环境熏染，正如此，才会产生诗词的群芳争艳、气蕴万千之大观。冶游于青楼的文人之诗词如此，行院女妓之诗词亦如此。此处有行院女子的温柔情肠，此处有青楼世界的香软情帐，此处有精致绝佳的香艳闺房，此处亦有卿卿我我的杨柳情伤。正因如此之销魂荡魄，才会有文人之题赠、倩女之离歌，才会有离别折柳之诗、姐妹斗趣之词，才会有咏物伤春之思情……

一　男女莫甚于狭邪
——青楼文学中的情性世界

（一）青楼之陶情与文人之濡染

明代乐籍群体的社会基层组织是行院。所谓行院，是乐户自发建立起来的以家庭为单位的行业组织，亦是明代乐人生活与经营的基本单元。[①]

青楼是对行院女妓生活的商业雅称[②]，包括女妓的生存环境、人文生活，

---

① 明代青楼包括行院与教坊两种类属。行院是隶属于州府郡县或分封王府的地方乐户体系，而教坊则指称以南北两京为代表的乐户组织。谢肇淛的《五杂组》载："两京教坊，官收其税，谓之脂粉钱。隶郡县者则为乐户，听使令而已。"

② 明代乐户亦有不从事烟花卖笑之群体，其家规甚严，严禁其妻女从事烟花风月之事，如《板桥杂记》所言："乐户有妻有妾，防闲最严，谨守贞洁，不与人客交言。"所谓青楼者，多指从事商业风月卖笑的乐户，明代中后期，女妓需求量增大，亦多有流寓之姬妾从事此类事业，从而造成明代中后期青楼角色的繁杂。

以及与之来往的社会关系。明代青楼文化体现为青楼受文人文化之影响而形成的集乐籍制度、女妓文化与文人文化于一体的文化空间。因为青楼本身的商业性质，行院人家多以女妓之才艺来进行商业买卖①，这也是古代女妓文化与商业文化相结合的一种范例。如果泛泛地将明代青楼等而目之为"秦楼楚馆"，则往往易忽略其高低优劣之别。我们亦可以用历史溯源的办法来描述明代青楼的这种区别，青楼中的佼佼者往往倾重于色、艺、才的结合，注重女妓本色之施展，这一点与唐代之北里平康、宋代之歌馆茶坊有较多的相近之处，同样丽灯结舍、歌舞华宴，同样的美妓呈艺、妙歌绕梁；而青楼之下者，则更像宋代酒楼之饮妓、酒店之暗娼，多以卖笑行淫为生计。那么，文人风流云涌簇聚的地方自然是这些青楼中之华而贵者了，甚至在晚明，这似乎已成为士子风流的一种身份象征。因此，对于等而下之的肉欲之地，衣冠士子自然不屑于落足，更不会为之诗词咏吟了，但是这些地方却是社会底层群体的乐园，它们自然有一种更适合自己的文学表达方式，这就是青楼文学中的另一种散曲、民歌。

文人文化是古代社会的主流文化，女妓文化则是流于主流文化边缘的亚文化。文人文化是文人对世界的一种人文观察，它浸淫着文人的生存理念、社会理想、生活态度与情感体验等诸多因素。文人文化突出地表现为文人的生活方式与情感态度上，文人越表现出对世俗的另类拔俗，就越表现出文人文化的特立独行之个性，这一点在晚明得到了突出的表现。文人在社会理想、生活情趣、价值观念上，都表现出对政治文化的疏离。女妓文化则是因服务于文人文化而产生的一种女妓生活方式，当这种生活方式形诸商业营运时，就演变为青楼文化了。因此，从本质上来看，青楼文化是商业性的女妓文化对文人文化的一种依附与模仿，是文人理想生活的极致营造与体现。青楼、女妓与文人共同营造了一种供世人娱乐的青楼世界。

在明代士人看来，青楼不仅是商业性的娱乐单元，它更是满足士人理想生活的诗意空间。青楼可以提供迥异于世俗伦理的生活空间，这种空间没有世俗家庭的羁累、没有生计的艰辛、没有宦海的浮沉，而又能满足士人的情色声歌、纵情诗酒之欲望。正如方鼻甫在流行于明中后期的《青楼

---

① 当然，在烟花世界里，女性的贞操亦可以当作一种商品而加以鬻卖，但这多取决于女妓本身之愿望，而非制度性的强迫。这一点与现代社会所持论的娼妓不可同质而语。

韵语》中所言：

> 昔人云，诗导情，歌咏志，唯曲能悉宛转幽郁之气也。然人情莫甚于男女，男女莫甚狭斜，所以歌舞音乐尽出楚馆秦楼，自古迄今称闺秀者，几人解此勾当？即一二偷香窃玉，翻飞词翰间，仅作唐人伎俩，而步元音正不多见。故当时蓄音乐姬媵咸称为伎，伎也者，非止言工艺，盖言能支人以情也。情不幻不灵，情不变不妙，今之居青楼者幻矣，慧业人偏置身焉，唇花意蕊从十指开出，奇巧新样，朵朵俱天上所有，岂人间能闻？要非倡粉缤纭，那得演是郢调？[①]

在中国古代的传统文体中，诗歌一直是表达诗人内心情感与心志的重要工具。这种情感与心志是诗人对社会、政治、历史与个体之生命、情操及理想的一种表露。因此，从某种程度上，诗歌弱化了表现儿女情长、温婉柔顺的阴性一面。不过，这种文体的不足在词曲中得到了弥补，正所谓"诗导情，歌咏志，唯曲能悉宛转幽郁之气也"。此种温柔款洽的儿女之气在闺淑名门中已很少闻及，因此这种男女情致之微妙只能在秦楼楚馆中寻觅了。这些青楼女妓多能让文人士子体验到男女情丝之可爱，所以"伎也者，非止言工艺，盖言能支人以情也"。晚明文人重情尚情，认为世间万物均以情使，从人事伦理到日月升沉，以至天地生成，均由情支配。

迥异凡尘的环境、诗酒斗艳的女妓与征歌选艳的文人共同构筑了明代独特的青楼世界。在这个烟花女子组成的世界里，折射出明代近三百年间的文人心态，或失意骚客、落魄文人，或达官显宦、风华才子，或谪居士绅、隐遁山人，等等，之间所演发的酬唱应和、征歌选艳，婚姻嫁娶等，都是那个时代青楼文化盛衰荣辱的一个缩影。

（二）羁魂游处怯，醉影别时寒 —— 青楼文学的生命悲悯

晚明时期，青楼名妓多袭染文人风习，傍依山林，经营生活，交游名士山人，远以博求名号，近以谋求实利。这一点与明代中期家庭式的青楼

---

① 《青楼韵语·序》明崇祯四年（1631）刊本，引自《国立中央图书馆善本序跋集录》第七册，第463页。

经营有很大的区别。正德、嘉靖时期，世风犹谨，行院人家亦多闭户经营青楼产业；隆庆、万历以降，文人意识觉醒，加之以务名逐利之世风狂躁，大批文人弃科举而标举山人隐逸，士子文人亦多交纳接应，一时间社朋诗会频起，党社之风流炽。而斯风即存，亦促使青楼名妓走出闺房秘户，而游走于山人名士之间。此类游妓中亦有出自名门之姬妾，如柳如是原是周道登之弃妾，被逐出后亦以"相府下堂妾"之身份游走于名士文豪之间。这些都变相地促进了名妓群体的复杂化，亦表现出晚明青楼文化的另一种发展趋向。

在晚明的江南，在人文荟萃的石头城，几乎没有文人不与女妓相往来的，这已成为一种新鲜与时尚，而那种"不食烟火"或"独善其身"的文人，则被嘲弄地冠以"假道学"或"腐儒"等称号。施绍莘[①]正是典型的晚明文人，其才名出众、风流俊雅，工声律、精词曲、精营生活、好色赏妓，"负隽才，跌宕不羁，好声伎，工乐府，与华亭沈龙善，世称'施沈'。时陈继儒居东畬，诗场酒座，常与招邀来往。初筑丙舍于西畬北，复构别业于南泖西，自号峰泖浪仙"。[②]万历庚申年（1620），施氏访陈继儒于眉公山庄，适时名妓王修微亦客居于山庄之喜庵，两人遂有诗词唱和之事属。施氏后有《忆秦娥·怀王修微》一词，其序曰：

> 修微，籍中名士也，色艺双绝，尤长于诗词。适从性凤斋闻其人，见其《忆素娥》一章，有"多情月，偷云出照无情别"之句，风流蕴藉，不减李清照。明日入东畬，见修微于眉公山庄之喜庵，方据案作字，逸韵可掬。相与谈笑者久之。日西别去，此情依依。因用其调填词记之，他时相见，拈出作一话头耳。庚申冬至前四日花影斋识。

其词曰：

> 闻人说。风标诗句皆奇绝。真奇绝。墨香词藻，鬓云肌雪。　　多情

---

① 施绍莘（1588—1640年），字子野，号浪仙，华亭（今上海松江）人。晚明著名戏曲家，有《秋水庵花影集》五卷，前三卷为散曲，后二卷为词，有台湾国立中央图书馆明末刊本。

② （清）汪祖绶等修：《光绪青浦县志》卷一九《中国地方志集成》，江苏古籍出版社1990年版。

偏咏多情月。侬今岂是无情别。多情别。雁飞如字，暮江空阔。①

施绍莘所和王修微之《忆秦娥·湖上有感》原词为：

> 多情月。偷云出照无情别。无情别。清辉无奈，暂圆常缺。　伤心好对西湖说。湖光如梦湖流咽。湖流咽。离愁灯畔，乍明还灭。②

情月有情，推云出照这两情惜别之景，可惜月有情而郎无意，月华清辉仍无法挽留情郎之离去。世间的美好，往往如此，暂圆常缺也许正表征了离别的伤情。无法排解内心的愁恨心事，只好向西湖倾诉。湖光如梦般的皎洁，仿佛也在直抒心绪，亦如那闪烁不定的灯火，乍明还灭。修微此词以情叙事，以月讽人，无一丝送别之描绘，而专以情月、湖光反衬离怨之情，可谓湖月写怨、无情有情之妙韵。

钱谦益乃晚明一大风流教主，是为东林党魁，豪奢慷慨，热义尚侠，其晚年以嫡礼娶柳如是，义助董白嫁冒襄诸事，可见钱氏对于青楼名妓之狂豪侠义与矢志情义的青睐。钱氏在《列朝诗集·香奁下》中每每流露出这种欣赏之情，如郝文珠"貌不飏而多才艺，谈论风生，有侠士风"；薛素素"能画兰竹，作小诗，善弹走马，以女侠自命"。也许是惺惺相惜的陶染，也许是与河东君有相似的身世情怀，钱氏的《王微传》浸怀着一种辛酸的苦楚，虽具名士之风骚，却仍不免于"为俗子所嬲"的悲剧，无论王修微如何为身世之挣扎，仍逃不出"归心佛禅""嫁娶生死"的生命归宿。正因如此，钱氏所选修微之诗，总有一种淡淡的悲悯之意。这也许是钱谦益对青楼名妓之生命归宿的一种莫名忧虑吧。王修微的诗与词中总脱不去这种幽幽的情怨，即使其扁舟载书，泛游吴越，与名士交游唱和其间，这种心绪仍难以排解。

晚明是一个心性狂纵的时代，明代中后期的思想家以一种颠覆旧体制的气度来进行新人伦的构建。在这种思潮下，文人往往被挟裹于时代的狂恣之中，而逐渐失去自我的反思。文人需要自我标榜，需要标新立异，所以明人喜欢扮演魏晋风流之轶事，正如明人效慕魏晋门阀士族那种任诞怪

---

① 饶宗颐等编：《全明词》，中华书局2004年版，第1447页。

② 同上书，第1776页。

僻之人格，纵妓狎游、清谈疏论之文会；所以才会有张幼于与张孝资两人"相与点检故籍，刺取古人越礼任诞之事，排日分类，仿而行之"的闹剧。然而，这种模仿终究遮掩不住晚明文人那种空虚、狂躁、惊悸、羡妒与不安的扭曲心理。晚明文人对名妓的那种狂热与痴迷，与文人之疏狂任诞不无关系，所以文人喜欢在酒宴中邀请名妓来佐兴。当然，如果女妓能够在席中拈诗知韵、附庸骚雅的话，那肯定是再好不过了。至明末，这种竞攀比附之风甚至已成为一种时尚，以至于到了无妓不欢，无妓不席的程度。

> 周文，字绮生，嘉兴人也。礼貌闲雅，不事铅粉。举止言论，俨如士人。檇李缙绅好文墨者，每召绮生即席分韵，以为风流胜事。绮生微词多所讥评，有押池韵用"习家池"者，绮生笑曰："无乃太远乎？"诸公皆拂衣而起。绮生尝有诗曰："扫眉才子多相忌，未敢人前说校书。"盖自伤也。新安王太古，词场老宿，见绮生诗，击节曰："薛洪度、刘采春今再见矣！"李本宁流寓广陵，与陆无从、顾所建结淮南社，太古携绮生诗，诧诸公曰："吾能致绮生入淮南以张吾军。"诸公大喜，相与买舟具装，各赋四绝句，以祖其行。太古比及吴门，松陵一元氏者，已负之而趋矣。绮生即属身养卒，敝衣毁容，重自摧废。晨夕炷香，于佛前祈死。不复为诗，时作小词寓意，一元氏以五七言回环读之，迄不能句，绮生乃开颜一笑也。无何，悒郁而死。尝有句云："侍儿不解春愁，报道杏花零落。"知者咸伤之。①

周绮生乃嘉兴名妓，与秦淮名妓一样，淡雅疏妆，不施粉黛，又举止如士人，雅好辞章，悉通文墨，然而其赋性苛检，好讥评是非。檇李缙绅与文人以召绮生与会为荣，诗会即席分韵，共以之为风流韵事。在一次诗会中，有用"习家池"押池韵者，绮生哂之言："这也差得太远了吧。"以致在座诸公拂袖而去。周绮生的行为在名妓中，不算独树一帜，青楼名妓想要在附庸风雅、博求名号的士人中谋足立颜，不得不保持一种独立高标、不食烟火的姿态。名妓越是标新立异、不尽世俗，就越代表着一种绝世与

---

① （清）钱谦益：《列朝诗集小传》，上海古籍出版社 2008 年版，第 771 页。

奇艳的姿态，因此，名妓有意对凡夫俗子表现出一种不屑与鄙弃，进以疏远与世事人情的时空距离，从而营建一种绝世超尘的身世姿态。不仅如此，名妓亦会远离俗尘，或小桥流水观花、静中取闲，或遍访名山大川、求道问仙，把自己塑造成一种绝世卓立的诗意符号。

名妓的这种风标姿态恰恰迎合了晚明文人的求奇猎艳心理。在晚明文人的纷繁社团与集会中，名妓以其文学修养附庸与会，一方面这极大地满足了晚明文人崇尚风流狂诞的心理；另一方面名妓所保持的这种绝俗超尘的形象，亦符合晚明文人那种猎奇求艳、逐名求誉的心理期望。因此，在晚明，无论是歌集酒宴还是文社诗会，都少不了名妓的陪场应景。晚明文人喜结社攀交，进以形诸风气，而张扬文社气场者，除了与会文人的身份、地位、数量与社会影响，还少不了一条，即名妓的参与。在晚明江南的文场中，这似乎已形诸惯例，诗社文会之尤者，可以径去秦淮青楼歌馆以举会张宴，如复社、几社诸公；社团初建与规模居下者，亦邀名妓做场而张扬其气。王太古、陆无从与李本宁诸人建淮南诗社。为了张扬旗帜，王太古夸耀可邀周绮生入会以增其帜彩，这种邀妓入会、评诗附风的行为显然成为一种诗社文会的招牌与广告了。

晚明的青楼与名妓正是在这种风气下所养成的，然而在万人趸促的迷潮中，青楼与名妓往往处于一种更加莫名与尴尬的境遇之中。而导致这种尴尬境遇的直接原因是，乐籍与女妓的鄙贱身份及地位，与时下文人士子所鼓噪追捧之繁荣现状的矛盾。可以说，青楼名妓与底层社会的娼寮妓院、流娼游妓不可同置而论，底层的流娼游妓仍然处在社会最下层，其所接触的人群亦是市井九流之辈，诸如《金瓶梅》中所描录的诸层次妓院。尽管这些娼寮妓馆以其规模、排场与环境之别而仍有层次之分，然而因其与所服务社会群体的同一市井身份，因此，她们并没有青楼名妓那样巨大的心理落差。即如在底层社会，腰缠万贯的西门庆即便是在春风得意，纵意于李家妓院、吴家妓馆时，仍然会时时光顾那种二三等的娼寮妓所。然而，那些号称"名士山人"的文人士子，自然不会屈身光顾这些不入流品的下等妓寮，他们必然会追求与之相匹配的名妓。当然，名妓亦不愿"屈身"于此种市井九流之辈。因此，在某种意义上，名士与名妓达成了一种两厢情愿的和谐愿景，诸如为晚明文人所津津乐道的钱柳、龚顾、冒董诸情侣之风流故事。但是，这仅仅是青楼名妓群体中的极少数，多数名妓的生命与经历所呈现的是一种悲剧结局。

这种悲剧结局的实质是时代与个性的悲剧，正如前面所论，青楼名妓以超逸之情致、达观之气度与卓荦之才华，赢得了晚明士子文人的垂青，进而跻身于名人士流的华宴。然而，时代的节奏却远远落后于生命之花的绽放，无论名妓如何标新立异与才华横溢，即使获得士人名流之欣赏与青睐，即使得到万千拥趸的狂热之追捧，仍然改变不了其卑微的时代命运。就如风华正茂的马湘兰罹遭祀部官员的重诬，亦如柳如是流寓松江时遭受官府之驱逐，再如王修微受俗子野夫所嬲，陈圆圆惨遭达宦乡势所夺，等等如之，名妓始终逃不脱时代的掌控。所以名妓终生以择良匹用世，当然，她们理想中的郎君不是乡里缙绅、酸腐儒子，更不会是市井走卒、山野莽夫，她们理想中的伴侣是显宦达官、风流才子。不仅如此，这些人还必须有温柔多情的心性、出众的才华与闲适的生活营造，当然此种所有少不了丰裕的财富作资本。种种要求使青楼名妓的愿景多数成为一种海市蜃楼。可以如此来总结青楼名妓的生命：文人风流与时代的启蒙者造就了晚明青楼名妓的光辉与灿烂，却没有能力去改变整个时代所形诸的历史背景。名妓的悲剧，其实是一个出身卑贱却才华卓越的女子与整个男尊女卑、蛮势保守之社会的抗争。正是在这种时代的压抑下，名妓的诗笼罩着一种历史性的悲悯与个人的生命愁怨。

（三）青楼文学的文体分野

明代文人对女性及其文化的关注似乎比以往任何一个朝代都要强烈，从历代女性诗文的编纂到繁夥的女性传记整理，再至发达的世情小说与民歌散曲中的女性描写，都表现了明代文人对女性及两性关系的深刻思考。在明代文人的女性关注中，青楼及女妓无疑是一个焦点，并由此而产生了明代发达的青楼文学。

青楼文学又可细分为青楼之文学与文学之青楼：青楼之文学为青楼女妓所作之文学，集中体现为诗歌、小词、散曲与民歌等体裁；文学之青楼指文人创作的以青楼或女妓为中心的作品，包括青楼之诗词题咏、女妓之品评题鉴、士妓之酬唱应答与民歌散曲、戏曲说部文学中涉及青楼与女妓的部分。一方面，女妓作品因为过多地浸淫文人气息而表现出强烈的文人化倾向；另一方面，流传于世的青楼韵事经过文人的过滤、删减或修饰而赋予忠贞节烈的道德说教。因此，从某种意义上讲，文人对青楼及女妓的态度决定了青楼文学的走向。青楼文学承载了太多的文人理想、社会伦理与舆论道德等要求，以至呈现出不同的文学风貌。

明中期始有女子诗集编纂之活动，至万历年间达其鼎盛，[①] 这与流行于明代中后期的重情思潮有直接的联系。受奢靡纵欲的世风影响，加之阳明心学的推波助澜，明代中后期个性主义盛行，文人注重现实情感的体验与享受，强调情欲的教化功能。而情欲观的普及必然会引起文人对男女关系的重新思考，正如方鼻甫在《青楼韵语》中所说"人情莫甚于男女，男女莫甚于狭斜"，文人与青楼的关系也促发了青楼文化的产生，而诗词则是青楼文化中的一颗明珠。从某种意义上讲，青楼诗词代表着青楼文学的雅化方向，相对于流行市井的民歌散曲而言，诗词更能贴近文人的现实生活，体现文人的情趣风尚。

青楼诗词最早表现为明初文人的青楼题咏，如上文所叙的金陵诸酒楼之诗歌题咏。在此类诗歌中，青楼只是一种文人表达士人优越感的题材，女妓亦是文人诗酒筵宴的一种陪侍，士妓之间并无直接的联系。成化、弘治年间，始有文人以诗词评题女妓等文学活动，如沈启南曾为南院女妓之盒子会作图，并系以长句。伴随着文人冶游活动的兴盛与诗社集会活动频仍，至隆庆、万历时期，文人之青楼题咏与女妓评鉴已为巨观。隆庆年间，曹大章与梁辰鱼等文人于金陵立莲台仙品会品评南曲诸女妓[②]；万历年间，冰华梅史以燕都女妓配叶子以代觥筹，撰有《燕都妓品》。殆至晚明，青楼品题已蔚然成风，一时词客文士各狎所欢，假手诗词曲赋以长其声价。至明中后期，文人与女妓之交往已成文人社会之时尚，文人几乎都有题赠

---

① 如嘉靖三十三年（1554）华亭张之象编《彤管新编》、嘉靖三十六年（1557）钱塘田艺蘅编《诗女史》、隆庆元年会稽郦琥所编《姑苏新刻彤管遗篇》等。万历以后，女性诗歌纂辑达其鼎盛，先后有署名池上客之《历朝列女诗选名媛玑囊》、福建郑文昂之《名媛汇诗》、新安遽安生之《女骚》、马嘉松之《花镜隽声》、张梦徵之《青楼韵语》、冒愈昌之《秦淮四美人选稿》、钟惺编次《名媛诗归》等。此外亦包括明人编纂诗文总集中的女性诗集等。女性诗文的编纂体现了明代文人对女性文化的认同。

② （明）潘之恒：《亘史钞·外纪》卷之三"莲台仙会"，齐鲁书社1995年版，第522—537页。

女妓之诗词，如杨慎谪居滇中时所作《江花品藻》一卷，晚明徐石麒撰有《美人词》一卷。此外辑存于明代文人别集、诗词选本之青楼题咏更是数量巨观。总体来讲，隆庆、万历以前，文人之诗词多集中于对青楼的歌舞欢笑与女妓之饮酒助觞的场面描写，青楼与女妓仅为文人的诗材，文人与女妓之间并无实际的依附关系；隆庆、万历以后，文人之青楼诗词多倾向于女妓之品评，这与青楼文化的文人化营造有密切之关系。文人之品评一方面提升了女妓的品质与地位，另一方面也成为狭邪冶游的士人以才学炫耀的资本。

明代中后期，文人与女妓的频繁交往为女妓习艺诗词奠定了良好的文学基础，明代文人的诗酒结社活动和女妓诗词的编纂与选辑，都客观地促进了青楼女妓的诗词创作，至明代晚期，女妓诗词已蔚为大观。[①]青楼女妓向有诗词之文化传统，女妓没有闺淑妇女的伦理限制，为了提高自身的品质，她们亦不得不习艺诗词以结交文人。在晚明，诗词已成为名妓的一种条件与资本，正如章学诚在《文史通义·妇学》里的精辟论述：

> 又前朝（明代）虐政，凡缙绅籍没，波及妻孥，以致诗礼大家，多沦北里。其有妙兼色艺，慧擅声诗，都士大夫，从而酬唱；大抵情绵春草，思远秋枫，投赠类于交游，殷勤通于燕婉；诗情阔达，不复嫌疑……是知女冠坊妓，多文因酬接之繁，礼法名门，篇简自非仪之诚，此亦其明征矣。夫倾城名妓，屡接名流，酬答诗章，其命意也，兼具夫妻朋友，可谓善藉辞矣。[②]

女妓诗词的取材范围较窄，多与女妓生活的行院环境密切相关。女妓诗歌多集中于士妓酬赠、离情送别、闺情思绪与寄情咏物之题材，亦有不少反映女妓心志之作。女妓诗作偏重表达一些传统的文学主题，整体显现出一种温柔敦厚的诗体风格。无论是酬赠离别，抑或是闺情咏物，女妓诗作都寄托了太多的身世飘零之情感与从良落籍之心志，这使女妓诗整体凝

---

① 经笔者粗略统计仅女妓自辑诗词集即有三十余种，此外还不包括诸诗词选辑中的女妓诗词。据《全明词》《全明词补编》粗略统计女妓词人 60 余人，词作 400 余首。仅据《列朝诗集》粗略统计女妓诗人 40 余人，得诗 230 余首。

② （清）章学诚撰，叶瑛校注：《文史通义·妇学》，中华书局 1985 年版，第 534—535 页。

附着一种道德沉重感。以王芷梅的《梅花诗》《杏花诗》为例：

梅花诗

虚名每被诗家卖，素艳常遭俗眼嗤。

开向人间非得计，倩谁移上白龙池。

杏花诗

只愁风雨劫春回，怕见枝头烂漫开。

野鸟不知人意绪，啄教零落满苍苔。[①]

在这两首诗中，作者以梅、杏两花自喻，将个人之才学、身世，以及因世人的嗤诟而产生的从良之感表现得淋漓尽致。女妓诗歌总体蕴藉着一种对传统伦理生活的钦羡心态，加之行院生活的羁束，使女妓诗歌总体渗透出一种凝重而深沉的情感流露。

相对而言，女妓词曲则显得更加轻松活泼而饶有情趣，女妓词作多描摹行院闺阁生活，抒发女妓闲雅而富谐趣的生活情调。其语言俚俗生动、艳冶谐趣，更显儿女情态。词本以婉约为主，多咏风花雪月、儿女私情，而青楼世界正契合这种诗体氛围，故女妓词作更显其本色。以薛素的《醉花阴》为例：

姊妹相携来斗草。赌罢欺侬小。偷看合欢书，岂料侬知，欲向人前道。

频搔粉颊含糊笑。低首羞还恼。私许赠鲛绡，再四叮咛，休向人前告。[②]

因为没有诗歌的伦理教化之要求，所以女妓之词曲更贴近青楼世界的真实生活。薛素的这首小词生动地描绘了行院女妓们的生活情境。斗草玩耍，偷看淫亵书籍，私下许赠鲛绡，这些趣事自然不可能出现在闺阁淑女

---

① （明）潘之恒：《亘史钞》，《四库全书存目丛书》子部 193 册，齐鲁书社 1995 年版，第 529 页。
② 饶宗颐等编：《全明词》，中华书局 2004 年版，第 1397 页。

之家，而姐妹之间的赌气使性则烘托出青楼世界真实而可爱的一面。整体来讲，青楼女妓之诗作更多地强调文人式的粉饰与情调，女妓自身的生活多藏于这种诗体传统之下，而女妓之小词则更贴近行院生活的真实境况，较少假饰，多真切自然。

青楼文学的另一种载体为女妓传记文学。所谓女妓传记文学，即明代文人仿照史学之"列传"体例而编纂的女妓传记合辑。论及女妓的传记文学，则不得不提及明人的"女史"情节，这种情节亦可以看作是明人史学思维的一个发展①。自刘向撰《列女传》以来，文人对女性的传述不绝如缕，直至明代而达其鼎盛，此风并延及清代。女性传记的整理体现了明代文人对女性贞节、情操、品质与欲望的要求。这与明代文人的重情思潮有关，明中后期心学泛滥，文人追求自我、重视世俗情欲与现实享乐，而论及情欲纵乐则离不开女色，所以在明代文人的"女史"情节中，女妓的传述占了绝大多数。从署名王世贞的《艳异编》《续艳异编》、吴大震之《广艳异编》、梅鼎祚的《青泥莲花记》、潘之恒之《亘史钞》、秦淮寓客之《绿窗女史》②，再至冯梦龙的《情史》，无不体现了明人强烈的情欲心态。

明代文人的"女史"心态有着强烈的"劝世"功利性，梅鼎祚因当时妓风"举国如狂，匪今为烈"而作《青泥莲花记》以警世。冯梦龙亦以"我欲立情教，教诲诸众生"来编辑《情史》。在重情尚欲的明人看来，以情为教，普化民风是一种必须的手段，"无情化有，私情化公，庶乡国天下，蔼然以情相与，于浇俗冀有更焉"。③然而明代文人的"以情为教，为狭邪作传"之行为的实际效果是"劝百讽一"，更加助长了明代士人的狭邪淫游等活动。四库馆臣在题评《青泥莲花记》时论及此类著作对世风的影响："自谓寓维风于谐末，奏大雅于曲终。然狭邪之游，人情易溺，惩戒尚不可挽回，鼎祚乃捃摭琐闻，谓冶荡之中亦有节行，使倚门者得以借口，狃

---

① 如《亘史钞》《绿窗女史》，其书名本身就有强烈的史学意识。亦如梅鼎祚在《青泥莲花记》各卷之末均有"女史氏"评语；冯梦龙在《情史》序中自署"詹詹外史"，并且在所叙故事之后亦多有"女史"之按语，这些都表明了明人强烈的"女史"心态。

② 《绿窗女史》是一部以古代女性为主题而编纂的丛书，包括传记、小说、诗词、题咏等诸多体裁。

③ （明）冯梦龙：《情史·序》，《古本小说集成》，上海古籍出版社1991年版，第4—5页。

邪者弥为倾心。虽意主善善从长，实则劝百而讽一矣。"①而潘之恒《亘史钞·外纪》所纂集的明代各地女妓之小传与题评②，则更像是赤裸裸地为青楼与女妓作宣传了。这些女妓传记类文学的大量出现，无疑刺激了明代中后期文人狭邪淫游与青楼崇拜之风气。

与此同时，面对社会的奢靡淫欲与青楼崇拜之风气，一部分文人进行了文学性的反击。王夫之在《搔首问》中强烈抨击了这种以女妓传记为代表的文学风气："潘之恒以纳赀入太学，用淫媒术事宾尹，施施以兽行相矜，乃至纂撰成编，列稗官中，导天下恶少年以醉骨。而袁中郎、钱受之、钟伯敬辈争推毂之恒，收为名士。廉耻堕，禽风煽，以使神州陆沉而莫之挽。"③此外，亦有一部分谐谑小品对青楼文化进行了深刻的揭露。《山中一夕话》是明代文人所编辑的一部以调侃、讽刺社会为主题的小品选集，其卷二金陵游客之《娼妓赋》《风月机关》《官妓入道募缘疏》等文，对青楼文化的风月陷阱进行了深刻而辛辣的讽刺。④

明代民歌以其短小精悍、情感炽烈与辛辣活泼等特点盛行于民间市井，文人亦普遍对民歌予以较大的重视，甚至有相当数量之文人亲自撰写民歌。民歌多反映中下层市民的生活状况，包含了大量的反映青楼生活与女妓情感的内容。在冯梦龙编纂之《挂枝儿》《山歌》等选辑中，亦有相当数量的民歌对青楼之烟花陷阱予以深刻的揭露，如《挂枝儿·杂部》对青楼文化的现实审视：

妓（之一）

子弟们初出景，听我教导，第一件要老成，切莫去嫖，小娘们就是活强盗。口甜心里苦，杀人不用刀。哄了你的银子也，他又与别人好。

妓（之二）

烟花寨伏下红锦套，绣房中香喷喷，是刑部的天牢。汗巾儿上小字是个勾魂票。没法了，他把头发剪；苦肉计，将皮肉烧。动不动说

---

① （清）纪昀等编纂：《四库全书总目》（《青泥莲花记》条），中华书局1997年版，第1921页。
② 《亘史钞》中保存了大量妓女小传资料，多收录在其"外纪"之中，包括宠幸、女侠、游侠、金陵、仙迹、仙侣、妓品、江南艳、梵释、梵僧、闺艳、吴艳、赵艳、楚艳、齐艳、淮艳诸卷。
③ （明）王夫之：《船山全书》第十二册，岳麓书社1996年版，第639页。
④ （明）李贽辑：《山中一夕话》，《明清善本小说丛刊·初编》第六辑，天一出版社1985年版。

嫁也，你问他嫁过几个人儿了。①

亦有相当数量的民歌对女妓予以现实的谐谑嘲讽，如《新编百妓评品》中对百位女妓进行了辛辣而刻薄的品评，其中对不同身份的女妓予以生理、长相、残疾、习性等方面的讽谑，不乏晚明文人的儇薄鄙俗之气。②

从青楼文学中的诗词、传记文学与民歌、散曲、小品等文体的对比中，我们可以发现明代文人对青楼文化之态度的两极分化。一方面是诗词和"传记体"文学对青楼世界的文学性升华与女妓形象的品质性雅化；另一方面是以民歌、小品为代表的通俗文学对青楼世界的谐谑与丑化。青楼文学的两面性深刻地反映了明代文人对青楼文化的矛盾心态：一方面是文人对青楼文化的欣赏与钦慕，另一方面是文人对青楼世界的警惕与借鉴。青楼文化亦折射出明代文人的尴尬处境：一方面是文人理想式的青楼梦幻之营造，另一方面是青楼文化对文人现实生活的残酷冲击。

明代中后期，青楼文化对文人现实生活的冲击具体表现在新兴的商贾势力对传统士妓关系的侵蚀与破坏上，这在明代发达的笔记说部与世情小说中得到了极致的体现。以"三言二拍"、《金瓶梅》为代表的世情小说反映了明代中后期逐渐壮大的市民商贾势力的审美需求。在《玉堂春落难逢夫》《杜十娘怒沉百宝箱》与《卖油郎独占花魁》等青楼题材的故事文本中，其情节有一个相同的角色背景，即青楼名妓、士人群体与商贾势力的实力较量。如果说《玉堂春》仍延续了士妓恋情之传统主题的话，那么《杜十娘》则将这种传统主题予以粉碎性击垮。可以说，《杜十娘》揭示了传统的"士妓恋情"童话之破灭，暴露了明代士人在商贾势力的冲击下的狼狈不堪。而《卖油郎》则预示着青楼文化中的传统"士妓恋情"向"商妓之恋"题材的转变。在现实中，商贾势力与青楼女妓的结合是行院乐户的传统婚姻模式，"商妓婚姻"有着悠久的历史渊源与广泛的现实基础，而文人的话语主导权使这一模式异化为文人理想式的"士妓恋情"。直到明代中后期，这种"商妓婚姻"模式才真实地进入青楼文学之题材。青楼小说之题材转

①　（明）冯梦龙撰，刘瑞明注解：《冯梦龙民歌集三种注解》，中华书局 2005 年版，第 288 页。

②　选自《精镌汇编杂乐府新声雅调大明天下春》卷六，李福清、李平编：《海外孤本晚明戏剧选集三种》，上海古籍出版社 1993 年版。

变深层次地反映了明代文人的游离态度与心态的巨大落差。

这种游离态度与心态落差表现在明代文人势力的分化与文人之文学话语权的剥离上。以《金瓶梅》为例，官商勾结一方面揭示了明代中后期士人集团与商贾势力的权力妥协，导致士人优越地位的下滑。另一方面士民工商等户籍界限的消泯也促使了明代文人群体的分化。而士人地位的下滑与文人群体的分化必然带来文学话语权的剥离。因此，文人不得不正视市民商贾群体的品位要求，这也是为什么明代青楼小说更真实、更生动地反映青楼世界的原因所在了。在《金瓶梅》所描写的青楼世界里，商人势力是底层社会的主角，而文人反沦为帮闲的角色了。

青楼文学反映了在青楼文化所折射下的明代文人及文学传统。从青楼题咏、女妓品评，再至士妓酬唱赠答，文人与女妓延续着传统的诗词文学之联系。明代中后期重情思潮的广泛流行，激发了明代文人的"女史"精神，也推动了女妓传记文学的风行。而代表通俗文学的民歌、小说与谐谑小品，则以真实而生动的笔触揭露了青楼世界的世俗面目。一方面是文人的雅化与粉饰，另一方面是赤裸裸的揭露与丑化，青楼文学的两面性反映了明代文人的地位落差与其对文学的游离态度。

二　人情各有寄，我独如秋风
——名妓、游历与诗词

正如笔者前述，明代中后期，女妓群体出现了一种复杂化趋势，即有一部分女妓走出青楼行院的小天地，而进行一种文人式的游寓生活。这一点，以杨宛、柳如是等的表现尤为突出。在前节所叙写之柳如是故事中，笔者已有交代，柳如是并不是出身行院的一般行院女妓，她幼年被贩卖至归家妓院，十岁时依附于名妓徐佛，之后又被周道登买为妾室，却因周家姬妾排抵而再入青楼。经过如此之转鬻流贩，柳如是的身份似乎与完全乐籍之女妓有着隐约的差别。柳如是可以到各地游览山川、探访文士风流，这一点比身在教坊或行院中的闺淑女妓有着另种自由与闲适。当然，这种放浪湖山、探访隐逸与求学士流的名妓生活，并不是肇始于柳如是。柳如是之行径与思维多追步于她的先行者——王微。① 对于晚明才华横溢之名妓的评价，钱谦益曾公开说过："天下风流佳丽，独王修微、杨宛叔与君（即柳如是）鼎足而三。"② 王微、柳如是，兼及杨宛，她们都有近乎相似的游寓经历，而三者之中，又以王、柳之情性最为贴近，因此，笔者以王微为例，来探讨名妓的情性禀质与游历生活及其词风之关系。

晚明中后期，社会流行交游结社之风习，江南文人士子多竞力于交游，以相互夸饰为尚，加之以晚明士人之狭邪浪游、纵情恣欲之习染，此风潮很快风靡于青楼行院之中，王微即为其中的佼佼者。王微，字修微，号草衣道人③，其人豪狂、好游山水，吟诗作赋、兼擅书绘，有《期山草》《樾馆诗集》《远游稿》《闲草》等传世，颇能代表晚明游方名妓之流风。《列朝诗集小传》有《草衣道人王微》载其生平性情：

> 微，字修微，广陵人。七岁失怙，流落北里。长而才情殊众，扁舟载书，往来吴会间。所与游，皆胜流名士。已而忽有警悟，皈心禅悦。布袍竹杖，游历江楚，登大别山，眺黄鹤楼、鹦鹉洲诸胜，谒玄岳、登天柱峰，溯大江、上匡庐，访白香山草堂，参憨山大师于五乳。归而造生圹于武林，自号草衣道人，有终焉之志。偶过吴门，为俗子所嬲，乃归于华亭颖川君。颖川在谏垣，当政乱国危之日，多所建白，抗节罢免，修微有助焉。乱后，相依兵刃间，间关播迁，誓死相殉。

---

① 陈寅恪在其《柳如是别传》中曾敏锐地提到了这个问题："又河东君'李卫学书称弟子'之句，李卫者，李矩妻卫铄之谓，盖以卫夫人自比。此虽是用旧辞，然其自负不凡，亦可想见矣。更观此句，似河东君亦赏如同时名姝王修微辈之'问字'于眉公之门者。""嘉定四先生颇喜与当日名姝酬酢往还，柳（如是）亦思仿效草衣道人（王微）之所为，想交纳胜流，以为标榜，增其身价，并可从之传受文艺"。

② 顾云美：《河东君传》，见范景中、周书田编撰《柳如是事辑》，中国美术学院出版社2002年版，第5页。

③ 根据王自立《王修微年谱》考证，王微大约生于万历二十五年（1597）左右，卒于清顺治四年（1647）左右；另《明代女词人王微行年小考》证其生于万历二十七年（1599）。两人皆以张大复《梅花草堂笔谈》之"夫宛叔何为者，而与修微生同时，居同室，神情同抱"为据而得此论，除此之外，别无他据。笔者以为张大复所叙之"生同时"一句多虚言，即"出生约略同时"之意，并无确指"生同年"之意，因此于之存疑。又，马祖熙《女词人王微及其〈期山草词〉》（《词学》第十四辑 2003）考其为"年约五十二岁"，此说较为可信。

居三载而卒。颍川君哭之恸。君子曰："修微，青莲亭亭，自拔淤泥，昆冈白璧，不罹刦火，斯可为全归，幸也！"修微《樾馆诗》数卷，自为叙曰"生非丈夫，不能扫除天下，犹事一室，参诵之余，一言一咏，或散怀花雨，或笺志水山，喟然而兴，寄意而止，妄谓世间春之在草，秋之在叶，点缀生成，无非诗也。诗如是可言乎？"性好名山水，指撰集名山记数百卷，自为叙以行世。①

才华溢世、雅爱书文、广善交游、性嗜山水，是钱谦益给我们勾勒的名妓王修微之初貌。但是在《草衣道人王微》这篇简短粗浅的诗人小传中，对于王微的早期游历，钱氏几乎是一笔带过："七岁失怙，流落北里。长而才情殊众，扁舟载书，往来吴会间。"甚至于与王微所交游之胜流名士，亦只以"所与游，皆胜流名士"一句作结。②钱氏将王微之身世着重放于其"忽有警悟"之游历与"归于华亭颍川君"之后，这不无钱氏的良苦用心。可以说，王氏的文学创作均与此种生活密切相关，在其芳年时，王微热衷于与文人士流的交往，其诗词则多闺阁气、纤绮语，亦多描风抒月、吟赠留别之景象。修微亦在《宛在篇·自叙》中感慨自己隐逸之前的诗文多在"蝉鸣蚓窍"作"绮语"，"造化七尺相拘，而不能捐笔焚砚，忏除绮语之业，犹沾沾向蝉鸣蚓窍中作生活耶？秋水浩淼、风露已盈，敬复有情，谁能遣此？"③；而在"忽有警悟，归心禅悦"之后，王微抛却了人情世故的纷扰，而专注于内心的禅悦之乐趣，此后遍游名山大川、探访隐逸，此时之诗词则呈现出一种隐逸清新之气息；殆至嫁归许誉卿后，则尽弃前稿，而其诗则又呈现另种风度。其诗词风调与其生活境遇、交往结纳密切相关，因此谭元春评其诗："有巷中语、阁中语、道中语、缥缈远近，绝似其人④。"

虽然如此，我们仍然可以从繁夥的历史文献中梳理出王微的早年交游

① （清）钱谦益：《列朝诗集小传》，上海古籍出版社 2008 年版，第 760—761 页。

② 这可能与钱氏有意对王微作"曲笔"之描写有关，亦可能间含着对王微的赞赏护爱之情。明代女妓一旦从良适人，后人对其之前所作交游酬赠之诗文，往往以曲笔隐讳其名。陈寅恪《柳如是别传》载："可知当时通例，名人适人之后，诗文中词旨过涉狎昵者，往往加以删改，不欲显著其名。盖所以避免嫌疑。"盖因王微从良后归许誉卿为侧室，而激昂扬厉，有丈夫气，后人往往不以出身而贱鄙之。

③ 王微：《宛自篇·自叙》，见于胡文楷《历代妇女著作考》，上海古籍出版社 1985 年版，第 88 页。

④ 谭元春：《谭友夏合集》卷十《序》，《明代论著丛刊》，伟文出版社 1976 年版，第 483 页。

情况。而实际上，钱谦益在《小传》中亦隐约透露出一种信息，即王微"扁舟载书，往来吴会间"，由此可知，王微早年多以"诗文会友"的方式游历于江南诸地的文人群体间。晚明文人交游结社之风的兴起，加之以世人对青楼狭邪之狂热，所以当王微以一介女流之身份而兼文士之才色，且广涉文人墨场翰苑的时候，这自然让标榜风流的晚明文人联想起唐宋文人与诗妓才女的佳话轶事，进而由对士妓传奇的欣羡而转入与之诗词酬交。这种士妓结交的生活方式也逐步提升了女妓的文学素养，以王微为例，在其诗作中多能感受到谭元春对其诗风所施加之影响。

王微七岁失怙，随即被转鬻于行院之家，此事亦见于钟惺《名媛诗归》"自伤七岁父见背，致漂落无依，眉妩间常有恨色。"万历四十年（1612）左右，王微开始游历生活。王微首先赏识于董其昌，董精于书画鉴赏，与董之交往自然提升其地位，董后亦曾为王微作《樾馆诗选序》，而王微亦有《同太史过湖上未几先归予独留湖上苦雨感赋》《送董太史还云间》等诗。万历四十七年（1619）之前，王微已与茅元仪相识，并居于茅氏所，且与杨宛相交甚契。茅元仪是归安人，故王微在诗作中又常以"苕中人"自称①。在王微寓居茅家这段时间，王微与茅氏之侍姬杨宛结下了深厚的友谊，两人有相当数量的赠咏怀别、相思离愁之诗词。②

杨宛作为茅止生之家姬，而王微客居于此，两人定然有惺惺相惜之感。茅元仪可能有纳娶王微之意，但出于某种原因王微拒绝了茅元仪。这在杨宛、茅元仪与王微的诗词中可窥一斑，王微有《春夜送止生东归，调得长相思》一词，其云：

---

① （明）谭元春：《期山草小引》"（修微）久之复返苕，以为苕中人也"。
② 现代研究者多以王微归嫁茅元仪论之，笔者不敢苟同。按，《草衣道人王微》《林下词选》与《名媛诗归》诸书中并无记载王微归嫁茅元仪之事。而茅氏娶王微之事最早见于姚旅《露书》："王微，字修微，小字王冠，维扬妓，归茅止生，后以止生视姬人杨宛厚于己，遂逸去。"朱彝尊的《明诗综》承袭之："初归归安茅元仪，晚归华亭许誉卿。"笔者以为晚明秦淮名妓多有寄居名士、商贾之寓所的行为，并且名士风流亦以接纳游学名妓为荣，诸如王微、柳如是寄居汪然明、陈继儒所等均以为证，而名妓与寓主之间并无夫妇妻妾之名分，其实质更倾向于地主与客人之关系。且《露书》所述多有情理不通之处，杨宛在十三岁时已为茅元仪之姬妾，茅氏眷佑本是常理，王微又有何可嫉妒之心。不仅如此，王微与杨宛分别后，二人仍有密切书信之往来，情同致密，此又有与常理相悖之处。因此，窃以为《露书》及延承之论多不可据信。

未花残，惜花残，月落江潭烟水寒。离恨欲无端。　　试凭栏，
怯凭栏。帆驱云际路漫漫。何人上木兰？①

青楼名妓纳人接客多有离赠送别之作，此作盖王微送止生所作之词。
除此外，王微的《代送》诗有"忆分藕花时，莲子心正苦"一句，与茅元
仪的《答王修微次来韵》之其三相契，其诗云："林晖漏影露藏鸦，风乱
何翻面面斜。结得子来心正苦，采莲人奈不怜花。"诗中隐约影射茅氏对
王微出走之无奈、失落之感。杨宛亦有与王微唱和诗微透其事：

即事二首寄修微

东风堪赏犹堪恨，绽尽花来送尽花。
可惜一庭深浅色，随风今去落谁家？

东风同护曲栏中，一样花枝别样红。
纵是不容春绾住，莫教狼藉宋家东。②

两诗均隐喻王微出走之事实，其一借春风吹绽花开花落之事，而暗寓
王微出门无依之感，而"东风堪赏犹堪恨"则隐含对茅元仪无力挽留王微
之讽伤，"绽尽花来送尽花"，则表明茅元仪迎纳王微之初意，却因他故而
未能娶归王微之事实。而其二，则借曲栏之花以表明杨宛与王微的相同身
世却不同之境遇，同样在茅元仪之家，王微却因他故而离却曲栏。"纵是
不容春绾住，莫教狼藉宋家东"，则婉含对王微出走身世的一种规劝。王
微有多首忆杨宛之诗，大多寄寓悲凉苦寂之思、愁婉孤独之意，颇见游历
女妓之心思。

近秋怀宛叔

已觉江声外，秋情入暮蝉。
竹光留黯淡，桐影渐孤圆。

---

① （明）姚旅：《露书》卷四"王微"条，《续修四库全书》第 1132 册，第 593 页。
② （清）钱谦益撰集，许逸民、林淑敏点校：《列朝诗集》，中华书局 2007 年版，第 6672 页。

啼鸟当清夜，疏砧隔远天。

一灯羁客梦，难到石城边。①

冬夜怀宛叔

寒灯怯影黯疏帏，霜月留魂露未晞。

我梦到君君梦我，好迟残梦待君归。②

这两首诗分别以秋冬两季之景入手，寓含作者孤独落寞、思亲忆友之情。第一首取于江声、秋蝉、竹光、桐影与啼鸟、疏砧诸景，备有凄栖别客之意。而最后一句"一灯羁客梦，难到石城边"，咏出了作者对王宛的深深思念之情。而冬天的萧瑟寂寥，更让人难以释怀，眼前闪忽不定的青灯更透着一丝寒意，不仅如此，连窗外的明月似乎也披上了一层霜寒。在这沉沉的深夜里，你再一次地闯入我的梦境，在那层层迷梦中，我似乎也看到了你徜徉在思念我的梦里。王微喜欢用梦的假设来倾诉其怀人幽思之情感，又如：

怀宛叔

不见因生梦见心，自愁孤枕与孤吟。

如何永夜曾无寐，悔向湖边独独寻。③

梦宛叔

泉声乍远雨声闻，残睡昏昏梦到君。

最是梦醒无意绪，暗推窗看水边云。④

此二首即是以写梦境而抒发离别思念之情思。梦是一种情绪的症结，现实中的百般情绪都可以借梦境以实现，因此古人往往借梦以表达人生理想、现实愿望，就如陆游之"铁马冰河入梦来"，苏轼之"小轩窗，正梳妆"之类。在漂寄他乡时，一个弱女子在深夜静寂之夜，感慨万千，又怎能消

---

① （清）钱谦益撰集，许逸民、林淑敏点校：《列朝诗集》，中华书局，2007，第6609页。

② 同上书，第6618页。

③ 同上书，第6618页。

④ 同上书，第6619页。

磨，也许只能寄情于梦中来表现这种思恋之情了。对于梦与情的意象，王微可谓深知三昧，她在为汪汝谦《梦草》之题诗中写道：

> 情为梦因缘，情真梦非妄。非梦能渺茫，渺茫反多状。先生忘情人，独醒众所谅。岂以春无端，而梦远游扬。梦中与意中，是一或成两。湖舫读梦草，使我识情量。斯时残月在，千顷碧漾漾。梦起与梦消，只看梨花上。[①]

不仅如此，王微其词亦表达了对杨宛的深切怀念：

忆秦娥（月夜卧病怀宛叔）

> 因无策。夜夜夜凉心似摘。心似摘。想他此际，闲窗如昔。　烟散月消香径窄。影儿相伴人儿隔。人儿隔。梦又不来，醒疑在侧。[②]

王微与杨宛如此之情感，恐非他人所及，其中更多的是惺惺相惜之情感吧。

对于一位游走四方的名妓来说，与诗坛胜流之间的诗词酬酢是一种博取名声的捷径，不仅如此，它更寄托着王微托寄良匹、凤栖梧桐的生命用意。在王微的游历生活中，与之交往酬唱者彼彼，然而知音者却寥寥。在男尊女卑之时代，又复加以出身之微贱、孤介独耿之身境，王微的生命自始至终都笼罩在历史的阴影之下，因此，她不断地试探、把握、追求能让她脱离情世苦海的佳偶。与柳如是强烈的求偶心态不同，王微将自己的心志多潜藏于行游访学之中，一面是风流名淑，诗词兼绝；另一面是草衣道人，清尘孤寂。

万历四十七年（1619），王微在西子湖畔遇到了谭元春[③]。此时，谭氏

---

① （明）钟惺：《名媛诗归》卷二十六，《四库全书存目丛书》，齐鲁书社，1997 年影印本，集部 339 册，第 411 页。

② 饶宗颐等编：《全明词》，中华书局 2004 年版，第 1776 页。

③ 谭元春（1586—1637 年），字友夏，湖广竟陵（今湖北天门）人，文学家，天启年间乡试第一，与钟惺同为"竟陵派"创始者。论文强调性灵，反对摹古，提倡幽深孤峭的风格，所作亦流于僻奥冷涩，有《谭友夏合集》。

三十四岁，正值年华，才名远播，风流倜傥。刚走出茅氏阴影的王微马上被其风姿所吸引，两人在西湖互有唱和，从而拉开了王微内心世界的情扉。谭元春的《期山草小引》载其与王微相知的经过：

> 己未秋兰，逢王微于西湖，以为湖上人也。久之复欲还茗，以为茗中人也。香粉不御，云鬟尚存，以为女士也。日与吾辈去来于秋山黄叶之中，若无事者，以为闲人也。语多至理可听，以为冥悟人也。人皆言其咏茆结庵有物外想，以为学道人也。尝出一诗草，属予删定，以为诗人也。诗有巷中语、阁中语、道中语，缥缈远近，绝似其人。苟奉倩谓妇人才智不足论，当以色为主，此语浅甚，如此人此诗，尚当言色乎哉？而世人犹不知，以为妇人也。①

《期山草》为王微早期代表作品，尚未形成独立之词风，又因转学多师，故呈现庞杂之风格，谭氏之评语"诗有巷中语、阁中语、道中语，缥缈远近，绝似其人"，可谓的论。

谭氏集中有多首与王微的唱和诗②，其中不乏饶有情致者，如"素淡出闺来，怒人称小小。我在镜边过，妄言君尚好"。诗中描写了王微眉黛竖指，却又极力掩饰的娇媚形象。王微则以诗作《次友夏韵》和《送友夏·友夏赠诗有"天涯流落同"之句》回赠：

次友夏韵

临水闻君别，月寒如此心。
泪尽碧溪涨，那知浅与深。③

---

① （明）谭元春：《谭友夏合集》卷十《序》，《明代论著丛刊》，伟文图书公司 1976—1977 年版，第 483 页。

② 《谭友夏合集》中，录有谭作中与王微唱和的诗计八首，分别是《过王修微山庄》《答修微女史》《在钱塘、吴兴间皆逢王修微女冠，每用诗词见赠，临别答以六章》。其诗之四有"不用青衫湿，天涯沦落同"，表达了对王微身世的认同与感慨，王微亦有《送友夏诗》"此生已沦落，犹幸得君同"见赠。

③ （明）钟惺：《名媛诗归》卷二十六，《四库全书存目丛书》集部第 339 册，齐鲁出版社 1997 年版，第 410 页。

送友夏·友夏赠诗有"天涯流落同"之句

去去应难问，寒空叶自红。

此生已沦落，犹幸得君同。①

是年冬天，王微与谭元春分别。之后，王微创作了不少反映相思之苦的诗词，仅在诗题上予以表明的就有诗《西陵怀谭友夏》、词《如梦令·怀谭友夏》等，以表达对谭的深刻思念之情。

如梦令·怀谭友夏

月到闲庭如画，修竹长廊依旧。对影黯无言，欲道别来清瘦。春骤，春骤，风底落红偏懒。

忆秦娥·戏留谭友夏

闲思遍。留君不住惟君便。惟君便。石尤风急，去心或倦。　未见烟空帆一片。已挂离魂随梦断。随梦断。翻怨天涯，这番重见。②

然而王微对谭氏的相思只是一厢情愿，谭氏对王微则停留在一般情愫之上。这也是晚明士妓交往的常态，文人与女妓之交往多流于一种浮泛之情，之间的诗词酬唱亦是文人以诗词附庸风雅的手段。青楼名妓，抑或风流才妹，如果过于结纳闺阁之外的男性世界，仍旧会遭到世俗力量的强烈抵制，而士人在接纳此类名姬才妹时，仍要突破层层阻力。崇祯五年（1632），谭元春抱恙于家，此时王微正游历于九江，遂寄书欲相访，却被谭婉言谢绝。③

对于一心难脱世俗情欲之心的王微来说，情伤无疑是最难以消磨的。泰昌元年（1620），在游览江楚名胜之后，王微登匡庐参访憨山大师，遂有脱尘离世之念。然而空寂入禅仍不能消磨情欲对王微的纠缠。在病居杭

---

① （清）钱谦益撰集，许逸民、林淑敏点校：《列朝诗集》，中华书局 2007 年版，第 6619 页。

② 饶宗颐等编：《全明词》，中华书局 2004 年版，第 1775 页。

③ 谭元春回诗《王修微江州书到，意欲相访，书以栀之》以谢绝之，诗云"无言无思但家居，僮婢悠然遂古初。水木桥边春尽事，琵琶亭上夜深书。随舟逆顺江常在，与梦悲欢枕自如。诗卷卷还君暗省，莫携惭负上匡庐"。

州孤山时，王微有诗《庚申秋夜，予卧病孤山，闲读虎关女郎秋梦诗，怅然神往，不能假寐。漫赋一绝并纪幽怀。予已作木石人，尚不能无情，后之览者，当如何也》以抒此种怀鬱难消之情：

> 孤枕寒生好梦频，几番疑见忽疑真。
> 情知好梦都无用，犹愿为君梦里人。①

此时王微的另位好友汪汝谦对其格外照顾。应王微之请求，汪汝谦在西湖之畔、断桥之东为王微构筑生圹②。王微因生圹一事，为晚明文人津津乐道，陈继儒曾有《微道人生圹记》以记之，此文对于了解王微气质禀赋相当有益，兹记之以供雅赏：

> 修微，姓王，广陵人，自幼有洁癖、书癖、山水癖。自伤七岁父见背，致漂落无所依。眉妩间常有恨色。己奉竺乾古先生之教，刺血写小品经，间读班马孙武书。人莫得而狎视也。尝行灵隐寺门，见白猿坐树端，迫之，展翅疾飞去。包园夜半，有两炬炷身窗缝上，谛视之，虎也，修微挑灯吟自若。其诗词媚秀幽妍，与李清照、朱淑真相上下。至于排调品题，颇能压倒一座客。慕翰墨者辐辏案前，如农家诉水旱，修微攒眉应之，掷笔出避西子湖邓尉山，避广陵。寻获兄，指其父埋骨处，仆地哭失声。延僧作水陆道场，凡十五日，以荐父灵。笥中绮繡环填，随手立尽矣。
>
> 修微饭蔬水布绰约，类藐姑仙。笔床茶灶短棹，逍遥类天随子。谒玉枢于太和，参憨公于庐阜。登高临风，飘忽数千里。智能卫足，胆可包天。独往独来，布帆无恙。既归，出《楚游稿》示余，冰雪净

---

① （明）钟惺：《名媛诗归》卷三十六，《四库全书存目丛书》集部 339 册，齐鲁出版社 1997 书版，第 419 页。

② （明）汪汝谦：《西湖纪游》，《丛书集成续编》第 234 卷，史地类，新文丰出版公司，第 23 页，载："于西泠绪纤道人净室旁营生圹。玄宰董宗伯题曰：此未来室也。东眉公喜而记之。"谭元春有作于泰昌元年之《答修微女史》一诗，其二为 "奇踪不定可天涯，传汝梅边亦有家。人妒人怜俱未受，或将宜称问寒花"。可印证此事，而《憩园词话》卷四 "修微筑生圹于西湖，遍植梅花，有终焉之志" 可为之作注。

其聪明，云霞汰其粉泽。抑名山大川之助乎？修微曰："自今伊始，请忏从前绮语障。买山湖上，穿容棺之墟，茅屋藤床，长伴老母。岂复问王孙草、刘郎桃、苏小小同心松柏哉。"予曰："今君才貌两艳人间，所擅出世之盟，将毋太早。"修微曰："嘻！是何言？孔雀金翠，始春而生，四月而凋，与花萼相衰荣。每欲山栖，必先择置尾之地，然后止焉。然禁中缀之以为帟，蛮中采之以为翣，甚有烹而为脯为腊者，色可常保乎？鹦鹉驯扰慧利，洞晓言词，官家奇爱之。或教诗文，或授佛号，而未免闭于金笼，搏于鸷鸟，则韵语又可常侍乎？"予叹曰："常情，仕讳归，年讳老，而修微少不讳死，死不讳墓。昔者渊明自祭，乐天自铭，司空图引平时故交，痛饮生圹中。三君子以后鲜有嗣续高风者。修微达视死生如昼夜寒暑之序。女史乎？女侠乎？一变至道矣。"生圹成，诸名士为弹孔雀经一卷，供鹦鹉舍利十余粒，并穴置其诗稿百余言。眉道人为之记。①

此篇文传可与《草衣道人王微》并读之，钱氏重其行迹品节，故小传多叙其早年交游、览历、禅悦之经历对其诗风之影响。除此之外，钱氏更浓墨重笔描绘王微嫁于许誉卿之后的明智贞慧行为，有"以诗系人，以人系传"之意。而眉公所作之《生圹记》则更多晚明文人小品习气，多记奇人轶事、箴言佳句的内容。如记王微之灵隐寺迫走白猱、虎眈视而吟诵自若、掷笔避居，以及至孝寻父诸事，均见其传奇色彩。而结尾所述王微建生圹之始末，则有晚明文人独行怪诞之风格。就如王微以孔雀艳屏而被捕采烹脯以诉其美艳不可常驻，又以鹦鹉慧利而拘于金笼以喻聪明不可久恃，均可见王微之睿智明慧之心性。

然而王修微之历程并未因营造生圹而终结，在归嫁许誉卿前的数十年里，她仍然奔波于文人风流的世界里。其后与陈继儒、汪汝谦②、谭元春、董斯张、钟惺、范允临、李宗文等文士名流，仍有丝缕之交往。直至其"偶过吴门，为俗子所嬲"，才真正决定归嫁许誉卿以了结终身，而许誉卿亦

---

① （明）陈继儒：《晚香堂集》卷五《记》，《四库禁毁书丛刊》集部 66 册，第 614 页。

② 汪汝谦于天启三年（1623）曾为修微筑庐湖上，其有诗《余为修微结庐湖上冬日谢于宣伯仲过临出歌儿佐酒》。除此之外，汪亦有多诗与王微相酬赠。

以嫡礼正遇之 ①，可谓终身，而王微亦绝弃诗词，以助夫奉母为事。

对于半生游历的王修微来说，诗词是其表达其心志的最好注脚。② 然而又因为诗与词的文体分野，王微的诗与词明显呈现两种不同的文学风格。一方面，行院女子的身份使其词作多沾濡一些闺阁脂粉气，词中多以女性之身境来倾诉相思、寂寥之情丝；另一方面，王微的交游览历之身份又使其诗歌呈现出一种文人气质，无论是与词客诗人的酬唱赠答，还是揽胜纪游之作，都表现出一种不落俗套的格调。陈继儒《微道人生圹记》称王微"诗词娟秀幽妍，与李清照、朱淑真上下"。

王微的词作在晚明得到了相当高的赞誉，王端淑的《名媛诗纬·诗余下》评其词云："修微词落响空灵，吐句慧远。他人说尽千行纸，不若修微寥寥数语，绝非温、李，谁说苏、辛，词家胜地，已为修微占尽。胸中若无万卷书，眼中若无五岳潇湘，不能梦到想到。"③ 王端淑对王微诗词的评语可谓拔高之至，她认为王微的词作简洁明要、空灵绝慧而不落俗套，这些风格的形成与王微的天资秉赋与揽胜纪游之经历密切相关。翻检流传至今的五十几首王微词作，我们仍然能够感受到王微词作中的那种款款深情，如《长相思》：

> 人悠悠。路悠悠。不觉秋光入暝流。怜他独依楼。　为伊愁。怕伊愁。愁得相逢愁始休。郎家鹦鹉洲。④

人路悠悠，不可追寻情丝去。不知不觉秋光已落下帷幕，但是此时，作者不能忘却对情人之相思，默默地依偎在高楼处凝望。想此时，我正因他生愁，却怕他像我一样相思偻偬，如何解得此愁，定然需要两情相见，但是情人却远在鹦鹉洲边。此词浅白直露，多率真本色语，从而将内心之

---

① （明）谈迁：《枣林杂俎》之"都谏娶姐"："云间许都谏誉卿娶王修微，常熟钱侍郎谦益娶柳如是，并落籍章台，礼同正嫡。先进家范，未之或闻。"

② 王微的诗词原作均已亡佚，不过从明代诗词选集中仍可窥其风略。施蛰存曾辑王微词51首，王微诗散见于《列朝诗集》《名媛诗归》等选集之中。詹学敏的南京大学硕士毕业论文《王微研究》统计王微诗歌共121首。

③ （明）王端淑：《明媛诗纬初编》卷十九，清康熙清音堂刻本、哈佛燕京图书馆藏版，第1057页。

④ 饶宗颐等编：《全明词》，中华书局2004年版，第1776页。

情思喷薄而出。

又《菩萨蛮》：

> 风吹杨柳春波急。桃花雨细苍苔泣。此际若为情。残膏灭复明。
> 几回鸳被底。染就相思泪。卷起待君归。归看架上衣。[1]

前两句以景代喻，而倾诉别离怨恨之情。风吹柳枝乱舞，就如波涛激怒。雨戏桃花落，争似苍苔哭泣。一面是别离后的焦躁不安、不可名适，另一面是静思时的伤情诉泣。这种情感本来就无可名状，却依杨柳、春雨、苍苔之反复无常而表现得淋漓尽致。

因之早年的行院生活，王微的作品中不无纤巧懨薄的语气，《竹窗词选》云："王修微初为青楼，后为黄冠。词集甚富，皆言情之作，多有俳调。"[2] 如《醉春风·代怨嘲》：

> 谁勤郎先醉。窗冷灯儿背。抛琴抱婢倚香帏。睡。睡。睡。忘却
> 温柔，一心只恋，醉乡滋味。　惭愧鞋儿谜。耽阁鸳鸯被。问郎曾否
> 脱罗衣，未。未。未。想是高唐，美人惜别，不容分袂。[3]

此诗直描一幅丈夫酒醉、妻子嗔怒的场面。是谁这么殷勤把丈夫灌醉，害得我窗冷灯背，只能抱婢倚睡。看丈夫那种醉醺醺的样子，好像梦中有人让他如此痴醉。看看地上的鞋子都丢了，又耽误这夫妻安睡。妻子让他脱衣睡，谁知丈夫不耐烦地叫道：未，未，未。哼，可能是梦中与哪个小情人分别，不容人去插嘴吧。此词一如一亲情小戏，把丈夫之酒醉憨态、妻子之体贴关心、寡醋微嗔的场景表现得情形毕尽。

王微词亦有一种灵动活泼之气，如《天仙子》：

> 烟水芦花愁一片。个中消息难分辨。举杯邀月不成三，君可见，

① 饶宗颐等编：《全明词》，中华书局 2004 年版，第 1777 页。
② （清）沈雄：《古今词话》卷下，清康熙刻本。
③ 饶宗颐等编：《全明词》，中华书局 2004 年版，第 1777 页。

侬可见，伊人独与寒灯面。　　欲寄封笺情有限。除非做本相思传。几回掷笔费沉吟，君也念，侬也念，霜鞴晓路鸡声店。①

虽是同样叙写离别之情，但此词却格调活跃，情绪曲折有致。很久没有情郎的消息了，却可猜测情郎此时亦在思念我，不见那举杯明月，两地均不成三人？每每欲把情笺相寄，却担心尺短笺薄，容不下我的长相思恋。或许只有那长长的戏本传奇才可传达我的情意吧。

与词相较，王微的诗则呈现出另种风态。陈寅恪曾如此评价王修微之诗："严惟中之《钤山》、王修微之《樾馆》两集，同是有明一代诗什之佼佼者。"②董其昌为其所作《樾馆诗选序》如此评价：

> 当今闺秀作者，不得不推草衣道人。观其新集如《贻桐沚》五言古四篇，绰有韦司直之古淡，而《代陶琴》《代庄蝶》等，命篇亦复独创。大都闺秀之诗，虽饶于才致，而俭于取境，未有若道人之凿空者，岂直缘情绮靡，为《宛转》之歌《十离》之什已耶？吾又闻道人竖精进幢，被忍辱铠，师月上而友南岳，不欲仅以诗人传，何论唐山、文君？吾过矣，吾过矣。③

董其昌评价王微之诗绝异于普通闺秀之作品，而呈现出一种古朴淡雅、灵秀绝尘之风态。这不仅与王微的才致情思密切相关，更与王微的览历游访、出世入道之禅心犀角相通。诗里印象多取境于天然，名山大川、古道深壑，落暮苍苔、夕照残影，均可入诗，这自然增加了诗的境界。

王微诗作呈现多种姿态，有傲然自放、恣情狂侠之诗，钱谦益曾评云："草衣之诗近于侠"，④又有阮伯海《广陵诗事》云："扬州女侠草衣道人王微有红妆季布之风，韵亦如其为人云。"⑤然而后世保留下来的诗作却很少

① 饶宗颐等编：《全明词》，中华书局 2004 年版，第 1776 页。
② 陈寅恪：《柳如是别传》，生活·读书·新知三联书店 2001 年版，第 843 页。
③ 董其昌：《容台文集》卷二，《四库全书存目丛书》集部第 171 册，齐鲁书社 1997 年版，第 287 页。
④ （清）钱谦益：《士女黄皆令集序》，《钱牧斋全集》，上海古籍出版社 2003 年版，第 967 页。
⑤ （明）阮伯海：《广陵诗事》，广陵书社 2004 年版，第 138 页。

见此类风格的作品，却较多幽峭孤僻之风格，与竟陵所倡导之"幽情单绪"与"孤行静寄"之诗风相似，如《春夜留别》之"羁魂游处怯，醉影别时寒"，《山斋坐月》之"月上桐阴薄，闲阶夜气清。与君到晓坐，幽思自然生"。这与王微和谭元春的诗词交往有相当之关系。王微有诗《舟居拈得风字》可作其人生之写照：

> 人情各有寄，我独如秋风。耽诗偶成癖，聊以闲自攻。薄游来吴会，寒轻不知冬。樽酒见窗月，仄径幽怀通。村烟辨遥林，夜气齐群峰。人忘舟亦静，水木各为容。恍惚书所对，残灯焰微红。①

作者直抒独客他乡的孤独寂寥之情。首句"人情各有寄，我独如秋风"将整诗笼罩于一种凄凉孤苦的境界之中。王微早年丧父，之后被鬻卖于扬州妓院。自此孤独无亲，想此时舟泊寒水，客居他乡，怎能无秋风悲寂之感？然而作者却因此耽诗成癖，聊以自解。此时小酌一杯，开窗见月，近视则岸边曲径通幽，远望依稀可见炊烟袅袅，雾气齐聚峰林。不知不觉作者已沉浸在这静谧的世界里了，对着残灯微红的光亮，我立即记下了这种灵感。由于女性的细腻情丝，王微多能把握感情上的纤毫波动，并借之以影像而表现出来。

又如《舟次江浒》：

> 一叶浮空无尽头，寒云风切水西流。
> 蒹葭月里村村杵，蟋蟀霜中处处秋。
> 客思夜通千里梦，钟声不散五更愁。
> 孤踪何地堪相托，漠漠荒烟一钓舟。②

此首诗情景交融，而诗中之景又多意象之景，故而能融情与景于一炉。一叶扁舟泛游于千里烟波之上，风萧瑟吹起片片寒云，江水仍向西流逝。在这秋色萧萧的月色里，远处的村落响起了断断续续的杵臼声，再加之霜

---

① （清）钱谦益撰集，许逸民、林淑敏点校：《列朝诗集》，中华书局 2007 年版，第 6612 页。
② 同上书，第 6610 页。

露中的蟋蟀声，更加映衬了这种寂寥情思。作者在梦中又一次梦见了远隔千里的情人，可惜好梦太短，五更的钟声让人又一次地惊醒。在清寂孤寥的夜月里，我多么像零落在漠漠烟雨中的孤舟啊。

在闲居的时光里，心情欢娱的时候，王微亦喜用诗来表达这种欣喜之情，如《闲居》：

> 不妨昨日雨，可喜是新晴。
> 窗暝从云宿，庭虚待月行。
> 闲真难适俗，静乃合诗情。
> 冬候常如此，将愁何处生。[①]

昨日有雨，但是今日却新晴如洗。窗外生白云，空庭中的月影亦是如此之明朗。如此闲中适俗之性，实乃写诗的大好时机啊。其语"静乃合诗情"真精到之语。

王微是一个重情之女子，游女的身份使其情感历程格外坎坷，与茅元仪的无奈分舍，与谭元春的一厢情思，都使其深深地陷于痛苦之中。这使她一次次地想以禅悦的方式得以解脱，在其诗中曾不止一次地表达了这种情感，如《仙家竹枝词·同李夫人登武当作》："幽踪谁识女郎身，银浦前头好问津。朝罢玉宸无一事，坛边愿作扫花人。"又如《天柱峰》之"仙衣如可拂，投杖出空冥"；如《长至入云栖》之"忍土如家舍，交光映凤心。还疑晏坐处，犹发妙严音"等，均表现了作者这种抛却情欲的向往之情，其结果却往往事与愿违，情根难灭正折射出王微的感性特征。正如此，王微才会对文人所津津咏诵的燕子楼故事提出另种看法：

读《张秀先传》偶题

> 香烬花嫣月欲秋，卷中留得镜中愁。
> 翻怜短命郎边死，不伴残霜燕子楼。[②]

---

① （清）钱谦益撰集，许逸民、林淑敏点校：《列朝诗集》，中华书局 2007 年版，第 6613 页。
② 同上书，第 6614 页。

此诗一改以往以男性视角而作的女性忠贞之解释，独以女性的内心情感为依归，而为名妓关盼盼鸣不平。"翻怜短命郎边死"，正是如此之立场，才会真真正正地体会到一个女性在失去情侣后的那种无奈与落寞之情。情，是困扰王微一生的症结，一方面是对世俗情欲的向往，另一方面又是恐惧情欲泛滥后所带来的情感创伤，现实身世与个人情欲的矛盾，哪怕在王微参禅入道之后仍没有解决，对于王微对情之弃舍与追寻，笔者不愿过多饶舌笔墨，只以其早年所作之诗《有人以断肠草寄怨，予偶见戏反之》来表现其情感症结。

> 木名有连理，草名有宜男。花有枝并头，禽有翼鹣鹣。
> 西方鸟共命，东海鱼比目。莲花千万亿，鸳鸯三十六。
> 方州有交合，山县有阴阳。合璧表玉德，双股别钗梁。
> 绣被百子衾，文枕蟠螭绮。调听双声谐，人指双星喜。
> 相思为唐殿，合欢是汉宫。雀屏开甲乙，龙剑匣雌雄。
> 之子赋断肠，称物作苦语。聊拈嘉耦名，其它未遑举。①

在情欲流泛、个性张扬的晚明，一名孤弱的女子以一种近乎绝俗的方式，来进行个体生命之挣扎，其间她奋力交游于冠冕士林，期冀得到他们的垂爱，获得生命与情感的托寄，于是无数次的欣喜、欢娱、失落与孤寂成为她诗歌中的经久情绪。这也许就是对王微之生命与游历及其诗词的最佳概括。

三　狭邪世界之下里巴人

当我们用文学性的眼光去审视明代的青楼与名妓时，事实往往会被文人的生花妙笔所遮掩。这些事实或多或少地加入了文人的态度、价值观与生命情感，从而使青楼或行院的故事呈现出一种与事实相悖离的文学差距。

---

① （清）钱谦益撰集，许逸民、林淑敏点校：《列朝诗集》，中华书局 2007 年版，第 6616 页。

就如笔者前面所述，在风流放诞的才子士流看来，那些与之交往的名妓才淑，多艺精才优、温婉多情，其所描绘的青楼世界亦是豪奢精致、不染尘埃。其原因不言而喻，生存境遇的不同造就了不同的生活体验。太平安晏时，那些出身富贵之家的文人士子，衣裘披貂，仕途无忧，他们有足够的时间与金钱去挥霍，与他们结交的女妓自然才艺拔卓，不同流俗；家国破碎时，这些曾经风流的文人又以另种方式存忆秦淮的美好，诸如余怀的《板桥杂记》与张岱的《陶庵梦忆》中所描绘的那种文人式的秦淮浪漫，往往给青楼世界融入了太多的个体情感因素，如对故国家园的怀念、对历史的沉思等情愫。

　　然而，这种风光无限的生活只是上流社会少数文人的特权，更多的文人一生都沉沦在社会的中下层。他们接触更多的是世俗的情欲世界，这里没有诗客骚人的风骚雅兴，没有文人式的闲适风情，更多的是对情与欲的真实歌唱，是对青楼与女妓的爱恨交织。剥离了文人的吹捧与文学的虚华，行院与女妓于是更加真实地呈现了出来。如果说金陵秦淮与两京教坊代表着明代青楼的精致文化的话，那么那些生存于市井商埠、城市码头的行院则代表了明代更为广大与普通的生存形态。然而，这种地域归类方式仍带有一些局限，比如说，即使在青楼文化鼎盛的秦淮河畔，仍然有旧院、朱市与南市之差别，而其他城市，如苏、杭、扬等亦有相当规模的青楼场所，其气度、人文、繁华较秦淮旧院亦不相上下。不仅如此，明末青楼兴起女妓游寓之风，这更加打破了青楼文化的地域限制。那么，如果仅以青楼的规模、女妓的才华为标准的话，那么青楼的等级设定又过于烦琐，因为青楼与女妓之优劣，往往因评价者的主观意愿而受到影响。因此，不若采取一种正反互照的方式来观察青楼世界在明代市井文化中的别番影像。

　　与《板桥杂记》强烈的个体情结相比，《陶庵梦忆》的记述则更显得冷静着实，张岱留下了广陵二十四桥风月的另般记录：

　　　广陵二十四桥风月，邗沟尚存其意。渡钞关，横亘半里许，为巷者九条。巷故九，凡周旋折旋于巷之左右前后者什百之。巷口狭而肠曲，寸寸节节，有精房密户，名妓、歪妓杂处之。名妓匿不见人，非向导莫得入。歪妓多可五六百人，每日傍晚，膏沐熏烧，出巷口，倚徒盘礴于茶馆酒肆之前，谓之"站关"。茶馆酒肆岸上纱灯百盏，诸妓掩映闪灭于其间，疤疵者帘，雄趾者阃。灯前月下，人无正色，所谓"一白能遮百丑"者，粉之力也。游子过客，往来如梭，摩睛相觑，有当意者，逼前牵之去；而是妓忽出身分，肃客先行，自缓步尾之。至巷口，有侦伺者，向巷门呼曰："某姐有客了！"内应声如雷，火燎即出。一俱去，剩者不过二三十人。沉沉二漏，灯烛将烬，茶馆黑魃无人声。茶博士不好请出，惟作呵欠，而诸妓酾钱向茶博士买烛寸许，以待迟客。或发娇声，唱《擘破玉》等小词，或自相谑浪嬉笑，故作热闹，以乱时候；然笑言哑哑声中，渐带凄楚。夜分不得不去，悄然暗摸如鬼。见老鸨，受饿、受笞俱不可知矣。①

广陵即扬州的旧称，而二十四桥风月则是唐代扬州著名的烟花脂粉之地。唐代杜牧曾有"二十四桥明月夜，玉人何处教吹箫"记之，南宋姜夔亦有"二十四桥仍在，波心荡，冷月无声"的记载。降及晚明，烟花风月在邗沟一带尤为兴盛，而渡钞关九巷则为其重心。在这肠曲弯折的巷道中，排满了精致的房舍，其间有隐于闺阁之名妓，亦有卖笑酒肆的下等劣妓。名妓自然非导引而莫得入，歪妓则必须傍晚走出巷口，倚列于酒肆茶馆的纱灯前，"站关"自售。她们多是以色鬻人，所以多以脂粉饰面，以致灯前月下，多不能看清其真实面容。如果游客对哪位妓女有了兴趣，不妨直接走到她面前拉她离开。此妓女亦表明自己的身价，恭敬地引导客人先行，自己则缓步跟随至所居之所。至夜，没有客人的妓女大概只剩下二三十人了，此时灯烛将尽，茶馆内亦黑魃无息。于是，她们凑钱向茶坊伙计再买些灯烛，以期望有迟客来临。尽管她们唱曲哼歌、嬉笑打闹，然而仍然掩饰不了那种凄楚之声。直至深夜，她们不得不离开酒肆茶坊，奔回巷中，而回去或许仍然会受到老鸨的欺侮。在这简短的文字中，张岱给我们展示了行院生活的另类辛酸，也许这就是青楼或行院生活的常态吧。

更有其下者，祝允明《猥谈》又载所谓丐户者，其生活较行院女子则又其下也。

---

① （明）张岱撰，淮茗评注：《陶庵梦忆》之"二十四桥风月"，中华书局 2008 年版，第 74 页。

> 奉化有所谓丐户，俗谓之大贫，聚处城外，自为匹偶，良人不与接，皆官给衣粮。其妇女稍妆泽，业枕席，其始皆宦家，以罪杀其人而籍其牝。官谷之而征其淫贿，以迄今也。①

明人笔记《梅圃余谈》所载之"窑子"者，则更在其下矣。

> 近世风俗淫靡。男女无耻，皇城外娼肆林立，笙歌杂还，外城小民度日难者，往往勾引丐女数人，私设娼窝谓之窑子。室中天窗洞开，择向路边屋壁作小洞二三。丐女修容貌，裸体居其中，口吟小词，并作种种淫秽之态。屋外浮梁子弟，过其处，就小洞窥，情不自禁，则叩门入，丐女队裸而前，择其可者投钱七文，便携手登床。历一时而出。②

这种招设流浪女子而形成的娼窝窑子，至此已沦为性欲发泄处，自然就没什么品位与艺术可言了。

在一些适情纵欲的明人看来，这些娼窑丐女与青楼行院中的妓女，并无实质性的区别，她们都是供男性发泄情欲的工具而已。当然，这夹杂着古代社会对乐籍与女妓群体的一种习惯性的贱视，而以现代眼光看来，两者仍存在着本质的区别：行院中的女妓是一种隶于乐籍、以伎艺为职业的艺人群体，而窑子丐女则是赤裸裸的两性交易，其间并无任何伎艺性的售卖关系。行院女妓与客人之间的关系，更像是一种适性的两情角逐，女妓多凭个人之魅力来笼络客人，其关系亦是持续而长久的；而窑子丐女之类的女性，则是以性欲的解决为方式，以适时之盈利为目的的活动。区分这两类群体有相当的必要，因为在流行于底层社会的民歌散调中，有相当的作品混淆了两者界限，正是因为这种混淆的视角，才直接导致了明代青楼文学作品的多样风格。

大约到明代中后期，娼妓之狂热已在中下层社会盛行起来，而民间文学的新力军——民歌亦正值风潮。诞生于群众之手的民歌，以其雷厉之风

---

① （明）祝允明：《猥谈》，《说郛续》第四十六卷，上海古籍出版社，第 2097 页。

② 转引自王书奴：《中国娼妓史》，生活·读书·新知三联书店 1988 年版，第 200 页。

势席卷整个社会。当成熟于元代的散曲逐渐被文人雅化而失去新鲜活力时，明代民歌以其率真、泼辣、恣肆之风格而逐步得到明代文人的认可。李东阳、王骥德、沈德符亦敏锐地注意到这一点，沈德符在《万历野获编》中记录了明代民歌发展的大致轨迹：

> 　　自宣、正至成、弘后，中原又行《锁南枝》《傍妆台》《山坡羊》之属，李崆峒先生初自庆阳徙居汴梁，闻之以为可继《国风》之后，何大复继至，亦酷爱之。今所传《泥捏人》及《鞋打卦》《熬鬏髻》三阕，为三牌名之冠，故不虚也。自兹以后，又有《耍孩儿》《驻云飞》《醉太平》诸曲，然不如三曲之盛。嘉隆间乃兴《闹五更》《寄生草》《罗江怨》《哭皇天》《干荷叶》《粉红莲》《桐城歌》《银纽丝》之属，自两淮以及江南，渐与词曲相远，不过写淫媒情态，略具抑扬而已。比年以来，又有《打枣竿》《挂枝儿》二曲，其腔调约略相似。则不问南北，不问男女，不问老幼良贱，人人习之，亦人人喜听之，以至刊布成帙，举世传诵，沁人心腑。其谱不知从何来，真可骇叹。又《山坡羊》者，李、何二公所喜，今南北俱有此名，但北方惟盛爱《数落山坡羊》，其曲自宣、大、辽东三镇传来，今京师妓女，惯以此充弦索北调。其语秽亵鄙浅，并桑濮之音亦离去已远，而羁人游婿，嗜之独深，丙夜开樽，争先招致，而进行教坊所隶筝秦等色，及九宫十二，则皆不知为何物矣。俗乐中之雅乐，尚不知谐里耳如此，况真雅乐乎？①

依沈氏看来，风靡于明代社会的《锁南枝》《闹五更》《罗江怨》等民歌，语言"秽亵鄙浅"，"不过写淫媒情态，略具抑扬而已"，但是因为民众的喜好，又风靡于民间，以至于"不问南北，不问男女，不问老幼良贱，人人习之，亦人人喜听之，以至刊布成帙，举世传诵"。而事实上是，沈氏所鄙视的民歌之"淫媒情态"与"秽亵鄙浅"等特征，正是明代民歌风靡于时的真正原因。明代民歌以其自由之体式、直露之语言，以及炽热之

---

① （明）沈德符：《万历野获编》之《时尚小令》，中华书局 1959 年版，第 647 页。

情感，深刻地反映了明代社会的各个层面，其上言政事兴废、民生疾苦，下及里巷琐语、闺闱秘闻；备写市井百态、热讽各色杂人；大而山河日月、名山巨川，细则柴米油盐，鸡篓瓦罐；上则公卿士夫、骚客文人，下则市井百工、倡优伎艺。

在明代民歌的广阔反映面中，对行院与娼妓的描写占了相当一部分。[①]个中原因，不外乎民歌的天然品质与青楼行院的职业属性两种。民歌是社会底层群众的一种自然而真实的情感倾诉，它真实而直接地反映了底层群众对社会与个人、情感与价值的一种世俗观念。就如李开先所言：

> 正德初尚《山坡羊》，嘉靖初尚《锁南枝》……二词哗于市井，虽儿女初学言者，亦知歌之。但淫艳亵狎，不堪入耳，其声则然矣，语意则直出肺肝，不加雕饰，俱男女相与之情，虽君臣友朋，亦多有托此者，以其情尤足感人也。[②]

民歌虽然"哗于市井""淫艳亵狎，不堪入耳"，但是"其声则然矣，语意则直出肺肝，不加雕饰"，如此原因，正是因为其"俱男女相与之情"。然而在现实中，此种"男女相与之情"是不可能在良家闺淑中寻找到的，只有在青楼行院中才有条件寻绎出这种自由而浪漫的男女关系，正如酌元亭主人所言：

> 我却反说妓女有情，反说妓女情真、情专、情厚，这是甚么缘故？盖为我辈要存天理、存良心，不去做那偷香窃玉、败坏闺门的事。便是闺门中有多情绝色美人，我们也不敢去领教。但天生下一个才子出来，他那种痴情，虽不肯浪用，也未必肯安于不用。只得去寄迹秦楼，陶情楚馆，或者遇得着一两个有心人，便可偿今生之情缘了。所以，情字必须亲身阅历，才知道个中的甘苦。惟有妓女们，他阅人最多，

---

① 关于明代娼妓与民歌的关系，可参考周玉波《明代娼妓和民歌关系论略》，《南京师范大学文学院学报》2004 年第 3 期。

② （明）李开先：《市井艳词序》，节自邹国平编著《中国历代文论选新编》，上海教育出版社，第 59 页。

那两只俏眼，一副俊心肠，不是挥金如土的俗子可以买得转。[①]

　　而此论正是明人"男女之情莫甚于狭邪"的最佳注解。事实上，民间群众对民歌的热拥，更加助推了娱乐伎艺者对民歌的掌握和利用，当然，作为职业伎艺者的乐户群体便近水楼台波及之了。正如此，才会出现沈德符所言之"今京师妓女，惯以此《数落山坡羊》充弦索北调"、《梅圃余谈》所言之"丐女修容貌，裸体居其中，口吟小词，并作种种淫秽之态"的场面了。

　　正由于明代民歌与行院及女妓的这种密切关系，我们才能在数量纷繁的民歌中洞窥明代行院世界的别番景象。明代民歌有两种，其一是明代文人从流行于时下的民歌中采辑、编选而成的民歌选集，诸如金台鲁氏刊刻之"驻云飞四种"、龚正我之《摘锦奇音》、冯梦龙的《挂枝儿》《山歌》等作品。这些民歌多采自底层社会，情感直露，语言恣肆，多反映了明代市民生活的真实状态。其二是明代文人拟民歌形式而创作的作品，诸如徐祯卿之《杂谣》、李开先之《市井艳词》、冯梦龙之《山桃》等。风流不羁的晚明文人多有浪迹青楼的经历，其中不乏文人为行院妓女编写流行时调以讨其欢心。

　　明代民歌对行院与女妓呈现出一种复杂情态。就内容而论，有的作品真实地反映了行院生活，表现了妓女对爱情与婚姻的渴望；有的作品赤裸裸地暴露烟花世界的机关陷阱；亦有民歌对妓女进行尖酸刻薄之嘲讽。而出现此种情况的直接原因是文人对行院与妓女的一种价值体现，或欣赏赞咏，或同情怜爱，或冷嘲热讽，都经过了明代文人的文化过滤，从而产生一种近似真实的文学状态。因此，与欣赏青楼诗词文学不同，我们在审视流行于民间的民歌小调时，就必须注意介于文人雅化与市井原生态的文学界限。

　　青楼行院，被民间市井称为烟花陷阱，而其中的妓女亦被冠以"粉色骷髅"之称呼，个中原因何在？在明人的笔记中，我们看到的是妓女多是贞节烈妇或才艺卓绝之形象，而在小说戏曲等作品中，我们得到的是一种虚构性的情节展示，它们多少带有一种文人性的造作，不如民歌来得彻底

---

① （清）酌元亭主人：《照世杯》，上海古籍出版社 1956 年版，第 1—2 页。

直接。在冯梦龙的《挂枝儿》《山歌》中，我们多可以一窥行院妓女的心扉。

表现行院妓女生活的民歌有很多，多表现女妓对情人的思念以及与情人调戏之情节，如《词林一枝》所载之《新增楚歌罗江怨》系列①，就生动地表现了行院妓女对离别情人的思念之情。

　　　　纱窗外，月正圆，洗手焚香祷告天。对天发下洪誓愿：一不为自己身单，二不为少吃无穿，三来不为家办，只为妙人儿我的心肝，阻隔在万水千山。千山万水难得见，告苍天，早赐一阵神风，把冤家吹到跟前，那时节方是神明显。②

情歌真妙处，即是率性而发，别无阻扼。《罗江怨》一曲，首句以"纱窗外"引题，而以"月××"为副题，下接所吟唱之主题。此歌采用了"阻逆"的修辞格，即前文排列数种否定之事物，递渐否定意义之阻扼，然后再突然揭示所确定之事物，以形成一种一波三折的修饰特色。"阻逆"之效果在于形成一种强有力的铺陈效果，从而增加所强调事实的确定性。在此民歌中，咏唱者往复地陈述非誓愿之情境，以感染其调，最后突然揭示"早赐一阵神风，把冤家吹到跟前"之主题，从而形成一种喜剧性效果。与乐府民歌《上邪》、敦煌曲子《枕前发尽千般愿》有异曲同工之妙，却更多民间的自然与朴拙之声色。又：

　　　　纱窗外，月正收，送别情郎上玉舟。双双携手叮咛嘱，嘱咐你早早回头。热碌碌难舍难丢，难舍难丢心肝肉。旱路儿去，早早投宿；水路儿去，少坐舡头。夜风吹了无人顾，那时节郎在京都，小妹子独守秦楼，相思两下难禁受。③

---

　　① 《词林一枝》全称为《新刻京板青阳时调词林一枝》，卷一题"古邻玄明黄文华选辑，瀛宾郗绣甫同纂，闽建书林叶志元绣梓"。全书四卷，每卷分上中下三栏，上下两栏收录戏曲，中栏收时曲。此书收录于《善本戏曲丛刊》第一辑第四册（王秋桂辑，学生书局 1984—1987 年版）。以下引文皆出自此书。

　　② （明）黄文华选辑，郗绣甫同纂：《词林一枝》，《善本戏曲丛刊》第一辑第四册（王秋桂辑，学生书局 1984—1987 年版）。

　　③ 同上书。

此歌以平实之笔墨描写了一幅青楼女子送情郎赴京的场景。在青楼世界的流行语中，"冤家""心肝""情郎"是运用极为频繁的词汇，它们多带有一种情色性的挑逗气味，从而增加民歌咏唱中的"情欲"色彩。此首民歌前面交代事件发生之场景，妓女送情郎上玉舟赴京惜别。而后半部分，则直叙女子之临别话语，反复叮咛路上之注意事项，并交代分别后两地相思的情境。

其下民歌又先后以《罗江怨》体，吟唱分别后求签问卦、相思独守、挑琴抒情诸多场景，写来不过牢骚语，却又反复咏叹，而烘托出这位青楼女子的情无所寄、思之无由的情节。

> 纱窗外，月影昏，我为冤家半掩门，绣衾鸳枕安排定。等得我意懒心慵，向灯前抚会瑶琴，弹来满指都是相思韵。在谁家恋着闲花，别得我冷冷清清，清清冷冷诉谁愁问。也不是弃旧迎新，也不是负义忘恩，算来还是奴薄命。①

瑶琴声乐，自是乐家女子惯娴之技。然而此时灯前抚琴，却弹来满指相思情味。

又写寄信一则：

> 思罢了想，想罢了焦，写下情书无人捎，方才写下宾鸿到。此封书寄与多娇，一路上少把人瞧，书到就把相思告。你对他说黄瘦多少，再对他说我命难逃，相思害得无倚靠。来得早，还与你相交；来得迟，我命难逃。相思要好，除非冤家到。②

与文人那些文绉绉的相思信笺相比，民歌的表现力更加赤裸坦诚，没有那么多的典故堆积，也无须照顾什么绳墨格律，直是情意相随，言语便尽。由独自沉思，发展到痴痴苦想，又由苦想而至心焦如麻，不如写信寄

---

① （明）黄文华选辑，郗绣甫同纂：《词林一枝》，《善本戏曲丛刊》第一辑第四册（王秋桂辑，学生书局1984—1987年版）。

② 同上书。

与他。信才落笔，信使就到了。忙嘱咐信使，对情哥哥要多说些"奴家相思难捱、身弱黄瘦"的话，再说些"奴家想他命难逃"的话吓吓他。全篇直率、自然、随口而咏唱，脱落豪华反是真，正是民歌的此种意味。

青楼世界真真假假，假假真真，你说她机关算尽，又怎知她真情相依。请看一青楼女子的诉衷肠：

　　　纱窗外，月正圆，恨不得情人到枕边，终朝为你空留恋。空行下两次三番，受尽了许多闲言，口儿不语心中厌。我与他两下情真，到跟前不敢高声，权权谨守娘亲命。怎奈他手内无钱，受尽了许多熬煎，声声只把苍天怨。几番间推他出门，心儿里好不酸疼，冤家说我多薄幸。寄一封书哑谜传情，明日里少要来行，来时又惹你妈妈恨。真心肠哪有别人，我与你两下情真，茶思饭想忧成病。药方儿写得分明，望冤家逐一查清，如同妹子眼前问。吃黄连苦苦思君，服甘草想你温存，川芎血结成了相思病。知母亲爱的金银，愿槟榔拨雾开云，苁蓉唤我柴胡进。这银子若有黄芩，使君子茯苓长情，情长白芷包不尽。[①]

《嫖经》有言"鸨子爱钞，姐儿爱俏"，真实言也。青楼作为一个消费场所，其生活开支是相当大的，比如待客饮食、服饰胭脂、生活打点等，均占有相当的分量。这一切生计谋算，都需要行院的掌管者——老鸨作精细的打算，而解决凡此种种问题的关键则是金钱，因此，无休止地攫取最大量度的金钱，便成了老鸨的最大"恶习"。而青楼卖笑的女子，正值青春芳年，年轻貌美，歌舞兼擅，情窦初开，又怎能抗拒男女情窦之诱惑？因此，不得不在老鸨的淫威下，小心地倾诉心肠。以中药方、词曲曲牌为谐音指代的修辞方法，是明代民歌一大特色。此民歌中黄连、甘草、川芎血、知母、槟榔等均为中药名。此外，冯梦龙的《山歌》中亦辑有《药名》系列的民歌，如：

---

　① （明）黄文华选辑，郗绣甫同纂：《词林一枝》，《善本戏曲丛刊》第一辑第四册（王秋桂辑，学生书局 1984—1987 年版）。

红娘子，叹一声，受尽了槟榔的气。你有远志，做了随风子，不想当归是何时，续断再得甜如蜜。金银花都费尽了，相思病没药医。待他有日的茴香也，我就把玄胡索儿缚住了你。①

青楼行院是明代女性人口买卖最为频繁的地方，明代律法亦明令禁止乐户参与人口买卖等行为，但是由于惩罚力度较轻以及实际执法能力薄弱等原因，加之以狭邪市场的强烈需求，至明代中后期，女性人口买卖变本加厉。被贩鬻到行院的女子，受到老鸨的养育、调教而出落成人，自然就成了老鸨的赚钱工具。就如张岱在《陶庵梦忆》中所叙的下等劣妓一样，为了生活，她们不得不站门傍户、拉客接商，《续罗江怨》有女妓自叹身世的作品，可以与"二十四桥风月"相互参照：

妾命薄，泪满眶，独自悲啼情惨伤，万般愁苦凭谁问。奴既有月貌花容，怎不生绣阁兰房，如何流落在秦楼上。到早来把粉梳妆，整日里站立门傍，饥寒饱暖谁倚仗；到晚来独自归房，老妈儿冷脸如霜，教奴怎把心放。受尽了贱语轻言，受尽了伴月凄凉，谁人痛我心儿上。受尽了冷冷清清，受尽了恓恓惶惶，人儿须有都是虚情况，不疼热枉自思量。有钱来强要成双，暂时搂抱在销金帐。那人儿倚着多钱，他怎肯惜玉怜香，村头村脑村模样。本待要寻个知音，知音的莺短拳长，无钱不把门儿上。每日里思思想想，那有个接客心肠，何时填满穷坑垱。无人处痛哭一场，叫不应养我爹娘，如何卖我在烟花巷。欲要寻个无常，辜负了年少春光，回头且把程途望。欲待要收拾从良，怕那人性气不常，那时我在孤洲上。本待要又恋烟花，细思量无底空囊，百年却把谁倚仗。奉劝姐妹同行，趁青春急早从良，你牢牢紧记住在心儿上。②

---

① （明）冯梦龙编纂，刘瑞明注解：《冯梦龙民歌集三种注解》，上海古籍出版社1987年版第104—105页。

② （明）黄文华选辑，郜绣甫同纂：《词林一枝》，《善本戏曲丛刊》第一辑第四册（王秋桂辑，学生书局，1984—1987年版）。

　　这是一首行院女子的自诉诗。她用凄婉哀伤的语调，唱出了行院女子的悲苦生活，让人听起来不啻字字滴血。她芳容美貌，却被父母卖于娼家。迫于老鸨的胁迫，她不得不早起依门傍户，至晚才能回家。运气好时，拉到一个客人，却粗俗不堪，受尽蹂躏。一心从良，却又担心所嫁之人心性无常，想来比去，还是从良强似这烟花柳巷。

　　在烟花世界里，行院妓女是一种复杂的消费符号，她可以歌舞娱人，亦可以肉色迷人。形而上者，以色艺居其上，其定情相交亦需多费工夫与金钱；形而下者，色艺居其次，往往是行淫卖笑之媾和。而提高男女媾合之快感，则是青楼吸引中下层次客人的最佳手段，因此行院里施用了种种手段来刺激两性心理与生理之感观，比如器械方面有银托子、相思套、硫黄圈、悬玉环、封脐膏、勉铃等，药理方面有封脐膏、颤声娇、闺艳声娇等，而感观方面则有春宫画、秘戏图、合欢书、淫秽书籍与欲戏淫歌了。即如《新增一封书》中的系列民歌：

　　　　床儿上，枕儿边，一双玉手挽金莲。身子动，腿儿颠，一阵昏迷一阵酸。叫声哥哥缓缓耍，等待妹子同过关。俊心肝，俏心肝，小妹子留情在你身上。①

　　又：

　　　　红绫被，象牙床，怀中搂抱可意郎。情人睡，脱衣裳，口吐舌尖赛砂糖。叫声哥哥慢慢耍，休要惊醒我的娘。俊才郎，俏才郎，剪发拈香切莫忘。②

　　又如冯梦龙《挂枝儿》卷一"私部"与卷二之"欢部"系列民歌，多是调色弄情、促淫导欲之作品。如"私部"之《调情》系列：

_____

　　① （明）程万里选，朱鼎臣集：《鼎锓徽池雅调南北官腔乐府点板曲响大明天下春》，影印日本尊经阁文库藏明福建金氏刊本。
　　② 同上书。

俏冤家扯奴在窗儿外，一口儿咬住奴粉香腮，双手就解香罗带。哥哥等一等，只怕有人来。再一会无人也，裤带儿随你解。①

又：

俊亲亲，奴爱你风情俏，动我心，遂我意，才与你相交，谁知你胆大，就是活强盗。不管好和歹，进门就搂抱着。撞见个人来，亲亲，教我怎么好。②

行院歌曲常常利用淫秽情色等方式再现两性交媾之场面，用以私通、偷情、勾引等违反伦理道德等行为，来满足人们的偷窥与猎奇心理，进而刺激人的媾和欲望。事实上，与唐代张鷟《游仙窟》以妓院为原型一样，明代中后期所流行于市井的情色书籍，其男女私会之情节与两性交媾之描写，多以青楼世界为原型，因为在现实世界里，不可能将闺阃之事公之于众，即使社会有所风闻，亦断然不会将淫媾交合之情节历历再现。所谓情色者，多取自明代文人之个人臆想，而文人实现男女媾合之最佳场所，则莫过于青楼行院了。

在流行于青楼世界的民歌中，有相当部分创作于明代文人之手，就如《挂枝儿》《山歌》诸集中，就有冯梦龙、董遐周、白石山人、丘田叔诸人参与其中。这些文人长期混迹于青楼，熟悉青楼的种种内幕，因此，对于行院世界的情色机关又多有揭露，如：

烟花寨埋伏窝巢，绣房中刑部天牢，汗巾儿一似追魂票。破窗皮任你们烧，青丝发剪了几遭，烧剪都是催钱钞。你说我笑，笑里藏刀，香茶哑谜虚圈套。有钱的是我孤老，无钱的两下开交，有钱哪管村和俏。③

---

① （明）程万里选，朱鼎臣集：《鼎锲徽池雅调南北官腔乐府点板曲响大明天下春》，影印日本尊经阁文库藏明福建金氏刊本。

② （明）冯梦龙编纂，刘瑞明注解：《冯梦龙民歌集三种注解》，中华书局2005年版，第27页。

③ 见于《精镌汇编杂乐府新声雅调大明天下春》，此书收录于（俄）李福清、（中）李平编《海外孤本晚明戏剧选集三种》之中。

又：

> 纱窗外，月影昏，只见才郎见院门，丫头站立忙恭敬。入门来请
> 号尊名，唤鸨儿连把茶斟，花言巧语相调戏。步房帏肴酒忙随，那妈
> 妈恐把银催，眉来眼去都是连环计。铁心肠想得痴呆，枕边言百事相
> 依，良田万顷都坑费。

又《新增一封书》：

> 胭花路，休要行，姐儿心肠那有真。装模样，假奉承，巧语花言
> 哄杀人。有钱和你消停耍，转后如同陌路人。子弟们，莫痴心，留得
> 黄金养自身。[①]

然而，风流场中多是游戏本色，世人多怪青楼无情，孰知那些惯入青
楼的男子又有几个痴情者。行院世界本来就是游戏场，当男人苛责妓女水
性杨花、琵琶别抱时，又何曾苛责过自己的忘恩负义、风流薄幸？难得有
深情之妓女在民歌中一诉情怨：

> 提讲起，珠泪抛，心肠改变去跳槽。奴不忿，恨怎消，闪得人来
> 没下梢。山盟海誓都忘了，剪发烧香一旦飘。骂一场，咒一场，负义
> 辜恩薄幸郎。[②]

又：

> 烟花女，心不良，假意虚情泪汪汪。千般计，百样妆，佛口蛇心
> 贼肚肠。逢人便把青丝剪，遇客常烧手上香。俊婆娘，俏婆娘，忘旧

---

① 《精镌汇编杂乐府新声雅调大明天下春》，此书收录于李平编《海外孤本晚明戏剧选集三
种》之中，影印日本尊经阁文库藏明福建金氏刊本。

② （明）程万里选，朱鼎臣集：《大明天下春》，此书收录于李平编《海外孤本晚明戏剧选
集三种》之中，影印日本尊经阁文库藏明福建金氏刊本。

怜新没下场。①

正如此，当男子的游戏薄幸遭遇行院女子的水性杨花时，两厢薄情无义，其风月遇合之事，自然多是一场空梦了。

> 风月事，总是空，似一对鸳鸯波浪冲。思量起，恨匆匆，你在西头我在东。黄昏等到初更鼓，争奈蓝桥路不通。恨天公，怨天公，他又无钱我命穷。②

又有一些文人，以放浪轻佻之口吻，游戏文墨之笔触，描绘青楼女子百态，即如《大明天下春》里有《新编百妓评品》，对行院女子之相貌体态、生活方式，进行了多角度的描述，虽然不乏僻巧尖酸之语，但又不失灵动谐顽之机趣，充分体现了明代文人之放浪习气。如陈大声嘲讽北地妓女的民歌：

> 门前一阵阵骡车过，灰扬。哪里有踏花归去马蹄香？棉袄棉裤棉裙子，膀胀。哪里有春风初试薄罗裳？生葱生蒜生韭菜，腌臜。哪里有夜深私语口脂香？开口便唱"冤家的"，不正腔。哪里有春风一曲杜韦娘？举杯定吃烧刀子，难当。哪里有兰陵美酒郁金香？头上云髻高尺二，蛮娘。哪里有高髻云鬟宫样妆？行云行雨在何方？土炕。哪里有鸳鸯夜宿销金帐？五钱一两等头昂，便忘。哪单有嫁得刘郎胜阮郎？③

如果说秦淮文人所勾画的青楼女子是理想主义之作品的话，那么陈大声所描述的则是活脱脱的自然主义作品。对于北方之伎，《析津日记》中亦有记载："青楼之伎，多著穷袴，其被服罗裳者亦鲜矣。"④没有一点温柔

---

① （明）程万里选，朱鼎臣集：此书收录于《大明天下春》，《海外孤本晚明戏剧选集三种》，上海古籍出版社1993年版。

② 同上书。

③ 陈大声：《嘲北地娼妓曲》，转引自周玉波《明代娼妓和民歌关系论略》，《南京师范大学文学院学报》2004年第3期。

④ （清）于敏中：《日下旧闻考》卷一四六"风俗一"，北京古籍出版社2000年版，第2335页。

款洽之情，没有一句软语温香之言，甚至说话间还喷出一股刺鼻的韭菜味儿，如此更休提翻云覆雨之土炕了。设想之，如果天下青楼歌馆均如此模样的话，那么也不会有那么多的狭邪纵狂、倾家荡产之人了。又如对《月妓》之描述：

> 鹊泪暗中流，豁崖旁草色幽，霞侵鸟道丹泉溜。桃花洞口，红叶御沟，胭脂湿沁鲛绡绮。遇鸾俦，似霜酣玉树，妆点梵王秋。①

这首民歌以隐喻的方式描写了女性例假时的状态，全篇不离女性之血腥，却又不露半点声色，虽然不乏轻薄放佻之气，却不失机敏心思。又如《醉妓》：

> 桃晕两腮红，软腰枝（肢）似病中，乜斜双眼银波涌。歌儿意慵，舞儿意慵，偎人谩把香肩耸。鬓云松，石榴裙上，翻污唾花红。②

此民歌直与词曲相论，却又比词曲更加灵趣、生动、形象。首句从醉酒后的容貌写起，两腮桃红、软腰似病，双眼乜斜，此后又白描懒慵之体态，以致唾翻污花红。短短数语，已从形、体、态诸方面描绘了一个酒意酣浓的醉妓形象。又有写行院女妓悲惨身世者，如《鬻妓》：

> 飘泊比杨花，鬓云边插卖叉，明珠三斛难胜价。昨朝那家，今宵这家，纸鸢一任东风嫁。姓名差，门庭已换，犹抱旧琵琶。③

明代中后期，人口控制松弛，多出现女子人口买卖之行为，如扬州之瘦马，大同之人市等。飘泊无依，又转鬻多家，朝夕不保，多折射出行院女子的悲凉身世。又如《贫妓》：

---

① （明）程万里选，朱鼎臣集：《大明天下春》，影印日本尊经阁文库藏明福建金氏刊本。
② 同上书。
③ 同上书。

　　眉锁郁难开，布为裙荆作钗，饥寒减却倾城态。许柴的不来，许米的不来，来的却又催还债。实堪哀，蓬门风雪，谁伴饮茅柴。①

　　卑贱之妓女，多生活凄凉，那些风光无限者，又有几人？不仅如此，即使官府判即从良，也不免被敲诈一笔，如《官鬻妓》：

　　明府缔良姻，业身躯又属人，亲生龟鸨难厮认。原值十缗，公还一缗，再休提倚市涂脂粉。这良人，只凭给配，未审俏和村。②

　　明代乐籍女子多无身份自由，其嫁娶偶匹亦多为官府所干涉，朱有燉之烟花杂剧所反映的明初乐籍女子脱籍之艰辛，在明代中后期没有丝毫改观。由此民歌中可以洞悉，官府可以决定乐籍女子的婚嫁，即使其亲生父母仍无法干预，不仅如此，连女妓的脱籍身资，官府还要扣去十分之九。借此可以看出明代下层乐籍女子命运的悲惨。

　　在流行于青楼世界的民歌中，有许多谐趣横生、巧妙灵动的作品，它们格调清丽明快，语言尖新直白，伴着急促的音乐节奏，如欢快的小溪在山间流淌。如《新增急催玉歌》：

　　青山在，绿水在，冤家不在。风常来，雨常来，情书未来。灾不害，病不害，相思常害。春去病未去，花开恨未开。倚定着门儿，手托着腮儿，心想着人儿，泪珠儿汪汪，滴满了东洋海。③

　　此歌首句以青山绿水起兴，而乘势引出冤家不在之原因。之后，又以风雨、灾病为题而揭示情书未至、相思常害之事实。春天慢慢地离去，而相思之病却没有随之而去。鲜花又一次开放，但是春日里的思恨却没有一丝缓解。想想此时，这位女子定然倚着门儿，托着腮儿，思念着情

　　① （明）程万里选，朱鼎臣集：《大明天下春》，影印日本尊经阁文库藏明福建金氏刊本。
　　② 同上书。
　　③ （明）黄文华选辑：《鼎雕昆池新调乐府八能奏锦》，万历元年蔡氏爱日堂刊本，《善本戏曲丛刊》第一辑第五册。

人儿呢。又有《新调时尚劈破玉歌》分别咏春夏秋冬①，亦是巧妙自然，谐映成趣。

春

到春来梅蕊传春信，孟浩然处处寻，寻来诗句添半韵。俄然逢驿使，寄与陇头人。嘱咐我的冤家，嘱咐我的冤家，好耐冰霜冷。

夏

到夏来池内钱儿串，周濂溪载酒看，看来雨过琼珠溅。菡萏双出水，想是并头莲。应看我的冤家也，应看我的冤家也，罗带同心绾。

秋

到秋来黄菊东篱放，陶渊明诗兴狂，白衣送酒多情况。风中香袅娜，霜下色悠扬。怎得我的冤家，怎得我的冤家，同在花前赏。

冬

到冬来六出花撩乱，韩文公马不前，空把家乡盼。蓝关隔千里，秦岭阻三千。不见我的冤家，不见我的冤家，昨夜牵着俺。②

此类民歌相思调，不乏文人舞文弄字之雅兴，却没有诗词那种堆砌典故、罗列词藻之弊病。虽是化典，却是如此通俗可爱。民歌节选前代诗中有关春夏秋冬者，又兼列诗之作者而协动之。后两句又连连化用诗词之名句以勾通，巧妙衔接，一气通成。最后两句，又以情怨作结，点明了行院女子的相思情趣。如《咏秋》之前两句："到秋来黄菊东篱放"，又暗暗照应陶渊明黄菊之爱。秋之于菊，而菊之于陶渊明，则是历代文人的思维定式，一气贯通。又如《咏冬》，全诗以韩愈及其诗作铺垫，韩氏有诗"雪

---

① （明）黄文华选辑：《鼎雕昆池新调乐府八能奏锦》，万历元年蔡氏爱日堂刊本，《善本戏曲丛刊》第一辑第五册。

② 同上书。

拥蓝关马不前"，影射冬季之景，接下两句，又以此诗展开阐述，从而暗示因情郎阻隔他乡，而造成的相思之情。

可以说，明代民歌与行院世界有着一种天然的联系。在某种程度上，民歌与行院都是明代文人对情欲追求的一种文化符号。民歌表现了明代中下层民众对情欲的热烈呼唤，它真诚、自然，而无半点矫揉造作之态，而行院则体现了明人对情欲的现实追求。正如文人以情歌指代民歌一样，民歌中所渲染的那种赤裸裸的两性暴露与淫媟情态，正是明代行院世界的真实再现。如果用一个比喻来形容青楼与文学之关系的话，青楼更像一面镜子，当文人雅士注视它的时候，它是一面诗化的情意符号，代表着具有象征意义的雅化文学；当市井民众映照它的时候，它则是一面展示世俗情欲的文化宣言，代表了具有鲜活生命力的民歌俗曲、里巷谣谚。

第六章　情欲、文学与明代性别文化构建

一　明人的情欲思潮与两性文化构建

（一）情、性与两性及明人启蒙运动

明代是一个人性觉醒的时代，这个判断得之于有明一季浩如烟海的文献材料，诸如史料、笔记、文学等文献中，均有明人对"情"与"性"的相关论述。"情"与"性"多与个人之学养品质、生活态度与世界观紧密相连，被一同视为人性之根本，即如荀子所云："性之好恶喜怒哀乐谓之情。"又曰："性者，天之就也；情者，性之质也；欲者，情之应也。"然而，一味地偏执于个体性情的施展，往往会导致个人利欲的极度膨胀，从而引发个体利益对公共权力的严重对抗。公共权力代表着个体对国家、社会所肩负的个体责任，一旦个人情性所代表的个体欲望超越代表国家与社会之责任的公共权力时，那么必然引起社会公共轶序的失序与混乱。因此，先哲们树立了一个独立于个体情欲的理性世界，从而建立起一套制约个体情欲的理性网化标准。

这种理性世界之构建，在宋人理学中得以完成，在元明两季得以执行。然而，如果过度地抑制个体情欲的发展，必然会泯灭个人对情欲的现实要求，从而引发个体之"情""欲"与公共利益之"理"的抗争。正是在宋明理学的严重压抑下，明人开始了人性觉醒的"情""性"复兴运动。明人对"情"之理解与对"理"的解读，均牵涉到文人对自身与他人及社会之关系。加之，明人对"情"与"理"的理解，往往勾连太多的哲学因素，因此，对"情"与"理"的擘析，以及以"情"抗"理"之途径，明人并没有确切的指导纲领。可以说，明代人性启蒙运动，更像是一种由个体自发促兴，而逐步形诸风潮的人文复兴运动。之所以如此说，是因为明人采

取了一种更为积极的、适应社会发展的文学启蒙方式，而不仅仅是在哲学方面的树帜分垒、摇旗鼓吹。在这场声势浩大的人文启蒙运动中，催生了明代影响巨大的哲学运动——阳明心学。亦可以说，阳明心学是明代人文启蒙思潮形诸体系的一次理论实践。阳明心学尝试着将人的内在情、性与外在之理有机地融为一体，以解决"情"与"理"之争。然而，这种尝试却唤醒了人性中压抑已久的情性欲望，以致在明代中后期促发了个性与泛情主义的泛滥。

现代研究者多以阳明心学为契机，来分析明代人性启蒙风潮，并由此将文学转型的功绩纳于阳明心学运动之下。实际上，此种研究结果与明代事实恰恰是本末倒置，南辕北辙。明代人文复兴运动在阳明心学建立之前已形诸风潮，阳明心学只是明代人文复兴运动的哲学分支而已，不仅如此，阳明心学的影响重点多限于文人士夫等知识阶层，而中下层民众则在阳明心学建立之前，更早地成为引领人性启蒙运动的主力。或者说，明代人文启蒙运动是在两个社会阶层中进行的，第一阶层是以明代中下层民众为主体的世俗情欲世界，在这个底层社会里，个体的爱欲情感从古至今一直在自然地发展；第二阶层，是以文人士夫等社会精英为主体的知识分子群体，他们的情感爱欲往往受制于理性思潮。然而，这两个阶层并不是截然分开的，他们往往相互作用。实际上，底层社会往往更主动地影响了第二阶层的情欲价值观。明代精英分子在大张旗鼓地进行人性爱欲之鼓吹时，往往将民众的世俗情欲世界作为理论源泉，即如明代文人利用流行于底层社会的民歌来进行对诗文复古运动的反击，文人利用狭邪青楼的情爱世界来创作才子佳人小说。

明代中后期，在商品经济的刺激下，整个思想界趋于一种开放、自由、进取的社会风气。文人士夫有意打破传统的理学束缚，进行思想、文化诸领域的解放运动。其表现在文学方面，打破笼罩诗文领域的"诗必盛唐，文必秦汉"的文学信条，颠覆前后七子的文学权威地位；强调文学的通俗化，注重向民间汲取营养。流行于底层社会的文学形式，诸如小说、戏曲、民歌等通俗文学，获得了文人的追捧与赞誉。在哲学、思想方面，文人逐渐挣脱宋明理学的束缚，强调哲学向人伦事理、世俗情爱方向渗透，从而使哲学走向世俗的人性情爱之方向。在人生态度、生活方式诸方面，士人的生活态度逐渐与新兴之市井商贾趋于一致，恣情享乐、奢靡纵欲，注重现实享乐。总之，在明代中后期，文人阶层在思想、文化、生活方式诸领域向民众阶层趋近，并以之为契机逐渐展开了一次人文解放运动。

对于这次人文解放之运动，现代研究者多从阳明心学等哲学领域着手，而较少关注启蒙者在文学领域的人文启蒙活动。事实上，明代启蒙运动最早发轫于明人再建两性关系的文学运动。明人理想两性关系是以重塑女性文化为出发点，这也是明人重建男女两性关系的基础。明人对女性文化的解放，是明代知识分子对理想情欲对象的一种人文审视。它首先树立起女性诗文才艺的合理性，进而利用小说、戏曲、民歌等通俗文学热潮，传播以情爱对主体的新型两性关系理念。对于女性诗文才艺的鼓吹，明人最早从编辑历代女性诗文集入手，逐渐树立起一种符合文人品位的才女形象。另外，江南文人浮游放浪的生活习气，又将之引入青楼女妓的情意塑造之中，这也相应地促发了明代狭邪世界的文化繁荣。同时，明人又将两性文化发展为一种情教理想，进而连接了明人对女性文化、两性关系与情教思想的内部联系，从而将明代人文启蒙运动推向更系统、通俗的文化层次。

为了实现这一目的，明代文人逐渐走出传统的诗文领域，利用民众所喜闻乐见的小说、笔记、戏曲、说唱、民歌等体裁，来进行情教思想的普及活动。由最早之文人对民歌的情感认同，再波及对女性文献的有意整理，最后至明代发达的艳情说部，明人的情教思想传播体现了一种多层次、渐进式的发展过程。正是在这种文学与文化背景下，笔者来探赜明代情教普世理论下的两性关系发展历程，并借此一窥明人之于青楼文化的认同过程。

（二）明人情教思潮与女性文学关注

明代文人对女性及其文化的关注似乎比以往任何朝代都要强烈，从历代女性诗文的编纂到繁赜的女性传记整理，再至发达的世情小说与民歌散曲中的情欲描写，都表现了明代文人对女性及两性关系的深刻思考。这与明代文人强烈的情教思想有着密切的联系。如上文所论，明人崇尚情性，而性情之论往往与人之喜怒哀乐好恶相联系，明人徐祯卿曾云："情者，心之精也。情无定位，触感而兴。"①陈继儒在为《吴骚集》所作之叙中亦称：

> 夫世间一切色相俦有能离情者乎？顾情一耳，正用之为忠愤，为激烈，为幽宛，而抑之为忧思，为不平，为枯槁憔悴，至于缧缧一腔难以自已，遂畅之为诗歌，为骚赋，而风雅与三间诸篇并重于世。②

在古人看来，情是人类触物而衍生的心理波动，这种波动以其外因不同，而呈现出不同的情绪，而这种情绪的根源则归于内心的多重感知，王阳明曾云："心不是一块血肉，凡知觉处便是心。如耳目之知视听，手足之知痛痒，此知觉便是心也。"③感观触物，以物观心，因心生情，王阳明由此而建立起"及物—感知—由心—生情"的辩证关系。如此一来，阳明学派就将形而上之"情"形诸实体化，使"情"这一概念成为与"理"相抗衡的哲学范畴，从而为明人的情教普世思想奠定了理论基础。

明人讲"情"就必然涉及对"性"的体察与认识，"性"将广泛意义上的"情"建立于个体人之上，因此形成了万物之"情"与个人之"性"的相对概念。明人将"情"泛化为万事万物所有之情，而世间万事万物之情性又是源于自然，因此从某种意义上来讲，声色情性均有合理的解释了。明代启蒙先锋李贽在论及人之情性与礼仪之关系的时候，就将外化之礼仪比附至个人之情性上：

> 盖声色之来，发于情性，由乎自然，是可以牵合矫强而致乎？故自然发于情性，则自然止乎礼仪，非情性之外复有礼仪可止也。惟矫强乃失之，故以自然之为美耳，又非于情性之外复有所谓自然而然也。……莫不有情，莫不有性，而可以一律求之哉。然则所谓自然者，非有意为自然而遂以为自然也。若有意为自然，则与矫强何异？④

---

① （明）徐祯卿：《谈艺录》，《夷门广牍》第二册，景明刻本。
② （明）王穉登编：《吴骚集》，明武林张琦校刊本。
③ 王守仁：《传习录》，《王阳明全书》，启智书局1925年版，第95页。
④ 李贽：《焚书》，《读律肤说》，中华书局1993年版，第132—133页。

明代中后期，儒释道三教融合的趋势至为浓炽，文人往往混用诸教之精髓来演说道理。冯梦龙就借用了佛教的"泛情"思想，来鼓吹儒家所宣扬的"君君、臣臣、父子、夫妇"之纲常伦理。然而，这并不是明代文人的最终目的。在明人看来，由佛家的泛情理论过渡到儒家的伦理说教，亦是为更深层次的"两情相悦"命题建立合法的理论依据。至于如何将儒家所倡导的伦理纲常变为"两情相悦"的理论依据，冯梦龙有着精辟的论述：

> 六经皆以情教也。《易》尊夫妇，《诗》有《关雎》，《书》序嫔虞之文，《礼》谨聘奔之别，《春秋》于姬姜之际详然言之。岂求以情始于男女，凡民之所必开者，圣人亦因而导之，俾勿作于凉，于是流注于君臣、父子、兄弟、朋友之间而汪然有余乎！异端之学，欲人鳏旷以求清净，其究不至无君父不止。情之功效亦可知已。①

冯梦龙把情教之渊源追溯至儒家的六经，从而把情教的地位提高至与宋明理学比肩的文化高度，进而在法理上树立了"情教"的文统地位。在冯梦龙看来，情之最根本者在于男女之情，因此圣人作六经，以阐发两性关系之微妙。由万物之"泛情"而类化为人类之"性情"，再由人之"性情"进而论证"两性相悦"的合理建构，明人采用了一种形而上的论证方法，这种方法显然是很成功的，因为明人建立起了"情教"思想的基本理论构建。由明人推崇的"情""性"之学，发展到对男女两性关系的理学关注，是明人情教普世方式的具体途径。在男女两性关系中，明代文人又将女性视为一种可变通的情感载体，因为男性在两性关系中处于绝对地位，有着根深蒂固的历史地位。相对而言，女性更容易进行两性关系的文化重塑。因此，明代启蒙知识分子建立了一套更为切实可行的情教普世方案：泛情（理论构建）—心性（哲学途径）—两性（具体方式）—女性（执行手段）。正是在情教普世理论的指导下，明代启蒙知识分子利用文学形式，对女性文化进行了一次深层的启蒙重塑。

明代知识分子对女性文化的重塑，是以女性文学的整理为契机的。而

———————————
① （明）冯梦龙:《情史·詹詹外史序》,《冯梦龙全集》,凤凰出版社 2007 年版，第 686—687 页。

实际上，这个过程并没有一个统一的执行规划，它更像是一个由明代文人自发组织、进而形诸风潮的人文觉醒过程。因此，明人的这种女性文学整理运动，表现出了一种百花齐放的文学风态，诸如明代文人对女性作品的整理、对女性传记的编撰，以及对女性传奇故事的汇编，甚至于明代发达的艳情小说、淫亵导欲的春宫图，均可以看作是明人情教思想的普及过程。

明代文人对女性文化的强烈关注，有其必然的历史原因。在传统的男权社会里，女性文化是被传统文化所遮掩的一个弱势图层。由于传统文化中的男性意识与强势思维浸透至古代社会的文化、思想、价值观等各领域，因此，女性文化的独立意识被男性文化不断地消磨、蚕食，从而导致代表女性文化的历史文献不断地被男性文化所删减、涂改，甚至于消失。这种两性文化侵蚀现象，田艺蘅在《诗女史·序》中深刻地揭示了这一过程：

> 夫天地奠居，则玄黄宣色。阴阳相匹，则律吕谐声，故文章昭于俯仰之观，音调和于清浊之配，讵由强作？实出自然造物，如斯人事可测矣。远稽太古，近阅明时，乾坤异成，男女适敌，虽内外各正，职有攸司，而言德交修材，无偏废弃。男子之以文著者，固力行之绪华，女子之以文鸣者，诚在中之闺秀。成周而降，代不乏人。曾何显晦之顿殊，良自采观之既阙也。……然圣史如司马子长尚寂无所录，其后间纪一二，盖已疏矣。[1]

在田艺蘅看来，男女之才艺是自然所赋予的，而男女两性对文学之追求亦是平等、自由的，正如天地奠居而玄黄分色、阴阳相匹而音乐谐合一样。所以男女两性虽居位不同、职艺有专，但是在德行与才气方面则没有差别。但是到了汉代，这种代表女性文化的文学创作逐渐消失了，田艺蘅把这种原因归于男权社会对女性文化的有意疏离："曾何显晦之顿殊，良自采观之既阙也。"一语道破了这种两性文化偏执的主因。以现代视野目之，田艺蘅真可谓是古代社会的"女权主义"者，这也是他编纂《诗

---

① （明）田艺蘅：《诗女史·序》，《四库全书存目丛书》集部第 321 册，第 686 页。

女史》的主要原因："夫宫词闺咏皆得列于葩经，俚语淫风犹不删于麟笔。盖美恶自辨，则劝惩攸存，非惟可考，皇猷抑亦用裨阴教，其功茂矣，岂小补哉？"①

　　明代文人对女性文学的有意整理，主要表现在两方面：其一为对女性诗歌、词作、文赋等文学作品的编纂与整理；其二为女性传记类文学作品的搜辑与汇编。这两种女性文学的整理活动，都可视为明代文人"女史"思维的一种文化展现，诸如田艺蘅以《诗女史》命名其所编纂的女性诗集，《亘史钞》《绿窗女史》《情史》诸书直以"史"概括全书之旨。不仅如此，女性文学编纂者亦以"女史"自居，如梅鼎祚在《青泥莲花记》各卷之末均有"女史氏"评语；冯梦龙在《情史类略》序中自署"詹詹外史"，并且在所叙故事之后亦多有"女史"之按语，这些都表明了明人强烈的"女史"心态。

　　中国古代文人有两种文学思维：一种是诗性的，以跳跃、活性、自由、浪漫为旨归；另一种是史性的，以规矩、事实、还原、厚重为依托。诗性文化，多文学、审美、浪漫之情调；史性文化，以史述、还原、镜鉴为标准。对于女性文学的整理，无论是女性诗文的整理与编纂，还是对女性轶事的搜辑与汇编，都渗透着线性的史学情节。此种情节亦可以看作是明代文人史学思维的独特发展。史学的建构在于一种文化的记忆与传承，而以史料作研究则又在于还原历史之风貌，进而以古论今，实现时代意图。因进行女性文化整理而表现出的女性史观，正从一个侧面体现了明人重建两性关系的尝试与努力。

　　明人的女性文学整理活动，经历了一个逐渐形诸风潮的发展过程，这个过程与明人的重情思潮趋于一致，事实上，两者互为作用，同样可视为明代人文复兴运动的主力形式。弘治、正德年间，受经济、政治、文化诸方面之原因，在士人群体中爆发了个性主义与享乐主义思潮，士人的价值观与生活方式逐渐受到市井商贾之奢靡生活的影响，趋于纵情尚欲与洒脱自然的生活方式。与此相照应，明代文人尝试将生活方式的重建与女性文化之重塑结合起来，从而引发了一次女性文学整理风潮。

————————

① （明）田艺蘅：《诗女史·序》，《四库全书存目丛书》集部第 321 册，第 686 页。

明代弘治、正德年间，开始爆发大规模的女性诗文编纂活动，万历以后遂为泱泱巨观。据胡文楷的《历代妇女著作考》统计，明之前女性作品总集不足十部，而在明一季，仅收录女性作品的总集就有四十余部，且不包括三百余位女性的自刻文集。仅以留传于世的女性诗文总集统计，亦可窥明代文人的"女史"风潮。诸如嘉靖三十三年（1554），华亭张之象编选《彤管新编》；嘉靖三十六年（1557），钱塘田艺蘅编《诗女史》；隆庆元年（1567），会稽郦琥所编《姑苏新刻彤管遗篇》等。万历以后，女性诗歌纂辑活动达其鼎盛，先后有署名池上客之《历朝列女诗选名媛玑囊》、福建郑文昂之《名媛汇诗》、新安蓬安生之《女骚》、马嘉松之《花镜隽声》、张梦徵之《青楼韵语》、冒愈昌之《秦淮四美人选稿》、钟惺编次《名媛诗归》等。[①] 然而，这种女性文学风潮同时潜含着另一种暗示，即几乎全部由男性知识分子来参订，这一点也预示了女性文化始终是男性文化之附庸的文化定位。

与女性诗文整理的风潮相呼应，明代文人仍进行着另一种女性文化重建运动——女性传记的编纂与汇编。从叙事角度来讲，传记是一种以个人为叙事主体的故事总集。零星的个人小传，在先秦著作中就已经出现了，然而大规模地将其运用到一部专著中，则从司马迁之《史记》开始。自司马迁创立了纪传体史例后，纪传体的编著方式亦为后世文史学家所继承。纪传体文学的编选体例，一方面保留了史学的严肃性与实录性，另一方面又兼呈文学的故事性与通俗性。纪传体文学编选方式的纪实性与通俗性，使其逐渐成为明代女性文学风潮的另一主力军。明人的情教普世方式有两种，一种是追古溯源，将情教之理论追溯至先秦经典，从而树立起情教思想的时代权威；另一种是史学上的认证，即从历史史实中来寻绎情教思想的实证，进而为时下的情教普世思潮树立起时代典型。女性传记文献的编纂活动，正是明人情教理想在史学文献上的一次成功尝试。

明代女性传记的整理活动，更加注重女性之"情"与"性"的回归。亦可以这么说，明代文人撰写大量的女性传记，并不是为了鼓吹官方意识形态的女学，而是呼唤与重建女性文化与两性关系的大胆实践。明代文人

---

① 王艳红《明代女性作品总集研究》（上海师范大学硕士学位论文，2006年）认为，明人大量的女性总集之编纂折射出明人对"德、才、色"并重的女性观。

重情尚性的最终目的，是对传统两性关系的重新审视，而这必然会牵涉到男权社会如何对待女性的社会地位与角色价值等敏感话题。女性的社会地位与角色，一直是儒家伦理构建的重要议题，儒家的这种两性定位活动迄至明代已持续了一千余年，女性的社会角色已基本被上层知识分子定型为温柔持重、含蓄内敛的阴性角色，然而在明代中后期所形成的崇情尚性之思潮下，这种传统的阴柔角色往往不能满足传统文人对新时代女性的要求，因此，明代文人不得不对理想的女性角色进行重新设定，而所采取的方法莫过于对理想女性传记之整理这种直接而明显的文学方法了。

　　然而当研究女性文化对两性关系之构建的时候，不得不触及另一个社会事实，即明代妇女群体的多重阶层现状。对于明代女性的生活境况，当下研究者颇多论及，然而多一概而论，缺乏细致而明确的分类，或统论其贞节操守胜于前代，或泛言其纵情尚欲、自然开放。实言之，明代妇女多有阶层之分，宫廷后妃、士子妻妾、闺阁良淑等上层社会妇女，出于名教礼仪之家，自然多受传统理教束缚，而底层社会妇女，较多从事体力、苦贱之生计，则更贴近社会实际，从流传至今的明代民歌中仍然可以看出理教对于底层妇女约束力的薄弱。从某种意义上来讲，明代文人所兴起的女性文化重建运动，是局限于上层社会妇女的，而对于处于社会底层妇女则没有实质性的进步意义。因此，笔者在论及明代文人对于女性文化构建时，将论述焦点多及于上层社会才女阶层，而对中下层社会妇女则于其他章中兼论之。

二　两性文化建构与女性文学编纂

（一）两性、才艺与女性文学

　　明代中后期，在"重情尚性"思潮的影响下，明代启蒙文人开始了两性关系的重建运动。至于如何重新定位女性在两性关系中的社会地位与伦理角色，明代文人并没有建立起一种系统而严密的社会理论，但是狂烈的"情性"思潮又让人不得不采取一种切实可行的方式，为明代文人的现实"情欲"寻绎出一种合理的借口。因此，在这种迫切需求却又无法宣泄的情势下，明代文人开始了漫长的情性探索之路。如前所述，明代文人将情欲探求的突破口建立在对女性文化的改造上。当然，于此所指的女性文化被局囿在上层社会这一阶层，因为上层社会妇女与明代士人的天然联系，使她们成为受传统理教与女学压制最深的一个群体。明代知识分子将改革的矛头指向了女性文化中最弱的一环——才艺。重塑女性才艺观的价值在于打破传统的男女文化壁垒，促使女性话语向男性文化强势靠拢。

女性文化的改革前提是男性文化对女性才艺的认同与尊重。中国古代不乏才女淑慧，然而能有作品流传于世的并不多见，这与两汉以来所形成的文学观念有着密切的联系。两汉政权依照儒家的伦理理想构建了两性关系，儒士逐渐强化男女尊卑有别、内外相分的性别差异，从而逐渐形成了"内言不出""无才是德"等女学箴箴。此类女性箴规被后世奉为女学圭臬，女性才艺观亦被逐渐弱化，闺淑妇女的诗才文兴亦被文人有意地掩弃不道，从而造成了女性文学长期的落寞不兴。明人对女性诗文创作的搜辑与整理，体现了明代社会对女性诗文才艺的尊重与认同。

明代启蒙者对女性才艺的认同与辩护，在正德、嘉靖时期已造其端。人文异端李贽曾对女性的诗文才华大加赞赏，而对文人贬抑女性才学的做法嗤之以鼻。为了对抗传统文人对女性才艺的世俗偏见，他甚至不顾社会舆论的流言蜚语，教授女弟子。① 李贽曾作书为"女人才短"辩驳："余窃谓欲论见之长短者当如此，不可止以妇人之见为见短也。故谓人有男女则可，谓见有男女岂可乎？谓见有长短则可，谓男子之见尽长，女人之见尽短，又岂可乎？"② 在明代人文启蒙者看来，男女只有性别之分，于识见则并无实质差异，而由识见所延伸之诗文才艺更无才短优劣之别。明代启蒙者重拾女性识见观，进而提升女性诗文之历史地位，从而把女性诗文纳入

① 虽然他不曾正式招收女弟子，但与梅澹然、澄然、自信、明因诸妇女的书信往来，实兼师徒之义："梅澹然是出世丈夫，虽是女身，然男子未易及之，今既学道，有端的知见，我无忧矣。虽不曾拜我为师，彼知我不肯为师也。然已时时遣人走三十里问法，余虽欲不答得乎？彼以师礼默默事我，我纵不受半个徒弟于世间，亦难以不答其情。故凡答彼请教之书，彼以师称我，我亦以澹然师答其称，终不欲犯此不为人师之戒也。"

② （明）李贽：《焚书注》，张建业主编《李贽文集》，社会科学文献出版社，卷2《答以女人学道为见短书》，第144页。

女学范畴之内，使其逐渐成为与妇德相并衡的女学标准。

在确立女性诗文地位的基础上，明代文人亦注意到诗歌艺术与女性文化的内在关系。他们认为诗词才气并无男女之别，而诗境风格却与男女职司有着必然的联系。由于妇女职司与生活环境之差异，造成了各个时代妇女诗文的不同风格。对于诗文风格与女性文化的渊源关系，魏学礼在为《彤管新编》所作之序中有如下论述：

> 夫内言不出无非无仪，然《葛覃》弦音，《关雎》始训，哲妃懿妇言足垂来，圣所采焉，未有弃者。若夫彤管之编，述古宫闺之义。览周之作，则有温柔和凯之风、凄婉嘉徐之则；睹汉之制则有典古正毅之懿、慨忱信直之体；魏晋则雅郁而沉深、清逸而弘永；宋齐迄唐则赋润而闳肆、芬敷而惋节。……夫歌咏之道，本乎神情，质先文从，讵由强作？考乎周世俚妇田夫，赋事叙言，情境融适。后之才士，竭智纷搜，雕珑镂琢，犹然莫及。执此以观诗，理昭然矣。夫妇顺《内则》，故以工组织、善酒浆、修容仪为职者也。其大则孝睦亲族、贞顺君子，文章细节宜非所先。然言以征德，德以成言，故组绘工而辞若縠锦之华灿而焕焕也。故浆酒善而辞若牢醴之润甘而芳丰也。故容节修而辞若环璜之锵戛而和鸣也。孝见其辞纯，睦见其辞渊，贞见其辞庄，顺见其辞信，察德之道，道莫善乎辞矣。①

魏学礼认为，古代女子学礼习诗，多与其职责及身份密切相关。诗歌是妇女慎修妇德的一种必然途径，而后世所谓的"内言不出"，大多是由于"内言不美"的原因，但是如果广化诗教劝世功能的话，那么诗歌无非是最好的教化工具。因此在这个基础上，他找到了礼教与诗教的契合点，从而给女性的诗文写作创造了制度上的依据。同样，魏学礼在其序中还阐发了一个重要的文学概念——"质先文从"，即文章的内容决定了文章的外在美感，所谓"言以征德，德以成言"也。在这个理论下，魏学礼提出了女德与诗风之传统："孝见其辞纯，睦见其辞渊，贞见其辞庄，顺见其

---

① （明）张之象：《彤管新编》之魏学礼序，明嘉靖三十三年刻本，收录于《四库全书存目丛书》补编第 13 册，第 444—445 页。

辞信。"不仅如此，他还将这种妇学与诗教之传统，扩及至文学史中，"览周之作，则有温柔和凯之风、凄婉嘉徐之则；睹汉之制则有典古正毅之懿、慨忱信直之体；魏晋则雅郁而沉深、清逸而弘永；宋齐迄唐则赋润而阆肆、芬敷而惋节"。这种女性诗教传统，在俞宪所编《淑秀总集》中亦有体现："古人自王宫以及里巷，皆有妇人女子之诗，盖风化政俗之所关也。"①俞宪的《淑秀总集》以搜辑明代女子诗作为主要目的，其序曰"我明盖落落希阔……以备典故，庶后之览者有考"。

结合前节所论之田艺蘅《诗女史·序》与魏学礼之《彤管新编·序》，明代中期文人已基本确立了女性文学的诗理基础。如果说田艺蘅将女学的合理性推及形而上之哲学层面的话，那魏学礼则建立了女性文学观的形而下的世俗基础。这两篇序文代表了明代文人对才艺女性的迫切渴望与要求。女性文学观的建立，又足以视为女学箴规从传统的"德、言、容、工"诸条准，向"德""才"兼备的新型女学标准过渡的先导。在宋元理学兴起之后，女性才艺观受到了传统礼学的强力压制。闺阁良淑触及文学创作被视为有悖伦常，即使她们有作品存世，亦经过后世文人的删减、修改而变得面目全非。然而，这也从另一方面促进了青楼文学的发展，可谓失之东隅，收之桑榆。

（二）女性文学的人文启蒙风潮

为了充分展现明代人文启蒙思潮之于女性文学的发展脉络，我们以胡文楷、张宏生先生所编《历代妇女著作考》为参考，简叙明代文人对女性文学总集的整理过程。明代女性诗文总集的编纂过程，亦是明代文学发展的重要一环。它是明代人文启蒙运动的一个重要成果，与明代其他文学风潮一同构成了明代文学发展的多重脉络。明代中后期，文学发展呈现两种趋势：一种是崇雅尚古的文学复古风潮，代表者为前后七子，鼓吹"文必秦汉，诗必盛唐"的文学理念；另一种趋势则是追新求奇、尚俗重情的文学观念，表现为对被传统视为"俗文学"或"不类文学"之文学的重视。诸如，明人对民歌俗曲的搜集，对女性作品的纂辑，对淫秽艳情文学的热

①　（明）俞宪：《淑秀总集·序》，嘉靖隆庆间刻本《盛明百家诗·前集》，《四库全书存目丛书》集部第 304 册。

衷，对市井世情体裁的风好等，越来越体现着明代文学向人性的回归，反映了文学与人之情性的强烈融合。

明代人文启蒙者对女性文学的关注大约起自嘉靖、隆庆年间。嘉靖三十三年（1554），张之象编选历代妇女文学作品为一集，并命之为《彤管新编》①，以承继时下所流传的《彤管集》。如张之象其序所言，此书的编选目的为教化劝善，为百世妇德树范，"庶垂百代之规式，附风劝之本"②。《彤管新编》的编选在当时影响巨大，它第一次大规模、系统地对存世之女性作品进行汇编与整理。虽然其作品收录不够丰富，编选诗文质量亦参差不齐，然而却开启了明代女性文学整理风潮。特别是魏学礼之《彤管新编·序》，更是在女性诗文理论上树立了风范榜样。

嘉靖三十六年（1557），田艺蘅编选《诗女史》，其书共十四卷附拾遗一卷，以保存女性诗歌为目的，留存了上古至明代的大量女性诗作。《诗女史》对于有考的女性均作小传以记其身世大略，这也成为后世女性文学编纂的通例。难能可贵的是，田艺蘅打破了以往以宫闱淑阁、命妇贞女、婢女娼妇为分类的编次体例，从而表现出作者明显的妇女平等意识，如其在《诗女史·序》中所言"乾坤异成，男女适敌。虽内外各正，职有攸司，而言德交修，才无偏废"。田艺蘅所作《诗女史·序》是一篇女性文学的独立宣言，成为明人女性诗教传统的理论纲领。

隆庆元年（1567），郦琥编辑《姑苏新刻彤管遗编》③，此书编排体例以"德""才"为纲目，缀以历代妇女之诗歌，而成通代女性诗歌之总集。嘉靖、隆庆年间，俞宪辑《淑秀总集》④一卷，辑录明代妇女十七人之诗词赋共七十二首。与前人所辑妇女诗集之目的相似，《淑秀总集》亦带有强烈的风化政俗之教化心理。透过《彤管遗编》与《淑秀总集》之以德行才学为

---

① 此书另有万历二十五年茅文耀刻本，与此本内容同，但序则易魏学礼以袁福征、易魏留耘跋为茅文耀。可见此书在明代影响之广。

② （明）张之象编选，魏留耘校刻：《彤管新编》嘉靖三十三年刻本，《四库全书存目丛书》补编第13册，齐鲁书社。

③ 此书有数个版本，上海图书馆藏《姑苏新刻彤管遗编前集四卷后集十卷附集二卷别集一卷》十册，另有隆庆元年刻补修本二十卷，收录于《四库未收丛书辑刊》。《历代妇女著作考》载有三十八卷和十八卷本，均无见。

④ 《淑秀总集》一卷，辑入《盛明百家诗》前编，收录于《四库全书存目丛书》集部第331—332册。

文学标准的编选体例，我们可以略窥明代文人对品德之高尚、行为之明秽、文艺之长短与身份之良贱诸女性品质的重视。谨守妇德、对贞慧理想之践行，是明代文人对女性文化的最高之要求。然而在此之上，明人又不排除女性诗艺对女性文化塑造的强大影响力，因此，他们把"学行并茂"的作品置于首选，继之以"文优于行""学富行秽"等作品。即便如此，在郦琥、俞宪等人看来，这仍然是不完备的，因为有一类不属于闺阁良淑的女性群体，她们创造了出众的文学作品，却有着不入品阶的低贱身份——"孽妾文妓"。对于他们来说，理想的女性角色的文学、身份与品行应该是一致的，但是实际上并非如此，因为他们没有跳出阶级的偏隅目光，从而使其作品编排得不伦不类。

明代文人对女性诗集的整理活动在万历年间达其鼎盛，先后可见辑录者达数十种之多。编选体例打破了过去女性诗文整理的惯例，表现出了新的时代特征：其一是对青楼女妓之诗词的单独辑刊，如万历四十四年（1616）张梦徵选辑之《青楼韵语》、万历四十六年（1618）冒伯麐编选之《秦淮四姬诗》《古今青楼集》等；其二是对表现女子情爱离思之作品的编选，如《花镜隽声》《古今名媛汇诗》等；其三是专门辑录男女酬赠之诗文的作品，如《丰韵情书》者。万历年间，文人对女性文化的态度更加积极，更趋于以一种平等心态来对待两性关系。其中对青楼女子诗集的有意编辑，更体现了明代后期文人对两性关系探求的积极心态。在众多的女性作品选集中，仍有部分女性选集继承了《彤管遗编》的编选体例，以才德文优为标度，选辑历代或断代的女性诗文，诸如万历二十一年（1593）刻本的《新刻彤管摘奇》①。另一部分女性选集继承了《彤管新编》的编选原则，以时代为经纬，而附缀历代女性诗，如万历二十三年（1595）池上客所编辑之《历朝列女诗选名媛玑囊》等，充分表现了明代文人对女性文化的诸多心态。

除了选辑女性诗歌外，明代文人亦有以文章为主的选本，如万历四十六年（1618）刊刻的《夜珠轩纂刻历代女骚》九卷。赵时用选编此书的目的，亦是为女性文学中的文章鸣不平，他在此书序中说道：

---

① 《北京图书馆善本书目》著录，有明万历二十一年刻本，列于《格致丛书》中。

> 余读典谟训诰外，稔知诗教广矣，而诗体又甚变……大都感时讽事，鸣心剖怀，嘲弄风月，绘山川景色而止，从来忠愤义激，墨客文人，类能口之……论及闺阃淑媛，则惟德容言貌是肃巳尔，幽闲贞静是修巳尔。翰墨笔砚，宜不必亲，纵酣醉艺场，如曹大家之踵成汉史，亦不概见，他何足喙。故虽列女有传，唐文德有女则百卷，洵可为宪往昔、范来今之助，卒未以诗词特闻者；间有之，亦散佚未汇，然而不谓阙遗也。①

赵时用敏锐地注意到了现实社会对女性文学的刻意忽略。他认为现存的社会文化强制地把"德容言貌""幽闲贞静"等妇德标准等同女性文化，而忽略了女性文化本身的文学特质。这种对女性文化的冷漠直接导致了女性文化的历史缺失，从而使大量的女性文学作品消失于文化的偏执之中。因此，赵时用呼唤社会以平等的见识来发现并保存女性文学，在这个目标下，赵时用在编选《女骚》时，有意地忽略妇德在体例中的主导地位，以平等地对待诸女性，"稽其贞淫互记，仙俗杂陈，夷夏兼录，良贱并存，品格行谊，不尽足挂齿牙"。② 以时代视角目之，赵时用的确具有现代人的思略，正如此，他在序尾对女性文学有此高呼："兹刻也，庶几与典谟训诰并垂不朽，斯校集之本意也。爰付剞劂氏，以公海内。"③

在众多的女性文学选辑中，刊刻于万历四十六年（1618）的《丰韵情书》④可谓独具匠心。此书编于万历年间的竹溪主人之手，以收录两性书信、酬赠诗词为主，是鼓吹新时代两性关系的代表作品。编排如下，卷一记室家丰韵，录夫妻间的来往书信；卷二为金兰丰韵，录男性朋友间的书信往来；卷三为青楼丰韵，载客与妓之间的书信赠答；卷四为幽闺丰韵，录未婚少女与男子间的来往信笺；卷五情调，春夏秋冬四景调，录《草堂诗余选》中历代女性及男性的思情、闺情作品；卷六情诗，录《古今诗集选》

---

① （明）赵时用：《夜珠轩摹刻历代女骚·序》万历四十六年刊本。
② 同上书。
③ 同上书。
④ 《丰韵情书》见于《明清善本小说丛刊初编》，天一出版社 1985 年版。

之离别闺怨诗词。内容涉及夫妻之间的亲情，朋友之间的友情，男女两性间的爱情等。《丰韵情书》以"情"与"书"立经线，以"夫妇""兄弟""朋友""闺阁""士妓"为纬，将全书联纵为有机整体。同时，此书将闺阁之情、青楼之情与夫妇室家之情相等同，肯定了男女相恋的合理性，从而为明代"世情"论建立了合理的范本。就如坦然生在《情书小引》中所云：

> 语有云"辞达而已"矣，曷尝言情哉！书以情名者，予镜诸古。奚咏白头而歌㦤廖非室家之情耶？思云树而怀梁月非金兰之情耶？忆章台柳枝、恋吴江鲈鱼非青楼之情耶？炎秋庙之火、赠溱洧之兰非幽闺之情耶？顾情而不达以书，何以语情；书而不表以情，何以语情书？兹编室家寄好矣，金兰递惆矣，青楼与闺帏通殷勤矣。一纸素笺，露出五衷丹惆；寸心微意，写来满眼娴辞。其丰韵之洒洒，真如蝶之恋花、鱼之恋水也，是用杀青以怡风流者眸睫。①

可以说，《情书小引》是明代情教普世思潮的一个范例，它摆脱了传统文人以诗词为情事的思维惯性，以男女两性情书来传递情教思想，比隐晦的诗词更为直接、贴近。这种情书分类形式其实是借鉴了明代通俗类书中的"文翰门"编排方式，编选情书亦为当时两性书笺往来提供了范版。对于信笺的功用，坦然生认为，其莫过于传递两性之情感。这种情感与明人所道之"泛情论"相近，但更近于人伦之情。明人之"泛情论"的最终目的是，建立一种以情为统率的伦理秩序，从而打破以传统等级、身份、职业为差别的社会关系。坦然生能够在数百年前说出"兹编室家寄好矣，金兰递惆矣，青楼与闺帏通殷勤矣"之语，进以肯定士人与青楼之情感。

（三）学术与人文——明代女性文学的学术总结

泰昌、天启年间，女性诗集的整理趋于学术化，女性诗文逐渐纳入到传统诗学体系之中。泰昌元年（1620），张正岳刊刻《古今名媛诗汇》

---

① （明）坦然生：《情书小引》，《明清善本小说丛刊初编》，天一出版社 1985 年版。

二十卷，此编以诗歌体制来分类，而不受传统妇德之局囿，正如郑文昂在《凡例》中所云："集以汇诗称者，谓汇集其诗也，但凭文辞之佳丽，不论德行之贞淫，稽之往古，迄于昭代，凡宫闺、闾巷、鬼怪、神仙、女冠、倡妓、婢妾之属，皆为平等，不定品格高低，但以五七言古今体分为门类，因时代之后先为姓氏之次第。"[①]与张正岳约略同时之郭炜，于天启年间刊刻《古今女诗选》六卷，选女性诗文自上古至明代，共收录女诗人 353 人，诗赋 934 首。郭炜编选此集之动机，亦是鼓吹男女诗艺平等论，就如他在序中所论：

> 故选之严与男诗等，盖尝取而论之矣……女子之博学能诗，男子不能过亦若是则已矣。故余谓女诗与男诗派有雌雄，而统无正闻。不集之，恐藏之名山、投之水火，世久人湮且销灭无存；集而不选，又譬之浑金璞玉为泥沙掩匿而不得用也，此余选女诗意也。[②]

与郭炜一样，张正岳编选历代女诗，是带有强烈的学术色彩的。他反对那些鄙斥女性文学的文人："夫不集之者，毋乃曰：'文章非女子事。'此实迂矣！"但又对那些盲目搜集女性文字而不加辨别的编辑者颇具微词。他主张以一种学术性的眼光来筛选女性诗集中足以流传后世的文学作品："夫《柏舟》《燕燕》诸篇流行于天地间固已久矣。"从女性文献整理角度来看，《古今名媛汇诗》与《古今女诗选》引领了女性文学整理的新方向，即逐渐淡化女性文化的宣教意识，增强女性文学的学术性，将女性文学纳入到系统的学术体系上来。这种方式亦开启了明末女性文学评纂之热潮。

天启年间（1621—1627）影响颇大的一部女性选集，当属马嘉松所编选之《花镜隽声》。此书共十七卷，专选历代有关女子诗词。凡元、亨、利、贞四集各四卷。其中，元、亨二集共八卷，选明前历代女性诗词，别以名人、帝王、宫人、帝后、女郎、女冠、女释、宫嫔、贤妃。后八卷为利、贞二

---

① （明）张正岳：《古今名媛汇诗》之郑文昂《凡例》，泰昌元年刻本，《四库全书存目丛书》集部第 383 册，第 10 页。

② （明）郭炜：《古今女诗选·序》明天启刻本，北京图书馆藏，转引自王艳红《明代女性作品总集研究》（上海师范大学硕士论文，2006 年），第 19—20 页。

集，专收明代女性诗人之作品，分为王藩、名公、宫人、朝鲜女郎、闺秀、平康妓。四集共收录女性诗人 143 人，每人均有简单小传，此编排方式亦为后世诗集所继承，诸如《列朝诗集》《明诗综》等选集中均有女性诗人之列传。

此书以情教立言，以女性诗词为佐证鼓吹泛情论，进而以泛情之思想论证儒家伦理的合理性。王之祚在《花镜隽声跋》中论道：

> 《花镜》行世必有呼之为情句者，噫！实性书。臣忠、子孝、夫义、妇节，生于性，实天下大有情人。臣不情不忠，子不情不孝，夫不情不义，妇不情不节，人情合天性，人情即天性。情于君臣者，载情于夫妇，情于父子者兼载之，正言反言规言寓言总括于无邪，一言在通，人自领之耳。……故与天下谈性，莫先与天下谭情。[1]

就如前面所叙，明人所言之"性"是一个兼及"形而上"之哲学与"形而下"之世务的混融概念。"性"之小，联系人性修养与完善；"性"之大，事关社会风化与和谐，故人自身之修养与社会制度之建立，均与"性"密切相关。宋明理学认为"性"与"理"相对，"理"是古代社会制度的哲学化提炼，而"性"则是代表个人情欲之泛滥。可以说，王之祚此序代表着明代"人文复兴"之核心——"性""情"观的正式确立。明代文人为了解放承载个人发展意义之"性"，提出了"泛情"论思想。可以说，这是一种哲学上的突破，它将抽象的"性"物化为一种现实之"情"，从而建立哲学意义上之"性"与日常伦理、饮食男女之联系，再结合明人所衷情之泛情思想，从而建立起一整套的"性""理"人文思潮。如此理解"《花镜》行世必有呼之为情句者，噫！实性书"之语，那么就不难得出"故与天下谈性，莫先与天下谭情"之论了。

崇祯年间，重情思潮成为明代人文思想觉醒的巅峰，之所以如此，是因为明人重情思潮在崇祯年间达到一种普世与实践。这表现于诸多领域，诸如，明代文人对女性文学的人文关照依旧持续高温，世情小说将市井两

---

[1] （明）王之祚：《花镜隽声跋》，见《花镜隽声》明天启刻本，上海图书馆藏，王艳红上海师范大学硕士学位论文，转引自《明代女性作品总集研究》，2006 年。

性关系带进传播领域。文士俊彦与青楼名妓的婚姻爱情，则将情爱理论行诸实践。当然，结果必然是赞誉与诋毁并存，当钱谦益以匹嫡之礼迎娶柳如是，而得到传统市民以砖块瓦砾之"贺礼"；龚鼎孳与顾媚被杭人目为"妖人"等，就不足为怪了。然而，这毕竟是一种强有力的思想实践，它打破了一种"言而不行"的理论僵局，而以破冰之风潮引领明代人文之风尚。

以崇祯年间的女性文学编纂而论，明代女性文学已建立起了完善的学术体系。女性文学的"情""性"宣传色彩已逐渐褪去，取而代之的是对女性文学内部机理的学术勘察。

以崇祯元年（1628）所刊行之《精刻古今女史》为例，强烈的文体意识与对女性文学的赏鉴意识，都表现了明人对女性文学的学术探赜思想。本书收录上古至明代文章共276篇，除十二卷诗余无评语外，每篇末均附有时人评语，涉及对女性作家之生平、德性与文章及文风等方面。就如其书《凡例》所云"郦氏向刻《彤管遗篇》，博览家竞相传尚，虽属有载而评骘未精"，"不佞稽迟近悉为编次，仅取文词艳丽而德行之纯疵所不许也"，由此可知，赵世杰以女性文学特质来衡论文选之优劣，摆脱了传统的"唯德是论"的女性作品优劣论，从而使女性文学之整理进入了学术的领域。

与《古今女史》有类似体例且编纂目的近似者，崇祯三年（1630），江元祚刊刻之《续玉台文苑》四卷，收录对象以明代女性文人为主；有江元禧编辑、刊刻于崇祯五年（1632）的《玉台文苑》八卷，以收录明之前的女子文章为主。

刊于明末、署名钟惺编次的《名媛诗归》①，可谓是明代女性诗歌的一次整理与理论总结。全书三十六卷，其中卷一至卷二十四，以收录上古至明前的女性诗歌为主；卷二十五至卷三十六，则全部收录明代女性诗歌作品，约占全书总量的1/3。全书以女性之身心资质与生活场景为依托，来重点分析女性诗歌的艺术风貌，并在此基础上提出女性诗作的"自然"与"清空"两大文学特质。这种文学特质与盛行于明末的竟陵诗派之主张趋

---

① 《名媛诗归》流传较广的主要版本有明末钟惺十八册刻本；明末钟惺刻、清佚名评点六册本；明末刻、河间堂修刻十册本。

近，强调诗歌的孤深幽峭之美。就如《叙》中所言：

> 诗也者，自然之声也，非假法律模仿而上者也。今之为诗者，未
> 就蛮笺，先言法律，且曰某人学某格，某书习某派，故夫今人今士之
> 诗，胸中先有曹刘温李，而后拟为之者也。若夫古今名媛，则发乎情，
> 根乎性，未尝拟作，亦不知派，无南皮西昆，而自流其悲雅者也。故
> 凡后日之工诗者，皆前日之不能工诗者。

细究之，此论以女性诗文不因袭染之俗，不习窠臼之套，"发乎情，
根乎性，未尝拟作"，故而具有清丽幽雅之妙。在编者看来，这种清丽幽雅、
闲静飘逸之妙，可以用一个"清"字来集中概括，而"清"特质则与女性
之身心禀赋及其生活情态密切相关：

> 夫诗之道，亦多端矣，而吾必取于清。向尝序友夏《简远堂集》曰：
> 诗，清物也，其体好逸，劳则否；其地喜净，秽则否；其境取幽，杂
> 则否；然之数者，本有克胜女子者也。盖女子不习轴仆舆马之务，缛苔
> 芳树，养乡緷熏香，与为恬雅。嗟乎！男子之巧，洵不及妇人矣！ [①]

编者之论，诗之境界风格与女性的生活环境密切相关。诗是一种不染
尘埃的清物，只有在闲静清逸的时候才能写出佳句，如果过度的穷神尽力，
反而会不得其要。诗境取材于净雅娴淑之气蕴，陶染于幽深僻静之环境，
如果过度地浸染于世俗琐屑，那么必定会南辕北辙。统而论之，这些观点
无不浸淫着竟陵派之文风，而作者编辑此书，其实质亦携含"借女性诗歌
之风雅，喻诗派理论之鼓吹"的宣传意味。

与《名媛诗归》刊刻约略同时，社会上兴起了女性诗文编纂之狂潮，
诸如徐士俊之《内家吟》、卓人月之《女才子四部集》、王豸来之《娄江名
媛诗集钞》、张嘉和之《名姝文粲》、郑琰之《名媛汇编》等，可见著录者
近 20 余部。其中集一代女性诗人之大成且广为流布者，当属钱谦益所编

---

① （明）钟惺编：《名媛诗归》内府藏本，《四库全书存目丛书》集部第 339 册，第 1—4 页。

辑之《列朝诗集·香奁集》与王端淑所编之《名媛诗纬初编四十卷后集二卷》。两书均是以学术角度来衡论女性诗作的艺术特色，可视为明代文人对女性文学的一次理论与文献总结。

《列朝诗集》辑选有明一代诗人之小传与诗歌，旨在保存一代文献，以诗存史，以诗系人，以人系传。全书共八十一卷，二十四册，分甲、乙、丙、丁、闰集，其中闰集第四为"香奁集"，分上中下三卷，共收录明代女诗人 118 位，存诗 658 首。其中《香奁集上》录 36 人，以皇室宫嫔与朝廷命妇及诏彰节妇为主；《香奁集中》共 52 人，收录仕宦缙绅之妻妾女眷及良家闺淑之作品；《香奁集下》30 人，全部收录青楼歌馆女妓之诗作，表现了钱氏对青楼女妓才艺的叹赏之情。《香奁集下》所选女妓诗人多集中于秦淮一岸，其中王微 61 首、景翩翩 52 首、周绮生 20 首、杨宛 19 首、呼文如 17 首、梁小玉 15 首，这可能与作者长期流连于秦淮风月有密切关系。

王端淑①于康熙六年所刊刻之《名媛诗纬》与《名媛文纬》②，亦是总结历代女性文学的集大成之作。王端淑独以女性之手撰写女性文学总集，深刻地表现了明代女性文人的自我觉醒意识。《名媛诗纬》是女性诗歌史上重要的一部诗歌总集，共收录女性诗人 830 名，存诗 2028 首，另附自己 63 首诗歌于卷末。王端淑于《自序》中对此书之编辑有如下之论：

> 诗开源于窈窕，而采风于游女，其间贞淫异态、圣善兴思，则诗媛之关于世教人心如此其重也。予不及上追千古而尤恨，千古以上之诗媛诗不多见，见不多人；因取其近而有征者，无如名媛搜罗毕备，品藻期工，人予一评，诗予一鹭，辑成四十余卷。

读此序可知，王氏与前辈编辑女性文学者怀有相同之识鉴，即将女性文学之地位提升至与经典相比肩的高度，其实质则在于借女性文学之编纂而提升女性的社会地位。正如序中所言："诗开源于窈窕，而采风于游女，

---

① 王端淑，字玉映，号映然子，又号青芜子，山阴（今浙江绍兴县）人，明代王思任之次女，明代著名女性书画家、诗人、学者。

② 王端淑《名媛文纬》今已散佚，不可考。

其间贞淫异态、圣善兴思，则诗媛之关于世教人心如此其重也。"

可以说，以钱谦益之《列朝诗集·闰集》与王端淑之《名媛诗纬》为代表的明末女性文学编纂之狂潮，反映了明代女性文学之编辑，由最初的重情思潮之鼓吹逐渐演变为纯学术的发展过程。明中期文人借女性文学之整理，进而重塑理想女性之才艺形象。至明代后期，伴随着女性才艺观的逐渐普及与确立，女诗文学整理运动所赋予的时代意义已逐渐退却，而渐染学术勾伏与文献整理的学术老路。这似乎是一个完美的发展历程，然而却从另一端折射出了女性文化复兴运动的没落。

三　世情、两性与艳情书写

明代文人对女性诗文的编纂活动，树立了女性才艺的合理地位，同时反映了情教对于女性文化与两性关系的深层审视。明人喜欢采用人们喜闻乐见的故事形式来传播这种情教思想。情教思想隐藏在明人所编写的女性故事集中，或许明人在编写这些女性故事的过程中，并未带有强烈的宣教色彩，然而却无意间成为明代情教思想的鼓吹手。这些故事因体裁之别，分为女性传记之编纂、戏剧之搬演、小说之演义等。故事内容由最初的实录性女性小传，逐渐发展为具有文学色彩的虚构性故事。明代文人的情教思想由单独的女性文化构建实现了两性关系的实际探索。由于故事载体的叙述方式不同，女性传记强调记录真实，戏剧与说部则偏重于文学性虚构。这两种方式共同构成了实与虚的文学情教系统。

明代文人编纂的女性传记，是重建女性文化的先锋。它一方面继承了中国古代女性传记的文学传统；另一方面又在此基础上融入了明代文人对女性角色的时代要求。因此，我们可以通过这种方式来分析明代文人的女性角色取向与两性关系理想。女性传记的根本目的在于重塑女性文化，而女性文化之觉醒包括诸多方面，譬如对女性诗书才艺的认可、对女性识见雅度的欣赏，以及对女性恋爱经历的包容等。

明代中后期兴起了以重塑两性关系为内容的人文复兴思潮。新思潮的引领者们认为，当女性文化得到完全的认同或解放的同时，新时代两性关系的重建基本上趋于结束了。但是由于明人把人性解放运动寄托在对女性文化解放与两性关系重建上，因此其不彻底性就不可避免地成为人文改革的致命伤，这也是明末形诸高潮的人文解放运动在清代遭到历史清算的最重要之原因。

明代新思潮启蒙者所做的最主要贡献，就是把女性从传统的"无才便是德"的舆论束缚中解放了出来，承认她们的智慧与才艺，认可她们的独立与思想。然而这仅仅是女性文化解放运动的一个小序幕，真正的解放运动还需要更为激烈的女性文化之"维权运动"。这个"维权运动"其实质是明代文人对传统女性在两性关系中的身份、地位与社会角色的再认识与重塑。这种运动所发展的基本方式，是以女性传记与世情、狭邪小说等女性文学来进行宣传的。女性文学作品的整理活动开启了女性文化运动的滥觞，女性故事的编写则成为女性文化解放运动的主力军。女性故事叙写以形象而生动的文化笔触，将这次女性文化运动推向了高潮。

明代人文启蒙者对女性故事之整理，是以女性传记的整理为开端的。明人多以史官的态度来对待富有教育意义的女性故事，这可能与中国悠久的史学传统有密切的关系。史学讲求以古为鉴、以今论古，因此，古代女性轶事在一定程度上具备了史学上的论证依据。明代文人从历史中搜罗足可征信的女性轶事，并以之为基础构建理想女性形象，进而表现具有新时代风貌的两性关系。女性传记式的宣传方式，在隆庆、万历时期发生了巨大的转变。这种转变主要表现在文学表现方式与故事角色处理两方面：其一，文学表现方式从女性传记的史学整理，过渡到具有虚构色彩的文学梳理；其二，故事角色的女性形象塑造，转换为两性及同性关系的故事展现。它预示着新思潮启蒙者逐渐从女性文化构建过渡至新时期两性关系之创造的阶段。

如果要完全揭示这个变化的过程，我们则不得不从明代文献中去寻绎它的线索。明代人文启蒙者，虽然没有用抽象的理论体系把这种变化过程系统地总结出来，但是却用中国传统的形象思维方式，给我们展示了这种新型两性关系的美好蓝图。这个美好蓝图是从明代中后期逐渐展开的，之所以这么说，是因为明中叶之前仍有相当部分的女性传记因循《列女传》式的说教传统。幸运的是，伴随着人文启蒙思潮的兴起，代表新时代精神的女性故事书写终于出现了。

（一）从女学说教到女性启蒙

当进入父系社会的男人在创造男权社会的同时，仍然不能采取有效的措施来消泯先前社会所留下的母系社会痕迹。诸如女娲补天、西王母等故事所潜含的女性因素，都在相当程度上烙上了史前社会的印迹。男权社会在塑造自身历史体系的同时，不得不考虑这种史前母性因素，因此，从某种意义上来讲，前哲不断完善男权体系的进程，亦是对女性文化逐渐修葺的过程。这种女性文化的修葺过程是潜移默化的，它不像男权体系那样有一个明确的体制概念。对于女性文化的建设，前哲多采用零星记录的方式来进行，如《礼记》中对女性言行的规矩，《易经》对女性修养的论述等，均表现了这种文化传播方式。除此之外，先秦典籍仍然有一些女性形象的记录，诸如《诗经》对女性的德行、美貌、言行的描绘；《左传》《国语》等史籍对典型女性事迹的记录等，都可以明显地附载着前哲对女性文化的建设意识，这亦可以看作是古代文人对女性传记整理的萌芽。

然而，真正意义上的女性传记之整理，当起自西汉刘向所撰之《列女传》。《列女传》共分母仪、贤明、仁智、贞顺、节义、辩通与孽嬖七卷，共记述了从上古至汉代的一百余名妇女的故事。刘向撰的《列女传》目的很明显，即是通过一种形象而生动的方式，来宣解社会所崇尚之女性品质。当然，这种途径相当有效，故事的形象、生动之特质，比枯燥的言传说教更容易普及人心。此后，成书于东汉后期的《东观汉记》，亦为皇妃以外有嘉言懿行的妇女立传，三国时吴国谢承所撰之《后汉书》亦为妇女列了专篇，然而影响最大的当数南朝宋范晔所著之《后汉书》。《后汉书》仿效刘向的《列女传》立传原则、编撰方式，在史书中增设"列女传"一目。范晔的《后汉书》女传体例亦被后世史家所继承，成为纪传体史书的有机组成部分。

宋元以后，随着方志学的发展，各种全国的一统志、省通志、府州县志，甚至于乡村志几乎都设置了"列女传"一目。官修史书与地方志的"列女传"编选体例，基本反映了国家所主导之意识形态下的女性价值观。刘向最初编选《列女传》时，所选女性除了节烈孝义之外，还大量收录通才卓识、奇行异节，甚至反面的人物，但是随着纲常名教对传统文化的渗透，列女传逐渐成了"烈女传"专栏，如《明史·列女传》其序所论："刘向传列女，取行事可为鉴戒，不存一操。范氏宗之，亦采才行高秀者，非独贵节烈也。魏、隋而降，史家乃多取患难颠沛、杀身殉义之事。"①这种正统的官方意识形态逐渐成为女性传记创作的历史桎梏，并严重阻碍了女性文化的自由发展。

　　与官修史书之"列女传"相对，民间亦有相当数量的文人参与女性传记的撰写活动。女性传记的体裁主要为墓志铭、祭文、行状、记赞等传统文体。宋元两季，此风犹存，如宋代苏轼、黄庭坚、梅尧臣、王安石，元代如元好问、胡行简等均有女性传记之作品。这种女性传记风格一直持续到了明中叶，较著名者如明初宋濂曾作有二十余篇贤母节妇的传记，明中期之归有光、王世贞等均有一定数量的女性传记作品。②至明中后期，由于明代文人对女性文化的强烈关注，文坛涌现了大量的女性单篇传记文章，诸如徐渭、李贽、钟惺与"三袁"等人，都有数量丰富的传记文章传世。这种情形在程敏政的《篁墩文集》中得到相当的验证："近世有为之（妇女）序述赞颂，至于累牍积岁乞请不已者。"③

　　女性传记创作的繁荣也相应地促进了女性传记的整理活动。诸如西晋皇甫谧之《列女传》、杜预之《女记》，南朝宋虞通之《妒记》均反映了文人对女性文化的有意关注。此后列朝均有文人所整理的妇女传记出现，从而形成一种连绵不断的女性传记风潮。至宋元两季，受唐传奇与笔记小说之影响，女性传记之整理亦出现一种新趋势，即由单纯的女传书写向兼尚虚构与文采的"女性故事"过渡。之所以用"女性故事"来代替"女性史传"，是因为宋代文人多采用一种兼杂"传奇手法"与"笔记体"的辑录方式对"女性传记"进行整理，如张君房之《丽情集》从宋前历代史传、

---

① （明）张廷玉等：《明史》，中华书局 1974 年版，第 7689 页。

② 归有光文集中有许多书写女性的篇章，其中应酬性的寿序三十多篇、墓志铭十八篇，其他如贞女、烈妇的传、记、墓表、墓碣、杂文、祭文二十几篇，纪念身边妇女的回忆文章约八篇。均可反映出归有光对女性与女传创作的重视。归有光《贞女论》认为未嫁女子不需为未婚夫守节，亦可看出归氏的开明态度。

③ （明）程敏政：《篁墩文集》，《文渊阁四库全书》第 1252 册，卷三十九《书万川闵节妇挽诗后》，第 34 页。

传奇、志怪、诗话中辑选历代名媛闺秀故事而合为一轶。亦如郑域在《姬侍类偶序》中所言："多出于杂记、外传、小说之书，信以传信，疑以传疑，要亦不害为异闻也。"①

此外，宋人对女性故事的搜集亦有一个明显的转向，即故事角色从"名媛"向"姬侍"阶层的转变，以"侍儿"系列为例，包括洪炎的《侍儿小名录》、王铚的《补侍儿小名录》、董斿的《侍儿小名录拾遗》、温豫的《续补侍儿小名录》与周守忠的《姬侍类偶》等。"侍儿"是宋人对充当妓女角色之女性侍属的称呼，在宋人的笔记中又有"姬侍""侍姬""家姬"之别称。②而"侍儿"系列所载之侍婢实唐宋时代之"家妓"群体，与元明两季的青楼女子之区别实"公""私"之分，因此也可以说，"侍儿"系列作品为明代女妓传记文学开启了先河。

元代亦出现一些记录女性资料的著作，如林坤的《诚斋杂记》③、夏庭芝的《青楼集》等。而对后世女性文学产生巨大影响的当属夏庭芝所著之《青楼集》。《青楼集》是一部记录元代女妓的专著，它以纪实的笔法存录了盛名于元代的一百余名女性曲艺者的生活境况、曲艺专擅与情感世界，并借此表达了元代文人对女妓的一种同情与欣赏。以女妓为角色主体的文学传统起自唐代孙棨的《北里志》，此书多记平康北里的饮妓群体，并借之以炫耀文人之风流才气。《青楼集》则更重女妓之容色与伎艺，强调文人对女妓之音乐才能的欣赏，"我朝混一区宇，殆将百年，天下歌舞之妓，何啻亿万，而色艺表表在人耳目者，固不多也"④。这种风气延及到明代梅鼎祚的《青泥莲花记》，借女妓之贞烈节孝与诗艺才情，来展现明代文人对理想女性之要求；而余怀的《板桥杂记》则是以故国秦淮胜景寄国破家亡之思。

降及明代，在声势浩大的重情思潮下，女性传记的编纂风潮形诸实绩。

---

① 郑域：《姬侍类偶序》，《四库全书存目丛书》子部第 168 册，上海图书馆明钞本。

② 参见柏文莉《宋代的家妓和妾》，张国刚主编《家庭史研究的新视野》，生活·读书·新知三联书店 2004 年版，第 206—217 页。

③ 林坤，字载卿，号诚斋，会稽人，尝官翰林，所著凡十二种。《诚斋杂记》二卷，前有永嘉周达卿于丙戌嘉平年（1286）所作之《序》。此书多剽掇《太平广记》《夷坚志》等前代各家小说，多辑选前代"艳异"故事。

④ 张鸣善：《青楼集序》，见《中国古典戏曲论著集成》第二册，1982 年版，第 6 页。

女性传记的整理体现了明代文人对女性贞节、情操、品质与欲望的要求。永乐元年，明成祖命解缙等人编纂的《古今列女传》，此书起自有虞，迄于明初，上卷皆历代后妃，中卷诸侯大臣夫妇，下卷士庶人妻。其后，从王世贞的《艳异编》及署名王世贞的《续艳异编》、吴大震之《广艳异编》，到梅鼎祚的《青泥莲花记》、潘之恒之《亘史钞》，再至秦淮寓客之《绿窗女史》与冯梦龙的《情史》，无不体现了明代文人的这种强烈的女性关注之心态。这种风潮是明代文人对女性的生存地位、生活方式与情爱观点等女性问题的再次审视。

如果采取历史纵向的分析方式，那么，通过明代女传的写作与整理之活动，我们可以大致地梳理出明代女传从女教之宣惩到女性文化之重建的演变过程。这个演变过程有着明确的时间界限，正德、嘉靖时期是一个分水领。在这个相继达60年的时间里，中国思想界正孕育着一次大爆发，表面风平浪静，实为暗潮涌动。明代人文精神之复兴，始由此时肇兴，然而鉴于思想涵括之宽瀚无垠，故于此仅以女性文学之变衍，略窥其思想波伏一斑。

（二）《丽情集》与"艳异"系列

与女性传记创作几与同时，明代人文启蒙者最大的精力则放在女性传记的编纂活动中。一方面，大量女性散传的出现打破了以往"以史为鉴"的编纂传统，使女性传记之写作不再成为女学说教的工具；另一方面，女性散传创作的适意与休闲情致，又极大程度地为新时代女性文化的建立树立了标准。如此而观，女传的创作与整理活动，更像是在进行一种"破"与"立"的观念重建。正因如此，笔者不得不从明中叶的女性传记中来抽丝剥茧地揭示明代男性视角中的女性文化妙语嬗变。

笔者将这个过程的起始定于杨慎的《丽情集》，之所以采用这种方式，是因为明人对女性传记的整理并不是一蹴而就的，严格地讲，任何含有女性及两性主题的作品均可看作是女性传记的萌芽，但是如果苛刻地追究这种蛛丝马迹，则会把研究引入一种死角。杨慎作为明代中期狂放而富有盛名的才士，其本身就沾染了许多的风流逸事，比如张狂狎妓、诗酒评妓，甚至撰有品评诸女妓的《江花品藻》等。如果说《江花品藻》是文人用一种狂谑的诗态来表现女性之柔美的话，那么《丽情集》则是用一种形象而生动的笔触来描摹文人之理想女性。杨慎作为失意文人之代表，其行为亦成为继之文人行为的模范，就如唐伯虎、屠隆、祝枝山等人，无不呈现出类似的传统。正因如此，杨慎的《丽情集》才成为一种文人之于女性的文学端始。

对于杨慎的《丽情集》的主要内容，李调元有如此之论："《丽情集》一卷《续集》一卷，皆升庵采取古之名媛故事、间加考证而成者也。以缘情而靡丽，故名之。"《丽情集》遴选名媛美人之标准深刻反映了文人对于女性的一种鉴赏姿态，或摹其风态，或肖其柔骨，或宣其侠情，都是不类于传统女传的一种绝对创新。可以说，《丽情集》的编选更倾于文人的理想，而非世俗中与之生活的女性。这种女性整体蕴含着一种奇幻色彩，这更拉长了与世俗女性的距离，从而增加了文人的主观臆想。

《丽情集》前半部分选取女性在容貌、情性、才艺诸方面之尤者，诸如旋波移光之丽艳、西施身世之谜、妒女与悍妇、冯夫人（嫽）、徐淑之诗才遵礼、辨秋胡妻之悍、甄后之冶容动人，又间考赵李、吴妃、潘妃、卢氏诸人之事实。以下诸条主要以叙男女之情为主，如"朱滔括兵"叙述了朱滔释免一名才子兵役的故事，表达了才学与情感足以感人的含义；"王霞卿"则讲了两则才女感怀伤情的故事。两则故事均有相似的演绎，即才女因夫亡而题壁自伤诗，遂招引多情士子作诗留恋，但才女终不因士子多情而迷惑，婉拒了风流士子的企图。这里传达了杨慎对感情的"乐而不淫"之观念，即女性可以舒展与表达自己丧匹思偶的情绪，但要保持礼制与克制情欲，以致不流于滥情，多富奇幻色彩。"青娥"则讲述了文人与美姬交往，美姬因之殉情的故事。可以说，"青娥"故事包含着杨慎对女性贞节的一种要求，"青娥、东美可谓节妓矣，汉之蔡文姬、陈之乐昌公主，九原如见之日，岂不汗颜乎？"[1]这种观点亦在"冯夫人"一则中有所表述，冯嫽为汉宫人，善史书，曾乘锦车持节和戎而归。杨慎认为此事绝胜昭君出塞、文姬嫁戎之事，因为二者绝有违女性之贞节，"此事可画可歌，胜于咏明妃之失节、文姬之伤化多矣。"[2]

---

① （明）杨慎：《丽情集》，《丛书集成》新编，商务印书馆 1935 年版，第 6 页。

② 同上书，第 2 页。

虽然杨慎表现了相当恣放的处世态度，但是其仍然无法摆脱传统女性贞节观念的束缚。尽管其一再地纵妓狎游，诗评女妓，但这只是其消耗壮心的一种方式而已。背负卑微地位与鄙贱身份的女妓，在杨慎眼里仍然是排斥于传统妇女之外的另类群体。① 在杨慎的《江花品藻》《丽情集》与《续丽情集》中，已经可以看到明人对女性文化的独特审视，比如对女性之才华、情性、贞节、妒悍、淫媚等方面均有论及。虽然《丽情集》仍然延续了传统的男性主义视角，但是却拉开了明代文人女传创作的序幕。

在杨慎的《丽情集》后，明代文坛巨子王世贞作《艳异篇》②。王世贞素喜整理古代轶闻小说，曾仿刘义庆的《世说新语》与何良俊的《何氏语林》体例，编选文言小说集《世说新语补》。同时，王世贞独以艳情与怪异为题材编选《艳异编》。如果仅以"怪异"为取材标准而搜选古今怪诞放任之事，那么《艳异篇》仍不出传统志怪小说之窠臼，但是王世贞又加入了"艳情"之色彩，这就使《艳异编》成为透视明代中期知识分子内心情态的一个重要窗口，也正因如此，《艳异编》才显示出它固有的文化价值。

今传四十卷本《艳异编》分星、神、水神、龙神、仙、官掖、戚里、幽期、冥感、梦游、义侠、祖异、幻术、妓女、男宠、妖怪、鬼十七门，共收录文章三百六十一篇。此书从历代笔记、传奇、史传、杂记中撷取艳情与怪异两类题材之故事，合之为一帙。对"艳情"题材之故事的大量搜集，是王世贞编选《艳异篇》的主要特色。"艳情"故事自然不乏名作，这亦是古代文人士子消闲的一种娱乐方式，从张鷟的《游仙窟》之女性幻想，到元稹的《莺莺传》之惑女谴责，再至白行简的《李娃传》之两情终一，都成为唐代才子风流的一种佐证。这种以两性关系为主题

---

① 相对来言，《续丽情集》所载内容较为充实，而寓教意义不太明显。全篇多诗话体，如"李芳仪"载李芳仪之轶事与后人对其之评诗；"秦少游女"记文人诗评沦落才女；"吕用之"记商人刘损诵诗而感神人以助其夫妻团圆的故事。另外，《续丽情集》亦选辑诸多女性诗人，并以之存诗，如"女状元""苏云卿"者。而"浣花夫人""夫娘""冼氏""王氏"则以记女性传奇轶事为主，尚无新意。

② 《千顷堂书目》小说类著录王世贞《艳异编》三十五卷。《贩书偶记续编》小说家类著录《艳异编》四十五卷，不题撰人，约刊于明嘉靖年间，书前有息庵居士序；又一种题息庵居士撰，约刊于隆庆年间；又一种汤若士（显祖）评选，题王世贞撰，增入续编十九卷，约天启年间玉若堂刊。现存有四十五卷本、四十卷本、十二卷本三种。此处论述以《艳异编》四十卷本（春风文艺出版社 1988 年版）为据。

的艳情文学，在宋元两季得以延续与发展。时至明代中期，文人士子重
情尚奇思潮萌生，大量的艳情与传奇类故事得以整理，也预示着明人对
两性关系的重新审视。

从所收录以女性为主题的故事之比例来看，《艳异编》所蕴含的两性
文化主题更加明显。《艳异编》选"宫掖"十部三十八篇，"妓女"五部
六十五篇，占全书篇目近 1/3，这充分说明了王世贞对女性文化的一种重
视。另外，《艳异编》特设"妓女"部，已出现明代文人对女妓这一群体
的有意关注。王世贞之于《艳异编》的妓女关注，直接引发了明代中后期
女妓文学之整理运动的高潮。之后所出现的梅鼎祚之《青泥莲花记》与潘
之恒之《亘史钞》，都与之有密切的关系。不仅如此，王世贞又注意到两
性关系故事的编选，在《艳异编》中涉及两性关系的内容，有"幽期"四
部与"冥感"二部。相比而言，"幽期"内容多涉及男女私期、幽会、情
奔之内容，而"冥感"则多讲述两情生死不泯之故事。此类作品鼓励了明
人对两性关系的重新审视。

《艳异编》所遴选的内容都是以女性为主体来组织全书框架的，无论
是单篇的女性传奇，还是两情关系的故事叙述，都离不开女性的参与。这
一点也被后世女性文学编纂者所继承，诸如冯梦龙所编选之《情史类略》
《古今列女传演义》都与此有密切之关系。另外，王世贞编选《艳异编》
已逐渐脱离传统的史学思维，不过分地考据事实的真伪，而兼历史事实与
传奇、说部于一炉，这样就更加突出了《艳异编》的"艳异"主题，从而
使单纯的女性传记纳入了一种主题性的宣传意味。正因如此，《艳异编》
的编刊引发了市肆的狂热，以至于出现了一系列"艳异"题材之作。

自王世贞的《艳异编》编刊之后，相继出现了署名王世贞之《续艳异
编》与吴大震之《广艳异编》。① 吴大震编选《广艳异编》的动机，亦是以
娱人解颐为宗旨，而不加参酌的故事之真伪。《广艳异编》参考了《艳异编》
的体例，共分神、仙、鸿象等共 25 部，其中 11 部与《艳异编》相同，比
《艳异编》少了星、水神、龙神等 6 部，却比《艳异编》增加了鸿象、情感、
俶诡等 14 部。从编选方式来看，更加注重文学的虚构色彩，而弱化《艳

---

① 任明华的《〈广艳异编〉的成书时间及其与〈续艳异编〉的关系》（《上海师范大学学报》
2006 年第 5 期）认为，《广艳异编》成书于 1604—1607 年,《续艳异编》是《广艳异编》的精选本。

异编》的女性因质，从而使全书更倾向一种奇异风格。

可以说，王世贞的《艳异编》与在其影响下所出现的"艳异"系列作品，预示着新一番文学气象的到来。这种文学新气象集中表现在两个方面：其一为由史学性的女传编纂向文学性的女性及两性类编转向，从而完成女性文化向两性文化之形成的人文转向；其二为由"艳异"主题衍生出"香艳"主题文学作品，并在"香艳"的文学基础上形成了"艳情"文学系列。这两种文学发展脉络都是明代人文觉醒的明显标志，它们的形成与发展都将明代的人文启蒙运动推到了高潮。

（三）女性、两性与冯梦龙的情教理想

万历年间是一个激变的年代，在这段时间内，明代思想界发生了翻天覆地的变化，之前所论述的由女性角色之塑造向两性关系之构建，正是在这一阶段得以初具成型。《艳异编》在某种形式上继承了女传体的传统模式，即以女性类编的方式对古代女性进行分门别类的整理。《艳异编》将女妓单独从传统女性传记中抽绎出来，并占了全书的相当分量，这已出现明代文人对乐籍之女妓群体的强烈关注，亦为万历年间出现的以女妓事迹为编选主体的《青泥莲花记》与记录大量女妓传记的《亘史钞》奠定了基础。对于梅鼎祚的《青泥莲花记》与潘之恒之《亘史钞》，笔者之前已作较为详细的论述。两书上承《艳异编》系列，下启明代以宣扬两性情感为主旨的《情史类略》与署名秦淮寓客的《绿窗女史》等著作。

《绿窗女史》是一部以女性为主题的类书，此书广泛辑录历代女子之生活、劳作、婚姻、爱情、才品与著述等方面材料，从而形成了一种综合性的文化史料。对于《绿窗女史》的具体编纂意图，秦淮寓客在其《绿窗女史引》中曾有论述：

> 百岁光阴忍辜年少，五都佳丽莫比江南。芙蓉杨柳之堤，翠羽明珠之队，能使风熏自醉，日憺忘归。恒娱乐于白昼，少寄情于绿窗。惜沈冥而不返，负窈窕之妙材。岂若静女文心，丽人芳韵，画眉未了，先弄青螺。买笑何心只贻形管。于是鸦黄蝉绿，懒效新妆，锦瑟瑶笙，自传雅什。珊瑚研匣，奉绮席以周旋；翡翠笔床，随香车而出入。或

19 合意人（客1）出言便及，忤情客（人1）失口不谈。

（《一事不求人》）男女彼此不过一个情字，果是合意之人，开口不觉言语便相及。设若逆情之客，虽失口亦不谈笑。

20 敬事而及主，睹物以思人。

珍重玉郎亲纸笔，几回读了又重封，此意便是敬及主也。长共短又没个样子；窄和宽，想象着腰肢，此曲便是睹物思人。

21 偷鞋惹讪，剖帕见情。

有等好动之人，进到妓家，不分厚薄，就袖其鞋，宁不致惹妓家讪乎？剖帕者，两情既浓，欲寻表记，遂剖帕两开，彼此各执其一，以见其情。

22 屡问不言由（因1）意背，才呼即应为情亲（亲情1）。

再三询问不答，由意之相背；呼未出声即应，由情之相亲。

23 胶漆既投，倘遇言差休见责；云萍初会（聚1），如逢失礼（礼失1）莫生嗔。

昔陈雷交情愈厚，时人以为胶漆相投，言情人交往即厚，稍有言语差错，则不可责。云萍聚散，不常之物，喻以暂离暂合之人，其情必疏，如礼貌失节，亦不生嗔怒。

24 憎中曾致爱，讪久却成非。

憎者，嫌也。有等妓者，平素可嫌，或因一时有一德可言，而交往返成恩也。讪者，讥讪也。情人因一言，彼此讥讪，识趣者则当稍解，不然讪久却成反目而已。

25　行事太宽，却为宽中而见侮（悔1）；存心稍窄，多因窄处反投机。

大凡人之使钱，当要适中，不可太宽，亦不可太窄。见其宽则奢侈之，见其窄则减省之，终不能出其圈子耳。

26　逢人夸盛德，是乃常为；对友数归期，亦其熟套。

逢傍人感厚恩、夸以盛德，此乃妓家之常为；因远别则对友诉离情、数归期，此亦妓者之熟套。正所谓回头捎好音也。

27　自薄渐厚者久，初重后轻者疏。

自薄渐厚者，必因为情投；初重后轻者，必因使钱踈。

28　事要乘机，言当中节。

子弟追欢买俏之时，倚翠偎红之际，事要见机而为，言要中节而发，事不乘机，过后无益，言不中节，真成妄谈。

29　偏宜多置酒，莫怪不赔茶。

酒色二事，相随未有不饮酒者，如设东还席、接风送行之类，亦不厌重复也。妓者之家，迎送最广，吃茶不陪，是其定例，子弟不当怪也。

30　串可频而坐不可久，差宜应而债不宜询。

无事之时，同友往妓家讨茶，一家才出仍又一家，俗呼为串门。

子弟大抵不可久坐以妨彼事。彼虽不言，背后怨嗟。鸨子见子弟与粉头渐熟，便言索物，俗谓派差，为子弟者，便当承应。门户之家借债者多，倘遇债主临门，佯装作不知。如细问之，必来诉苦，不允代还，彼则遂无意思耳。

31 举止轻盈，终于卖俏；行藏稳重，乃可从良。

体态轻盈、形容袅柳，如此之人，终为卖俏行藏。稳重作事端严，虽在柳巷，后必从良。

（《一事不求人》）言有等淫荡妇人，袅娜如迎风之柳，则终于妓而已。有等女子出乎无奈，暂落烟花，久后自有好人娶之，若刘盼春、李亚仙、玉箫之类是也。

32 初会处色，久会处心；困妓慕财，时妓慕俏。

人言初会任色不在心，既而久交，在心而不在色。妓在困穷之时，敝衣遮冷、粗食充饥，心惟慕财；妓在从容之际，饰以珠翠、著以罗绮，其心惟慕俏者。

33 情不在貌，色要择人。为情者，嫫母可以同居；为色者，西施才堪并处。

嫫母者，黄帝之妃也，德嘉貌丑，帝爱幸之。西施者，春秋时美貌之妇也。

34 约以明朝，定知有客；问乎昨夜，绝对无人。

令孤老明日来会，则知今日有客。问表子昨夜伪谁宿，决然答以无人。

35　走死哭嫁守，饶假意莫言易得。

36　抓打剪刺烧，总虚情其实难为。

　　妓为孤老条目有十：曰走、曰死、曰哭、曰嫁、曰守、曰抓、曰打、曰剪、曰刺、曰烧。走者，有情走、有计走。情走者，与孤老即厚，懒迎送，彼鸨子打骂，厥丁凌辱，抛弃重大、收拾细软而与孤老逃之他方也；计走者，欺其柔弱，设其圈套，假说有情，与之同窜，寝食未安，搊厥俱至，口说到官，得财遂止是也；死者，有真死，有口死。真死者，子弟因父母在堂，不敢专娶粉头。为鸨子爱钱、厥丁不放，不得嫁，二人无可奈何，所以要同死为一处也。口死者，其客甚多、其情甚寡，以死为由而动人意，但欲稍开便言自尽也。哭者，有情哭，有贪哭，有彼笑哭。情哭者，即不能嫁，又不能走，恐怕不得久处，而常悲啼也；贪哭者，孤老临别送至长亭，三唱阳关阕已歇，两行玉筋不休，宾客愈劝，号呼愈高，人皆面睹，似此奈何，赠以白金，方才哭止也；彼笑哭者，昔日有一妓送情人至十里长亭挽衣痛哭，孤老亦惨然。忽闻郊外二牧童鼓掌大笑曰，吾见这个姐姐未经两月至此五哭矣。嫁者，有真嫁，有暂嫁，有说嫁。真嫁者，子弟损金，粉头洗心，二人好合求谐，伉俪也；暂嫁者，未嫁之前，权其放心，敛其污迹。既嫁之后，菲盐不能守，放荡不能除，犹恐胡为，只得善遣也；说嫁者，惧其势要，不能回避，见其钱钞，欲其置买，只以口许，延调不成。谚云，粉头不说嫁，子弟无牵挂也。守者，有自守，有逼守。自守者，与孤老情厚，不改前盟，杜客闭门，专待嫁娶也；逼守者，本无心于守，被孤老钱多买转，鸨子移于静室只待一人。虽拘其身，难拘其意也。抓者，与孤老取讪之时，抓指痕于脸上，吮齿迹于项中，使朋辈识者，曰此人之失约也。厚中如此，薄者不然。打者，有讪打，有要打。讪打者，乃厚中夺趣之所为。孤老入门，揪耳问曰，连日如何不来，人在哪家行走，一一从头给我招出。拳头刚歇，巴掌又随，变脸越打，陪笑则休也；要打者，不在厚中，恶其吃醋，或因索物不得，或因一事不遂，借打为由，以雪其恨也。剪者，有真剪，有拒剪。真剪者，事虽古有，今亦效颦。分当顶之情丝，借情人之口齿，系以彩绳，永为表记也；拒剪者，但言烧剪以言强拒，一烧则绝，一剪则断你我情长，何须如此也。刺者，计虽舌肉而难为情，三针一排为之尽；五针一排为之刺。鲜血既出以墨按之，口虽言而不痛，实推乎至痛。疮大畜脱去，笔画方真，非至情则不能也。烧者，古之人病入膏肓则灸，今人情连肺腑，则烧胭脂为壮其疤、红草约为壮其疤、黑丝绵为壮其疤、白香头为壮其疤，蹈若以艾为壮（其疤），决非风月之事，乃灸病耳。有单烧，有双烧，有复烧，有妒烧，有合同烧，有豆瓣烧，有鼎足烧，有桌脚烧，有梅花烧，有全妆烧，有骗烧，有村烧，有无情烧，有万星拱月烧。单烧者，我烧你不烧，你烧我不烧也；双烧者，男从女顺，彼此心同，正当会合之际，方设山海之盟，联膊共苦，二壮齐明也。复烧者，恩爱至痛，烧不尽情，疤痕未瘥，从而复烧也。妒烧者，旧人悬绝，形迹尚存，事虽已往，留则嫌疑，如其不毁，尤恐情疏。旧迹既涤，择地新烧也；合同烧者，男左女右，两手环抱，安壮于中，未烧先誓人，各虎口之上，痕如缺月之形也；豆瓣烧者，或膊之上，或胸之间，两痕相并，形如卧蚕也。鼎足烧者，上一下二，势若堆珠也；桌脚烧者，口字之角，各安一壮也；梅花烧者，疤痕攒簇，形若梅花也；全妆烧者，壮数最多，其烧最苦。额前璎珞、耳畔排镯、左右手之连珠镯、前后心胸臂花通袖、袖过膊结带以悬腰也；骗烧者，薄情之辈，卖俏夺乖，一时之误，以至如此也；村烧者，有一庄家与妓人交往。妓因使大钱无以奉承，一日妓曰你我虽厚，未见有情，我与你烧一壮何如。庄家曰可。妓自安壮烧罢。庄家翘起脚来指以孤拐上，曰，可安壮于此。妓失色曰，何谓？庄家曰，连我脚气灸除了罢；无情烧者，壮刺蜂窝，孔填铁碛，肌肤之上抹以□砂，一烧烂其肤，一害见其骨，只可耳闻，岂宜目睹；万星拱月烧者，浑身排以筋头般万星，当心安乎？碗口般孤月，万星闪闪，孤月辉上。或问岂不烧死也，答曰不烧杀这杂情的臭奴才，要他作何使用。

37　小非当释，微愿须从。小非不释则巨患必兴，微愿不从则大事难期（济）。

　　彼有小非，须当解释；彼有小愿，须当屈从。小非不能释，必成巨患；微愿不能从，难成大事。

38　俊友若携愁夺趣，余钱多带定遭差（亏2）。

　　若携聪俊之友其趣定被乎夺，如遇有余之钱，遇物必遭乎差。

39　村客遇俏姬，而俏姬情不在；中人请下妓，而下妓心反专。

　　村俗之客而请俏丽之妓，纵使尽钱钞，其情不在我。中等之人而请下等之妓，而下妓有仰高之念，其心待我反专。谚云，饮高酒，宿低娼，正合此也。

40　其趣在欲合未合之际，既合则已，其情在要嫁不嫁之时，既嫁则休。

　　男女初见，彼此相调，眉头锁恨、眼角传情，约以花前、期以月下，千般致意，万种思量，在此有不尽趣。既交合之后，男心已灰，女意必败。从前兴致皆废矣。孤老表子，两情俱浓，娶意已决，嫁期在迩，鸨子争钱，厥丁索钞。男不撇女，女不舍男，无可奈何，在此有无限之情。既嫁娶之后，收其放荡，除其风情，叙以夫妇，处以家常，从前意思，无关矣。譬如戏文传集（疑"奇"），初则有许多的出处搬演，至会合之际则收场矣。

41　托朋友以寄意，凭（赖2）渐讪以调情。

　　子弟在表子前讨好取信，全托知己之友传言寄语，以诱其心。渐讪而闻趣取笑以调情，真敲嫖之事耳。

42　孤老表子，尚有偷期；才子佳（美1）人，岂无密约。

孤老即孤寡老公之谓；表子即外边妻子之谓。有等妓人，好于淫欲，避却其母，私与孤老偷情以讨好。为表子者，尚与孤老有偷期如此。然则才子佳人爱欲相同，岂无密约乎？

43　小言勿失，私语当听。

（《五车拔锦》）此小信幸决不可失，阴私言语切须要听。

44　雏性易训，一训而易失；苍心难好，一好以难灰。

少年之妓，世事不谙，人若调之，其性易驯。稍有争差，亦易于败。长年之妓，世事多轻，人若亲之，其性颇猾，既而情好，容易不灰。

45　蹙额告乎家事艰，知其相索；锁眉诉乎借贷广，欲我相偿。

妓者之家，锁眉蹙额告以家事艰难，则知向我相求也。如听之以借贷甚广，则知欲我相偿也。

46　休认有意追陪为有意，莫将无心言语作无心。

下气追陪，虚心款待，莫认为有意。意思怠惰，言语失错，休作为无心。

47　虚嚣者易跌，尊重者难调。

虚嚣子弟，举止好动，作事不实，其性易于跌。尊重妓者，行藏沉默，作事安静，其性难于调。

48 夸己有情，是设挣家之计；说娘无状，欲施索钞之方。

　　表子夸奖自己有情，非有情也，乃挣家之计策耳。粉头告说鸨子无状，非无状也，乃要索钱钞之方子耳。

49 留意于顾盼之内（意1），发情于离别之间。

　　筵前席上，不顾盼不能显密意；车东马西，不离别无以见真情。

50 只须应马呼牛，最要手长脚短。
　　大率为子弟者，不可认真，呼之以牛，则应之以马，事无大小，从俗可也。凡走妓家，亦须中节，使钱稍宽为手长，拉闲数少合之脚短，斯可以处长也。

51 彼若传情须接应，不然失望；伊若逆意要知机，不然（否则1）遭闪。

　　彼若留心于我，或在歌筵舞席之间，眉来眼去，亦当识其机括。暗暗与他酬答，方为知趣之人。不然则孤所望矣。我每顺情于他，他每逆意于我，不识其局面，而反专心溺爱于彼，久则遭闪矣。

52 交愈久（敬1）而敬愈衰，此其本意；年渐深而情渐密，乃是真心。

　　相交日久，其敬反衰，乃是本情。设若如初会之时，则为诈也。年渐深远，恩情愈密。彼虽如此，我亦不觉，此其真心矣。

53 使钞偏宜慷慨，讨情全在工夫。

　　使用钱钞，最宜慷慨，悭而且吝，则被彼小视。取讨好情，最要工夫，暂来暂去，则受彼打发。谚云，一要工夫，二要钱，理有之。

54 潘安孔兄（方1）同路，而使妓欢；翼德味道并驱，不遭人议。

（《一事不求人》）潘安，晋之美貌者，孔方，古号钱为孔方。张翼德，性如烈火。苏味道，乃唐相，其性最宽。正谓财貌两全、刚柔相济，则妓者喜而人亦不能诽议我也。

55 只可以片（一1）时之乐，而解往日之仇；不可以一朝之讪，而废平日（昔1）之好。

章台之路，是非之门也。敲嫖子弟，未尝不竞是非者。如为是非所缚，彼此变脸，倘遇时会合，则当使解往日之是非。若要调情，不可因一朝取讪，而反目以废乎昔日之情好也。

56 寄谜总佳，饶（纵2）汝聪明多费想（力2）；复炉难美，任君伶俐也遭亏。

妓者盼孤老日久不来，或跳槽别处，必遣仆人赍信奉物谜，以达其情。砖者，谓砖何厚；瓦者，谓瓦何薄。二炭不齐者，谓其长叹短叹。乱丝一把者，谓之千思万思。糖饼者，从今后口内莫甜。莲实者，心中独苦。如此多般，不能枚举。子弟开久又来，谓之复炉。复炉一节，比前之情加倍而待，比前之钱加倍而使，岂不为之遭亏乎哉。

57 妓钻龟而（面1）有玷，朋截马以无能。

（《士民万用正宗不求人》）妓者，人伦虽失，行止尚存，如若钻龟，则为有玷。莫携俊友，古之为戒，遭其截马，是欺无能。

58 宁结无情猱旦，莫嫖有意龟婆。

结猱旦总无情，其名还美。嫖龟婆任有意，亦不为佳。

59 乖人唯夺趣，痴客定争锋。

伶俐之人，惟求夺趣；痴呆之客，屡见争锋。

60 谀言叠至知相索，讪语频来定要开。

阿谀之言，叠叠而至，要需索也。讥讪之语，频频而来，要开身也。

61 跳槽难求实好，梳笼唯慕虚名。

惯于跳槽，欲求情好，何可得焉。尚于梳笼，相从未久，不过虚名耳。

（《一事不求人》）跳槽者，谓在此家已久，乃舍此而适彼，是离情也。欲求实好，乌可得也。好名之人，尚于少姬，未笄以交媾，是谓梳笼，不过虚名耳。

62 莫将（以1）势压，当以情亲。

风月场中，不可以势相压；花柳丛内，最要以情相亲。

63 讨好则千日不足，搜过则一时有余。

讨好一节，世之所有。必要容貌惊人，使钱出众，枕席能调，言语皆愿，彼有索即与，有有恶即除，温柔软款，下气虚心，如此搯千日尚不足也。若搜其过，此事极易，隐其所长而不为之扬，攻其所短而不为之匿，削剥乎言语，投□乎失错。彼之是者则以为非。彼之善者则以为恶。如此虽一时而余也。

64 频频唤酒不来，厌房中之久坐；叠叠呼茶甚急，愿堂上之速行。

在于妓家置酌之际，盘食将阑，壶觞不续。彼呼以酒，久之不来，是厌客之久坐也。在于妓家闲走之时，呼茶奉客，一声未已，一声又随，是逐客之速行耳。

65 口头寄信非无意，眼角传情实有心。

寻常之间，在于人前。口边寄信，致意某人，非无意也。相对众客，眉头眼角，独向一人，传情寓意，实有心也。

66 题诗而寄意，歌曲以伸情。

（《正宗不求人》）崔氏西厢之名，韩姬红叶之诗，彼此赓和，遂成美好，歌咏词曲，以写衷情，知音者必倾听之。

67 三年一岁添，半载两诞遇。

（《四民利用便观五车拔锦》）彩云易散，美妓易老。天天仪容，不过十年。人问云，青春几何，答曰，十八。过二年又问，亦云十八。计算三年，总添一岁。但凡鸨子生日，孤老置买衣服、打簪于鸨子上寿。鸨子爱钱，贪心无厌，未及半载间，则做两次生辰。甚可笑也。

68 赠香茶，乃情之所使；投果核，则意欲相调。

相对众客，独赠香茶，情有所欲于斯人也。酒席之间，以果投人，外虽取讪，内实相调也。

（《一事不求人》）此二者，虽闺门之妇亦尚有此事，盖为情所使也。

69　数四相求方见面，欲抬高价；再三反浼要扳情，防有别因。

　　有等妓家责客来寻，便生计较，两立规矩，使人数四来求，方得一面，欲人传播不容易与人相接，而抬高声价也。再三反浼，言女人或生歹疮，以致不洁，或曾有玷名，以致行止不端，人皆恶之，所以反浼，决不出此数事。不然，人物丑陋，行藏粗俗矣。

70　痴心男子广，水性妇人多。

　　孤老表子两人设盟之后，男子守其规矩，再过美妓则不相亲。值两下反目，女人心已灰，男子犹不舍，岂不是痴心。妇人之性，随波逐流、荡于高下，实难捉磨，岂不是水性。

71　他奸要识，邻美休夸。

　　他施奸诈，决要识破，不识破则被他瞒。彼邻美貌，切切休夸，若夸则被他怪。

72　久于舞榭，易结好缘；才入歌台，便生恶晦。

　　（《五车拔锦》）风情之士，舞榭熟游，识趣知音，人皆仰望。但叙交情，好缘易结，鲁莽之徒，岂谙嫖趣，好丑不分，惟湎恋色，未几生疮，真成恶悔。

73　枕席虽尽乎情，彼此各了其事。

　　男因心事多端，借此以遣怀。女为家用不办，借此以获利。但可与知音者识之，若是溺爱之徒，不可与言也。
　　（《一事不求人》）男因外出日久，借此以遣怀。女子为鸨儿所逼，藉此以获利。枕席虽尽乎心，彼此各了其事。如何□一端，只可与知情者说,向彼说则梦耳。

74 入门来大小皆惊,相见时童仆(仆童1)亦喜。

有等地虎,在于妓家,不施恩义,专一豪强,稍有不遂心,便生歹意,此谓狼虎嫖。使钱应手,出言合局,此谓和合嫖。

75 最要鸨欢,岂宜猱悦。

善嫖者,买转粉头,任意纵横,此谓作家嫖。不善嫖者,止知与表子调情,更不顾鸨子怨望,此谓雏嫖。

76 弃屋借钱(贷1)因恋色,其意安乎。披霜带月为扳情,是谁迷也。

弃祖产之屋,结亲朋之债,倾败至此,尚贪姿色,谓之痴嫖。朝则披霜而出,暮则带月而归,跋涉苦楚,获利扳情,贪一时之娱,受无情之苦,谓之苦嫖。

77 移春向幽僻,追絮任飘飘。

恶他人来往之频,自家独擅其美,移向幽室,诚恐他人知此,谓之自在嫖。情浓不舍,意热难开,若搬乎吴,则随乎吴,搬乎楚,则随乎楚,此之谓游方嫖。

78 堆垛入秦楼,经营游楚馆。

堆黄金而供欢,垛白金以行乐,惟买笑颜更无吝色,谓之死嫖。身在江湖,心存营运,欲遣闷怀,恐妨正事,因偷闲暇之期,而偿乎风流之债,谓之江湖嫖。

79　营运多方，已拼经年游柳陌；行装刚促，始于（知 2）今夜宿花街。

　　放勾栏之债一月加三，欺软弱之人独尊无二。近还止收利息，久处又换文书，如此施为，娼家屈待，计弄黄金，以销旧帐，此为乾坤嫖。整年在外，常无放荡之心，择日还乡，忽起猖狂之念，今宵欢会，明早别离，若此者谓之解缆嫖也。

80　银海边许多美貌，朱唇中无限娇姿。

　　银海者，眼也，携俏丽之友，花街柳巷、游玩不休，此为眼嫖。对人说妓个个有情，未曾相会，此谓口嫖。

81　苍生好色偏花钞，老妓开门定贴钱。

　　白头之客，陪使钱钞，专寻小姬，谓之强嫖。老年之妓，鬓虽白而态度存，设若开门得倒贴之钱，谓之当家嫖。

82　买心多费钞，得趣便抽身。

　　贪恋美色，恐怕生心，不顾费钞，但要买心，此谓之小官嫖。伶俐之士，才得其趣，即便抽身，不肯久恋，谓之早嫖。

83　杂情频换色，坚意不生心。

　　昨日抱李妓，今夜宿张娼，如此频换，俗称跳槽，谓之尝汤嫖。其性既投，其情定密，不忍他为，百中有一，谓门嫖。

84　一日三番酬厚意，十朝半月叙交情。

　　情既相厚，盖不由人，三番酬意，真成脚痒，此谓之点卯嫖。十日一会，半月一会，却似谒庙参神，专期朔望，此烧香嫖。

85　来年偿宿债，间日抱花眠。

却年寒食曾相会，今岁清明始叙情。一载一逢，此谓牛女嫖。有
等子弟吝财，间日一嫖，如人之病虐，此谓虐疾嫖。

86　识趣赏音携友乐，此实堪钦（无此句1）; 暮来朝去畏人知，是为
可笑。

识风尘之意趣，赏丝竹之佳音，必携朋友同乐，谓之敲嫖。吃醋
不携朋友，暮则遮面而来，朝则抱头而去，如此之人不谓之嫖，乃借
宿也。

87　揭短逞强投计策，忿斗倾起实为痴。

有等相妒之辈，见其与妓者情厚，言揭孤老过失，或家事不齐，
或行止有亏，大抵妓家多欲察此，故对孤老面说，使子弟倾囊不顾，
以掩其愧。或贪妓深言某人贿赂之后，彼此以赛相尚，是谓斗志嫖。

88　酒筵逢歌唱，勿久他谈；妓馆挟朋游，休言交易。

凡席间遇歌唱，村人言家事，妓家相游戏，俗子谈货殖，此非议
事，不知趣也。

89　谈朋过失方是好音，夸友贤良决非佳兆。

妓者言友之失，则情在我；言友之良，则情不在我也。
（《正宗不求人》）子弟嫖要，未有不接朋友在于妓家同乐者，自
古妇人水性，其间有人材德性、言谈胜己者，妇人必留情相待，则己

之趣，被彼辈夺矣。必谈其过失方是好音。每夸其贤良，决非佳兆矣。

90　悬榻既下徐孺留，今犹如是；醴酒不设穆生去，古亦皆然。

徐稺，字孺子，南州高士也。陈蕃不接宾客，惟稺来设榻以待，去则愚之。穆生不嗜酒，每置酒，常为设醴，及王戊嗣位，乃忘设。穆生曰，可以逝矣，醴酒不设。王之意怠，遂去。妓家待子弟如陈蕃之待，徐孺可留；如王戊之待，穆生当去也。

91　跳跃相迎真是厚，叮咛致意岂为疏。

妓者一见孤老踊跃来迎，喜容可掬，此真厚矣。或久不见，而向人前语语叮咛，频频致意，亦不为疏。

92　他人之异从姬说，乃指卖奸之路；己妓之私向友言，是开引贼之门。

他人有异过人而对妓说，必慕其异，乃指卖奸之路也。自己交往之妓枕席委曲向朋友言之，则朋友必慕其美，依其形迹调之，是开门引贼也。

93　朝则茶，暮则酒，只为孤老；贫能周，患能济，乃是情人。

茶酒留勤，妓者只为孤老。贫周患济总来稀，乃是情真。敲嫖子弟，不可不察也。

94　初摅是其体面，久遣（处1）决少真情。

摅者，勾栏中以妓人扭捏为摅，玉容不摅无以逞娇，红粉不展，无以卖俏。初会当摅，是其体面，久会尚摅，决少真诚。

95 吁气多因心不惬，出神定有事相关。

无事之时，长吁短叹，闲暇之际，默坐出神，事必有相关也。为子弟者察之。

96 鸨子来陪，定然有故；友人替念，必受其私。

不见粉头，惟鸨子来陪，若非待客，决不在家。同行朋友替伊来念，曲尽其情，不因有旧，必受私也。

97 日久佳人翻作道，年深子弟或成龟。

老年妓者，自知过恶，欲来忏悔，看经念佛，食素施僧，扮作道姑形状，以修来世者，间以有之。痴心子弟贪恋情人，事业不顾，生意不理，却将有限之钱，而卖无涯之趣，欲归不得，至有伤风化也。

98 寄信寄书，乃发催钱之檄；赠巾赠扇，真抛引玉之砖。

寄之以书信，非书信也，乃催钱之檄。赠之以巾扇，非巾扇也，乃引玉之砖。

99 客交（交客 1）千个假如也（无"也"字 1），情在一人真有之。

大抵粉头接客千个，不过承应而已，不然无以养生。果有合意之人，则身陪他客而心在斯人矣。

100 他有嫁娶之人我不解，为他填陷；我有剪烧之妓他不识，替我坫垓。

（《五车拔锦》）彼有厚者期嫁娶，我如不解，纵使钱钞，只如砌墙之中填陷耳。我有厚妓，亦当剪烧，伊如不识，虽是供陪，却以双陆之间坫垃也。

101　久念不驯曾着闪，才调即顺恐非真。

人之调情，久念不驯，定曾遭闪；才调即顺者，非本心也。

102　多情频见面，薄幸少相逢。

多情孤老频见面，薄幸郎君少相逢。

103　薄幸者，虽日近而不亲；有情虽日远而不疎。(《五车拔锦》《正宗不求人》)

此世态之通论也。

104　离合有期，忧同戚而笑同欢；所求无厌，少则与而多则许。

别离将近，彼忧我当戚；会合在途，彼笑我当欢。妓者索求无厌，少则与之，多则许之，此良法也。

105　探实言于仓猝，勘虚情于寻常。

欲讨实言，骤然问之，伊未整备，必无心而答，斯可得矣。情之虚实，不能逆知，要在平常之间用心察之。

106　对王面赵，是亦可嫌；抱李呼张，此尤当怪。

有等妓女，惯于捡客，口虽相留，情实不爽，接谈之间，口应于此，目视于彼，或留客多不由己，惧怕鸨子，不敢逆辞，勉强留之，不遂己愿，枕席之间，虽是相反，失呼其讳，此谓抱李呼张耳。

（《一事不求人》）此言妓者择人想人之状，有此二端。盖客来嫖必携朋友同往中间，有俊俏者，妓女于言谈之际，口应于此，目视于彼，是为对王面赵也。又妓者有知心人，纵枕席之上与张云雨，却梦魂惊觉，又呼李四之名矣。此情有所钟故也。

107　替友殷勤为（讳1）探使，为花牵引嫁东风。

君子虽有成人之美，识者诚谓，采得百花成蜜后，到头辛苦为谁甜，是可笑也，子弟戒之。

108　黑头鸨子偏多事；黄面佳人最没情。（见于《正宗不求人》）

中年之妓，有女妓客，俗呼为黑头号鸨子，夸张卖俏，款客迎宾，井井有条。有等妓人，本来好欲无厌，以致面黄，暮则索淫，朝则索钱，人若亲这，定遭其手。

109　好色亲三代，盛容仅十年。（见于《正宗不求人》）

嫖为贪淫之所致。初则嫖其母，次则嫖其女，再次嫖其孙女，大抵亲生之女颇少也。女人盛容，譬之春花，不能常存。古云，女子二七天癸至，乃血气方全，所以容颜强盛。自十四至二十四，仅有十年耳。过此则呼为下娇也。

110　近离尚恐情疏，久别岂无心变。

（《五车拔锦》）延日相离，尚恐情跶；久之相别，岂无心变。皆因日远日跶之故也。

111 怨日色之落迟，以实人意，恨鸡声之报早，乃诱客心。

与人期约，欲天速晚；与客歇宿，恨天亟明。此二事实诱人心，莫认为有情也。

112 迂言说谎，盖不自由；发誓拈香，听其自顺。

谈迂阔之言，说无形之谎，乃门户习染成风也。表子既厚，如要发誓拈香，决不可强。

113 大凡着相终是虚工；若到无言，方为妙境。

孤老表子显出态度，此为着像，不足论也。人之敲嫖，初则假念，久而情密，到十分田地，浑然如夫妇之处家常，则为无言妙境耳。

114 眉与目虽是相扳，口共心决然不应。

眉来眼去，虽是扳情；口是心非，决然不对。

115 梳洗尚新，想适间之寝起；杯盘既设，知刻下之邀宾。

妙妓忽梳洗异新，必□间同客之寝起。杯盘巳安排，定知刻下邀宾饮酒也。

116 起坐不常，决心中是事忤；惊疑无定，恐意内之人来。

妓者待客，起起坐坐不常，决然有事相忤。惊惊疑疑不定，恐意内之人来也。

117 攒眉而叹，总是屈情；探眼而悲，却非本意。

攒蹙两眉，本乎忧状。强做笑颜，此其屈情也。事非痛肠，焉能堕泪，揉眼岂为本心哉？

118 须是片时称子建，不可一日无邓通。

曹子建，七子也，譬如能文者，只可片时夸之。邓通尝以铜山铸钱者，譬如钱钞，不可一日无之也。

119 人之交游则一，情之形状不同。

120 苍颜子弟，世上多闻（世人颇多1）；白发花娘，人间少见。

俗语云，只有七十岁子弟，没有七十岁粉头是也。

121 搜枯令以酒报仇（搜枯令以报酒仇1），认真情遂为缚朦。

子弟当酒筵之上，正要逞己聪明、夸己豪富，有□豪□之友，将酒屈奉，以致搜求粘齿之令，罚之谓之报酒仇。章台消遣，两情既熟，一意不回，认真食日，父母止之而不体，朋友劝之而不省，此为缚朦也。

122 声名出于众，致使眼高；颜色不如人，惯将物赂。

（《正宗不求人》）言名出于众，时妓也。交有贵客，食有珍膳，其眼界不由不高大也。颜色不如人，丑妓也，自揣其才容不及，赠物扳情，诱人以交往也。

123　诱多方见厚，劝久反为疏。

子弟当贪花柳之际，多方诱之则喜，便以为厚。或有益友，不忍坐视，以言规之，初尚谐谐，次则回避，此非劝久成踈耶？

124　棍嫖当议四王，雏妓亦称五虎。

无状之辈，要学富翁格式，初入门，大呼小叫，不循规矩，就似大王；坐下搜求妓者、与骂奴仆，就似覆王；吃了酒，眼细面红，就似关王；少了宿钱，影也不见，却似逊王。初为妓者，饮食不知食饱，就是饿虎；睡卧不知颠倒，就是睡虎；脱了衣服，就是壁虎；问孤老索钱，就是绳虎；再过三年就是老虎。

125　道有旁门，尚难洞晓；色无正路，是亦难知。

道以清净无为者之者，为正法明；一切有为者，三千六百皆是傍门，而人尚能洞晓其义。至若男人不爱美妓而爱丑妓，女人不思富人而思贫人，乃色无正路，是亦难知也。

126　聪俏更无虚度日，村愚常有空闲时。

聪俏之姬，人多竞之，张客才去，李客又来。轿马临门，更无虚日，村愚之姬，人多憎之，串门颇有，留宿却无，名虽娼妓，常有空闲时。

127　烧剪频而必滥，赀囊富而定贫。

烧剪之事，人间有之，没若频繁，其人必滥。章台之家，费用之地，纵受奸钱，亦□追往，如有赀囊而富，定是贫也。

128　手□未能全，纵设誓盟皆枉矣；性情不相合，虽成交往也徒然。

　　妓家设有孤老悭客，口虽相许，而不放手，纵设盟誓，亦皆往矣。男情女性，如不相合，虽成交往，事亦徒然。

129　子弟钱如粪土，粉头情若鬼神。

　　子弟使钱更无吝色，岂不如粪土。上情信之则有，不信之则无，岂不若鬼神。

130　频允物，担水填井；不使钱，掩耳盗铃。

　　欲讨好情，频步允物，此乃担水填井也。不谙事体，久耽风月，恐人褒贬，言不使钱，此乃掩耳偷铃也。

131　人物丑而家业趁，理无太足；形容美而情性愚，事不十全。

　　有等妓者，人物丑陋，家事却称，酒水整齐，盘食精制，接物待人，凡有不俗，此其理无太足也。更有一等，形容虽美，情性嗤愚，出言吐语，颇不识趣。

132　有百年之夫妇，无一世之情人。

　　夫妇五伦之一，白头相守，而厌相离。情人者，不过心情所欲之人也。山盟尚有变更，人情岂能久固。所以有百年夫妇，无一世情人。

133　填还满而客便去，缘法尽而人自开。

　　孤老为表子痛使钱钞，俗谓之生前少欠，填还满则去矣。又有孤老表子开交，谓之缘法尽也。

134　抱枕昼眠，非伤春即病酒；挑灯夜坐，不候约便想（思1）人。

　　人于昼不当眠而眠，非为伤春，即为病酒，更残不当坐而坐，不是候约便是思人。

135　声气相应，方是一心；彼此怀疑，定然反目。

　　同声相应，同气相求，如此待客，方是一心。彼此两家，稍有不惬，日久怀疑，定然反目。

136　才饮便呼巨盏（杯1），是催客去；倚门长望凝眸，为盼人来。

　　人之饮酒，先小盏而后巨杯，一定之理。若才饮便呼巨杯，是发客起身也。子弟进妓家，粉头必随进款待，自然规矩。如倚门盼望、呼之方来，必候有约之客也。

137　门户早关，必今宵之有客；尊卑晚起，决昨夜之无人。

　　勾栏本于夜中，若门户早关，必然有客，如无客更深亦开。子弟宿妓，早起逞，鸨厥置买，梳洗必早，设若举家晚起，决然昨夜无人。

138　玉颜容易得，今可比之摘花；红粉最难驯，古亦谓之缚虎。

　　为妓至贱，子弟欲之即时可得，如伸手摘花之易耳。与妓之宿则易，驯妓之心则难，如上山打虎之难耳。

139　通宵快乐，犹如马上执鞭；顷刻欢娱，却似江中撒溺。

　　粉头接人甚多，不能备记，谚云，歇一夜如马上拱手，住一房似江中撒尿。

140　为财者十有八九，为情者百无二三。

　　为妓之家，两全最难。不为财无以养生，不为情无以着人，大抵为财者多，为情者少。斯言信矣哉。

141　精神有限，岂可（难以 2）久劳；聚散不常，且宜混俗。

　　（《五车拔锦》）有限精神，不可劳甚。若过聚散不常之人，只宜混俗而已。

142　遭溺丈夫，不解堕于陷内；着迷君子，岂知落于彀中。

　　人之着色迷，如舟之遭水溺，舟之溺尚觉惊，色之迷不省悟。任是决烈丈夫有识君子，亦不能救知耳。

143　搜引变（言 1）态，不能有穷；玩味是编，未必无补。

　　风尘态度，走豹不时，任是援引旁搜，不去有尽，敲嫖君子，幸勿贬诸，熟诵此书，未必无益。

附录二 杨慎的《江花品藻》

名次	姓名	品评	词牌	酒令
一	雷蓬儿（惊鸿）	洛浦神仙（梅花）	**临江仙** 翩若惊鸿来洛浦，风流正遇陈王，凌波罗袜步生香。不言惟有笑，多媚总无妆。回首高城人不见，一川烟树微茫，最难言处最难忘。归程须及早，一掷天春方。	奉首席巨杯
二	陈满堂（赛西）	乐昌余韵（水仙）	**黄莺儿** 东望碧云开，喜佳人日暮来。芸窗塌把西施赛。露沾绣鞋，霜封翠钗。灯前两两深深拜。惜多才，幽欢美爱，说甚楚阳台。	素衣一杯
三	李爱儿（玉池）	多情多爱（山茶）	**水仙子** 翠帏深处畅春情，绣被红翻锦浪生。塌帏画鸳鸯颠倒。写玉郎目暂停，银灯背壁羞娇影。软斯禁莺凤和鸣，愿今宵长打三更。	主人一杯
四	王暗香（芳卿）	月林清影（枇杷）	**临江仙** 疏影暗香芳径里，风流更遇通仙。垂鬟接黛破瓜年。素姝同皎洁，女斗婵娟。言笑不分凝睇久，离情指下能传。鸳衾翠冷无眠。后期重会日，约定早春天。	奉右席一杯

续表

名次	姓名	品评	词牌	酒令
五	吴春山（丽春）	京兆画眉（瑞香）	**小秦王** 倒晕分梢十样新，不逢京兆为谁颦？春山添入秋风翠，捧出蛾眉月半轮。秦楼明月隐花汀，烟浓春山晓黛青。一百八声钟咽罢，梦回七十五长亭。	多笼者一杯
六	李秋亭	徐娘丰韵（款冬花）	**折桂令** 泛新波，有女同舟。山映蛾眉，水写明眸。小雪晴天，早梅时候，杜若芳洲。整中带纤腰似柳，汤湘裙罗袜如钩。掌上温柔，怀里风流，笑吟芸韩渥香径，醉题在杜牧青楼。	奉左席一杯
七	梅藏春	高烧银烛（迎春）	**水仙子** 南枝向暖北枝寒，一种春风有两般，大家留取凭栏看。画楼高，翠袖单，懒云窝，香梦初残。歌白雪，声声慢；饮流霞，滴滴干。谪仙人笑坐金鞍。	杯有余沥者一杯
八	吴鞋山	锦步成莲（檐锦）	**巫山一段云** 桃叶横波急，莲花村步轻。黎涡笑处袜尘生。皎皎复盈盈。洛浦人常见，阳台梦未成。蕊珠楼上彩云迎。醉听嘶春莺。	随意送一杯
九	梅粉西	妙语如弦（荠菜）	**小秦王** 试灯之夕粉西来，灯下佳人对上才。更听翠楼歌曲妙，风流向必楚阳台。	言席外事者饮
十	吴远山	鼓琴招凤（芷花）	**小秦王** 彭泽春深柳絮狂，大姑昨夜嫁彭郎。峰头五老休饶舌，惹得鞋山枉断肠。	善謔者饮

名次	姓名	品评	词牌	酒令
十一	董兰亭	响遏行云（杏花）	**红绣鞋** 永和九年时分，暮春三月山阴。管弦丝竹少，清音论文藻。休夸往古，说风流，不似如今，二难并，称了芳心。	善歌者饮
十二	董翠亭	前度刘郎（桃花）	**桃源忆故人** 武陵溪上春风渡，花映玉楼妆面暗。逐锦云仙艳，梦绕襄王殿。二乔一赵今重见，丰韵一家堪羡。不到刘郎肠断，凝睇横波慢。	奉色衣者一杯
十三	吴云山	宋玉墙东（李花）	**巫山一段云** 巫峡云双朵，蓝田玉一钩。凤凰台上凤凰游，难比这风流。纤手松罗袜，香肩上玉楼。牙床一夜橹声揉，人在鹊桥头。	有外遇者巨杯
十四	王霞脚	酒晕红潮（梨花）	**瑞鹧鸪** 寂寂花时闭院门，凄凄芳草忆王孙。酒逢青琐频频寿，笑掷金梭恼谢鲲。不夜珠光连玉匣，避寒钗影落瑶樽。饮知明慧多情态，役尽江淹别后魂。	酡颜者饮
十五	王艳香	春云初圆（兰花）	**浣溪沙** 楚峡云娇未玉愁，汀花海藻系兰舟。晕灯交泪五更头。桃叶桃根双姊妹，江南江北两风流。佳期好在月明楼。	奉对席各一杯

续表

名次	姓名	品评	词牌	酒令
十六	李十儿（小眠）	流莺过墙（樱桃花）	**山坡羊** 风儿疏剌剌吹动，雨儿渐零零风送。雨儿凄楚风儿横，翠幕灯儿一点红。灯儿照破人儿梦，梦绕巫山若个峰。朦胧徘徊俩意浓，匆匆攸娱一霎空。	离席者巨杯
十七	刘七儿（采春）	玉局争先（桐子花）	**鹧鸪天** 红袖鸟丝罢写诗，翠娥银烛笑谈棋。雁行布阵当齐垒，虎穴临冲拔赵旗。 烽火劫，羽书驰，东山樽俎卷准嗫。紫囊儿辈元能辨，况有婵娟出六奇。	善弈者饮
十八	陈洞清（香雪）	楠树栖鸦（阳雀儿）	**浑不似** 浣溪沙一枝花，乔木查搅筝琶，平康巷里那人家。 虎山下盆儿瓦，真儿挂玉郎骂，相思顾倒风流话。	奉远客一杯
十九	董菊亭	一笑生春（杨花）	**于中好** 平陆成江水接天，烟笼桃叶渡头船。析醒愈病怜风伯。玉骨水肌仙洞仙。 花作阵，酒如泉，停云霭霭北窗眠。殷勤莫负东君意，纤手琵琶四十弦。	奉笑客一杯
二十	陈宫儿（海棠）	芳林藏秀（海棠）	**水仙子** 江花江草满汀洲，江雨江云忆旧游。望长江，江自流。江风江月添新瘦。清宵梦，独上江楼。换秋色，江头柳，倚斜阳，江上舟。琵琶行重赋江州。	后至者巨杯

续表

名次	姓名	品评	词牌	酒令
二十一	董银哥	小桃破萼（牡丹）	**醉高歌** 十年燕月歌声，几点吴霜鬓影。西风吹老鲈鱼兴，又落在桑榆暮景。	奉年长者一杯
二十二	梅半分（碧峰）	增之一分（芍药）	**清江引** 金钉儿钉来刚半折，泥水全余怕，巫山云雨仙，洛浦凌波袜。护定金莲儿床上耍。	年最少者一杯
二十三	陈妹儿（素娥）	有脚青阳（楸花）	**凤栖梧** 曲巷银灯先马去，凝光门外余甘渡。娥月弯弯笼远树。双棹举，倚门红袖迎人觑。罗袜凌波衣湿雾，情缕缕，金鸡她花垂烬灯销炷。浅笑微嗔伴不语，三唱催天曙。	饮先行者巨杯
二十四	刘赛红	草薰风暖（榛花）	**一半儿** 水边杨柳路傍花，也照污泥也照沙。相逢目叙知音话，说情杂，儿嚣人一半耍。	喧哗者巨杯

附录三 《吴姬百媚》插图

图一 一甲一名冯无埃豪饮图

图二 六名刘含香望月图

图三 二甲十四名李如如相思图

图四 副榜会魁张丽娥春睡图